Fischer TaschenBibliothek

Alle Titel im Taschenformat finden Sie unter:
www.fischer-taschenbibliothek.de

»Das Wesentliche, möchte ich ergänzen, liegt darin, uns darin zu üben, das Leben mit dem Herzen zu sehen. Nicht nur mit dem Herzen, aber auch. Und Geschichten, insbesondere jene, die man uns in der Kindheit erzählte, sind der Schlüssel zu unserem authentischen und wertvollsten Inneren. In diesem Buch habe ich versucht, in diesen Geschichten etwas zu entdecken, das man nicht auf den ersten Blick sieht; etwas, das der Verstand allein nicht erfassen kann. Ich habe eine andere Tür geöffnet, die eher zu meinen Emotionen führte als zu meinem Denken. Ich bin sicher, dass du diese Arbeit mit denselben und anderen Geschichten weiterführen kannst, um neue Dinge zu entdecken, die man mit offenem Herzen besser sieht.« Jorge Bucay, aus dem Nachwort zu »Was Märchen über dich erzählen«

Jorge Bucay, 1949 in Buenos Aires, Argentinien, geboren, ist einer der einflussreichsten Gestalttherapeuten des Landes. Mit »Komm, ich erzähl dir eine Geschichte« gelang ihm der internationale Durchbruch als Autor. Bucays Bücher wurden in mehr als dreißig Sprachen übersetzt und haben sich weltweit über zehn Millionen Mal verkauft.
Lisa Grüneisen, 1967 geboren, arbeitet seit ihrem Studium der Romanistik, Germanistik und Geschichte als Übersetzerin. Sie übersetzte unter anderem Bücher von Carlos Ruiz Zafón, Carlos Fuentes, Miguel Delibes, Alberto Manguel und Frida Kahlo.

Weitere Informationen finden Sie auf www.fischerverlage.de

Jorge Bucay

Was Märchen über dich erzählen

Geschichten

Aus dem Spanischen von
Lisa Grüneisen

FISCHER TaschenBibliothek

2. Auflage, 2025

Erschienen bei FISCHER Taschenbuch
Frankfurt am Main, 2022

Die Originalausgabe erschien 2017 unter dem Titel
›Cuentos clásicos para conocerte mejor‹
© 2017 by Jorge Bucay
First edition by Espasa Libros, S.L.U., Barcelona 2017
Published by arrangement with UnderCover Literary Agents
Für die deutschsprachige Ausgabe:
© 2019 S. Fischer Verlag GmbH,
Hedderichstr. 114, 60596 Frankfurt am Main
Die Nutzung unserer Werke für Text- und Data-Mining
im Sinne von § 44b UrhG behalten wir uns explizit vor.
Umschlaggestaltung: hißmann, heilmann, hamburg
Umschlagabbildung: Marcelino Truong
Satz: Daniela Schulz, Gilching
Druck und Bindung: CPI books GmbH, Leck
ISBN 978-3-596-52319-1

Kontaktadresse nach EU-Produktsicherheitsverordnung:
produktsicherheit@fischerverlage.de

*Für Benicio,
Lucía, Manuel
und Pedro*

Und Rotkäppchen fragte den Wolf, den es für seine Großmutter hielt:
»Warum liest du diese Märchen, wenn du sie schon auswendig kennst?«
Der Wolf erhob sich und antwortete mit heller Stimme:
»Um mich besser kennenzulernen!«

Jorge Bucay, 2017

Inhalt

Vorwort 11

1. Das hässliche Entlein 24

2. Aschenputtel 49

3. Dumbo, der fliegende Elefant 78

4. Rotkäppchen 100

5. Amor und Psyche 135

6. Der Rattenfänger von Hameln 178

7. Dornröschen 209

8. Die Geschichte von Adam und Eva 242

9. Das tapfere Schneiderlein 272

10. Die Abenteuer des Pinocchio 299

11. Hänsel und Gretel 340

12. Die kleine Meerjungfrau 376

13. Des Kaisers neue Kleider 417

14. Schneewittchen und die sieben Zwerge . . 449

15. Die Legende von Odysseus 484

Nachwort 513

Notizen zu einer Recherche 519

Ausblick 560

Bibliographie 579

Vorwort

Als der Verlag mir den Vorschlag machte, klassische Märchen neu zu interpretieren, war ich sofort von der Idee angetan. Das Projekt vereint zwei meiner großen Leidenschaften: Geschichten und Legenden auf ihrem Weg durch Raum und Zeit und mein Bestreben, das menschliche Verhalten zu ergründen und weiterzugeben, was ich auf diesem Weg lerne.

Nach intensivem Gedankenaustausch darüber, welche Märchen ich einer Neubetrachtung unterziehen sollte, fand ich es eine gute Idee und eine spannende Herausforderung, die bekanntesten Märchen und Legenden auszuwählen, bei denen wir so unterschiedlichen Figuren wie Rotkäppchen und Odysseus begegnen.

Als ich dann Informationen über diese Geschichten suchte, entschied ich mich, zunächst von den bekanntesten Versionen auszugehen, um dann weiter in der Zeit zurückzugehen und herauszufinden, wie viel von den jeweiligen Urtexten in jeder Geschichte steckte, und die komplexe Symbolik herauszuarbeiten, die sich in ihnen verbarg und immer noch verbirgt.

Die Idee dieses Projekts ist es, den Blick auf ein knappes Dutzend Märchen zu richten, die jeweilige Geschichte in wenigen Worten nachzuerzählen und dabei auf die Veränderungen einzugehen, die sie seit den ersten Versionen erfahren hat, um sie dann einer neuen Betrachtungsweise zu unterziehen, die es uns ermöglicht, Botschaften in ihr zu entdecken, die über die offensichtlichen, traditionellen Lesarten hinausgehen und uns dazu anregen, auch heute noch unsere Lehren daraus zu ziehen, denn jeder Text besitzt immer mehr als eine Botschaft … Oder wie ein altes Sprichwort so schön sagt: Ganz gleich, wie oft du einen alten Mehlsack schüttelst, es kommt immer noch ein bisschen Mehl heraus.

Und selbst wenn das Lesen dieser Märchen dir keine neuen Erkenntnisse bringen sollte, wirst du die magische Erfahrung machen, für einen einzigartigen, geschützten Moment wieder das Kind zu sein, das du einmal warst. Das Kind von damals, das es genoss, wenn sich jemand zu ihm setzte und ihm einfach eine Geschichte erzählte.

Genau wie meine Enkel heute und meine Kinder vor einigen Jahren weigerten mein Bruder und ich uns vor vielen, vielen Jahren, abends die Augen zuzumachen, bevor jemand von unseren Eltern oder Großeltern uns eine Geschichte erzählt hatte. Wie sollte man einschlafen, ohne zuvor in diese wundersamen Welten eingetaucht zu sein, insbesondere, wenn sie von furchtbaren Drachen und bösen Hexen bewohnt waren, von Riesen und Ungeheuern, die, bevor sich der Tag verabschiedete, von unserem

Lieblingshelden oder unserer Lieblingsheldin vertrieben oder besiegt wurden?

Weil mein Vater ein begeisterter Leser war, gab es in meinem Elternhaus Märchen für jeden Geschmack. Kurze und lange, Geschichten voller Abenteuer, Magie oder Zauberei, Tiergeschichten, Heldengeschichten, solche zum Lachen, solche fürs Herz und andere zum Fürchten. Manchmal suchten wir Kinder uns eines aus, andere Male derjenige, der es erzählte, aber das Ergebnis war immer bezaubernd, im wahrsten Sinne des Wortes.

Genauso gibt es für die Auswahl der Märchen in diesem Buch eine subjektive Begründung, die in den meisten Fällen zu Beginn des Kapitels erklärt wird (*Rotkäppchen* zum Beispiel ist das wohl bekannteste Märchen der Weltliteratur). Gleichzeitig wurden sie ausgewählt, weil ihnen eines gemeinsam ist: Sie alle haben im Laufe der Zeit unzählige Debatten und Interpretationen über ihre Symbolik und ihren tieferen Sinn verursacht und so ihre Wirkung und ihre Bedeutung unter Beweis gestellt.

In meiner Zeit als Psychotherapeut sagte ich meinen Patienten immer, dass wir, wenn wir uns verloren fühlen, nicht unbedingt einen Therapeuten brauchen, der uns heilt, oder eine Mama, die sich um uns kümmert. Manchmal brauchen wir nur ein Zeichen oder einen Lehrmeister, die uns darauf hinweisen, wo wir vom Weg abgekommen sind.

Die meisten dieser Märchen sind vor Jahrhunderten entstanden, um davor zu warnen, an welchem Punkt man die falsche Richtung einschlägt, und uns dazu zu ermuntern, etwas aus dem zu machen, was wir sind, und nicht aus dem, was wir gerne wären. Schon Bruno Bettelheim vertrat die Ansicht, dass Märchen viel mehr seien als eine Einschlafhilfe für Kinder.

Wenn der schiefe Turm von Pisa irgendwann umfiele, bliebe ein Schutthaufen aus Tausenden von Steinen zurück. Die Steine wären immer noch dieselben, die sich noch Wochen zuvor als Turm in den Himmel erhoben, und doch wäre das Bauwerk verschwunden. Das Werk liegt nicht im einzelnen Stein, sondern in der Schöpfung des Baumeisters und der Arbeit der Handwerker, die den Turm bauten. Sie sind es, die die Granitquader in einer bestimmten Art und Weise anordneten. Ohne diese Ordnung hätten wir kein stabiles Dach über dem Kopf, würden diese Worte keinen Text formen, wäre aus den Farben auf Da Vincis Palette nicht die *Mona Lisa* entstanden.

Mein Freund und Lehrmeister Jaime Barylko sagte einmal: »Frei zu sein heißt nicht, sich von Dingen loszusagen, so wie es heute oft verstanden wird – als würde man seine Kleidung ablegen, bis man völlig nackt ist. Nackt zu sein kann eine Weile ganz schön sein, aber man muss sich klarmachen, dass

Erziehung nicht bedeutet, jemandem beizubringen, wie man sich auszieht. Es bedeutet vor allem, begreiflich zu machen, dass man selbst entscheiden kann und soll, welche Kleidung man trägt, und diese Erfahrung weiterzugeben.« Ein neues ideologisches, religiöses, ethisches oder berufliches Gewand, das unserem Wesen entspricht und das die Gesellschaft, die wir schaffen wollen, von uns benötigt.

Eine Erziehung, die hilft, Wichtiges von Nebensächlichem zu unterscheiden, Rache von Gerechtigkeit und das Beste zum Wohle vieler von den Interessen einiger weniger. Eine Gesellschaft, in der jeder genau weiß, welche Werte er verteidigt.

Eine Werteskala sollte deutlich zum Ausdruck bringen, was für jeden Einzelnen wirklich wichtig ist. Eine Gewichtung der Prioritäten, die jedes Mal eine innere Warnlampe aufleuchten lässt, wenn die Umstände unsere Prinzipien zu verletzen drohen. Eine Lebenseinstellung, die so fundamental ist, wenn es darum geht, mich für ein bestimmtes Verhalten zu entscheiden, dass ich sie nicht verletzen kann, ohne Abscheu vor dem Bild zu empfinden, das ich von mir selbst habe.

Die Hierarchisierung unserer Prinzipien, die, wie ihr Name besagt, immer vor unserer Zielsetzung stehen sollten.

Persönlichkeitsentwicklung beginnt mit dem Lernen und geht mit der Verinnerlichung des Gelernten weiter. Sie setzt sich fort, wenn wir uns der Angst vor dem Scheitern stellen und in der Lage sind, aus Fehlern zu lernen. Schließlich ist der Erfolg nicht zuletzt davon abhängig, ob wir Vertrauen in uns selbst haben und unabhängig vom Erfolg begreifen, dass es immer eine andere Möglichkeit gibt. Beharrlichkeit, Lernfähigkeit und Einsatz sind sicherlich das beste Rüstzeug für jeden, der gelegentlich Fehler macht, also für uns alle.

Wie dieses Buch aufgebaut ist

In jedem Kapitel widme ich mich einer Geschichte und folge dabei demselben Schema:

Zuerst gebe ich eine kurze Einleitung, um dich mit dem Kontext der Geschichte, ihren Ursprüngen und gegebenenfalls den Verfassern vertraut zu machen.

Danach folgt die Geschichte selbst, in meinen Worten nacherzählt, aber mehr oder weniger der Originalversion folgend, die ich bei meinen Recherchen gefunden habe.

Im Anschluss fasse ich kurz die Moral der Geschichte zusammen, die mehr oder weniger deutlich aus dem Erzählten hervorgeht und üblicherweise als die zentrale Botschaft angesehen wird.

Und schließlich folgt eine mehr oder weniger gewagte Neuinterpretation nach meinen eigenen Ideen und Vorstellungen. Dieser Abschnitt trägt den Titel »Die andere Tür«, denn meine Absicht und mein Wunsch ist es, dass du mich auf meinem Weg in die Magie dieser Märchen begleitest.

Im Verlauf der Recherchen zu diesem Buch stieß ich auf viele interessante und kuriose Fakten, die mir reizvoll oder überraschend erschienen. Fakten und »Gerüchte«, die keinen Eingang in meine Analyse der Geschichte fanden, die ich aber unbedingt mit dir teilen will, ganz besonders, wenn du, wie ich annehme, ebenfalls ein (großes?) Interesse an Märchen hast. Um das »Klima« des Buches zu wahren, beschloss ich, all diese Fakten zu sammeln, nach Märchen zu ordnen und sie in einem Anhang zusammenzufassen, dem ich den Titel »Notizen zu einer Recherche« gab. Hoffentlich erliegst du der Versuchung, dich mit ihnen zu beschäftigen.

Das Verfahren der Neuinterpretation

Die meisten Geschichten in diesem Buch stammen aus der Bibel oder der Mythologie oder sind aus Sagen und Legenden entstanden, die man sich in alten Zeiten erzählte oder vorsang. Und obwohl Personen und Schauplätze wechseln und sie aus unterschiedlichen Epochen und Kulturen stammen, erzählen die populärsten Märchen immer dieselben Geschichten.

In den Anfängen war der Geschichtenerzähler der wahre Träger der Kultur und Geschichte seines Volkes. Er trug die Werte der Gemeinschaft von Generation zu Generation weiter und hielt das Gedächtnis an die Geschichte derer lebendig, die keine Stimme besaßen. Die unter Hunger, Kälte und dem Unrecht der Mächtigen litten, ohne auch nur das Recht zu besitzen, darüber zu klagen. Eine authentische, schmerzliche Geschichte, die dank der volkstümlichen Erzählungen nicht von den Chronisten unterschlagen werden konnte.

Diese Geschichten, die Allgemeingut waren, gehören heute auch uns und geben uns die Möglichkeit, in der Tiefe zu begreifen, woher wir kommen, um so mit größerer Umsicht unseren eigenen Weg zu gehen.

Bei meinen Recherchen ist mir natürlich nicht entgangen, was für ein Segen es ist, mich beim Schreiben dieses Textes auf Hunderte von Büchern stützen zu können, die Psychologen, Psychoanalytiker, Literaten und Philosophen zu dem Thema verfasst haben, wahre Experten auf dem Gebiet der Mythen, Symbolik und verborgenen Bedeutungen der Märchen. Angefangen natürlich mit Bruno Bettelheims unvergleichlichem *Kinder brauchen Märchen*, gefolgt von weiteren genialen Köpfen aus Literatur, Psychologie und Philosophie, die sich mit dem Thema auseinandergesetzt haben, die ich bewundere und denen ich an dieser Stelle meinen Dank aussprechen möchte. Und nicht zuletzt wäre dieses ganze Projekt viel schwieriger gewesen, gäbe es nicht Hunderte und Tausende Internetseiten, die mir während meiner jahrelangen Arbeit dabei geholfen haben, den Weg nachzuzeichnen, den die einzelnen Geschichten im Laufe der Zeit genommen haben, von den vorzeitlichen Höhlen bis in unsere Tage.

Schöpferisches Lesen

Die Arbeit der argentinischen Autorin und Lehrerin María Hortensia Lacau, die den Begriff des schöpferischen Lesens prägt, hätte ein eigenes Kapitel in diesem Buch verdient.

Als die Pädagogin und Schulleiterin, die persönlich zu hören ich das Privileg hatte, im Januar 2006 starb, hinterließ sie Dutzende wundervolle Artikel und Bücher, die sich mit ihrer pädagogischen Arbeit beschäftigen. Eine Aufgabe, der sie ihr Leben widmete, wobei sie stets die Bedeutung des Lesens insbesondere für junge Menschen betonte. Ihr Buch *Didáctica de la lectura creadora* (Didaktik des schöpferischen Lesens) ist eine Fundgrube für alle, die sich für Literatur und Pädagogik gleichermaßen begeistern.

Der Akt des Lesens ist ein interaktiver Prozess zwischen Text und Leser, dem die Aufgabe zukommt, das geschriebene Wort zu übertragen, zu entschlüsseln und ihm eine Bedeutung zuzuweisen. Unter diesem Gesichtspunkt ist Literatur ein Prozess der Teilhabe, bei welchem dem Lesenden eine zentrale Aufgabe zukommt. Oder um es mit José Martí zu sagen: »Beim Lesen muss man sich durchbeißen.«

María Hortensia Lacau erzählt, wie sie irgendwann feststellte, dass die Auswahl der Texte, die laut Lehrplan des Ministeriums im Unterricht gelesen werden sollten, zwar den Interessen und Möglichkeiten der Jugendlichen entsprach, die Inhaltsangaben und Interpretationen der Schüler zu ihrem Erstaunen jedoch zu wünschen übrigließen. Schnell wurde ihr klar, dass der Fehler nicht bei den Schülern und den ausgewählten Büchern lag.

Sie schreibt:

»Man muss in den Jugendlichen die Liebe zum Lesen wecken und eine liebgewonnene Gewohnheit daraus machen, die nach und nach zu einem Teil des Lebens wird. Der jugendliche Leser muss zum Mitwirkenden werden, der eigene Projekte schafft, die mit dem Werk zu tun haben, zum begeisterten Kritiker, Augenzeugen und Berichterstatter. Das heißt, zwischen dem Jugendlichen, der im Mittelpunkt seiner Welt steht, und dem Buch, das er liest, muss eine emotionale Bindung entstehen.«

Dieses tiefere Durchdringen und Adaptieren der Lektüre kann nur stattfinden, wenn die Lesenden die Verantwortung dafür übernehmen, den Text auf der Grundlage ihrer eigenen Lebenserfahrung, ihres Wissensstandes und ihrer jeweiligen Lebenswirklichkeit zu interpretieren, zu dechiffrieren und ihm eine Bedeutung zuzuweisen.

Eine solche konstruktive Lektüre ließe sich folglich als ein vertrauter, inniger Kontakt mit dem geschriebenen Wort definieren, der es dem Lesenden ermöglicht, zum Coautor des Gelesenen zu werden. Zwischen Lesendem und Autor entsteht eine persönliche Bezugsebene, die neue Interpretationen, Ansätze und Ideen ermöglicht, so dass aus dem Werk ein neues Werk entsteht, das sich wiederum auf schöpferische Weise lesen lässt ... Und immer so weiter.

Die Methoden, um diese Form des Lesens zu unterstützen, wurden nicht nur von María Hortensia Lacau beschrieben, sondern auch von der spanischen Pädagogin Morote Magán, und sie sind ebenso spannend wie unterhaltsam. Man könnte zum Beispiel:

- das Ende und den Anfang ändern
- neue Figuren einführen
- die Eigenschaften der Protagonisten ausarbeiten
- Charaktere aus unterschiedlichen Geschichten zusammenbringen

- sich Dialoge zwischen ihnen ausdenken
- ein Kapitel hinzufügen
- die Textart ändern und aus der Geschichte ein Theaterstück, eine Komödie, ein Drehbuch oder ein Musical machen
- die Geschichte mit eigenen Zeichnungen illustrieren oder einen Comic daraus machen
- die Handlung in eine frühere oder spätere Epoche verlegen
- imaginäre Interviews mit dem Autor oder den Figuren führen.

Und der Vorschlag, der mir am besten gefiel:
- die Geschichte zu einem Zeitungsartikel umschreiben und ihn mit einer reißerischen Schlagzeile versehen.

Schon bei dem Gedanken an das eine oder andere Beispiel musste ich lachen. Hier ist eines davon:

TOTER WOLF AUFGESCHLITZT AM FLUSSUFER AUFGEFUNDEN

Die näheren Umstände des Vorfalls werden noch untersucht. Unter Verdacht stehen ein Mann, bei dem es sich dem Aussehen nach um einen Jäger handeln könnte, und ein rotgekleidetes Mädchen, die dabei beobachtet wurden, wie sie um das Haus einer älteren Dame schlichen. Diese könnte ihre Komplizin gewesen sein und ihnen geholfen haben, das grausame Verbrechen zu begehen.

Eine solche teilnehmende, aktive Form des Lesevorgangs bietet die Chance, kritische, kreative und mental offene Leser zu formen, die bereit sind, alles aus jedem Text herauszuholen und das auf ihrem Weg Gelernte mit anderen »Weggefährten«, wie ich sie gerne nenne, zu teilen.

1
Das hässliche Entlein

Einleitung

Es ist nicht nötig, diese kleine Anthologie in einer bestimmten Reihenfolge zu lesen, aber aus persönlichen Gründen habe ich mich dafür entschieden, mit diesem Märchen zu beginnen.

Zum einen ist *Das hässliche Entlein* das wohl bekannteste und am häufigsten erzählte Märchen in Südamerika. Ich wage zu behaupten, dass es kein Kind gibt, das die Geschichte nicht irgendwann einmal gehört hat.

Zum anderen haben auch die meisten Erwachsenen die Geschichte präsent und wären in der Lage, sie mehr oder weniger detailgetreu einem Kind zu erzählen oder sich in einer Unterhaltung darauf zu beziehen.

Der dritte und vielleicht wichtigste Grund ist, dass ich niemanden kenne, der sich nicht irgendwann einmal mit der Hauptfigur dieses Märchens von Hans Christian Andersen identifiziert hätte, das 1845 zum ersten Mal erschien.

Und der letzte, wenn auch nur für mich maßgebliche Grund ist, dass es nach meiner Erinnerung die erste Geschichte in meinem Leben war, die man mir erzählte, und diejenige, die ich am häufigsten hörte. Ich weiß noch genau, wie der Einband des Buchs aussah, aus dem meine Eltern mir immer vorlasen.

Es war meine absolute Lieblingsgeschichte, und obwohl ich sie auswendig konnte, entschied ich mich jedes Mal für *Das hässliche Entlein*, wenn meine Eltern mir die Wahl ließen, welche Geschichte ich zum Einschlafen hören wollte (so wie ich auch nun entschieden habe, sie an den Anfang dieses Buchs zu stellen).

Die Geschichte

Wie schön war doch der Sommer! Wie wunderbar war es, durch die Felder zu streifen und das goldgelbe Korn, den grünen Hafer und die Heustadel in der weiten Landschaft zu betrachten!

Flamingos staksten auf ihren langen Beinen umher und machten die Landschaft perfekt. Ach, es war herrlich, auf dem Land zu sein.

Im Sonnenlicht stand ein altes Gutshaus. Es war von einem tiefen Wassergraben umgeben, an dessen Ufer Pflanzen mit riesigen Blättern wuchsen, so groß, dass ein Kind sich darunter verstecken konnte.

Im Schutz dieser wilden, überwucherten Böschung hatte eine Hausente ihr Gelege, weit genug vom Hühnerhof entfernt, um nicht beim Brüten gestört zu werden, und nah genug, um dorthin zurückkehren zu können, sobald die Jungen geschlüpft waren.

Nach einem Monat wurde die Ente unruhig, denn sie spürte, dass es Zeit für ihre Küken war, auf die Welt zu kommen. Ungeduldig betrachtete die Entenmutter das Gelege und wartete auf Neuigkeiten.

Schließlich zersprangen die Eier eins nach dem anderen. »Piep, piep!«, schnatterten die kleinen gelben Daunenbällchen, als sie die Köpfchen aus den Eierschalen streckten.

»Quack, quack«, antwortete die Entenmutter, um die Kleinen zu ermuntern, so schnell wie möglich aus ihren Schalen zu schlüpfen und ihre ersten Schrittchen zu machen, sich an das Tageslicht zu gewöhnen, das sie ein wenig blendete, und das satte Grün zu genießen, das sie umgab.

»Oh, wie groß doch die Welt ist!«, staunten die Entlein, die auf einmal so viel mehr Platz hatten als eben noch in ihrem Ei.

»Quack, quack«, lachte die Entenmutter. »Ihr glaubt, das sei schon die ganze Welt? O nein! Die Welt reicht bis zu der Wiese auf der anderen Seite des Wassergrabens, aber so weit bin ich noch nie gewesen … Nun, ich hoffe, ihr seid vollzählig. Wir müssen ins Wasser, bevor es dunkel wird«, drängte sie und erhob sich vom Nest.

In diesem Moment kam eine betagte Entendame vorbei.

»Was stehst du da herum?«, sagte sie, und es klang ein wenig vorwurfsvoll. »Da liegt noch ein Ei im Nest.«

Die Entenmutter sah sich um und stellte fest, dass das größte Ei tatsächlich noch intakt war. »Wie lange dauert das denn noch?«, fragte sie sich. »Ich kann doch nicht ewig hier hocken bleiben.« Dennoch setzte sie sich wieder auf ihr Gelege, wie es ihr der Instinkt befahl.

»Das Kleine macht keine Anstalten, zu schlüpfen«, jammerte sie. »Aber sieh dir die anderen an: Sind es nicht die hübschesten Entlein der Welt? Sehen aus wie ihr Vater in jungen Jahren. Warum lässt sich dieser Nichtsnutz nicht mal blicken?«

»Du weißt doch, wie die Männer sind«, sagte die alte Entendame, um etwas zu sagen. »Lassen einen mit der Arbeit allein.«

»Ich denke, ich bleibe noch ein Weilchen sitzen«, sagte die Entenmutter. »Aber wenn sich nicht bald etwas tut, gehe ich. Ich hocke schon so lange hier, mir tut alles weh.«

»Na dann, alles Gute«, sagte die alte Entendame und watschelte davon.

Schließlich zerbrach das Ei.

»Piep! Piep!«, rief das Kleine und purzelte aus dem Ei. Seine Stimme klang merkwürdig für ein frisch geschlüpftes Entenküken. Der Entenmutter gefiel das ganz und gar nicht. Sie betrachtete das

Küken eingehend und stellte fest, wie groß und hässlich es war.

»Meine Güte, was für ein riesiges Küken!«, entfuhr es ihr. »Es sieht überhaupt nicht aus wie die anderen.«

Und das stimmte: Sein graues, struppiges Gefieder war ganz anders als der weiche gelbe Flaum seiner Geschwister.

Das letzte Tageslicht fiel durch die grünen Blätter, und der Himmel färbte sich orangerot.

Die Entenmutter watschelte mit der gesamten Familie zum Wassergraben und sprang, platsch!, hinein.

»Quack, quack«, lockte sie. »Kommt, kommt, habt keine Angst!«

Eins nach dem anderen sprangen die Kleinen hinterher. Das Wasser schlug über ihren Köpfchen zusammen, doch als sie wieder auftauchten, schwammen sie völlig mühelos. Im Handumdrehen waren alle im Wasser, und auch das hässliche graue Entlein folgte den anderen guten Mutes. Die kleine Schar paddelte mit den Füßchen und schwamm der Entenmutter hinterher.

»Quack, quack!«, rief die Mutter nach einer Weile. »Kommt, folgt mir, ich will euch den anderen im Hühnerhof vorstellen. Aber bleibt ganz dicht bei mir, nicht, dass ihr zertrampelt werdet. Und gebt auf die Katze acht!«

Sie hielt kurz inne, um sich zu vergewissern, dass alle ihr folgten.

»Los, los, sputet euch! Und macht einen artigen Knicks vor der alten Entendame dort drüben. Sie ist die vornehmste von uns, angeblich fließt spanisches Blut in ihren Adern. Seht nur, sie trägt einen roten Ring um ihr Bein; das ist die höchste Auszeichnung, die man erringen kann.«

Stolz und zufrieden gab sie ihrer Schar weitere Anweisungen:

»Kommt, Kinderchen«, lockte sie. »Seid artig und grüßt höflich. Senkt den Schnabel, schaut zu Boden und sagt ›Quack‹! Und dreht nicht die Füße nach innen, das gehört sich nicht.«

Alle gehorchten, doch als die Küken heranwatschelten, um die anderen Enten zu grüßen, musterten diese angewidert das ungewöhnliche Entlein und riefen schließlich:

»Uh, was für ein garstiges Ding! Nehmt es, und verschwindet von hier, wir können seinen Anblick nicht ertragen.«

Ein junger Enterich kam näher und drohte, es in den Hals zu hacken.

»Lasst es in Ruhe! Es hat niemandem etwas zuleide getan«, schritt die Entenmutter ein. »Es war zu lange in seinem Ei, deshalb ist es nicht so hübsch wie die anderen.«

»Mag sein«, sagte die alte Ente mit dem roten

Ring. »Ich hoffe, das Hässliche wächst sich aus, wenn es älter wird, und es bleibt nicht so riesig, sonst reicht das Futter nicht. Aber du solltest dir gut überlegen, was du mit ihm machst. Wenn du es draußen auf dem Teich zurückließest, wärst du deine Sorgen los. Es wirkt stark und wird seinen Weg machen. Was deine übrigen Jungen betrifft, so sind sie wirklich reizend«, setzte die alte Ente hinzu. »Sie sind im Hühnerhof herzlich willkommen. Es würde mich freuen, wenn sie sich hier wie zu Hause fühlten.«

Sie nahmen die Einladung an und blieben im Hühnerhof. Die Küken fühlten sich sehr wohl dort – alle, bis auf das arme Entlein, das zuletzt geschlüpft war. Die anderen Enten und Hühner und sogar der Truthahn, der sich immer schon für etwas Besonderes gehalten hatte, hackten nach ihm, knufften es und lachten es aus.

Eines schönen Tages plusterte der Truthahn sein Gefieder auf wie ein Schiff unter vollen Segeln und stürzte sich ohne jeden Grund, nur weil ihm der Sinn danach stand, mit lautem Gegacker auf das arme hässliche Entlein, bis sein Kopf tiefrot anlief. Das arme Entlein lief erschreckt und aufgescheucht durch den Hühnerhof. Es hatte inzwischen gemerkt, dass es anders war als die anderen, doch es verstand nicht, warum man es deswegen abwies und angriff.

Die Tage vergingen, und es wurde immer schlimmer. Das arme Entlein wurde von allen drangsaliert.

Selbst seine Geschwister triezten es zuweilen und sagten:

»Hoffentlich holt dich die Katze, du garstiges Ding!«

Eines Tages scheuchte die Magd, die immer das Futter brachte, das kleine Entlein vor sich her und wäre dabei beinahe über es gestolpert. In seiner Wut verpasste das Mädchen dem armen Entlein einen Tritt, dass es bis in den Schweinetrog flog.

»Geh mir aus den Augen, du hässlicher Vogel!«, schrie sie.

Nachdem das Entlein den ganzen restlichen Tag geweint hatte, traf es eine Entscheidung. Es war nicht wie die anderen und würde niemals sein wie sie … Auch wenn es nicht zu verstehen war, machte dieses Anderssein es ihm unmöglich, noch länger mit den anderen im Hühnerhof zusammenzuleben.

Falls es noch irgendeinen Zweifel gehabt hatte, so schwand dieser, als es seiner Mutter von seinen Plänen erzählte und diese nach langem Schweigen mit gesenktem Kopf murmelte, vielleicht sei es besser so.

Noch am selben Abend verließ das arme, verachtete Entlein den Hühnerhof.

Mit einem Satz hüpfte es über den Zaun und scheuchte mehrere Spatzen auf, die erschreckt aus den Büschen aufflatterten.

Das kleine Entlein lief immer weiter, bis es erschöpft den großen See erreichte, wo, so hatte es die

Mutter erzählt, die Wildenten lebten. Es kauerte sich ins Schilf und schlief entkräftet und traurig ein.

Als die Wildenten am nächsten Morgen losfliegen wollten, entdeckten sie den sonderbaren Gast.

»Was bist du für ein seltsames Ding?«, fragten sie.

Das Entlein wusste nicht, was es antworten sollte. Stattdessen verbeugte es sich ein ums andere Mal, um artig und wohlerzogen zu erscheinen.

»Du bist hässlicher als eine Vogelscheuche!«, sagten die Wildenten.

»Ich glaube, gerade deshalb gefällst du mir«, sagte eine von ihnen, die die Anführerin zu sein schien. »Du kannst mit uns kommen, wenn du willst.«

»Solange du nicht eine von unseren Schwestern heiraten willst ...«, setzte eine weitere hinzu.

»Genau, genau«, pflichteten die anderen bei.

Das arme Entlein dachte nicht im Traum ans Heiraten oder gar ans Fliegen. Es wollte nur in Ruhe im Schilf hocken und ein bisschen Wasser aus dem See trinken.

»Paff! Peng!«, knallte es plötzlich, und die Wildenten flogen aufgescheucht davon. Zwei von ihnen jedoch waren von den Kugeln der Jäger getroffen und fielen tot ins Schilf. Ihr Blut färbte das Wasser rot.

Als weitere Schüsse ertönten, flogen immer mehr Wildenten und Gänse vom See auf, um den Kugeln zu entkommen. Halbtot vor Angst, steckte das Entlein den Kopf unter den Flügel und duckte sich in eine Mulde hinter zwei Steinen, die es im Uferschilf entdeckt hatte.

Blaue Pulverschwaden waberten durch das dunkle Blattwerk, um sich dann draußen über dem See aufzulösen. Das Entlein musste von dort fort, doch in diesem Moment näherte sich ein riesiger Jagdhund und durchstöberte jeden Zentimeter des morastigen Geländes, die gewaltige Zunge hing ihm von Geifer triefend aus dem Maul.

Mit seinen Pfoten scharrte der Jagdhund die Steine beiseite, hinter denen das Entlein saß, so dass es auf einmal schutzlos dasaß. Das arme Tier schloss die Augen, als es erkannte, dass sein letztes Stündlein geschlagen hatte.

Der Hund kam ganz nah, die Schnauze nur noch Zentimeter von dem zitternden Entlein entfernt, schnüffelte einige endlose Sekunden lang, fletschte seine scharfen Zähne ... und trottete davon, ohne ihm auch nur eine Feder zu krümmen.

Das kleine Entlein löste sich aus seiner Erstarrung und atmete erleichtert auf.

»Ich bin so hässlich, dass nicht mal die Hunde mich als Beute erkennen«, sagte es sich und blieb ganz still sitzen, während die Schrotkugeln über seinen Kopf hinwegpfiffen und dichter Pulverdampf in der Luft lag.

Schließlich vertrieb ein aufziehendes Unwetter die Wildenten und die Jäger. Das kleine Entlein wartete noch eine Weile, bis es sicher war, dass alles ruhig blieb; dann verließ es, so schnell es konnte, den See, ohne zu wissen, wohin.

Nach einer Weile erreichte es eine alte Hütte, die war so krumm und windschief, dass es wie ein Wunder anmutete, dass sie noch aufrecht stand. Aber sie bot doch wenigstens Schutz vor Regen und Wind.

Das Entlein kroch durch eine Ritze hinein und schüttelte sich die Nässe aus dem Gefieder. Zum ersten Mal nach langer Zeit würde es ohne Angst schlafen können.

Am nächsten Morgen stellte das Entlein fest, dass die Hütte einer alten Frau gehörte, die dort mit einem Kater und einem Huhn zusammenlebte.

Die beiden Tiere entdeckten den sonderbaren Besucher als Erste. Der Kater begrüßte den Fremden mit einem Schnurren, das Huhn gackerte dazu.

»Wen haben wir denn da?«, fragte die alte Frau, als sie hinzukam und unseren kleinen Helden in einer Ecke entdeckte. Sie freute sich, dass sie nun Enteneier haben würde, um ihren kargen Speiseplan zu bereichern.

»Falls es kein Enterich ist«, überlegte die Alte laut. »Das werden wir in den nächsten Tagen herausfinden müssen.«

Sie ließen dem kleinen Entlein drei Wochen Zeit, um mit dem Eierlegen zu beginnen, aber natürlich warteten sie vergeblich. Schließlich fragte das Huhn:

Orte zu fliegen, statt unentwegt umherschwimmen zu müssen, um nicht auf dem Eis festzufrieren. Jede Nacht wurde die Fläche, auf der es schwimmen konnte, kleiner und kleiner.

In jenen Tagen wurde es so kalt, dass das Entlein am Ende tatsächlich festgefroren wäre, hätten es nicht ein paar Bauernkinder zitternd am Ufer gefunden und mit nach Hause genommen, wo ihre Mutter es wärmte und fütterte, bis es wieder zu Kräften kam.

Das Entlein blieb bei der mitleidigen Familie, die ihm eine Kiste im Werkzeugschuppen herrichtete. Manchmal wollten die Kinder mit ihm spielen, doch diese Spiele endeten fast immer damit, dass etwas im Haus zu Bruch ging oder Gefahr für Leib und Leben des armen Entleins bestand, wie einmal, als es beim Indianerspielen beinahe am Marterpfahl verbrannte …

Irgendwann fürchtete sich das hässliche Entlein vor ihren Einfällen; wenn die Kleinen nach ihm riefen, um zu spielen, hüpfte es schnell aus seiner Kiste und versteckte sich.

Eines Morgens, als es sich vor den kleinen Rackern ins Schilf floh, stellte es fest, dass die Sonne wieder wärmte und die Lerchen sangen. Es war Frühling geworden.

Vielleicht aus Instinkt breitete es die Flügel aus, um sich in der Sonne zu wärmen. Wie sehr sie gewachsen waren! Das Entlein öffnete sie noch mehr und schlug damit auf und ab, damit sie vollständig trockneten. Das Rauschen, das sie verursachten, war viel lauter als sonst, und für einen kurzen Moment hob das Entlein vom Boden ab.

Halb laufend, halb fliegend erreichte es einen großen Garten mit blühenden Apfelbäumen und üppigem Flieder, dessen Zweige sich über einen plätschernden Bach neigten. Oh, wie schön war es dort im frischen Frühlingsgrün!

In diesem Moment erschienen drei herrliche weiße Schwäne, ganz ähnlich jenen, die das Entlein damals hatte davonfliegen sehen, und es überraschte sich dabei, wie es dachte:

»Ich werde mich ihnen anschließen! Sie werden mich hässliches Ding für meine Dreistigkeit mit ihren Schnäbeln tothacken, aber was soll's! Besser, von ihnen totgehackt zu werden, als noch länger die Knüffe der anderen Enten, das Gehacke der Hühner, die Tritte der Gänsemagd und den strengen Winter zu ertragen.«

Das hässliche Entlein ließ sich ins Wasser gleiten, um zu den schönen Schwänen zu gelangen, die ihm mit aufgeplustertem Gefieder entgegenschwammen, als sie es entdeckten.

Als das Entlein sie kommen sah, fürchtete es, sie könnten es angreifen, und wollte seine übliche Verbeugung machen. Doch als es den Kopf neigte, erblickte es im klaren Wasser sein eigenes Spiegelbild.

Und was es sah, war nicht länger ein abstoßend hässlicher grauer Vogel, sondern ... ein wunderschöner Schwan!

Die anderen Schwäne schwammen um es herum und liebkosten es mit ihren Schnäbeln, als wollten sie ihm sagen, dass alles in Ordnung sei und sie es als einen der Ihren willkommen hießen.

Einige Kinder kamen ans Ufer und begannen Brotkrumen ins Wasser zu werfen. Eines von ihnen, das kleinste, rief:

»Seht nur, da ist ein neuer Schwan!«

Und die anderen Kinder stimmten fröhlich ein:

»O ja, ein neuer Schwan! Schaut nur, wie hübsch er ist!«

»Nein, er ist nicht hübsch. Er ist der Allerschönste!«

Unser Held war sehr, sehr glücklich, und auch wenn er sich an die Verachtung und die Demütigungen der Vergangenheit erinnerte, verspürte er keinen Groll.

Der Flieder neigte seine Zweige vor ihm, bis sie das Wasser berührten, und die sanften, warmen Sonnenstrahlen ließen sein zartes weißes Gefieder noch heller leuchten ... Der Neuankömmling reckte seinen schönen Hals und erhob sich in die Lüfte, gefolgt von den übrigen Schwänen, die sich nicht von ihm trennen wollten, wie das bei Schwänen so ist.

Aus der Luft schaute der Schwan, der vor kurzem noch ein hässliches Entlein gewesen war, auf den

Hühnerhof hinab, in dem er die ersten Tage seines Lebens verbracht hatte, und freute sich aus tiefstem Herzen … Noch nie zuvor war er so glücklich gewesen.

Die Moral

Gemeinhin wird die Geschichte vom hässlichen Entlein als Metapher für die Erfahrung von Zurückweisung und Ablehnung in der schwierigen Zeit des Heranwachsens gelesen. Es ist eine Situation, auf die sich ohne weiteres der Begriff Mobbing anwenden lässt. Ich bin sicher, dass sich jeder, der diese Geschichte liest, in irgendeiner Form mit dem hässlichen Entlein identifizieren kann. In irgendeiner Phase unseres Lebens oder in einer bestimmten Situation haben wir uns doch alle irgendwie zurückgewiesen oder ausgegrenzt gefühlt – wegen unserer Größe oder unseres Gewichts, der Hautfarbe, zu großer Füße oder einer ungewöhnlich großen Nase. Die Geschichte vom hässlichen Entlein ermuntert dazu, auf die eigenen Stärken zu vertrauen und das Schöne und Besondere zu sehen, das in jedem von uns steckt – sozusagen »den Schwan in uns«.

Die andere Tür

Die Geschichte vom hässlichen Entlein endet damit, dass es feststellt, sein Glück gefunden zu haben.

Und genau an diesem Punkt möchte ich dich mitnehmen und dazu ermuntern, genauer hinzuschauen, damit wir gemeinsam noch mehr aus dieser wunderbaren Geschichte ziehen.

Das Glück ist ein ebenso bedenkenswertes Thema wie Liebe und Hass, unser Unvermögen, uns mitzuteilen, unsere Einstellung zum Tod oder die merkwürdige Überzeugung, dass wir die Wahrheit für uns gepachtet haben und genau zu wissen glauben, was gut ist und was schlecht, was schön und was hässlich.

Was sind solche Probleme anderes als Hindernisse auf unserem Weg zu uns selbst? Was könnte uns mehr beschäftigen, auch wenn es vielen, auch mir, schwerfällt, das Ziel mit einem einzigen Wort zu benennen?

Nennen wir es, wie wir wollen:
Selbstverwirklichung
Erleuchtung
Erfolg
Erkenntnis
spiritueller Gipfel
Bewusstwerdung
innerer Friede
oder einfach: Glück.

Wir alle streben nach diesem Zustand; für manche, auch für mich, ist es eine Verpflichtung.

Manche verirren sich unterwegs und kommen ein bisschen später ans Ziel, andere entdecken eine Abkürzung und werden zu Wegbereitern für die Übrigen. Da sind jene Glücklichen, die den Weg von Anfang an klar und deutlich vor sich sehen; andere, wie das hässliche Entlein, haben zunächst zu kämpfen.

Andere Wegbereiter und viele andere Geschichten haben mich gelehrt, dass viele Wege zum erwünschten Ziel führen, unendlich viele Routen, die uns in die richtige Richtung lenken; doch all diesen Wegen ist gemeinsam, dass man Antworten auf die wirklich wichtigen Fragen finden muss, die jeder Mensch sich stellt, sobald er denken kann.

Es sind drei Fragen, die sich der Protagonist des Märchens, wenn auch unausgesprochen, stellt und durch konkretes Handeln und mutige Entscheidungen beantwortet.

An diesem Punkt kann man das Märchen neu lesen und erkennen, dass es keinen Weg gibt, auf dem es nicht darum geht, Antworten auf diese drei Fragen zu finden: Wer bin ich?

Wohin gehe ich?

Und ... mit wem?

Fragen, die sich allenfalls für kurze Augenblicke ausblenden lassen, denn wer keine Antworten darauf findet, dem werden sie unterwegs immer wieder begegnen.

Fragen, die man beantworten muss, wenn man vorankommen will, denn bei der Suche nach Antworten lernt man, was man unbedingt wissen muss, um weiterzukommen.

Fragen, die wir nacheinander und in genau dieser Reihenfolge für uns beantworten müssen.

Was wäre aus dem hässlichen Entlein geworden, wenn es den Weg eingeschlagen hätte, den die anderen Bewohner des Hühnerhofs ihm vorzeichneten?

Was würde aus dir, wenn du der Überzeugung wärst, dein Wert hinge nur davon ab, mit wem du zusammen bist? Was würde aus uns allen, wenn unsere Mitmenschen darüber entschieden, wer wir zu sein haben? Was wäre aus unserem armen Protagonisten geworden, hätte er versucht, so zu sein wie die anderen? Er hätte sich lediglich damit abfinden können, hässlich, ungeliebt und nutzlos zu sein, und wäre zwangsläufig gescheitert.

Das hässliche Entlein macht einen Bewusstwerdungsprozess durch: Nein, es ist nicht so, wie die anderen behaupten. Ja, ich bin anders, aber das macht mich nicht unbedingt verachtenswert. Und dann macht es sich auf den Weg zu sich selbst.

Es ist keine Ente, keine Gans, keine Katze und auch kein Huhn, und es muss zunächst lernen, all das nicht länger sein zu wollen, bevor es herausfindet, wer es wirklich ist. Der Preis für diesen Eigensinn ist hoch und die Aufgabe nicht leicht.

Eine Lebenslektion, die wir eigentlich aus dem Mund von spirituellen Führern erwarten, beschäftigt uns auch heute, doch nun kommt sie von Ökonomen, Finanzministern oder Staatschefs. Das unmittelbare Ziel des Wachstums ist nicht länger an finanzielle Sicherheit, Reichtum oder Besitz gekoppelt, sondern liegt in der Freiheit, und das setzt Verzicht voraus.

Die Tugend des Verzichts wurde in fast allen Religionen und von nahezu allen spirituellen Führern als Schlüssel zu einem besseren Selbst gepriesen. Und sie alle hatten recht.

Vom heiligen Franziskus von Assisi bis hin zu Buddha gibt es viele Lebenswege, die als Vorbild für ein entsagungsreiches Leben taugen, doch wenn man ihre Geschichte liest, zeigt sich, dass die kulturellen Paradigmen ihrer Zeit in der Welt, in der wir leben, oft keine Gültigkeit mehr besitzen.

Von klein auf haben wir gelernt, unsere Schulsachen, unsere Kleidung und all unsere kleinen Besitztümer wertzuschätzen. Man hat uns beigebracht, sie pfleglich zu behandeln, nichts kaputtzumachen und alles daranzusetzen, immer mehr zu bekommen … Nicht einfach, dieses Muster in Frage zu stellen! Und doch gibt es etwas, das wir vielleicht tun können: Wir können dieses Muster um vier Punkte ergänzen, die es uns ermöglichen, auf unserem Weg zum Verzicht weiterzukommen, ohne den kulturellen Background komplett außen vor zu lassen:

genau hinsehen
teilen
nichts horten
nichts anhäufen.

Wer einen Ort hat, den er als seinen erachtet, wird ihn logischerweise wertschätzen. Das klingt gut und richtig, doch Wertschätzen ist etwas anderes als Sich-Festklammern. »Ich genieße, was ich habe« ist etwas ganz anderes als »Ich brauche das, um ich selbst zu sein«. Sich dafür zu entscheiden, an einem bestimmten Ort zu sein, ist etwas anderes, als dort gefangen zu sein.

Es klingt wie eine Binsenweisheit, dass der Mensch nicht ist, was er hat, und dass es nicht glücklich macht, Dinge anzuhäufen. Aber was man oft beobachten kann, legt die Vermutung nahe, dass gar nicht wenige Mitmenschen das glauben.

Und dann ist da dieses hässliche Entlein, das über den Zaun des Hühnerhofs flattert und allen Schutz zurücklässt, um sich völlig allein und auf sich gestellt auf seine Suche zu machen.

Auch davon erzählt dieses Märchen: Wie das Verlassen des schützenden Umfelds (oder der »Komfortzone«, wie es heute heißt) eine entscheidende Rolle in unserem Leben spielen kann. Wenn wir etwas von diesem hässlichen Entlein lernen können, dann, dass es Mut braucht, sich aus vorgegebenen Bahnen zu befreien und das Wagnis einzugehen, dem eigenen Herzen, seinen Gefühlen, Empfindungen und Idealen zu folgen.

Aber wir werden diese Entscheidung treffen, du und ich, und das nicht nur einmal. Glaubst du nicht?

Die zweite Frage ist die schwierigste für das hässliche Entlein: Wohin soll es gehen?

Auf unsere Menschenwelt übertragen: Was gibt unserem Leben Sinn?

Das hässliche Entlein weiß nicht so viel über seine Ziele wie du oder ich, aber es hat eine klare Vorstellung davon, dass es etwas Besseres sucht als das, was das Schicksal für es bereithält. Es will das Beste für sich und die schönen Dinge des Lebens genießen. Das ist nicht schlecht, wenn man im falschen Nest gelandet ist, findest du nicht?

Auch für uns ist diese zweite Frage nicht leicht zu beantworten. Vor allem, wenn du feststellst, dass dir die Ratschläge der anderen nicht weiterhelfen, du aber eine Antwort darauf finden musst, bevor du dich der dritten Frage widmest.

Neuesten Studien zufolge sucht ein Drittel aller Patienten einen Therapeuten auf, weil sie keinen Sinn im Leben sehen. Um den Sinn des Lebens zu finden, muss man sich den Unterschied zwischen Wunsch und Ziel, zwischen Sinn und Zweck deutlich machen. Viktor Frankl, der Begründer der Logotherapie, war der Erste, der betonte, wie wichtig es ist, einen Sinn im Leben zu finden.

Frankl wurde während des Zweiten Weltkriegs wegen seiner jüdischen Herkunft von den Nazis in ein Konzentrationslager deportiert. In den Vernichtungslagern beobachtete der Wiener Arzt, dass fast ausschließlich solche Gefangenen überlebten, denen es gelang, ihrem furchtbaren Leben im Lager irgendeinen Sinn abzugewinnen.

Inmitten des Horrors, so stellte Frankl fest, brauchten die Menschen ein Ziel, und sei es noch so klein, um sich ihren Überlebenswillen zu wahren. Noch während der Gefangenschaft beschloss er, dieser Beobachtung weiter auf den Grund zu gehen und darüber zu schreiben. Diese Erkenntnis und das Vorhaben, darüber zu schreiben, boten dem Autor selbst einen tieferen Sinn, der ihn am Leben hielt.

Man kann immer einen Sinn im Leben finden, in jeder Situation und in allen Lebensumständen, auch wenn dies in unserer angenehmen Lebenswirklichkeit sicherlich einfacher ist, als es in den Konzentrationslagern der Nazis war. Doch man sollte immer damit beginnen, zwischen den Begriffen Wunsch und Ziel zu unterscheiden, denn allzu oft wird übersehen, wie grundlegend sich beides voneinander unterscheidet.

Ziele sind Häfen, die man im Leben ansteuert; den Weg dorthin zeigt uns die Erfahrung.

Erfolge sind Anreize, weiterzumachen, aber wir wissen nur dann, wohin die Reise geht, wenn wir für uns erkennen, was die Bestimmung unseres Lebens ist.

Mit der Gewissheit, auf dem richtigen Weg zu sein, kommen auch die Antworten auf die dritte Frage. Es sind die Begegnungen mit anderen, die in dieselbe Richtung unterwegs sind und die, genau wie man selbst, den Mut hatten, zurückzulassen, was nicht mehr ist. Es sind die Liebe und die Begegnung mit Reisegefährten in Zeit und Raum.

So wie das hässliche Entlein, bevor es sich auf den Weg macht, neigen auch wir dazu, zu glauben, unser Alltag, unsere Familie, unser Partner, der Job, Wissenschaft und Politik seien unumstößlich und unwiderruflich – so war es schon immer, und so wird es immer sein. Die Geschichte vom hässlichen Entlein ist eine Einladung, sich die Realität zu eigen zu machen, in der man lebt, und zu begreifen, dass die Welt das ist, was wir gemeinsam daraus machen.

Wenn ich weiß, wer ich bin und wohin mein Weg führt, und ich mir das Recht herausnehme, mir bewusst auszusuchen, wer mich auf meinem Weg begleitet, werde ich nicht nur eine angenehme, entspannte Reise haben; ich kann auch eine positivere Sicht auf die Dinge entwickeln und dafür sorgen, dass die Welt mehr und mehr zu dem Ort wird, den ich mir für mich und andere ersehne.

2
Aschenputtel

Einleitung

Die Version von *Aschenputtel*, die wir alle aus Kindertagen kennen, ist in Wirklichkeit eine entschärfte, überzuckerte Adaption der Geschichte, wie sie die Gebrüder Grimm niederschrieben. Diese wiederum hat, wie wir später sehen werden, ihren Ursprung in uralten Erzählungen aus unterschiedlichen Kulturen, in denen die bekanntesten Elemente des Märchens, etwa die Figur der Fee, überhaupt nicht auftauchen.

Wie bei jeder Geschichte in diesem Buch erzähle ich dir zunächst meine eigene Version von *Aschenputtel*. Dabei richte ich den Blick vor allem auf jene wiederkehrenden Motive, die in den meisten Versionen dieses Märchens auftauchen, das so oder so ähnlich in verschiedenen Ländern und Kulturen überall auf der Welt erzählt wird.

Die Geschichte

Die schöne Ella ist die einzige Tochter eines wohlhabenden Mannes, der auf tragische Weise seine Frau verliert, als das Mädchen zehn Jahre alt ist.

Der Mann kommt nur schwer über den Verlust seiner geliebten Frau hinweg, doch nach einigen Monaten der Trauer beschließt er aus Angst vor Einsamkeit und aus Sorge um die Erziehung seiner Tochter, so schnell wie möglich wieder zu heiraten.

Das Märchen beginnt mit der Wahl der zukünftigen Ehefrau: eine gleichfalls verwitwete Gräfin, die, so raten ihm alle, die notwendigen Eigenschaften habe, ihn über seinen Verlust hinwegzutrösten, ihm eine treue Gefährtin zu sein und ihm und seiner Tochter eine richtige Familie zu bieten, so wie vor dem Tod seiner ersten Frau.

Die Ehevereinbarungen werden schnell getroffen, und am Tag nach der Hochzeit ziehen der Mann und seine Tochter in das Haus der neuen Ehefrau, die dort mit ihren beiden Töchtern Dracina und Renarda lebt.

Die beiden Mädchen, die ein wenig älter sind als Ella, sind nicht besonders glücklich über die Neuankömmlinge. Sie sind abweisend und neidisch und machen vom ersten Tag an klar, dass sie nicht bereit sind, ihnen das Leben leichtzumachen, insbesondere ihrer neuen Schwester.

Trotz der Zwistigkeiten zwischen den Mädchen verläuft das Zusammenleben in den ersten Wochen normal; die täglichen Reibereien werden dank der schlichtenden Worte und der Autorität des Hausherrn rasch beigelegt, der den Streitereien mit Geduld und Nachsicht begegnet.

Als der Vater jedoch nach einem Monat seine Geschäftsreisen wiederaufnimmt und manchmal wochenlang unterwegs ist, wird das Zusammenleben schwieriger ...

Kaum ist der Vater aus dem Haus, fangen die Töchter der Gräfin an, Ella zu piesacken. Die Stiefmutter sieht dem Streit entweder amüsiert zu, oder sie gibt Ella die Schuld und behauptet, das Mädchen habe ihre Töchter provoziert.

Natürlich bekommt der Vater das alles brühwarm erzählt, sobald er nach Hause kommt. Nachdem er sich die Klagen der Gräfin über das Benehmen seiner Tochter angehört hat, stellt er sich auf die Seite seiner Frau und ermahnt seine Tochter, nicht mit den Schwestern zu streiten und ihrer Stiefmutter zu gehorchen.

»Aber ich ...«, versucht sich das Mädchen zu verteidigen.

»Kein Aber!«, fällt der Vater ihr ins Wort. »Gehorch einfach und tu, was man dir sagt!«

Vielleicht hätte der Vater mit der Zeit gemerkt, wie ungerecht er war. Vielleicht hätte er gesehen, dass seine Tochter weder ungehorsam noch streitlustig war. Vielleicht hätte er irgendwann herausgefunden, was wirklich passierte, wenn er nicht da war.

Hätte, könnte, wäre ...

Doch es kommt anders.

Einige Monate darauf bricht der Mann zu einer

langen Reise in den Orient auf. Eine Reise, von der er nicht zurückkehren wird ...

Die schreckliche Nachricht trifft schon bald nach seiner Abreise ein. Das Schiff, auf dem Ellas Vater unterwegs war, ist vor der indischen Küste gesunken, es gibt keine Überlebenden.

Als sie das erfährt, wird die Gräfin, nun zum zweiten Mal verwitwet, noch hartherziger und strenger gegenüber der Tochter ihres verstorbenen Mannes, die sie für alles verantwortlich zu machen scheint, was passiert ist.

Ella bekommt die ganze Missgunst ihrer Stiefmutter zu spüren. Das Mädchen muss von nun an in einer Dachkammer schlafen und sämtliche niederen Arbeiten im Haus verrichten.

Die mittellose Waise wird von ihrer »Adoptivfamilie« wie eine Dienstmagd behandelt. Sie muss bis tief in die Nacht arbeiten und im Morgengrauen aufstehen, um die Hausarbeit zu erledigen. Vor allem muss sie auf Anweisung der Stiefmutter zweimal am Tag den Herd ausfegen.

Aus diesem Grund geben Dracina und Renarda ihr den Namen »Aschenputtel«, weil ihre Kleider und ihr Gesicht immer mit Ruß und Asche bedeckt sind.

Aschenputtel ist förmlich im Haus eingesperrt und darf mit niemandem ein Wort wechseln. Ihre einzige Gesellschaft sind vier Täubchen, die in dem

Baum nisten, den ihr Vater beim Einzug mitgebracht hatte, und zwei Mäuse, die aus ihrem Loch kommen, um die Brotkrumen und Käsestückchen zu fressen, die Aschenputtel ihnen hinlegt.

Eines schönen Tages geschieht etwas Unerwartetes: Der König sendet Boten aus, die den Untertanen mitteilen, dass im königlichen Palast ein großer Ball gefeiert werde. Man suche eine Frau für seinen Sohn, den Prinzen, und alle unverheirateten Mädchen des Landes seien zu dem großen Ereignis eingeladen.

Die Nachricht macht unter den Untertanen des Königs die Runde und führt in der Stadt zu heller Aufregung. Das Haus der Gräfin ist da keine Ausnahme.

Für einen kurzen Augenblick träumt auch Aschenputtel wie ihre Stiefschwestern davon, dass vielleicht sie die Auserwählte sein könnte. Die zukünftige Königin! Warum nicht?

Warum nicht …?

Weil zwischen diesem Traum und der Realität ihre böse, grausame Stiefmutter steht.

»Ich weiß nicht, was es für dich zu feiern gibt, Aschenputtel«, macht sie sich über sie lustig. »Du wirst nicht zum Ball des Prinzen gehen. Was fällt dir ein? Schau dich im Spiegel an: Du bist schmutzig, und du hast weder ein Kleid noch Schuhe … Und du willst zum Tanz? Dass ich nicht lache! Du, so wie du aussiehst, im Ballsaal des Palasts? Meine Güte, was für eine Vorstellung! Du wärst eine Schande für die Familie ... Kommt nicht in Frage! Du bleibst hier, fegst den Boden und kehrst die Asche aus dem Herd. Und sorge dafür, dass das Haus blitzt, wenn wir zurückkommen.«

»Aber ich ...«, wagt Aschenputtel einzuwenden.

»Sei still!«, herrscht die Stiefmutter sie an, die auf keinen Fall will, dass ihre Töchter noch mehr Konkurrenz bei der Bewerbung um den Thron bekommen.

»Du sei nur still!«, wiederholen die Stiefschwestern im Chor.

An diesem Abend setzt sich Aschenputtel aufs Bett und weint bitterlich, bis am nächsten Morgen die Sonne aufgeht. Sie ist sehr traurig. Tief in ihrem Inneren findet sie, dass auch eine einfache Dienstmagd zum Ball gehen können sollte, um den Prinzen kennenzulernen oder ihn zumindest von ferne zu sehen.

Schließlich, nach vielen Tränen, ist der große Tag des Balls gekommen.

Im Haus herrscht große Aufregung, nur Aschenputtel bleibt nichts zu tun, als ihren Stiefschwestern bei ihren vergeblichen Bemühungen um Eleganz und Schönheit zu helfen.

»Aschenputtel, schnür mein Korsett enger!«
»Aschenputtel, steck mir das Haar auf!«
»Aschenputtel, bring mir das Rouge!«

»Aschenputtel, putz meine Schuhe!«

Aschenputtel hier, Aschenputtel da ...

Obwohl sie sich redlich bemüht, ihre Stiefschwestern herauszuputzen, sind ihre Anstrengungen zum Scheitern verurteilt. Die beiden Mädchen sind zutiefst hässlich, von einer Hässlichkeit, die nur noch von ihrer Boshaftigkeit übertroffen wird ...

Am Abend brechen die Gräfin und ihre beiden Töchter in ihren feinsten Kleidern zum königlichen Palast auf. Aschenputtel bleibt allein und tieftraurig im Haus zurück.

»Warum bin ich so unglücklich?«, klagt sie unter Tränen. »Mutter, ich vermisse dich so sehr! Wenn du hier wärst, wäre alles anders ... Ach, wenn du mir nur helfen könntest!«

Da geschieht etwas Unglaubliches: Aus dem Garten fällt ein strahlend weißes Licht durchs Fenster und erhellt das Haus. Überrascht tritt Aschenputtel ans Fenster und sieht, dass das Licht aus der Eiche zu kommen scheint, die sie und ihr Vater aus ihrem früheren Zuhause mitgebracht und im Garten gepflanzt hatten.

Seltsamerweise hat Aschenputtel keine Angst. Unbekümmert und hoffnungsvoll läuft sie in den Garten hinaus und tritt unter den Baum.

Dort stellt sie fest, dass das Strahlen von der nebelhaften Erscheinung einer alten Frau ausgeht. Die Frau hat das gütigste Gesicht, das Aschenputtel je gesehen hat, und streckt die Arme aus, als wollte sie das Mädchen auffordern, doch näher zu kommen …

»Weine nicht länger«, sagt die Frau. Sie hat eine sanfte, zarte Stimme, die das Mädchen an seine Mutter erinnert.

»Wer bist du?«, wagt Aschenputtel zu fragen.

»Ich bin deine gute Fee«, sagt die Frau mit einem milden Lächeln. »Und ich bin hier, um dir zu helfen, deinen Traum zu erfüllen. Wenn du möchtest, werde ich dafür sorgen, dass du zu dem Ball im Palast gehen kannst.«

»Das wäre herrlich!«, sagt Aschenputtel. Dann lässt sie den Kopf hängen. »Aber wie soll das gehen? Schau dir meine Lumpen an … Ich habe weder ein Kleid noch Schuhe. Und wie soll ich zum Palast kommen?«

Die Fee zückt wortlos ihren Zauberstab und berührt Aschenputtel an den Schultern. Augenblicklich verwandeln sich ihre Lumpen in ein wunderschönes himmelblaues Kleid.

Bevor Aschenputtel sich lange darüber wundern kann, schwebt die Fee ins Haus und holt einen Kürbis aus der Vorratskammer. Dann ruft sie in einer fremden Sprache die vier Täubchen aus dem Baum und die zwei freundlichen Mäuse herbei.

Eine Berührung des Zauberstabs verwandelt die Tauben in herrliche, schneeweiße Pferde, der Kürbis wird zu einer Kutsche, und die Mäuse sind plötzlich ein Kutscher und ein Page in vornehmen Livreen, bereit, das Mädchen wie eine Königin zum Ball zu geleiten.

»Los, los, beeil dich«, sagt die Fee.

»Warte.« Aschenputtel zögert. »Schau dir meine Füße an. So kann ich nicht gehen, ohne Schuhe!«

Erneut schwingt die Fee lächelnd den Zauberstab, und wie aus dem Nichts erscheint ein Paar funkelnder gläserner Schuhe, die dem Mädchen wie angegossen passen.

»Eines noch, Aschenputtel«, mahnt die Fee. »Bedenke, dass der Zauber nicht ewig anhält …«

Die Fee senkt die Stimme.

»Um Punkt Mitternacht, mit dem letzten Glockenschlag, wird der Zauber enden. Die Kutsche wird sich wieder in einen Kürbis verwandeln und dein Kleid in die Lumpen, die du zuvor getragen hast. Du musst vorher zurück sein.«

»Verstanden«, sagt Aschenputtel. »Ich werde daran denken und vor Mitternacht zurück sein. Ich bin so glücklich, dass ich überhaupt zum Ball kann …«

Aschenputtel besteigt mit Hilfe ihrer Begleiter die Kutsche. Als sich das Gefährt in Bewegung setzt, schaut sie aus dem Fenster, winkt und haucht ein leises »Danke« in Richtung der Fee.

Am Schloss helfen ihr die beiden Diener aus der Kutsche und geleiten sie zur Freitreppe.

Als sie den Saal betritt, macht sich ein erstauntes Schweigen breit. Niemand hat je zuvor dieses

Mädchen gesehen, und alle sind wie geblendet von seiner Schönheit.

»Sie ist eine Prinzessin aus einem fernen Land«, macht das Gerücht die Runde.

Nicht einmal die drei Frauen, mit denen Aschenputtel zusammenlebt, erkennen sie, so sehr sind sie daran gewöhnt, sie in Lumpen und rußverschmiert zu sehen.

Auch der Königssohn ist wie geblendet von so viel Schönheit, doch eingedenk seiner Position als Thronfolger atmet er tief durch, um seine schlotternden Knie unter Kontrolle zu bringen, und geht dann der unbekannten Schönen entgegen, heißt sie mit einer tiefen Verbeugung willkommen und bietet ihr seinen Arm, um sie zur Tanzfläche zu führen. Die Musik ist verstummt, die Gäste sehen die Fremde verwundert an.

Der Prinz bedeutet dem Orchester mit einer Handbewegung, weiterzuspielen, dann reicht er Aschenputtel die Hand und fordert sie zum Tanz auf.

Für den Rest des Abends tanzt der Gastgeber nur noch mit Aschenputtel und weist alle anderen Kavaliere ab, die mit ihr tanzen wollen.

»Sie ist meine Tanzpartnerin«, sagt er jedem, der sich dem Mädchen nähert.

In den Armen des stattlichen Prinzen vergeht die Zeit wie im Fluge, bis Aschenputtel bei einer Drehung einen Blick auf eine der Uhren im Ballsaal erhascht und sieht, dass es nur noch wenige Minuten bis Mitternacht sind.

»O mein Gott! Ich muss nach Hause!«, sagt sie, reißt sich von dem Prinzen los und wendet sich zum Gehen, während sie daran denkt, dass sich ihr Kleid in wenigen Minuten in schmutzige Lumpen und ihre Kutsche in einen Kürbis zurückverwandeln werden.

»Ich werde dich zu deinem Schloss begleiten, wo auch immer es sein mag«, sagt der Prinz, der wissen will, wer dieses junge Mädchen ist, das er unbedingt wiedersehen möchte.

»Nein, nein«, wehrt Aschenputtel ab. »Ich muss gehen …«

Und ohne weitere Erklärungen lässt sie den Prinzen mitten im Ballsaal stehen und eilt zum Ausgang.

Als sie die Schlosstreppe hinunterläuft und hastig ihre Kutsche besteigt, verliert sie einen ihrer gläsernen Schuhe.

Nachdem der Prinz die Überraschung über den überstürzten Aufbruch der Unbekannten überwunden hat, läuft er ihr hinterher, doch als er den Park erreicht, verschwindet die Kutsche bereits in der Dunkelheit. Auf dem Boden ist lediglich ein zierlicher gläserner Schuh zurückgeblieben, die einzige Spur des schönen Gastes.

Von diesem Augenblick an ist dem Prinzen klar, wer die zukünftige Königin sein soll, auch wenn er nicht weiß, wer die Unbekannte war und wie er sie wiederfinden soll. Er wird dieses Mädchen heiraten, das heute Nacht seinen Schuh verloren hat, und er wird nicht ruhen, bis er es gefunden hat.

Am nächsten Morgen verlässt der Prinz sein Schloss und reist durchs ganze Land.

Alle jungen Mädchen müssen den gläsernen Schuh anprobieren; diejenige, der er passt, soll die künftige Königin sein.

Der Schuh jedoch ist so zierlich, dass kein Mädchen hineinpasst.

Nach einigen Tagen trifft der Prinz mit seinem Gefolge vor dem Haus der Gräfin ein, in dem auch Aschenputtel lebt.

»Wir sind auf der Suche nach der Besitzerin dieses gläsernen Schuhs«, sagen sie. »Der Königssohn hat verkündet, dass er das Mädchen zur Frau nehmen wird, dem dieser Schuh passt.«

Aufgeregt macht sich die Stiefmutter auf die Suche nach ihren hässlichen Töchtern, damit sie den Schuh anprobieren, während sie lauthals beteuert:

»Der Schuh gehört einer meiner Töchter ... Ich erkenne ihn wieder!«, lügt sie. »Ich laufe und hole sie.«

Den gläsernen Schuh in der Hand, stürzt sie ins Haus und ruft:

»Mädchen! Der Prinz hat euren Schuh gefunden!«

Die Ältere hat sehr große Füße, und es ist sonnenklar, dass sie niemals in den winzigen Schuh hineinpassen wird. Die Gräfin ruft aus dem Fenster, dass ihre Tochter gleich nach unten komme; dann nimmt sie ein Küchenmesser und befiehlt:

»Los, hack dir die Zehen ab, Dracina. Du brauchst sie nicht mehr. Wenn du erst Königin bist, wirst du nie wieder zu Fuß gehen müssen.«

Das Mädchen begreift, dass dies der Preis für den Platz an der Seite des Prinzen ist, hackt sich die Zehen ab und quetscht den Fuß in den gläsernen Schuh. Die Schmerzen unterdrückend, tritt Dracina vor die königlichen Gesandten. Als diese den Schuh an ihrem Fuß sehen, fordern sie das Mädchen auf, in die königliche Kutsche zu steigen.

Doch die Freude währt nicht lange, denn als sie an dem Baum im Garten vorbeikommen, bemerkt der Kutscher das Blut, das aus dem Schuh des Mädchens tropft, und befiehlt ihm, wieder auszusteigen.

Die Stiefmutter behauptet, es handle sich um einen Irrtum; in Wahrheit gehöre der Schuh ihrer Tochter Renarda. Erneut verschwindet sie mit dem Schuh im Haus.

Es ist offenkundig, dass auch Renardas Füße zu groß und zu breit für den Schuh sind. Wieder greift die ehrgeizige Mutter nach dem Messer und sagt:

»Renarda! Komm her, spute dich! Die Ferse muss ab. Wenn du erst einmal Königin bist, brauchst du nie mehr zu Fuß zu gehen.«

Die Tochter gehorcht und lässt es über sich ergehen, dass die Mutter ihr mit zwei raschen Schnitten ein Stück der Ferse abhackt. Dann quetschen sie den Fuß in den Schuh und gehen zu den Gesandten des Königs. Ohne Renardas schmerzverzerrtes Gesicht zu bemerken, fordern die Höflinge sie auf, in die Kutsche zu steigen.

Diesmal fällt der Schwindel noch schneller auf. Als das Mädchen den Fuß auf die Trittleiter setzt, strömt das Blut nur so aus dem Schuh und beweist den Betrug.

»Das ist auch nicht die, nach der wir suchen«, sagt der Hofmarschall. »Hast du noch eine weitere Tochter?«

»Nein«, sagt die Stiefmutter.

»Und wer ist das Mädchen dort drüben?«

»Ach, die … Das ist eine arme Dienstmagd, die uns im Haushalt zur Hand geht. Ihr Name ist Aschenputtel, aber sie kann nicht die Braut sein, die ihr sucht. Seht sie nur an … Und außerdem war sie nicht auf dem Ball.«

»Hol sie her«, befiehlt der Gesandte. »Alle jungen Mädchen im Land sollen den Schuh anprobieren!«

»Nein, nein!«, wehrt die Gräfin ab. »Sie ist zu schmutzig, um sie Ihnen vorzuführen.«

Doch der königliche Gesandte besteht darauf, dass die Frau das Mädchen holt – so laute der königliche Befehl.

Aschenputtel kommt, setzt sich auf einen Stein, streift die Holzpantinen ab und streckt ihren zierlichen Fuß aus. Diesmal ist es der Prinz selbst, der mit dem gläsernen Schuh kommt.

Und siehe da, der Fuß gleitet mit Leichtigkeit hinein, als sei der Schuh für ihn gemacht worden.

Als Aschenputtel mit einem Lächeln zu dem Prinzen aufblickt, erkennt er das schöne Mädchen wieder, das mit ihm getanzt hat.

»Ich bin gekommen, um dich mitzunehmen«, sagt er. »Du sollst meine Königin sein.«

Die Anwesenden sind zunächst wie versteinert, dann beugen sie zum Zeichen ihrer Ehrerbietung das Knie.

»Sie ist es!«, rufen sie wie aus einem Munde. »Hoch lebe die Prinzessin!«

Aschenputtel und der Königssohn steigen in die Kutsche und fahren zum Schloss, wo der Prinz seinem Vater mitteilt, dass er das junge Mädchen heiraten werde.

Angeblich leben die beiden glücklich und zufrieden bis ans Ende ihrer Tage.

Auch über das weitere Schicksal der Stiefmutter und ihrer Töchter erzählt man sich viele, zuweilen furchtbare Dinge. Aber das ist eine andere Geschichte.

Die Moral

Der Sieg des Guten über das Böse, geduldiges Ertragen von Unglück und die Ahndung von Bosheit in Form einer gerechten »göttlichen Strafe« – das Märchen von Aschenputtel spiegelt perfekt die jüdisch-christlichen Moralvorstellungen wider.

Die Geschichte vermittelt und bekräftigt nachdrücklich die geltenden Werte ihrer Zeit:

Bescheidenheit

Güte

Geduld

Vergebung

Glaube

und, wie zu erwarten, das Vertrauen darauf, dass am Ende das Schicksal alles richtet. Die Guten werden belohnt, die Bösen für ihre schlechten Eigenschaften (Hass, Neid, Egoismus, Heimtücke und natürlich Habgier) bestraft.

Die Geschichte von Aschenputtel ist außerdem ein Musterbeispiel für ein Happy End, Märchenprinz inklusive, eine Botschaft, die gleichzeitig eine zweifelhafte patriarchalische Moral transportiert, die sich, wie wir sehen werden, in vielen anderen Märchen wiederfindet, von denen ich einige in diesem Buch näher betrachten werde.

Die andere Tür

Vor einigen Jahren wurde ich zu meiner großen Freude vom mexikanischen Bundesstaat Durango eingeladen, an einem Bildungsprogramm der Universität von Juárez mitzuarbeiten, das auf dem Entwicklungsprogramm der Vereinten Nationen beruhte. Es war eine Gelegenheit, unter Beweis zu stellen, dass Bildung in einer Gesellschaft mehr bewirken kann als eine blühende Wirtschaft, Knast oder »Null Toleranz«, wie es oft so schön heißt. Zunächst führte ich mit Hilfe der Studenten eine Umfrage in der Hauptstadt durch, um herauszufinden, was die Bewohner von Durango wirklich beschäftigte, ängstigte und belastete. Zur allgemeinen Überraschung war die größte Sorge der Menschen nicht die wirtschaftliche Situation (obwohl die Region in der industriellen Entwicklung weit hinterherhinkt) oder die tägliche Sicherheit (obwohl Durango in den Jahren 2010/2011 sehr mit dem organisierten Verbrechen zu kämpfen hatte). Die meisten Befragten sorgten sich um die Zukunft und die Ausbildung ihrer Kinder. Sie wünschten sich, dass die Jüngeren sich entfalten können und es einmal besser haben sollen als sie selbst.

Auf die Frage, warum sie diesen Wunsch nicht für sich selbst hatten (die meisten von ihnen standen mitten im Berufsleben), bekam ich Sätze zur Antwort wie: »Für mich ist es zu spät«, »Für mich ist das nichts«, »Das könnte ich nicht« oder »Wer sollte mir schon eine Chance geben?«.

Diese Antworten brachten mich dazu, dem ursprünglichen Projekt eine neue Richtung zu geben.

Ziel musste es vor allem sein, etwas an dem desolaten Selbstbild der Befragten zu ändern, damit sie ihr eigenes Potenzial wertschätzten und erkannten, dass sie selbst etwas an ihrer Lage ändern könnten und ihnen ein besseres Leben zustehe.

Diesem Problem begegnet man nicht nur in den wirtschaftlich schwachen Regionen Mexikos, sondern in ganz Südamerika, es betrifft den Einzelnen ebenso wie die jeweiligen Länder und Gesellschaften.

Bei der Planung unseres Projekts überlegten wir, mit Kursen zur Stärkung der Persönlichkeit zu beginnen, denn nichts trägt mehr zur Verbesserung der Lebensqualität und zur Veränderung der eigenen Lebensbedingungen bei als ein gesundes Selbstwertgefühl, in dem Sinne, wie ich diesen Begriff stets verwendet habe: zu wissen, dass ich wertvoll, nützlich und unersetzlich bin, dass ich alles Gute verdient habe und immer wieder imstande bin, zu lernen und mich weiterzuentwickeln.

Der eine oder andere, der von dem Projekt hörte und wusste, dass ich Kritik stets offen gegenüberstehe, äußerte Zweifel, ob ein paar Workshops zur Persönlichkeitsbildung etwas bringen würden. Kollegen aus der Psychotherapie, die genau wissen, wie wichtig ein gesundes Selbstwertgefühl ist, argumentierten (und ich gab ihnen recht), dass ein paar Seminarstunden, so positiv sie auch sein mochten, keinen richtigen therapeutischen Prozess ersetzen könnten.

Andere wiederum fanden, dass das Projekt lediglich ein Versuch war, das eigentliche Problem zu übertünchen und eine Schönheit vorzutäuschen, die Gott einem nicht mitgegeben hatte. Ganz offensichtlich kein glückliches Bild, denn über den Begriff Schönheit lässt sich bekanntlich streiten ... Aber ich verstand, was diese Leute sagen wollten.

Ich argumentierte, dass ein stabiles, gesundes Selbstwertgefühl etwas ist, das uns verändert, auch wenn wir nur ein klein wenig daran rühren. In diesem Kontext erinnerte ich mich an einen Vortrag meiner Kollegin Dr. Fabiana Monteiro, den diese auf einer Konferenz zum Thema »Frau sein in einer männlichen Gesellschaft« gehalten hatte. Auch sie nahm dar- in Bezug auf die Aschenputtelgeschichte, die ich dir gerade erzählt habe.

Kommen wir zum Kern dieses kleinen Textes zurück und werfen einen anderen Blick auf die Geschichte. Lassen wir für einen Moment die offensichtliche Botschaft beiseite, die wir bereits formuliert haben, und versuchen, folgende Frage zu beantworten:

Warum bleibt der gläserne Schuh zurück?

Das Kleid, die Kutsche, die Pferde ... alles verschwindet um Mitternacht, nur der Schuh bleibt zurück.

Denken wir nach.

Dass der gläserne Schuh nicht verschwindet, legt

die Vermutung nahe, dass der Zauber, der auf dem Schuh liegt, ein anderer ist.

In der Originalversion des Märchens gibt es einen weiteren Punkt, der diese Überlegung stützt: Die Kutsche ist ursprünglich ein Kürbis, das Kleid ein alter Lumpen, und die Pagen und Pferde sind verzauberte Mäuse und Tauben ... Die Schuhe hingegen sind einfach da. Als Aschenputtel darüber klagt, keine Schuhe zu haben, stehen sie plötzlich da und passen wie angegossen.

Aber der größte Unterschied zwischen dem Schuh und den anderen Dingen ist, dass dieses Stück Glas um Mitternacht, als der Zauber der Fee wie angekündigt endet (»Kein Zauber währt ewig«), für alle sichtbar ein Schuh bleibt. Er ist keine Illusion, kein Trick, keine Täuschung, sondern etwas Konkretes, Greifbares, Beständiges.

Dieses kleine »Mysterium« führt uns zu der verborgenen Botschaft der Geschichte.

Als der Zauber endet und Aschenputtels magische Schönheit verschwindet, ist da etwas, das auch nach dieser Nacht bleibt (und sie weiß es, denn sie ist im Besitz des zweiten Schuhs).

Wofür also steht der berühmte gläserne Schuh?

Für Monteiro ist der Schuh, der seine Magie nicht verliert, ein Symbol für die Entdeckung des Frauseins und die Bewusstwerdung der eigenen Weiblichkeit.

Wenn wir den Fokus auf diesen Punkt legen, scheint das Märchen nahezulegen, dass es der Fee bei der magischen Verwandlung nicht darum geht, durch das Ballkleid, die Kutsche und alles andere aus Aschenputtel eine schöne Prinzessin für eine Nacht zu machen, sondern vielmehr darum, dass die arme, ungeliebte Dienstmagd in sich selbst die wunderbare Prinzessin entdeckt, die sich hinter ihrem armseligen Äußeren und ihrem alltäglichen Elend verbirgt.

Der kreativen Sichtweise meiner Kollegin folgend, möchte ich ihrer Lesart jedoch das Geschlechterspezifische nehmen und anregen, in dem zurückbleibenden Schuh ein Symbol für das Selbstwertgefühl von Männern und Frauen zu sehen, ganzer Länder und der Gesellschaft als Ganzes. Die Erkenntnis, dass wir wertvoll, erwünscht und geliebt sind, ist immer ein Weg, auf dem es kein Zurück gibt.

Das bedeutet keineswegs, dass ich den langwierigen Prozess nicht wertschätze, der nötig ist, um an den tieferliegenden Ursachen mangelnden Selbstwertgefühls zu arbeiten, noch möchte ich die Notwendigkeit einer gründlichen Erforschung der Wurzeln dieser Geringschätzung der eigenen Person kleinreden. Die Begegnung eines Menschen mit seiner wahren Selbstschätzung ist ein bedeutsames Ereignis (und es tut nichts zur Sache, ob der Auslöser eine Begegnung mit einem besonderen Menschen, ein einzigartiges, intensives Erlebnis oder ein motivierender Film oder ein Buch ist, das dir in die Finger kommt). Wenn du es zulässt, wird nichts mehr sein wie zuvor.

Ich erinnere mich noch genau, wie ich zum ersten Mal den Text »Ich grüße den Buddha in dir« hörte. Er kommt mir immer in den Sinn, wenn ich über dieses Thema schreibe.

Er lautet ungefähr so:

Vielleicht bist du dir dessen nicht bewusst, aber du bist perfekt, niemand kann anders als perfekt sein. Wenn du dich aufrichtig betrachtest, wirst du deine Vollkommenheit erkennen.

Ich weiß, es mag anmaßend klingen, und du wirst zögern, dich ganz darauf einzulassen. Das ist normal. Doch lasse zu, dass sich dieser Gedanke in dir festsetzt wie ein Samenkorn, und es werden viele Dinge geschehen, die dir beweisen, dass es die Wahrheit ist. Du bist vollkommen, dir fehlt es an nichts, du brauchst nur ein bisschen mehr Bewusstsein, ein kleines Licht, das deinen Geist erhellt.

Das ganze Königreich gehört dir, du musst es nur in Besitz nehmen. Aber das geht nicht, nicht einmal im Traum, solange du dich für einen Bittsteller hältst. Sobald die Dunkelheit sich lichtet, hörst du auf, ein Bettler zu sein, und du wirst ein Buddha sein, ein Gebieter, ein Herrscher.

Die Vorstellung, dass du ein Bettler bist, ein

Unwissender, der nicht verdient, was er hat, wurde dir so oft eingeflüstert, dass es dich in tiefe Erstarrung versetzt hat. Aus dieser Erstarrung musst du erwachen.

Tief in deinem Herzen sollst du wissen, dass nichts Schlechtes an dir ist. Es ist in Ordnung, wenn du nichts verändern willst, denn ganz gleich, woran du glaubst, du bist ein Gott im Werden, ein göttliches Wesen, das begonnen hat, sich zu entwickeln.

Es ist die Aufgabe eines jeden, die eigene Stärke und Schönheit zu entdecken und sich klarzumachen, dass jeder Mensch wertvoll und einzigartig ist. Es geht darum, die Verantwortung für dieses vollkommene Kunstwerk zu übernehmen und unsere schönen, starken und anziehenden Aspekte zu der Achse zu machen, um die wir kreisen.

Auch wenn es diese Erkenntnis banalisiert und auf Äußerlichkeiten reduziert: Menschen, die ein Gespür dafür haben, wie man sich am besten schminkt, kleidet oder »auftritt«, versuchen selten, etwas darzustellen, was sie nicht sind, oder zu verstecken, was sie weniger ansprechend finden; vielmehr unterstreichen sie geschickt die Schönheit, die sie in sich tragen.

Wahre Schönheit wird nicht gemacht; sie wird entdeckt und geteilt. Nur so kann sie Mitternacht überdauern.

In meinem Beruf habe ich gelernt, dass die Suche

nach uns selbst, dem eigenen Leben, den eigenen Aufgaben und Überzeugungen eines der Themen ist, die immer wieder neu betrachtet werden wollen.

Es geht, um den exakten Fachbegriff zu verwenden, um »Ich-Syntonie«, ein Konzept, das über den gängigeren Begriff des Selbstwerts hinausgeht.

Das Märchen von Aschenputtel zeigt, dass zu einem gesunden Selbstbild zwangsläufig der magische Moment gehört, da man sich des eigenen Werts bewusst wird und positive Gedanken und Gefühle sich selbst gegenüber entwickelt. Dinge, die ganz selbstverständlich dazu führen, das eigene Leben auf die bestmögliche Weise anzugehen und zu leben.

Damit eine solche Ich-Syntonie möglich wird, muss man zunächst begreifen, dass ein innerer Einklang im Denken, Fühlen und Handeln keinesfalls auf dem Vergleich mit anderen beruht. Es ist ein Einklang, der in mir selbst beginnt und endet, was nicht heißt, dass es einfach nur darum geht, eigene Stärken aufzulisten und Schwächen zu überspielen.

Dieser Irrglaube ist letztlich immer eine Sackgasse, denn diejenigen, die darauf hereinfallen, sind permanent gezwungen, die weniger »brillanten« Seiten ihrer Persönlichkeit zu verbergen. In letzter Konsequenz führt ein solches Verhalten zu einer Form der Selbstverachtung, die wir unter dem Begriff der Ich-Dystonie zusammenfassen (um einen weiteren Fachbegriff zu verwenden).

Die Ich-Dystoniker, die sich tagtäglich in den Psychotherapiepraxen überall auf der Welt einfinden, sind von den Leiden der Protagonistin weit entfernt, und doch erinnern ihre Klagen häufig an die harte Realität der ungerecht behandelten Dienstmagd aus dem Märchen, über das wir hier sprechen.

Solche Patienten klagen über ein »niedriges Selbstwertgefühl« und leiden darunter, dass »niemand sie liebt«; die Schuld daran geben sie ihren »schlechten« Eigenschaften, an denen sie jedoch nichts ändern können, so dass sie in ihrer bedauernswerten Situation gefangen sind.

Wenn man ihnen eine Weile zuhört, stellt man fast immer fest, dass ihre Lebensrealität alles andere als bemitleidenswert ist und sie sogar oft, wie sie selbst einräumen, von anderen in ihrem Umfeld beneidet werden. Obwohl sie Menschen wie du und ich sind und wenig mit Aschenputtel gemeinsam haben, können sie einfach nicht akzeptieren, dass sie sind, wie sie sind. Sie begreifen nicht, dass sie zwangsläufig die Annahme untermauern, sie seien ohne Maske nicht liebenswert, wenn sie ständig versuchen, sich zu ändern oder sich nicht anmerken zu lassen, wie sie »wirklich sind«.

Um aus diesem Teufelskreis herauszukommen, ist es wichtig, einige Begriffe genauer zu definieren, die durch ständige Wiederholung nahezu ihre Bedeutung verloren haben. Vor zwanzig Jahren veröffentlichte ich ein Buch mit dem Titel *Von der Selbstachtung zum Egoismus*, das oft so verstanden wurde, als würde ich für Selbstachtung und gegen Egoismus plädieren. Dabei trat ich tatsächlich dafür ein, einen »gesunden Egoismus« zu entwickeln.

Im inneren Einklang mit sich selbst zu sein ist nichts anderes als die Fähigkeit, aufrichtig gegenüber sich selbst zu sein und sich richtig einzuschätzen, mit all seinen Stärken und Schwächen, gesunden und toxischen Anteilen, Licht und Schatten, Erfolgen und Bedürfnissen … Innere Ausgeglichenheit heißt nicht, zu glauben, man sei in jeder Hinsicht phantastisch, sondern sich so anzunehmen, wie man ist, und dem eigenen Ich Zufriedenheit und Stolz entgegenzubringen, auch wenn man im Anschluss daran zu dem Entschluss gelangt, an seinen dunkleren Anteilen arbeiten zu wollen.

Wir alle sollten uns fragen, warum wir unablässig danach streben, großartig zu sein. Wahrscheinlich denken wir, dass die anderen uns nur dann lieben könnten, weil nur Stärke und Erfolg liebenswert sind.

Wenn wir einen Moment innehalten, um uns zu fragen, warum wir die Menschen lieben, die wir lieben, werden wir feststellen, dass unsere Liebe (sofern sie aufrichtig ist) wenig damit zu tun hat, wie erfolgreich er oder sie ist.

Mögen wir einen Freund lieber, nur weil er die

Erfolgsleiter nach oben steigt? Lieben wir unsere Frau mehr, wenn sie ein paar Kilo abnimmt? Lieben wir unser Kind mehr, wenn es sein Examen besteht? Sicherlich nicht (und sollte deine Antwort ja lauten, ist es mit deiner Liebe nicht weit her).

Wenn du gefragt wirst, weshalb du jemanden liebst, wirst du wahrscheinlich antworten: »Ich weiß es nicht. Es ist einfach so. Ich mag die Kombination, die ihn zu dem macht, der er ist. Es macht mir Freude, mit ihm zusammen zu sein.«

Wahre Liebe beruht nicht darauf, wie gut, korrekt, klug, schön oder mutig der geliebte Mensch ist. Sie beruht einzig und allein auf seiner Existenz, wie Joseph Zinker in seinem Buch *Gestalttherapie als kreativer Prozess* so überzeugend darstellt.

Um der Sache noch tiefer auf den Grund zu gehen, beantworte die folgenden Fragen, ohne lange nachzudenken:

Wenn du eine Person liebst, was tust du mit ihr und für sie? Wie behandelst du sie?

Einige der Antworten, die mir darauf einfallen, werden sicherlich auch dir in den Sinn kommen:

Ich versuche, sie glücklich zu machen.

Ich bin nicht so hart mit ihr, wenn sie einen Fehler macht.

Ich weiß es zu schätzen, wenn sie sich bemüht; das Ergebnis ist zweitrangig.

Ich verwöhne sie.
Ich kaufe ihr Dinge, die ihr gefallen.
Ich beschütze sie.
Ich respektiere ihre Meinung.
Ich will nicht, dass sie sich ändert.
Ich verzeihe ihr.
Ich ermutige sie, ihre Träume zu verfolgen.
Ich achte auf ihre Gesundheit.
Ich schenke ihr ein Lächeln und sage ihr regelmäßig, wie sehr ich sie liebe.

Du würdest noch etwas hinzufügen?
Nur zu!
Und dann, wenn deine Liste vollständig ist, frage dich:

Was von diesen Dingen tust du für dich selbst?
Ein gutes und einfaches Rezept zur Ich-Syntonie besteht darin, deine Liste zu nehmen und damit zu beginnen, all diese Dinge, die du für deine Liebsten tust, auch für dich selbst zu tun.

Wir glauben nur allzu oft, dass wir außergewöhnliche Eigenschaften besitzen müssten, um liebenswert zu sein.

Wir denken, wir müssten einen gewaltigen Wissensschatz oder erstaunliche Talente besitzen, damit jemand auf uns aufmerksam wird oder uns wirklich zuhört.

Das Märchen von Aschenputtel zeigt uns, dass man, um einem wertvollen Menschen wichtig zu sein, lediglich davon überzeugt sein muss, dass das, was man selbst ist und mitbringt, ebenfalls wertvoll ist. Der beste Weggefährte ist nicht einer, der alles weiß und kann, sondern der den Mut hat, er selbst zu sein, und dich einlädt, ein Teil davon zu werden …

Die Schönheit eines Menschen ist nicht davon abhängig, ob der- oder diejenige dem Stereotyp einer attraktiven Frau oder eines attraktiven Mannes entspricht, sondern von seiner Entscheidung, sich so zu geben, wie er wirklich ist:

Das bin ich, und ich bin gerne so.

Ich würde mich freuen, wenn ich auch dir gefalle.

Eine so gesunde Einstellung zu sich selbst entwickelt sich nicht von allein, aber man kann sie lernen.

Die gute Nachricht ist, dass man nicht jeden Tag von vorn anfangen muss. Wenn du dir diese Sichtweise einmal zu eigen gemacht *hast*, wird sie dich für immer begleiten, denn ihre Macht bleibt, genau wie der gläserne Schuh.

3
Dumbo, der fliegende Elefant

Einleitung

Von allen klassischen Geschichten für Kinder ist diese womöglich die jüngste, aber zweifellos auch diejenige, die am schnellsten den Sprung vom geschriebenen Wort zum Zeichentrickfilm und von dort zum großen Publikum geschafft hat. Die erste Version erschien in einer sehr originellen, außergewöhnlichen Ausgabe als Roll-a-Book, von dem nur noch einige wenige Exemplare existieren.

Das 1939 von Helen Aberson veröffentlichte Werk bestand aus fünfzehn buntbedruckten Pappkärtchen, die in einem Kästchen über eine Metallrolle liefen. Mit Hilfe eines Holzrädchens am unteren Rand der Box konnten die kleinen Leser die Bilder eines nach dem anderen anschauen und dabei die kurzen Texte lesen, die jedes Bild begleiteten. Wenn man eines dieser Roll-a-Books betrachtet, wird klar, dass die Ausgabe eher auf eine interaktive Beschäftigung der Kinder mit dem Buch als mit der Geschichte des sympathischen Protagonisten ausgelegt war.

Doch bereits ein Jahr später kam die Geschichte erneut in die Buchhandlungen, diesmal als Kinderbuch mit knapp zwanzig Seiten, das sich schon bald großer Beliebtheit erfreute und nur acht Monate später unter dem Titel *Dumbo* als vierter abendfüllender Zeichentrickfilm von den Disney Studios verfilmt wurde.

Anders als in früheren Filmen gaben die Disney Studios diesmal der Geschichte den Vorzug vor den Bildern, wobei sie der Geschichte paradoxerweise eine völlig andere Richtung gaben als die Originalausgabe.

Eine Hollywoodlegende besagt, es habe sich weder um eine künstlerische Entscheidung noch um eine Anpassung an die Gesetze des Markts gehandelt. Angeblich sei der wahre Grund für diese Entscheidung ausschließlich finanzieller Natur gewesen. Die Nutzungsrechte, die man den Drehbuchautoren (der bereits erwähnten Helen Aberson und dem Illustrator Harold Pearl) zahlen musste, waren wesentlich günstiger als die Honorare, die die Zeichner der Studios dafür verlangten, die Geschichte in opulente Bilder umzusetzen.

Es wäre nicht verwunderlich, wenn diese kleine urbane Legende stimmen würde, denn der aufwendige Film *Fantasia* hatte die Disney Studios zwei Jahre zuvor nahezu ruiniert, und nur noch wenige Banken waren bereit, weitere Großprojekte zu finanzieren. Damit wäre es die Finanzabteilung des Studios gewesen, die darauf drängte, jede unnötige

Ausgabe zu streichen und einen Low-Budget-Film zu produzieren, um finanziell wieder auf die Beine zu kommen und zu verhindern, dass Disney vom Markt verschwände.

Dumbo wurde zu einem der größten Kassenschlager der Disney Studios und der Lieblingsfilm des Produzenten Walt Disney.

Die Geschichte

Zum ersten und letzten Mal in diesem Buch werde ich hier nicht die ursprüngliche Version der Geschichte erzählen. Dafür gibt es mehrere Gründe. Der erste ist, dass sich die von Disney verfilmte Version stark am Original orientiert und das Drehbuch eng der Geschichte von Aberson und Pearl folgt. Der zweite Grund ist, dass die wenigen Ausschmückungen, die im Film auftauchen, die eigentliche Geschichte nur bereichern und ihr mehr Tiefe geben; sie wegzulassen, wäre nicht hilfreich. Und der dritte ist, dass nichts, was ich in meinen eigenen Worten erzählen könnte, mit dem Erlebnis mithalten kann, den Film anzuschauen und zu sehen, wie aus einer kleinen, rührenden Geschichte mit einigen wenigen Pinselstrichen und großem handwerklichem Können ein Meisterwerk des Trickfilms wird.

Kurz gesagt, geht es in der Geschichte um einen in Gefangenschaft geborenen Elefanten, der ungewöhnlich große Ohren hat und wegen seiner Tollpatschigkeit überall ausgelacht wird. Der kleine Elefant, der davon träumt, fliegen zu können, wird als Clown engagiert und jeden Tag zur Freude des Publikums aus großer Höhe in ein Schlammbecken geworfen. Irgendwann wedelt der Elefant im Fall mit den Ohren und beginnt zu seiner eigenen Überraschung, über den Rängen zu schweben. Er erhält den größten Applaus des Abends und wird zur Hauptattraktion des Zirkus.

Vielleicht wäre es interessant, hier zu erzählen, was ursprünglich hinter dieser Geschichte steckt.

Es ist schwer zu glauben, aber die Geschichte vom fliegenden Elefanten geht auf tatsächliche Geschehnisse während des Zweiten Weltkriegs in Deutschland zurück, die allerdings mitnichten für ein minderjähriges Publikum geeignet sind.

In jenen Jahren tingelte ein kleiner Zirkus namens *Die Hoffnung der neuen Welt* durch den Osten Deutschlands und versuchte, ein wenig Zerstreuung und Freude in die von Bombenangriffen erschütterten Dörfer zu bringen, deren Söhne in den Krieg gezogen waren.

Bei einem dieser Gastspiele machte sich ein Mann aus dem Dorf nach der Vorstellung an die Zirkustänzerin Wendy heran. Amüsiert über die Situation und vielleicht auch ein wenig geschmeichelt von der Verheißung auf finanziellen Wohlstand und Luxus, die der Mann ihr bei dem einen oder anderen Glas versprach, ging das Mädchen zunächst auf den Flirt ein. Doch kaum war sie mit dem Unbekannten allein, wurde dieser zudringlich. Wendy versuchte, wegzulaufen, doch der Mann war stärker und missbrauchte sie.

Von Wendys Schreien alarmiert, stürzte der Zirkusbesitzer in den Wagen und tötete den Vergewaltiger. Dann floh er aus dem Dorf, weil er befürchtete, verhaftet zu werden.

Aber der widerliche Kerl hatte Wendy geschwängert, und nach acht Monaten bekam sie ein Kind. Das Kleine hatte eine schreckliche Missbildung: Das Gesicht war entstellt, der Kopf übergroß, mit riesigen abstehenden Ohren. Wendy war klar, dass dieses sonderbare, abscheuliche Wesen abstoßend auf jeden wirkte (auch auf sie selbst), und so blieb sie zwar beim Zirkus, hielt den Kleinen aber in ihrem Wagen versteckt.

Eines Abends jedoch passierte das Unsagbare. Eine gute Nachricht aus dem Krieg machte die Runde und versetzte das Lager in Festlaune, das Bier floss in Strömen. Artisten und Einheimische sangen und tanzten schwankend vom Alkohol ums Feuer.

Inmitten des allgemeinen Jubels büxte das Kind aus und tapste zwischen den Leuten umher.

Als sie es schließlich entdeckten, wichen die

meisten entsetzt zurück, als ob es eine ansteckende Krankheit hätte; andere lachten über sein Aussehen oder bewarfen es mit Unrat, während sie ihm »Monster!«, »Bestie!« und »Elefantenkopf!« nachriefen.

Die Clowns kamen ihm zu Hilfe, aber sie machten alles nur noch schlimmer, denn auch sie waren vom Alkohol benebelt.

»Keine Sorge«, sagten sie zu ihm. »Du bist kein Monster. Trink mit uns. Du bist einer von uns. Du bist ein Star. Du bist einzigartig.«

Sie machten das Kind betrunken, verkleideten es als Clown und schafften es auf die höchste Plattform der Hochseilartisten.

»Du bist kein Elefantenkind, du bist ein Vogelkind«, grölten sie.

Dann spannten sie ein Sprungtuch auf, wie es die Feuerwehr benutzt, und riefen ihm zu:

»Los, flieg! Wir fangen dich auf, es ist völlig ungefährlich. Flieg, Vogelkind, hab keine Angst!«

Das Kind, das sich der Gefahr überhaupt nicht bewusst war, sah seine Mutter in die Manege kommen und rief ihr zu:

»Sieh nur, ich kann fliegen, Mami! Ich kann fliegen, ich bin ein Vogel!«

Und das Kind stürzte sich in die Tiefe, aber nicht in das rettende Sprungtuch, sondern in den Sand, wo es an seinen Verletzungen starb.

Diese grausame, tragische Geschichte wurde von Timotheus, dem Sohn des Zirkusdirektors, aufgeschnappt. Der wäre zwar gern Schriftsteller geworden, hatte aber leider keinerlei Begabung zum Schreiben. Als er erkannte, dass er aus dem Stoff nie etwas Lesenswertes zustande bringen würde, erzählte er einer Freundin der Familie davon – der bereits erwähnten Helen Aberson. Sie machte zunächst ein Kinderbuch daraus und verkaufte die Geschichte schließlich an Walt Disney. Was folgte, war vorhersehbar: Das magische Händchen der großen Drehbuchautoren der Disney Studios, Joe Grant und Dick Huemer, erledigte den Rest.

Die Moral

Dies ist eine der Geschichten, die für Zuhörer wie Erzähler so viele konstruktive und positive Botschaften bereithalten, dass es nicht richtig wäre, nur eine davon in den Fokus zu stellen. Man könnte den Wert der Beharrlichkeit hervorheben, die Notwendigkeit von Selbstvertrauen, die Kraft des Willens, die Bedeutung der Freundschaft, die kreative Macht der Gedanken (im Guten wie im Schlechten) und natürlich die Erkenntnis, wie wichtig es ist, für die Erfüllung unserer Träume zu kämpfen … Immer würden wir in dieser Geschichte Elemente finden, die auf diese Punkte verweisen.

Die erste Botschaft ist zweifellos die, uns zum Handeln zu ermutigen.

Zu einem Handeln, das die Hürden, die uns die Realität in den Weg stellt, erkennt und bedenkt und das folglich immer ein gewisses Risiko in sich birgt. Zu einem Handeln, das unserem gegenwärtigen Sein verbunden ist und dennoch ganz auf einer Linie mit unseren Träumen liegt.

Erlaube mir einen kurzen Exkurs.

Kürzlich besuchte ich mit ein paar Freunden die Vorstellung eines brillanten argentinischen Stand-up-Comedians. Während seines Vortrags ließ er eine frustrierte Figur ausdruckslos von ihren gescheiterten Erfahrungen mit dem anderen Geschlecht berichten. Am Ende erzählte er, wie seine derzeitige Freundin – ihm zufolge eine kurvige Blondine – am Nachmittag zu ihm gesagt habe:

»Ich komme heute nach der Show vorbei. Dann gehen wir zu dir nach Hause und machen alles, was du willst. Alles!«

Den Tränen nahe, sah der Mann bittend ins Publikum und berichtete, dass er das Angebot ausgeschlagen habe, weil er dachte:

»Und was, wenn ich nicht weiß, was ich will?«

Das Publikum tobte und klatschte begeistert über den tollen Gag.

Und dann wurde uns klar, einigen schneller als anderen, dass wir in Wirklichkeit über unsere eigene

Situation lachten: Im Grunde ist uns allen manchmal nicht ganz klar, was wir wirklich wollen, wonach wir suchen und wovon wir träumen ...

Die meisten Menschen dümpeln träge vor sich hin und verwenden ihre Energie darauf, ihre Passivität zu entschuldigen, statt alles daranzusetzen, sie zu überwinden.

Die Entsagungsvollen behaupten, dass sie keine Zeit für Wünsche haben, weil leider immer die Pflicht vor dem Vergnügen kommt.

Die Unentschlossenen haben nicht einen, sondern viele Wünsche, die in ihren Augen widersprüchlich oder unvereinbar sind ... Und da sie sich nicht für einen entscheiden können, ohne auf andere zu verzichten, denken sie lieber nicht weiter darüber nach.

Dann sind da die Sensibelchen, die sich lieber keine Hoffnungen machen, um später nicht mit der Enttäuschung leben zu müssen.

Die Tiefstapler finden, dass ihr Wunsch zu hoch gegriffen ist, wo es doch andere gibt, die es viel eher verdient hätten.

Die Nihilisten wiederum erklären, dass man in unserer schnelllebigen Welt, in der sich die äußeren Bedingungen von Woche zu Woche, von Tag zu Tag, von Sekunde zu Sekunde ändern, nicht von »wahren Wünschen« sprechen könne ...

Und da sind wir, die entsagungsvollen, unentschlossenen, sensiblen, tiefstapelnden Nihilisten, und hangeln uns von einer Ausrede und einer Entschuldigung zur nächsten, um uns nicht eingestehen zu müssen, dass wir nicht bereit sind, für das zu kämpfen, was wir wirklich wollen.

Nach Aristoteles ist jeder Traum die Hinwendung vom Vermögen zum Handeln.

Uns mit den eigenen Wünschen auseinanderzusetzen, selbst wenn sie unrealistisch erscheinen, wird uns dabei helfen, uns besser kennenzulernen und dieses hoffnungsvolle Sehnen zu genießen, uns lebendig zu fühlen, Sehnsüchte zu teilen und in Ziele zu verwandeln. Es wird uns inspirieren, Wünsche durch andere zu ersetzen, und uns im besten Fall als Argument dienen, um über sie und uns selbst zu lachen.

Dieses Wissen um die eigenen Träume und ein guter Umgang damit ließen sich als Hauptmerkmal einer gesunden Selbstachtung definieren, sofern wir nicht vergessen, an den eigenen Möglichkeiten zu arbeiten und uns Gedanken zu machen, falls wir immer wieder an dieselben Grenzen stoßen.

Und darin steckt die zweite Botschaft der Geschichte: Dumbo kann sein Potenzial erst entwickeln und seinen Traum verwirklichen, als er Vertrauen in sich selbst und seine Möglichkeiten fasst. Das heißt, als er die Entscheidung trifft, es zu versuchen und dabei sein Bestes zu geben.

Diese zweite Moral könnte man vielleicht auch so formulieren: Das endgültige Ergebnis wird immer positiver für diejenigen ausfallen, die gelernt haben, ihr Fühlen und Denken mit ihrem Handeln in Einklang zu bringen. Davon hängt alles ab. Denn denk daran: Du und ich, wir alle sind irgendwann einmal nicht mehr und nicht weniger als der Traum eines Menschen gewesen, der sich nach uns sehnte.

Die andere Tür

Wir können uns innere Stärke als ein mächtiges Werkzeug vorstellen, das in schwierigen Momenten zum Einsatz kommt. So gesehen funktionieren unsere persönlichen Ressourcen wie eine Art spirituelles Immunsystem, das uns genau wie die biochemischen Abwehrprozesse unseres Körpers die nötige Widerstandskraft, den Mut und die Regenerationsfähigkeit verleiht, uns jedem Hindernis zu stellen und den Versuch zu unternehmen, es zu überwinden. Es ist diese innere Stärke, die wir als unerschöpfliche Motivationsquelle und Rüstzeug in die Waagschale werfen müssen, um für unsere Ziele zu kämpfen, wenn alles auf ein Scheitern hinzudeuten scheint.

Diese Stärke zu besitzen ist großartig, sie nicht zu besitzen ist gefährlich.

In meinem Beruf hat man beinahe täglich mit Menschen zu tun, die nicht auf ihre innere Kraft vertrauen und deshalb nach einem Substitut suchen, das ihnen Rückhalt, Mut und trügerische Sicherheit verleiht. Dabei wissen die meisten Abhängigen genau, dass diese »Krücken« nicht lange tragen und die Stärke, die sie verleihen, nur Illusion ist. Es ist der Weg in die Sucht, ganz gleich, um welche Droge es sich handelt, Alkohol, Rauschmittel, Arbeit, Sex, eine andere Person … Der Abhängige verwendet alle Kraft, Energie und Stärke auf das, wovon er abhängig ist, um sich besser zu fühlen oder etwas in Angriff zu nehmen, wovor er Angst hat.

Hier sei auch an jene erinnert, die sich selbst für schwach halten und sich nicht zutrauen, ein Problem zu meistern, und die deshalb zu dem Schluss kommen, dass sie nur dann nicht scheitern können, wenn sie es gar nicht erst versuchen und jeder Herausforderung ausweichen, die mit Anstrengung verbunden ist. Es ist ein Weg, auf dem man bestenfalls ein Leben ohne Frustrationen und Enttäuschungen erreicht, aber auch ohne Erfolge und persönliche Fortschritte.

Wie heißt es so schön: Wer keine Ansprüche an seine Arbeit, seine Familie oder seine persönliche Entwicklung hat, bekommt immer, was er erwartet, nämlich nichts.

Der Psychotherapeut Nathaniel Branden behauptet, dass man Menschen mit innerer Stärke und einem hohen Selbstwertgefühl bereits an ihrem sicheren, freundlichen Auftreten erkenne, das eine gelassene Freude am Leben widerspiegele. Es sind Menschen, die direkt und ehrlich über ihre Erfolge und Misserfolge sprechen können, weil sie eine entspannte Beziehung zu diesen Ereignissen haben, die nur selten als bedrohlich empfunden werden. Sie stützen sich fest auf ihre innere Kraft, sind für Lob und Zuneigung genauso offen wie für Kritik und Tadel, weil sie in ihrer Beziehung zu sich selbst nicht von der Zustimmung und dem Applaus anderer abhängig sind und der Abgleich mit dem gesellschaftlichen Bild von »Perfektion« für sie kein Parameter der eigenen Wertschätzung darstellt.

Innere Stärke führt zu größerem Verständnis und geduldiger Beharrlichkeit angesichts von Problemen, zu größerer Entschlusskraft und folglich einer größeren Lernfähigkeit.

Zusammengefasst lässt sich die Geschichte als Loblied auf die Aneignung und den Ausbau der versichernden Teile unserer Persönlichkeit lesen. Es ist eine innere Stärke, die sich in einem subjektiven Vertrauen darauf äußert, dass wir in der Lage sind, Hindernisse zu überwinden und Ziele zu erreichen, ohne auf dem Weg dorthin die besten Dinge im Leben aufzugeben: Gelassenheit, Harmonie, Neugier, Kreativität, Flexibilität und vor allem inneren Einklang.

Aber wie erreicht man diese Zuversicht, dieses Selbstvertrauen, diesen Antrieb? Wie eignet man sich das Durchhaltevermögen an, das zu einem wirkungsvollen Verhalten führt, und woraus nährt es sich?

Genau hierin verbirgt sich die beste Botschaft der Geschichte: Wahre innere Stärke entsteht, indem wir uns mit unseren Fähigkeiten und Schwachstellen auseinandersetzen, mit unseren beständigsten und unseren angreifbarsten Aspekten, unseren weit entwickelten und unseren unreifen Anteilen, unseren Wünschen und Ängsten, unseren höchsten Tugenden und unseren schlimmsten Fehlern.

Es gibt viele, zum Teil sehr alte Geschichten, die uns diese Botschaft vermitteln. Die für mich schönsten sind die vom Talmud inspirierte Geschichte vom Portier eines Stundenhotels und Somerset Maughams Erzählung *The Verger*.

Die Geschichte aus dem Talmud handelt von einem Mann, nennen wir ihn Jonas, der ebenso einfach und gutherzig wie unkultiviert und unwissend ist. Er ist Portier im örtlichen Stundenhotel und übt diese Tätigkeit seit Jugendtagen aus. Seine Eltern konnten oder wollten nicht dafür sorgen, dass er lesen und schreiben lernte; schließlich brauchte er für seine Arbeit, die schon sein Vater ein Leben lang ausgeübt hatte, weder das eine noch das andere. Eines Tages jedoch wechselte das Stundenhotel den Besitzer, und der neue Eigentümer wollte, dass der Portier eine Liste mit den Kundenbesuchen führte und darin festhielt, wie zufrieden sie waren. Da Jonas diese Aufgabe nicht erfüllen konnte, beschloss der Besitzer, ihm eine Entschädigung zu zahlen und ihn zu entlassen. Der arme Mann wusste nicht, was er tun sollte; er hatte nie etwas anderes gemacht und nichts anderes gelernt.

Im Laufe der Tage fiel ihm ein, dass er die plötzliche freie Zeit nutzen könnte, um einige Dinge in seinem Haus zu richten, die seit Jahren kaputt waren: den Küchentisch, die Haustür, das Vordach, ein Fenster ... Mit diesem Gedanken fuhr er in die nächste Stadt, um eine Werkzeugkiste zu kaufen (in seinem Dorf gab es keine Eisenwarenhandlung). Zwei Tage war er unterwegs (aber was machte das schon, er hatte ja keine Eile). Als er zurückkam, sah sein Nachbar ihn mit seiner funkelnagelneuen Kiste und fragte ihn, ob er ihm einen Hammer und vielleicht auch eine Zange verkaufen könne, er habe nämlich keine Zeit, zwei Tage unterwegs zu sein, um Werkzeug zu besorgen. Jonas überlegte, dass es eine gute Einkommensmöglichkeit wäre, sich seinen Zeitaufwand bezahlen zu lassen und ein bisschen auf jedes Werkzeug aufzuschlagen.

Um die Geschichte abzukürzen: Nach ein, zwei Jahren war der gute Jonas ein erfolgreicher Werkzeughändler und zehn Jahre später ein wichtiger Fabrikant von Arbeitsgeräten aller Art.

Irgendwann beschloss Jonas, seinem Dorf eine Schule zu stiften, die auf Gewerbe und Handwerk spezialisiert war. Zur Eröffnung versammelte sich das ganze Dorf, um dem Stifter seine Dankbarkeit zu zeigen. Nachdem er das Band durchgeschnitten hatte, überreichte der Bürgermeister Jonas die Dorfschlüssel, umarmte ihn und sagte:

»Mit großem Stolz und tiefer Dankbarkeit bitten wir Sie, uns die Ehre zuteilwerden zu lassen und sich als Erster in das Buch der neuen Schule einzutragen.«

»Die Ehre ist ganz meinerseits«, erwiderte der Mann. »Nichts täte ich lieber, aber ich kann nicht lesen und schreiben. Ich bin Analphabet.«

»Sie?«, fragte der Bürgermeister ungläubig. »Sie können nicht lesen und schreiben? Sie haben ein Industrieimperium aufgebaut, ohne lesen und schreiben zu können? Ich staune und frage mich, was Sie erreicht hätten, wenn Sie lesen und schreiben könnten.«

»Die Frage kann ich Ihnen beantworten«, sagte Jonas ruhig. »Hätte ich lesen und schreiben können … Ich wäre Portier im Stundenhotel geblieben!«

An dieser Geschichte überrascht mich immer wieder, wie sehr die modernste Geschichte in dieser Sammlung und eine der ältesten Geschichten des Talmuds in ihrer Botschaft übereinstimmen: Deine Schwäche, dein Defizit oder deine »Missbildung« können sich am Ende als deine größte Stärke herausstellen. Das, worauf alle hinabschauen und dessen du dich schämst, kann die Initialzündung für alle deine Erfolge sein.

Die riesigen Segelohren des kleinen Elefanten, die so oft das Ziel von Hohn und Spott waren, werden schließlich zur Ursache seines Triumphs und zum Werkzeug, mit dem er sich seinen Traum vom Fliegen erfüllt.

Die unglücklichen Lebensumstände von Jonas, seine Unkenntnis im Lesen und Schreiben, die ihn an den Rand der Gesellschaft stellen, veranlassen ihn dazu, sich auf die Suche nach einem besseren Leben zu begeben, ein Weg, der paradoxerweise zu Applaus und allgemeiner Bewunderung auch von denen führt, die ihn zuvor ausgegrenzt haben.

Beide Geschichten lehren uns vor allem, das, was wir sind, in seiner Gesamtheit wertzuschätzen, auch solche Aspekte, die uns nicht mustergültig erscheinen. Sie könnten sich im Laufe unseres Lebens als Stärke herausstellen, auf die wir angewiesen sind, um einen Schritt in Richtung Zukunft zu machen, einen Schritt, der nicht möglich wäre, ohne auf alles zurückzugreifen, was wir sind.

Wirkungsvolles, veränderndes Handeln ist nicht möglich, ohne diese Aspekte zu erkennen und zu akzeptieren, die andere und wir selbst für wenig anerkennenswert halten, und sich mit ihnen anzufreunden.

Bevor du weiterliest, richte deinen Blick nach innen ...

Was magst du nicht an dir? Ich spreche von jenen Anteilen, die du ablehnst oder über die du dich am meisten ärgerst.

Was mögen andere nicht an dir, obwohl du selbst es vielleicht als zu dir gehörig betrachtest?

Und nun lass uns überlegen:

Wozu dienen diese Anteile deiner selbst? Wozu haben sie dir gedient? Wozu könnten sie dir in Zukunft dienen?

Auf meiner persönlichen Liste stand lange Zeit meine übermäßige Empfindsamkeit gegenüber fremdem Leid. Eine überzogene Reaktion auf alles, was mich emotional berührte. Ich verbrachte einen großen Teil meines Lebens damit, mit mir zu hadern und zu versuchen, »stärker«, »härter«, »männlicher«, »erwachsener« und »nicht so weinerlich« zu sein ...

Irgendwann, vor fast vierzig Jahren, wurde mir klar, dass diese Eigenschaft es mir nicht nur ermöglichte, gewisse Dinge besonders intensiv zu empfinden, was ja nichts Schlechtes ist, sondern dass sie mich in beruflicher Hinsicht zu dem Therapeuten machte, der ich war. Meine Hypersensibilität war, wenn nicht das einzige, so doch das beste und wichtigste Werkzeug meiner Arbeit als Psychotherapeut; es war dieser Wesenszug, der es mir ermöglichte, mit meinen Patienten mitzufühlen. Ich zweifle nicht daran, dass dies anderen Therapeuten auf einem anderen Weg gelingen mochte, ich jedoch konnte es nur auf diesem Weg erreichen: Um zu erkennen, was mit demjenigen los war, der mich aufsuchte, brauchte ich diese gefühlsmäßige Verbindung.

Auf einmal war das, was ich für eine meiner größten Schwächen hielt, zugleich mein bester und stärkster Verbündeter bei der Aufgabe, die meinem Leben Sinn gab. Nachdem ich mich mit diesem Teil meiner selbst angefreundet hatte, wurde er mir eine unverzichtbare Hilfe; dank dieser zuvor verachteten Charaktereigenschaft wurde ich mit der Zeit zwar nicht zum besten Therapeuten der Welt (sicherlich nicht), aber doch zu dem besten Therapeuten, der ich sein konnte.

Mag sein, dass du dich fragst, wie es kommt, dass wir einen Teil unserer Wesensart ablehnen. Die Antwort ist vorhersehbar … Die Menschen, die uns erzogen haben, haben es uns so beigebracht, weil sie der Überzeugung waren, dass es besser für uns wäre.

Durch unsere Erziehung darauf getrimmt, uns damit auseinanderzusetzen, was erlaubt ist und was nicht, was gut ist und was schlecht, hat jeder von uns bewusst oder unbewusst ein Programm für sein Leben aufgestellt: Eine Basis unserer Geschichte und vor allem eine bestimmte Form, die Persönlichkeit zu interpretieren, die uns mitgegeben wurde, wozu natürlich auch gehört, was »man« tut und was nicht, wenn man von den anderen einigermaßen akzeptiert werden will.

Es ist einer der Schlüssel zu einer guten Lebensqualität, sich selbst das Recht zuzugestehen, erlernte Muster in Frage zu stellen und herauszufinden, wonach unser Körper, unsere Seele und unser Geist verlangen, um jede Minute intensiv zu leben und dabei alles in die Waagschale zu werfen, was wir sind und wissen, auch jene Dinge, von denen andere sagen, dass wir sie unterdrücken sollen.

Die Ausübung dieses Rechts bestimmt darüber, in welchem Maß wir Vertrauen in unsere inneren und äußeren Möglichkeiten setzen. Darin liegt der entscheidende Unterschied zwischen einem erfüllten Leben und reinem Überleben.

Ich habe einige Jahre als Arzt in den Randbezirken von Buenos Aires gearbeitet und später mit dysfunktionalen Familien im mexikanischen Bundesstaat Durango, hatte also mit Menschen zu tun, die in einem derart schwierigen Umfeld leben, dass sie nur wenig Aussicht auf persönliche und gesellschaftliche Weiterentwicklung hatten ... Und doch gelingt es vielen dieser Männer und Frauen, sich gegen ihr Schicksal aufzulehnen und aus dem Teufelskreis eine Aufwärtsspirale zu machen, die ihnen bessere Perspektiven bietet.

Der großen Mehrheit dieser Menschen ist durchaus bewusst, wer sie sind. Sie verstehen genau, was mit ihnen los ist, und kennen ihre Stärken und Beschränkungen. Sie besitzen ein starkes Zusammengehörigkeitsgefühl, einen ausgeprägten Sinn für Kommunikation, wichtige soziale Kompetenzen wie Humor und die Fähigkeit, sich selbst zu kümmern oder sich helfen zu lassen, je nachdem, wie es die Situation erfordert. Sie sind in der Lage, explizit und implizit ihren Glauben an eine bessere Zukunft zu äußern, die ihr erklärtes Ziel ist.

Andere hingegen sind passiver, ängstlicher und unsicherer. Sie sind durch Umstände und sozialen Druck stark beeinflussbar und zweifeln an ihren Fähigkeiten und ihrer Zukunft. Sie sind überkritisch mit sich selbst und anderen. Sie haben Probleme, Entscheidungen zu treffen, und sind nicht in der Lage, die Erfüllung ihrer Wünsche auf später zu verschieben, wodurch sie immer mehr im Teufelskreis der Aussichtslosigkeit versinken.

Kehren wir zu dem fliegenden Elefanten und Jonas zurück.

Es wäre sehr wünschenswert, wenn wir in dem Moment, in dem wir losfliegen müssen, alle uns zur Verfügung stehenden Möglichkeiten nutzen könnten, seien es Vorzüge oder Schwächen. Und selbstverständlich wäre es gut, wenn diese Werkzeuge gut geschmiert und einsatzbereit wären. Man muss kein Genie sein, um zu erkennen, dass man das am besten erreicht, indem man sie auch abseits dieser kritischen Momente ganz selbstverständlich und regelmäßig nutzt.

Sich mit den ungeliebten Aspekten seiner selbst auszusöhnen ist ein Meilenstein unseres inneren Wachstums. Es ist eine unerlässliche Aufgabe für jeden, der den Weg zu einem erfüllten Leben gehen will, etwas, das wir nicht vergessen sollten, wenn wir fliegen wollen.

4
Rotkäppchen

Einleitung

Von allen Volksmärchen des Mittelalters hat *Rotkäppchen* den speziellsten Weg genommen und auf seiner Reise zu uns am meisten verloren. Überlieferte Märchen wurden immer verändert und entschärft, indem man mächtige Magier, Hexen oder Zauberer hinzufügte; bei *Rotkäppchen* allerdings wurden große Teile der Geschichte einfach unterschlagen. Man kommt auf sicherlich fünfzehn Szenen oder Dialoge, die schlichtweg verschwunden sind, allen voran natürlich solche, in denen ein sexueller Bezug durchscheint.

Der erste Autor, der den Stoff aufgriff, war Charles Perrault. Er fasste verschiedene Legenden aus Nordeuropa zusammen und machte daraus eine Geschichte für seine Sammlung historischer Märchen, die Ende des 17. Jahrhunderts erschien. Dabei verzichtete er auf solche Aspekte, die nicht der Moral der damaligen Zeit entsprachen, und unterschlug alles, was Rotkäppchen nicht als reines, unschuldiges Mädchen zeigte. Perraults *Rotkäppchen* unterscheidet sich in einem Punkt von fast allen Märchen, so als schiene der fehlende Inhalt durch den Text durch: Es gibt kein Happy End. Ganz im Gegenteil.

Später, im Jahr 1812, schrieben die Gebrüder Grimm die Geschichte um und gaben ihr ein neues, »annehmbareres« Ende, das ihrer Epoche entsprach. Sie nahmen das Ende einer romantischen Novelle des deutschen Schriftstellers Johann Ludwig Tieck und fügten es nahezu wortwörtlich in ihre Version von *Rotkäppchen* ein, samt dem heldenhaften Jäger.

Seit damals wurde nicht mehr viel an der Geschichte verändert, abgesehen von kleinen Details, die von den Geschichtenerzählern hinzugefügt wurden, damit die Kinder sich besser in die Handlung einfühlen konnten.

Rotkäppchen war und ist das Märchen, das die meisten zeitgenössischen Künstler aus allen Sparten dazu inspiriert hat, sich in Texten, Filmen und Bühnenfassungen mit seinen ikonischen Figuren zu befassen.

Bemerkenswert ist, dass in vielen dieser Neufassungen nicht das Mädchen mit der roten Kappe im Mittelpunkt steht; es ist spannend, wie sich der Sinn der Geschichte vollständig wandelt, wenn der Fokus stattdessen auf dem Wolf, der Großmutter oder dem Jäger liegt.

Die Geschichte

In einem entlegenen Dorf lebte vor vielen, vielen Jahren das freundlichste, gutherzigste Mädchen, das man sich vorstellen kann. Niemand weiß, wie alt sie war, aber es wird berichtet, dass ihr Haar so blond war, dass selbst die Sonne vor Neid erblasste. Ihre Augen waren wie zwei Sterne, und in der Schule war sie ebenso fleißig wie im Haushalt.

Die Mutter war überglücklich ob der Gutherzigkeit und Schönheit ihrer Tochter, niemand konnte glücklicher sein als sie … Doch die Freude einer weiteren Frau kam diesem Glück sehr nahe: die der Großmutter des Mädchens.

Die alte Frau vergötterte das Mädchen und zeigte das auch, indem sie das Kind mit Küssen, Umarmungen und Geschenken überschüttete. Am vorangegangenen Weihnachtsfest hatte sie ihr ein ganz besonderes Geschenk gemacht, das beide sehr mochten. Es war eine hübsche Kappe aus roter Seide, die sie mit ihren altersschwachen Händen selbst genäht hatte.

So begeistert war das Geschenk aufgenommen worden, dass das Mädchen von da an nur selten ohne die Kappe aus dem Haus ging. Deshalb gaben ihm die Familie und die Nachbarn den Namen Rotkäppchen.

Weil die Mutter in der ständigen Angst lebte, dem Kind könne etwas Schlimmes zustoßen, entfernte sich das Rotkäppchen niemals weit von zu Hause. Seine freie Zeit verbrachte es mit seinen beiden Lieblingsbeschäftigungen: Es sah den Schmetterlingen beim Fliegen zu und fütterte die Vögel mit Brotkrumen.

Außer natürlich an Freitagen.

Freitage waren etwas Besonderes.

Freitags gab die Mutter ihr die Erlaubnis, den Nachmittag mit ihren beiden besten Freundinnen zu verbringen, sie zum Tee einzuladen und »Besuch« zu spielen.

An einem solchen Freitag, nachdem sich die Spielkameradinnen verabschiedet hatten, sah Rotkäppchen auf dem Tisch eine Schüssel mit Küchlein stehen.

»Was hast du für leckere Küchlein gebacken, Mama!«, rief das Mädchen, als es die Köstlichkeiten sah. »Sie sehen wundervoll aus. Darf ich eines essen?«

»Na gut. Aber nur eines«, antwortete die Mutter. »Ich weiß, dass du sie sehr gerne magst, aber diese hier sind nicht für uns. Ich habe sie für deine Großmutter gebacken, denn sie ist krank.«

»Die Großmutter ist krank?«, fragte die Kleine und hatte die Küchlein sofort vergessen. »Was hat sie denn?«

»Ich glaube nicht, dass es etwas Ernstes ist«, antwortete die Mutter. »Eine Erkältung und ein bisschen

Husten, aber es wäre besser, wenn sie ein paar Tage das Bett hütet. Deshalb ...«

»Ja?«

»Du weißt doch, wo die Großmutter wohnt, oder?«

»Ja, natürlich, Mama. Neben der verlassenen Mühle, auf der anderen Seite des Waldes.«

»Nun, jemand müsste ihr die Küchlein und ein Glas von meinem Feigengelee vorbeibringen, das sie so gerne mag. Würdest du das machen?«

»Ich mache mich sofort auf den Weg«, rief das Mädchen. »Ich habe große Lust, die Großmutter zu besuchen ... und die Küchlein mit ihr zu teilen.«

»Nicht jetzt«, beschloss die Mutter. »Es wird bald dunkel, und ich möchte nicht, dass du allein durch die Finsternis zurückkommst.«

»Warum, Mama?«

»Weil ich mir Sorgen mache«, antwortete die Mutter.

Am nächsten Morgen packte Rotkäppchens Mutter die Küchlein und das Glas mit Gelee in einen Korb und drängte ihre Tochter, sich früh auf den Weg zu machen. Sie fand es gut, wenn die Enkelin ein wenig Zeit mit der Großmutter verbrachte, aber sie wollte, dass sie vor Einbruch der Dunkelheit zurück war.

Das Mädchen zog die rote Kappe an, und die Mutter gab ihm letzte Ratschläge mit auf den Weg.

»Lass dich nicht ablenken«, sagte sie, »und geh auf

direktem Weg zum Haus der Großmutter. Aber nicht durch den dunklen Wald, auch wenn es kürzer ist. Der Weg dort ist uneben und voller Dornen; deine Hände und Füße sind zu zart für diesen Weg. Geh außen um den Wald herum. Und komm bloß nicht auf die Idee, den Weg zu verlassen und in den Wald zu gehen.«

»Warum?«

»Dort ist der böse Wolf.«

»Ah. Und was ist mit diesem Herrn Wolf?«

»Wenn er dich entdeckt, wird er dich fressen!«

»Mich fressen? Was für ein böser Kerl!«

»Angeblich hat er nach der letzten Tracht Prügel, die er von den Jägern bezog, das Weite gesucht, aber man munkelt, er sei wieder in der Gegend.«

Dann begleitete sie das Rotkäppchen zur Tür und gab ihm zum Abschied einen Kuss.

»Keine Sorge, Mama«, sagte das Mädchen, hängte sich den Korb über den Arm und machte sich auf den Weg.

Es war ein wunderschöner, sonniger Tag; Vögel und Schmetterlinge flogen von Ast zu Ast und von Blüte zu Blüte, und die ganze Welt schien so fröhlich zu sein wie das Mädchen. Rotkäppchen liebte die Großmutter innig und hatte immer gehofft, dass die Mutter ihr irgendwann erlaubte, die alte Frau zu besuchen. Das Mädchen achtete nicht auf das, was ringsumher passierte, sondern dachte nur daran, dass es gleich bei der Großmutter sein würde.

Doch während alles ruhig und friedlich schien, führte jemand Böses im Schilde.

Dieser Jemand wartete nur darauf, das Mädchen zu überrumpeln und hinters Licht zu führen, um es dann mit seinen scharfen Zähnen zu verspeisen.

Es war tatsächlich der böse Wolf, dem das Wasser im Maul zusammenlief, als er das Mädchen auf dem Weg auftauchen sah.

Schon einige Male hatte er versucht, einem Kind aufzulauern, doch aus Angst, die Jäger könnten ihn entdecken und ein weiteres Mal verprügeln, hatte er sich zwischen den Bäumen versteckt und auf eine bessere Gelegenheit gewartet.

Vielleicht konnte er diesmal seinen bösen Plan in die Tat umsetzen.

»Die da ist meine!«, sagte er sich, als er das Rotkäppchen hinter einer Biegung auftauchen sah. Das Mädchen war allein und kam genau auf ihn zu.

Aber als er gerade aus seinem Versteck springen wollte, um sich ihr in den Weg zu stellen, entdeckte er mehrere Jäger ... Besser, er übte sich in Geduld und wartete noch ein wenig ab.

Und das tat er.

Unterdessen ging Rotkäppchen weiter und summte ein Lied, das ihr die Großmutter beigebracht hatte. Als das Mädchen sah, wie der eine oder andere Vogel ein paar Krümel vom Kuchenrand pickte, lächelte es, schüttelte mit gespielter Empörung das Tuch, das auf dem Korb lag, und lief den kleinen Dieben zum Waldrand hinterher.

»Husch, husch, ihr Süßschnäbel! Ihr Kuchendiebe!«, rief es lachend.

Als der Wolf das Rotkäppchen so nah sah, kam er aus seinem Versteck und lief auf das Mädchen zu.

»Wie hübsch du bist, kleines Mädchen!«, rief er. »Wie heißt du?«

Als Rotkäppchen das hässliche Tier vor sich stehen sah, erschrak es und dachte daran, was die Mutter gesagt hatte.

»Ich darf nicht mit Fremden sprechen, mein Herr. Die Mutter hat es mir verboten«, antwortete es.

»Da hat sie ganz recht, kleines Mädchen«, sagte der Wolf und versuchte, verständnisvoll zu klingen. »Ich spreche auch nicht mit Fremden. Deshalb bin ich näher gekommen, um dich kennenzulernen.«

»Danke. Aber woher weiß ich, dass du nicht der böse Wolf bist, der so gerne kleine Kinder frisst?«

»Ha, ha! Sehe ich etwa aus wie ein Wolf?« Der Wolf lächelte und versuchte, seine Reißzähne und seinen langen Schwanz zu verbergen.

»Nun ja«, sagte das Rotkäppchen, das noch nie im Leben einen Wolf gesehen hatte. »Ehrlich gesagt, ja.«

»Tatsächlich bin ich ein Wolf, aber ich bin nicht böse. Oder wirke ich böse auf dich?« Er gab sich große Mühe, lammfromm dreinzuschauen und zu lächeln, ohne allzu viel von seinen schrecklichen Zähnen zu entblößen. »Mein Name ist Timoteo. Und du, wie heißt du?«

»Und du frisst keine Kinder?«, fragte das Rotkäppchen.

»Ich?« Der Wolf zog seine langen, scharfen Krallen ein und schlug sich mit der Pranke gegen die Brust. »Wer kommt denn darauf? Ich bin ein vegetarischer Wolf. Ich fresse Früchte und Beeren.«

Er sprang auf einen Baum, riss ein paar Beeren ab und begann zu kauen, wobei er versuchte, seinen Abscheu zu verbergen.

»Siehst du?«, sagte er, nachdem er den widerlichen Bissen hinuntergeschluckt hatte. »Wo hast du schon mal einen Wolf gesehen, der trockene Beeren frischem Fleisch vorzieht? Unmöglich!«

»Unmöglich«, pflichtete die Kleine ihm bei.

»Du hast mir immer noch nicht gesagt, wie du heißt«, beharrte der Wolf, zufrieden mit seiner List.

Rotkäppchen überlegte: »Er ist kein Fremder, denn er hat sich mir vorgestellt. Er ist auch nicht der böse Wolf, sondern heißt Timoteo. Und er frisst keine Kinder … Er ist ja Vegetarier. Außerdem sagt Mama immer, dass ein guterzogenes Mädchen antworten soll, wenn es etwas gefragt wird.«

Und da sie ein guterzogenes Mädchen war, antwortete sie:

»Willst du meinen richtigen Namen wissen, oder

willst du wissen, wie ich von meiner Mutter und meiner Großmutter genannt werde?«

»Das ist mir gleich«, antwortete der Wolf und versuchte weiter, zu lächeln, ohne dass man seine scharfen Zähne sah.

»Meine Mutter und meine Großmutter nennen mich Rotkäppchen.«

»Ein hübscher Name«, bemerkte die Bestie. »Sicherlich wegen dieser roten Kappe, die dir so gut steht.«

Das Mädchen nickte. Als es sah, dass der Wolf schwieg, wollte es seinen Weg fortsetzen.

Der Wolf, der das Schweigen genutzt hatte, um einen neuen Plan zu ersinnen, setzte hinzu:

»Sag mir, Rotkäppchen, würde es dir gefallen, noch ein wenig zu bleiben und mit mir zu spielen?«

»Nein, nein. Ich bin auf dem Weg zum Haus meiner kranken Großmutter, um ihr das Feigengelee und diese Küchlein zu bringen, die meine Mutter gemacht hat.«

»Du bist nicht nur ein hübsches, sondern obendrein ein ganz liebes Mädchen!«, schmeichelte der Wolf. »Ich finde es sehr gut, dass du tust, was deine Mutter sagt. Aber hast du keine Angst, so allein durch den Wald zu gehen?«

»Nein. Außerdem gehe ich nicht durch den Wald, sondern außen herum«, antwortete das Rotkäppchen. »Ich bin nur hineingelaufen, um ein paar ungezogene Vögelchen zu verscheuchen, aber ich gehe gleich wieder raus. Ich möchte nicht dem bösen Wolf begegnen.«

Der gefürchtete böse Wolf stand vor ihr, aber er hatte sich noch nicht getraut, sie anzugreifen, und er tat es auch jetzt nicht, bei all den Jägern im Wald … Der leiseste Schrei der Kleinen würde eine weitere Tracht Prügel für ihn bedeuten, wenn nicht gar Schlimmeres.

»Ist es noch weit zum Haus deiner Großmutter?«, erkundigte sich der Wolf in böser Absicht. Er überlegte nämlich, sich einen doppelten Festschmaus in diesem Haus zu verschaffen, fernab von den Augen der Jäger.

Das Mädchen erklärte, dass die Großmutter in dem kleinen Häuschen bei der verlassenen Mühle wohne, dem mit der steinernen Treppe.

Nachdem der Wolf nun wusste, wo sich das Haus befand, kniff er arglistig die Äuglein zusammen und sagte:

»Was hältst du davon, wenn wir einen kleinen Wettlauf machen, um uns den Morgen zu versüßen?«

»Du und ich?«

»Klar«, bestätigte der Wolf. »Wer zuerst beim Haus deiner Großmutter ist. Du nimmst den Weg, auf dem du gekommen bist, und ich laufe quer durch den Wald. Einverstanden?«

»Das ist nicht fair. Dein Weg ist viel beschwerlicher als meiner«, sagte das Rotkäppchen, das – wie gesagt – ein sehr wohlerzogenes Mädchen war.

»Na gut«, sagte der Wolf, der nicht glauben konnte, dass das Mädchen ihm noch in die Karten spielte. »Gib mir zehn Minuten Vorsprung, dann läufst du los.«

»Wie du willst«, erwiderte das Rotkäppchen.

»Los geht's!«, rief der Wolf und schlug sich rasch ins Unterholz. Er hatte ein paar Jäger kommen sehen und fürchtete, sie könnten ihn entdecken.

Das Rotkäppchen, das an nichts Böses dachte, setzte seinen Weg fort, nun jedoch etwas zügiger.

Aber schon nach wenigen Schritten hatte es seinen neuen Freund vergessen und blieb, abgelenkt von den Vögeln und Schmetterlingen, immer wieder stehen, um ein paar Blumen zu pflücken, die es der Großmutter mitbringen wollte.

Der Wolf indessen verlor keine Zeit. Obwohl er wusste, dass das Mädchen langsamer war als er, hetzte er durchs Unterholz, ohne sich um die Dornen zu kümmern, die seine Haut zerkratzten, denn er wollte unbedingt vor ihr das Haus erreichen.

Nicht lange, und er stand vor dem Haus der alten Frau. Aufmerksam schlich er ein paarmal um das Haus herum, um zu sehen, ob eine Tür oder ein Fenster offen standen. Als er feststellte, dass dem nicht so war, lief er zur Haustür, stieg die steinerne Treppe hinauf und klopfte mit der Pfote an die Tür.

»Tock! Tock! Tock!«, hallten die Schläge wider.

Der Wolf wartete, doch nichts geschah.

Ungeduldig klopfte er erneut.

Diesmal war von drinnen eine leise Stimme zu hören:

»Wer ist da? Bist du es, Rotkäppchen?«

Als der Wolf die Frage hörte, beschloss er, dass es das Beste wäre, sich als das Mädchen auszugeben.

Er versuchte, seine raue, tiefe Stimme zu verstellen, und antwortete:

»Ja, ich bin's, Großmütterchen … Ich habe Kuchen dabei, den die Mutter gebacken hat, und ein Glas Gelee.«

Wenn sie nicht krank gewesen wäre, hätte die Großmutter vielleicht gemerkt, dass es nicht das Rotkäppchen war, das da sprach, denn obwohl der Wolf seine Stimme verstellte, klang er ein bisschen heiser. Aber krank, wie sie war, ließ sich die alte Frau von dem gerissenen Tier täuschen.

»Komm herein, meine Liebe, komm herein. Bleib nicht vor der Tür stehen, es ist kalt und du könntest dich erkälten.«

Der Wolf wollte eintreten, konnte aber nicht, weil er nicht begriff, wie die Türklinke funktionierte. Er versuchte es ein paarmal, doch als ihm klarwurde, dass er keine Zeit verlieren durfte, weil bald das Rotkäppchen eintreffen würde, sagte er:

»Großmütterchen, die Tür ist abgeschlossen, ich bekomme sie nicht auf …«

Ein wenig erstaunt darüber, dass das Mädchen vergessen hatte, wie die Tür aufging, die es schon so oft geöffnet hatte, antwortete die alte Frau:

»Hast du den Riegel über der Klinke vergessen? Schieb ihn zurück, und die Tür wird sich öffnen, wenn du dagegendrückst.«

Ungeschickt, denn seine Krallen waren zu lang, tat der Wolf, wie die Großmutter ihn geheißen. Er schob den Riegel zurück und lehnte sich mit dem Körper gegen die Tür, die sich daraufhin öffnete und ihm den Weg freigab.

Drinnen sah er die Großmutter im Bett liegen und stürzte sich mit gefletschten Zähnen auf sie. Als die arme Frau das Tier sah, wurde ihr klar, dass es niemand anderes war als der böse Wolf, und sie versuchte zu entkommen. Das wäre selbst dann schwierig gewesen, wäre sie gesund und dreißig Jahre jünger gewesen, doch krank und schwach, wie sie war, war es ein Ding der Unmöglichkeit.

Die Großmutter gelangte nicht einmal bis zur Schlafzimmertür, denn als sie aufsprang, verhedderte sie sich in ihrer Angst und Eile im Bettlaken und fiel zu Boden. Der Wolf stürzte sich auf sie, riss sein riesiges Maul auf und verschlang sie mit Haut und Haaren.

Das alles war so schnell gegangen und die Großmutter war so winzig, dass sein Appetit keinesfalls gestillt war, genauso wenig wie sein Jagdtrieb. Aber

Rotkäppchen konnte nicht mehr weit sein, und es zu verspeisen, würde seinen Festschmaus krönen.

Sollte er ihr draußen vor dem Haus auflauern und sie dann nach drinnen schleifen? Oder sollte er ihr entgegengehen und weiter den guten Wolf spielen? Er wollte nicht, dass irgendjemand auftauchte und ihm das Festmahl verdarb, und kam zu dem Schluss, dass es am besten wäre, im Haus zu warten. Um zu verhindern, dass das Rotkäppchen davonlief, wenn es ihn sah, beschloss er, die Kleider der Großmutter anzuziehen, ihre Haube aufzusetzen und sich ins Bett zu legen.

Kurz darauf erschien das Rotkäppchen. Voller Vorfreude auf das Wiedersehen mit der Großmutter hüpfte es die steinerne Treppe hinauf, stellte den Korb mit dem Kuchen und dem Gelee neben der Tür ab und klopfte leise an.

»Tock! Tock! Tock!«

Der Wolf, der die Großmutter noch nicht verdaut hatte, hätte beinahe alles verdorben, als er seine Rolle vergaß und mit rauer Stimme fragte:

»Wer ist da?«

Das Mädchen wunderte sich sehr über die Stimme, aber weil es dachte, die Großmutter sei vielleicht heiser, antwortete es:

»Ich bin's, Großmütterchen, deine Enkelin. Ich komme dich besuchen und habe Kuchen dabei, den Mama für dich gebacken hat.«

Und der Wolf rief, diesmal mit verstellter Stimme: »Komm herein, es ist offen.«

Das ahnungslose Rotkäppchen trat ein, stellte den Korb auf den Tisch, nahm die Küchlein und das Gelee heraus und ging in die Küche, um Teller zu holen, auf denen es die Leckerbissen servieren konnte.

Der Wolf rührte sich nicht, denn er hatte immer noch Angst, dass das Rotkäppchen seine List vorzeitig entdecken könnte, zu schreien begänne und Leute aufmerksam machte, die am Haus vorüberkamen. Also übte er sich in Geduld, zog sich die Decke über die Schnauze und wartete ab.

»Großmutter, du musst gut auf dich achtgeben. Du scheinst sehr erkältet zu sein, denn deine Stimme ist ganz heiser und rau.«

»Mach dir keine Sorgen um meine Stimme«, gab der Wolf ungeduldig zurück. »Und lass mich nicht warten, denn das wird mir nicht guttun. Komm endlich zu mir, ich will dich sehen.«

Weil das Rotkäppchen ein folgsames Mädchen war, trat es ans Bett, bekümmert, dass es seine Großmutter erzürnt hatte.

»Warum kommst du nicht näher? Hast du Angst vor mir?«, rief der Wolf, der allmählich die Geduld verlor, und wälzte sich unter den Laken herum.

Das Mädchen antwortete nicht, denn es wusste, dass wohlerzogene Kinder schweigen, wenn Erwachsene sie schalten. Aber als es aufsah, um sich bei der

Großmutter zu entschuldigen, bemerkte es lange, struppige schwarze Haare auf den weißen Laken.

»Aber Großmutter, warum hast du heute so struppiges Haar?«, fragte es.

Der Wolf, der erneut befürchtete, entdeckt zu werden, versuchte, so sanft wie möglich zu klingen.

»Nein, nein, meine Liebe«, erwiderte er, sich mühsam beherrschend. »Sie sind wie immer, du hast nur nie auf meine Haare geachtet. Aber mach dir deswegen keine Gedanken. Komm nur her und leg dich zu mir, mir ist kalt.«

Als der Wolf die Decke anhob, bemerkte das Mädchen eine der Pfoten.

»Warum hast du so lange Krallen, Großmutter!«, rief es.

»Damit ich dich besser festhalten kann«, antwortete der Wolf.

»Und warum hast du so große Ohren?«

»Damit ich dich besser hören kann.«

»Und warum hast du so lange, spitze Zähne?«

Der Wolf, der nur auf diesen Moment gewartet hatte, antwortete schroff:

»Damit ich dich besser fressen kann!«

Und damit sprang er so flink aus dem Bett, dass das Mädchen nicht entkommen konnte.

Die Kleine wollte schreien, aber der Wolf war schneller. Er legte ihr eine Pfote über den Mund und drückte ihr mit der anderen die Kehle zu …

Das Rotkäppchen konnte weder entkommen noch um Hilfe rufen und spürte, wie seine Kräfte schwanden. Sein Blick trübte sich, die Beine gaben nach und es hörte auf, sich zu wehren. Da brachte der böse Wolf sein Werk zu Ende und verschlang das Rotkäppchen mit einem Happs.

Manche erzählen, obwohl alles so schnell gegangen sei, habe ein vorbeikommender Jäger eine seltsame Bewegung hinter dem Fenster bemerkt und im Haus nachgesehen. Als er den Wolf entdeckte, der die Kleider der Großmutter trug, befürchtete er das Schlimmste.

Er hielt das Tier mit der Axt in Schach und rief:

»Der Wolf! Der Wolf! Kommt schnell zu Hilfe!«

Der böse Wolf versuchte, in den Wald zu entkommen, doch dort stand er plötzlich vor mehreren Jägern, die ihn, durch die Schreie ihres Kameraden angelockt, an der Flucht hinderten und ihn so lange prügelten, bis er tot war.

Als einer von ihnen sah, dass sich im Bauch des Tieres etwas bewegte, schnitt er es auf und zog das Rotkäppchen und seine Großmutter heraus, die der Wolf in seiner Gier an einem Stück verschlungen hatte, so dass sie noch am Leben waren.

Die beiden gingen ins Haus zurück und luden alle Jäger zu Kuchen und Feigengelee ein.

Das und viele andere schöne Dinge werden über das Ende der Geschichte berichtet, aber niemand weiß, ob diese Rettung wirklich stattgefunden hat oder ob sie sich jemand ausdachte, damit wir besser schlafen können.

Die Moral

Man kann nicht über den tieferen Sinn und die Botschaft dieses Märchens sprechen, ohne es in der Epoche zu verorten, in der aus einer überlieferten Geschichte ein Kindermärchen wurde. Es war eine Zeit voller Bedrohungen und reeller Gefahren für die Landbevölkerung, ganz besonders für die Schwachen. Außerhalb der Burgmauern marodierten Diebe, Säufer, Räuber und Mörder auf den Wegen und begingen straffrei ihre Verbrechen. Insofern hat die Geschichte den Anspruch, die Kleinen (insbesondere die Mädchen) vor den Gefahren der Außenwelt zu warnen.

Zugespitzt und auf einen Satz reduziert könnte die Moral lauten:

Der einzig sichere Ort für ein junges Mädchen ist zu Hause, bei seiner Mutter ...

Aber natürlich ist da noch mehr, viel mehr, für den, der es hören will ...

Nicht mit Fremden zu sprechen, zum Beispiel.

Nicht ungehorsam zu sein.

Nicht auf den ersten Eindruck zu vertrauen.

Kein Risiko einzugehen.

Oder wie es in dem schönen alten »Rotkäppchenlied« heißt:
Die Moral von der Geschicht'
Vertraue einem Fremden nicht.
Fürchte dich vorm bösen Wolf,
manchmal kommt er jung daher,
spielt den hehren Kavalier,
gibt süße Worte
und große Versprechen,
doch kaum gemacht,
wird er sie brechen.

Die andere Tür

Kultur, Tradition und Moral einer Gesellschaft werden durch unmittelbare und unterschwellige, verbale wie nonverbale Botschaften von den Eltern an die Kinder weitergegeben. Da gibt es Belohnungen und Strafen, Bestärkung und Verbote, gestützt auf alle Arten von Ideologien, Vorurteilen, Modellen und Vorschriften, und dies aus den unterschiedlichsten Beweggründen.

Nach der von Eric Berne entwickelten Transaktionsanalyse lässt sich die Persönlichkeitsstruktur in drei Ich-Zustände unterteilen: das Eltern-Ich, das Erwachsenen-Ich und das Kindheits-Ich. Berne zufolge wirken die in der Kindheit erhaltenen Vorschriften in uns fort und konditionieren uns selbst dann noch, wenn wir sie rational in Frage stellen. Diese Frage von Erlaubtem und Verbotenem ist fundamental, wenn wir verstehen wollen, warum wir auf eine bestimmte Art und Weise an schwierige Situationen herangehen, insbesondere, wenn wir andere im Rahmen eines pädagogischen, helfenden oder therapeutischen Berufs dabei unterstützen wollen, indem wir wirksame positive Interventionsformen schaffen.

Noch komplizierter wird es, wenn wir uns bewusst machen, dass die von Kindern in den ersten Lebensjahren erfahrenen Muster auf irreversible Weise die weitere Entwicklung dieser jungen Menschen bestimmen und beeinflussen werden und dass diese Muster ihrerseits von den Unzulänglichkeiten, Fehlern, Vorschriften und Verboten geprägt sind, die ihre Erzieher in der eigenen Kindheit erfuhren.

Ich denke, es ist keine Übertreibung, wenn ich behaupte, dass jeder von uns Opfer mindestens einer solchen restriktiven Vorschrift wurde und einen Großteil seines Lebens damit verbringt, dagegen anzukämpfen.

Normalerweise ist ein Kind (und später auch der Erwachsene) darauf angewiesen, gemocht, geliebt, anerkannt und wertgeschätzt zu werden; aus diesem Grund sind diese Vorschriften (zusammen mit den persönlichen Erlebnissen und der Familiengeschichte jedes Einzelnen) dafür verantwortlich, dass das

Kind am Ende seiner Kindheit eine klare Vorstellung davon hat, was man von ihm erwartet, und darin bestätigt wird, indem es von seinen Eltern die größte Anerkennung erhält, wenn es lernt, sich den Normen zu unterwerfen, die diese ihm mitgegeben haben.

Es ist nur logisch und natürlich, dass sich jeder für sein Leben ein Grundgerüst, ein Drehbuch und eine bestimmte Sichtweise auf die Welt schafft, die sich nach dem richten, was sich gehört und was nicht.

Früher oder später stellen wir fest, dass das Leben ein Risiko ist und dass wir, wenn wir im sicheren Gefängnis unserer Vorschriften verharren, am Ende seelisch verkümmern.

Der entscheidende Schlüssel zu einer guten Lebensqualität besteht darin, sich all dieser absurden Verbote bewusst zu werden, die wir mit uns herumschleppen, sich das Recht zuzugestehen, diese Muster in Frage zu stellen, und sich mit zunehmendem Alter die Freiheit herauszunehmen, sich alles zu gestatten, wonach Körper, Seele und Geist verlangen.

Letzten Endes geht es darum, sich das Recht zu nehmen, jede Minute unseres Lebens intensiv und vollständig zu leben. Um das zu erreichen, wird man in den meisten Fällen den Mut aufbringen müssen, mit dem durch die Regeln vorgegebenen Drehbuch zu brechen und es durch eines zu ersetzen, das unseren eigenen Vorlieben, Wünschen und Interessen entspricht und vor allem unsere eigenen Zukunftspläne berücksichtigt.

Aber das ist noch nicht alles.

In meinen Augen besteht die große Aufgabe darin, dass wir alle – als Eltern, Lehrer, Chefs eines Unternehmens, Vorgesetzte, als Bürger unserer Stadt – unseren Beitrag dazu leisten, dass sich jeder, ob Kind, Erwachsener oder alter Mensch, bewusst die Dinge gestattet, die er benötigt, um das Leben zu leben, das er leben möchte.

Und das ist die Botschaft dieser Geschichte, so wie ich sie verstehe.

Wenn *Rotkäppchen* ein Lehrstück ist, dann richtet es sich NICHT an die Kinder, sondern an die ELTERN.

Wenn du deine Kinder obsessiv vor jedem Unheil bewahren willst, wenn du ihnen beibringst, sich keiner Gefahr auszusetzen und schwierige oder gefährliche Situationen zu meiden, wirst du das Gleiche erreichen wie Rotkäppchens Mutter: naive, unreife Kinder, die nicht in der Lage sind, wirkliche Gefahren zu erkennen, und die es vor allem nicht schaffen, sich gegen Missbrauch, Betrug und Boshaftigkeit zu wehren, denen sie unweigerlich begegnen werden (denn die Bösen hatten schon immer und überall ein besonderes Gespür dafür, solche Menschen zu erkennen und auszunutzen).

Ich schweife für einen Moment ab, um eine Frage in den Raum zu stellen ...

Warum gibt es in der Geschichte eine Großmutter?

Für die Handlung wäre sie nicht unbedingt nötig, außer vielleicht, um die Geschichte noch schauriger zu machen.

Vielleicht könnte sie in dieser neuen Lesart ein Symbol sein, ein Zeichen, ein Hinweis.

Ich glaube fest daran, dass das Märchen vom Rotkäppchen uns zeigen will, dass Kindererziehung nicht mit den Botschaften der Eltern beginnt und endet, sondern sich über lange Zeit und mehrere Generationen erstreckt. Ihre positive oder toxische Wirkung reicht von unseren Großeltern bis zu unseren eigenen Kindern, vielleicht noch darüber hinaus.

Zurück zu den Eltern.

Ich denke, es muss nicht weiter betont werden, dass die Hauptaufgabe von Eltern die Erziehung ist. Eltern sollen ihre Kinder darin schulen, die beste Wahl zu treffen, sie darin bestärken, sich weiterzuentwickeln, um die beste Person zu werden, die sie sein können, und dabei alle ihnen zur Verfügung stehenden Ressourcen zu nutzen. Anders gesagt: ihnen dabei helfen, ihre Talente zu entfalten.

Worin besteht die Entfaltung eines Talents?

Talent entwickelt sich aus einer natürlichen Gabe heraus (verstanden als eine mehr oder weniger angeborene Fähigkeit), plus die Summe von zuvor Erlerntem und Erfahrenem, ergänzt um die (innerliche und äußere) Erlaubnis, den Referenzrahmen zu verlassen, den Eltern, Lehrer und andere Bezugspersonen vorgeben.

Selbstverständlich besitzt jeder irgendein Talent, das zu entfalten das Ziel sein soll. Aber meine Erfahrung als Therapeut hat mich gelehrt, dass uns nur allzu oft nicht klar ist, wie wir auf diese Ressourcen zurückgreifen können. Ein Talent zu entfalten heißt nicht, es neu zu schaffen; es bedeutet, eine Gabe zu entwickeln, die uns von Geburt an mitgegeben wurde, und zwar mit einer Energie, wie wir sie nur bei Dingen aufwenden, die uns wirklich wichtig sind, und dabei alles zu verwenden, was andere uns beibringen können.

Alle Völker der Welt, die durch Katastrophen, Kriege oder schwere Krisenzeiten gegangen sind, gründen danach auf den Fundamenten dessen, was überdauert hat. Jeder Mensch, der innere oder äußere Krisen durchlebt, kann sich nur dann neu erfinden, wenn er lernt, den Talenten zu vertrauen, die ihm geblieben sind.

Die Entwicklung dieses Potenzials ruft stets intensive, ambivalente Gefühle hervor – Neugier, Anspannung, Angst, Beklemmung, Begeisterung, Frust, Freude, Ungeduld, Hartnäckigkeit –, vielleicht, weil es unweigerlich ein »globaler« Prozess ist, der uns zwingt, uns ganz zu öffnen und bereit für neue Erkenntnisse zu sein.

Eine solche Entwicklung bedeutet nicht nur einen quantitativen Wissens- und Erkenntniszuwachs, sondern impliziert zudem eine strukturelle Transformation persönlicher Fähigkeiten, und wie fast alles, was gut und nützlich ist, kann dies nur geschehen, wenn wir uns nicht ausschließlich auf die Hilfe und Unterstützung anderer verlassen.

Unglücklicherweise sind Erziehungsmodelle nicht immer darauf ausgerichtet, schlummerndes Potenzial zu wecken. Die klassische Lernstruktur zielt darauf ab, Intelligenz und Leistungsfähigkeit zu fördern, nicht jedoch die qualitative Weiterentwicklung der begabtesten Schüler.

Erziehung und Begabung …

Leo Buscaglia erinnert sich an eine Episode, die ihm in der Grundschule passierte. Er erzählt, dass eines Tages eine neue Lehrerin auftauchte, förmlich in die Klasse stürmte und an jeden Schüler ein weißes Blatt Papier und eine Schachtel Buntstifte austeilte, um dann mit Schwung ein großes weißes Blatt an die Tafel zu heften.

»Guten Morgen, Kinder. Heute haben wir Kunstunterricht«, sagte sie. »Und weil es das erste Mal ist, werden wir einen Baum zeichnen.«

Buscaglia erzählt, dass er und die anderen dachten: »Zeichnen! Toll!«

Die Lehrerin nahm einen Stift und zeichnete einen großen grünen Kreis und darunter ein braunes Viereck. Dann verteilte sie noch ein paar rote Punkte in dem grünen Kreis und sagte:

»Das ist ein Baum. Und jetzt seid ihr dran.«

Leo Buscaglia dachte: »Das sieht eher aus wie ein Lolli, nicht wie ein Baum.« Aber je zügiger und je exakter er die Zeichnung der Lehrerin abzeichnete, desto schneller könnte er in die Pause und desto besser würde die Note ausfallen.

So wie er dachten alle, bis auf einen Jungen, der immer ganz hinten in der Klasse saß.

Auch er sah, dass dieses Gebilde nicht viel mit einem Baum zu tun hatte, aber er verstand nicht oder wollte nicht verstehen, dass in Wirklichkeit nicht Zeichnen gefordert war, sondern Kopieren. Also griff er begeistert nach einem blauen, einem orangen, einem roten und einem grünen Stift und malte damit einen riesigen Baum, der das ganze Blatt einnahm. Am Ende der Stunde überreichte er es stolz der Lehrerin.

Buscaglia erzählt, dass das Bild wirklich schön war, aber die Lehrerin schien nicht damit einverstanden zu sein.

Sie gab dem Jungen ein neues Blatt und ließ ihn nachsitzen, damit er ihren Baum exakt nachzeichnete. Im Korridor zeigte sie dem Direktor das Bild des Jungen und sagte: »Man muss ein Auge auf dieses

Kind haben, ich befürchte, es könnte eine Hirnschädigung haben.«

Dem Autor zufolge besaßen damals viele Kunstlehrerinnen keine pädagogische Ausbildung und wussten nicht, wie man Zeichnen unterrichtet. Ich glaube kaum, dass sich so etwas heutzutage wiederholen könnte, doch offensichtlich existieren auch heute noch zwei Unterrichtsmethoden nebeneinander.

Die eine stützt sich auf Auswendiglernen und Wiederholung und zielt auf die Anhäufung von Wissen ab, die andere wurde entwickelt, um die Fähigkeit zum Erforschen und Entdecken zu schulen, und hat es sich zum Ziel gesetzt, die Schüler zum selbständigen Denken zu erziehen.

Die erste setzt vor allem auf Restriktion und Kontrolle; sie betont die Wichtigkeit der Vermittlung von Kenntnissen (je mehr, umso besser) und beruht hauptsächlich auf der Erfahrung der Lehrer und der Disziplin des Lernenden. Sie überbewertet die Bedeutung des Inhalts und erwartet, dass die Schüler den vermittelten Stoff eins zu eins aufnehmen und in der Lage sind, ihn in Prüfungen wortgetreu wiederzugeben. Der ideale Schüler ist derjenige, der nichts in Frage stellt, keine Widerrede gibt, fleißig mitschreibt, das beste Gedächtnis hat und ordentlich seine Aufgaben macht.

Das zweite Modell versucht, mehr Freiheiten zu lassen. Es geht von der Vorstellung aus, dass man nur dann richtig begreifen kann, wenn man sich intensiv mit einem Thema beschäftigt und sich traut, es zu drehen und zu wenden, es von einer anderen Seite her zu betrachten, Aspekte zu betonen oder zu vernachlässigen und sich selbst bei diesem Prozess zu verändern. Es legt Wert auf Innovation, Forschergeist und Kreativität und geht davon aus, dass der Schüler am meisten lernt, wenn er neugierig an ein Thema herangeht und auf bekannte Werkzeuge zurückgreift, um eine umfassende Lösung für ein Problem zu finden, die immer etwas Neues mit sich bringt. Der ideale Schüler ist einer, der aktiv teilnimmt, nachfragt und Dinge in Zweifel zieht, der seine Lehrer herausfordert und seine persönlichen Möglichkeiten einsetzt, bis aus ihnen ein Talent oder eine Erkenntnis geworden ist.

Die beste Erziehung bringt nichts, wenn sie versucht, den Weg leichter oder weniger beschwerlich zu machen. Man muss selbst etwas dazutun: die uns zur Verfügung stehenden Mittel, Einsatz und Kreativität, Können und natürlich Mühe.

Anders gesagt, haben wir eine rein behavioristische, auf der Gedächtnisleistung basierende Vorstellung vom Lernen, die eine tiefe Durchdringung der Dinge genauso geringschätzt wie sie die Erkenntnis der Nützlichkeit des Erlernten verzerrt. Wir erziehen, als würden wir Daten in einen Computer einspeisen, und bewerten den Lernerfolg anhand der genauen Wiedergabe des Abgespeicherten. Wir geben denen gute Noten, die am besten reproduzieren, was man ihnen gesagt hat oder was sie in ihren Lehrbüchern gelesen haben.

Der Lernprozess sollte sich auf die Durchdringung und Anwendung des Gelernten konzentrieren und nicht auf die simple Anhäufung von Daten. Dabei sind die Eltern unverzichtbar.

Jean Piaget ging so weit, zu behaupten, jemandem etwas beizubringen, was er auch selbst hätte entdecken können, hindere ihn daran, es vollständig zu begreifen.

Wenn Wissen nur aus Aufnehmen und Auswendiglernen bestünde, wären wir auf das beschränkt, was bereits existiert, und die Menschheit würde aufhören, Neues zu lernen. Wäre es reine Erkundung von immer Neuem, dann müssten wir jeden Tag von vorne beginnen, ohne uns dessen bedienen zu können, was andere bereits zuvor herausgefunden haben.

Ob wir uns wohl fühlen, adäquat handeln und letztendlich ein aktives, glückliches Leben führen, steht in engem Zusammenhang zu dem Verhältnis, das wir zu anderen, zu unserer Umgebung und zu uns selbst haben. Dieses Verhältnis bildet die Rahmenbedingungen für ein psychisch und gesellschaftlich gesundes Leben.

Ich habe gelernt, zuzuhören.

Ich weiß wertzuschätzen, was die anderen mir entgegenbringen und in mir sehen.

Ich kann hinhören, ohne hörig zu sein, und aufmerksam sein, ohne mich unterzuordnen.

Ich kenne den Unterschied zwischen Demut und Demütigung.

Ich kenne meine Möglichkeiten und bin mir meiner Fähigkeiten bewusst.

Ich kann Menschen aus meinem Umfeld vertrauen und sie um Hilfe bitten, ohne mich deswegen unterlegen zu fühlen.

Diese Menschen kennen und akzeptieren meine Grenzen, genau wie ich selbst.

Ich empfinde ihr Vertrauen nie als Verpflichtung.

Ich kann Grenzen setzen und lasse nicht zu, dass andere mich ausnutzen.

So wie sich die Medizin nicht damit zufriedengibt, eine Diagnose zu stellen, sondern sich zum Ziel setzt, Krankheiten zu heilen, sollte sich Erziehung nicht allein auf die Vermittlung von Wissen konzentrieren, sondern auch und vor allem auf die Entdeckung, Entwicklung und Schulung des besten und wirkungsvollsten Verhaltens eines Kindes oder Schülers, wie auch immer dieses jeweils aussehen mag.

Zweifellos hat das Verhalten der Eltern viel mit dem Erziehungsmodell zu tun, in dem sie selbst groß geworden sind, auch wenn dieser Einfluss nicht bestimmend sein muss.

Ein Beispiel:

Mein Vater war ein begeisterter Kultur- und Bücherliebhaber, wahrscheinlich aufgrund – oder vielleicht trotz – einer Kindheit, in der er keinen Zugang zu Bildung oder den finanziellen Möglichkeiten hatte, sie sich zu beschaffen. In der wenigen Zeit, die ihm die Arbeit ließ, verschlang er alles, was ihm in die Finger kam, von der Zeitung vom Vortag bis zu unseren Lesebüchern. Mein Vater sagte immer, dass wir kein Geld hätten, um neue Kleidung oder teure Spielsachen zu kaufen, aber Geld für Bücher war immer da. Ich bin sicher, das war nicht seine Absicht, aber die wunderbare Folge war, dass mein Bruder und ich uns zum Geburtstag oder zu Weihnachten nichts aus dem Spielwarengeschäft wünschten (da wir wussten, dass es sinnlos wäre, sich dort etwas auszusuchen); nein, wir gingen in die Buchhandlung! Die Geschichte wiederholte sich immer wieder, und ein paar Tage später hielten wir das Buch in den Händen. Ich bin sicher, dass mein Bruder und ich aufgrund dieses genialen Schachzugs das Lesen und die Bücher lieben lernten, ein Erbe, das heute in allen seinen Enkelkindern fortlebt.

Die westliche Erziehung legt den Fokus nahezu ausschließlich auf die Ausprägung der kognitiven Fähigkeiten und vernachlässigt die Entwicklung anderer Bereiche, wie etwa die praktische Anwendung von Wissen, kreatives Kombinieren oder das aktive Infragestellen dessen, was in Büchern steht oder was die Eltern sagen.

Ich habe einmal einen Text verfasst, der vieles anspricht, was ich herausgefunden, entdeckt oder gelernt habe. Ich möchte ihn heute mit dir teilen, in dem Wunsch, das Leben möge dir diese Dinge bereits beigebracht haben, die ich vor fast zwanzig Jahren voller Emotion meiner Tochter mitgab:

Bevor ich sterbe, mein Kind, will ich sicher sein, dass ich dir beigebracht habe,
die Liebe zu genießen,
deiner Kraft zu vertrauen,
dich deinen Ängsten zu stellen,
dich für das Leben zu begeistern,
um Hilfe zu bitten, wenn du sie brauchst,
zu reden oder zu schweigen, wie es dir richtig erscheint,
dir selbst eine Freundin zu sein,
keine Angst davor zu haben, dich lächerlich zu machen,
zu erkennen, dass du es wert bist, geliebt zu werden,
deine eigenen Entscheidungen zu treffen,
das wertzuschätzen, was du erreicht hast,
nicht auf die Zustimmung der anderen angewiesen zu sein,
dich nicht für alles verantwortlich zu fühlen,

dir deiner Gefühle bewusst zu sein und danach zu handeln,
zu geben, weil du es willst, nicht weil du dich dazu verpflichtet glaubst.

Bevor ich sterbe, mein Kind, will ich sicher sein, dass ich dir beigebracht habe,
einzufordern, dass du angemessen für deine Arbeit bezahlt wirst,
ohne Zorn deine Grenzen und deine Verletzlichkeit zu akzeptieren,
niemandem deine Meinung aufzuzwingen und dir nicht die Meinung anderer aufzwingen zu lassen,
nur dann ja zu sagen, wenn du ja sagen willst, und ohne Schuldgefühle nein zu sagen,
Pläne zu machen, aber nicht in der Zukunft zu leben.

Bevor ich sterbe, meine Tochter, will ich sicher sein, dass ich dir beigebracht habe,
deine Intuition wertzuschätzen,
dich an den Unterschieden der Geschlechter zu freuen,
Verständnis und Vergebung wichtig zu finden,
dich so anzunehmen, wie du bist,
aus Unstimmigkeiten und Niederlagen zu lernen und daran zu wachsen,
auf der Straße zu lachen, einfach so,
dir alles zu erlauben, was nicht anderen oder dir selbst schadet.

*Aber weil ich dich liebe, mein Kind, will ich vor allem
sicher sein, dass ich dir beigebracht habe,
zu niemandem aufzusehen, und zu mir, deinem Vater,
schon gar nicht.*

5
Amor und Psyche

Einleitung

Die griechische Mythologie umfasst Geschichten, Mythen und Legenden, die seit undenklichen Zeiten im antiken Griechenland kursierten und mündlich von den Eltern an die Kinder weitergegeben wurden, so wie auch Lieder und Gedichte.

Sie erzählen von den Ursprüngen der Welt, von den Eigenschaften und Eigenheiten der Götter und von Helden, die gegen ihr Schicksal und so manches Fabelwesen kämpfen, das die Götter ihnen entgegenstellen.

In der griechischen Kultur waren diese Mythen Religion und Geschichte zugleich und übten einen starken Einfluss auf das Leben aller aus. Ein Einfluss, der im Laufe der Jahrhunderte die gesamte westliche Zivilisation prägen sollte.

Wie so oft bei mündlichen Überlieferungen wurden die tradierten Verse irgendwann verschriftlicht. Homer und Hesiod verfassten drei Sammlungen literarischer Erzählungen, in denen metaphorisch oder explizit der Versuch unternommen wird, die großen Themen menschlichen Denkens zu behandeln:

- Sagen über die Entstehung der Welt und der Götter sowie das oft spannungsreiche Verhältnis zwischen beiden
- Legenden über das Leben und die Abenteuer der Helden
- Mythen über die Beziehung zwischen Menschen und Göttern, über die Begegnungen zwischen beiden und die Folgen.

Die Götter des griechischen Pantheons konnten menschliche Gestalt annehmen und verkörperten die Kräfte des Universums, waren dabei allerdings unberechenbar. Manchmal zeigen sie einen unbedingten Gerechtigkeitssinn, andere Male sind sie grausam und rachsüchtig. Ihre Gunst erwirkte man durch Opfer und Frömmigkeit, doch beides zeigte nicht immer Wirkung.

Nicht selten geht es in diesen Sagen um Liebe, Verführung oder gar Vergewaltigung. Fast immer erzählen die erotischen Geschichten zwischen Göttern und Sterblichen von unglücklichen Begebenheiten mit tragischem Ausgang.

Spätere Autoren wie Aischylos, Sophokles und Euripides mussten lediglich auf diese Quellen zurückgreifen, um Stoff für ihre Tragödien oder wie Apollonius von Rhodos oder Vergil für ihre Epen zu finden. Zu dieser Liste ließe sich auch Apuleius hinzufügen, ein römischer Schriftsteller aus dem 2. Jahrhundert nach Christus, der in Nordafrika geboren wurde.

Aus seinem Werk *Der goldene Esel* stammt die folgende Geschichte von Amor und Psyche, eine der ältesten und gleichzeitig eine der schönsten und symbolträchtigsten Liebesgeschichten. In ihr finden sich bereits Anklänge an klassische Märchen wie *Die Schöne und das Biest*, *Schneewittchen* oder *Rapunzel* und Grundelemente vieler berühmter Romane und zeitgenössischer Filme.

Die Geschichte

Es war einmal ein König, der hatte drei Töchter, die allesamt den Liebreiz und die Schönheit ihrer Mutter geerbt hatten. Alle drei waren bildhübsch, doch Psyche, die Jüngste, war zweifellos die Allerschönste. Sie glich einer Göttin, die unter Sterblichen wandelte.

Der Ruhm ihrer Schönheit verbreitete sich im ganzen Land, und von überallher machten sich Männer auf den Weg, um ihre Schönheit zu bewundern und ihr zu huldigen, als sei sie eine Göttin.

Eines Tages behauptete einer, selbst Aphrodite könne sich nicht mit ihr messen, und der Satz verbreitete sich schneller als der Wind.

Männer und Frauen, Arme und Reiche, Gelehrte und Krieger, alle wollten wissen, ob es stimmte, was man sich erzählte.

Ob nun wahr oder falsch, die Gerüchte über die Schönheit des jungen Mädchens verbreiteten sich bis an die Grenzen der bekannten Welt, und das Ergebnis war stets dasselbe: Immer weniger Menschen erinnerten sich an die Riten und Lobgesänge zu Ehren der Göttin Aphrodite. Die Tempel, die einst zu ihren Ehren errichtet wurden, verwaisten, ihre Altäre waren mit kalter Asche bedeckt, und ihre einstmals üppigen Gärten verwilderten. Die Huldigungen, die bislang Aphrodite als Sinnbild der Schönheit vorbehalten waren, erwies man nun einem einfachen Mädchen, das wie jedes menschliche Wesen dem Tod geweiht war.

Als Göttin der Schönheit konnte Aphrodite, die ebenso schön wie eitel und grausam war, diese Situation nicht hinnehmen und wandte sich hilfesuchend an ihren Sohn Amor, der ihrer Verbindung mit dem Kriegsgott Ares entstammte.

Amor folgte ihrem Ruf und erschien mit Pfeil und Bogen, gegen die nichts und niemand im Himmel und auf der Erde gefeit war.

Zeus hatte ihm die Macht verliehen, mit seinen Pfeilen leidenschaftliche Liebe zu wecken. Wer von einem Pfeil mit vergoldeter Spitze getroffen wurde, verliebte sich unsterblich in die erstbeste Person, die ihm begegnete. Die übrigen Pfeile, die eine Spitze aus Blei besaßen, säten Untreue, Vergessen und Undankbarkeit in die Herzen ihrer Opfer.

Die Göttin zeigte ihrem Sohn auf der Wasseroberfläche des olympischen Brunnens das Bildnis der jungen Psyche. Das Mädchen stand vor dem Portal eines Aphroditetempels und nahm die Lobgesänge, Verse und Blumen Hunderter Menschen entgegen, die ihr huldigten, wie sie zuvor der Göttin gehuldigt hatten.

»Wie du dir vorstellen kannst, ist das nicht hinnehmbar«, sagte Aphrodite. Dann erzählte sie Amor von ihrem Plan:

»Mein Sohn ... Ich will, dass du einen deiner goldenen Pfeile nimmst und dafür sorgst, dass dieses schamlose Ding sich unsterblich in die niederträchtigste und verachtenswerteste Kreatur auf der Welt verliebt. Nur diese endlose Demütigung kann die Wunde heilen, die dieses Mädchen deiner Mutter zugefügt hat.«

Amor war immer bereit, jeden Wunsch seiner Mutter zu erfüllen, auch wenn ihm ihre Rachsucht in diesem Fall übertrieben und ungerecht erschien. Dennoch wäre der junge Gott ihm wahrsten Sinne des Wortes geflogen, um es ihr recht zu machen. Doch die Fäden, welche die Schicksalsgöttinnen Klotho, Lachesis und Atropos launisch webten, lenkten seine Schritte in eine Richtung, die nicht einmal Aphrodite sich hätte vorstellen können.

Als Amor das Bildnis des Mädchens betrachtete, stach er sich versehentlich an einem seiner eigenen goldenen Pfeile. Die Wirkung machte sich augenblicklich in jedem Zentimeter seines Körpers breit und ließ ihn erschaudern. Amor hatte sich in Psyche verliebt!

Vielleicht zum ersten Mal empfand Amor Angst. Aphrodites Reaktion war vorhersehbar, doch es war nicht Furcht, die ihn davon abhielt, seiner Mutter zu erzählen, was geschehen war. Amor sagte nichts, weil er nicht die Kraft und nicht den Wunsch hatte, auch nur ein einziges Wort zu verlieren … Er dachte nur daran, dieses junge Mädchen, das seiner Mutter so verhasst war, so schnell wie möglich von Angesicht zu Angesicht zu sehen.

Psyche, die nichts von den Geschehnissen bei den Göttern auf dem Olymp wusste, lebte weiter wie bisher. Fast gelangweilt nahm sie die Geschenke und Huldigungen entgegen, ohne dass die Schmeicheleien ihr Herz berührten.

Amor folgte Psyche auf Schritt und Tritt und beobachtete sie im Verborgenen, doch natürlich schoss er keinen seiner Pfeile auf sie ab, so dass Psyche keinem Liebeszauber erlag und sich nicht in einen Schuft verliebte, wie Aphrodite es befohlen hatte … Die Wahrheit war, dass die junge Frau noch nie verliebt gewesen war – weder unsterblich noch zufällig, weder in einen netten noch in einen schlechten Mann –, und das erfüllte sie mit Traurigkeit. Sie hatte gesehen, wie ihre beiden Schwestern rauschende

Hochzeiten gefeiert hatten, die eine mit einem König und die andere mit einem Adligen, nachdem Dutzende von Männern ihnen den Hof gemacht und um ihre Hand angehalten hatten.

Nur Psyche, die Schönste, war nach wie vor allein ... Bewundert, aber nicht geliebt.

Es war immer die gleiche Geschichte. Nachdem die Männer sie gesehen und ihre unglaubliche Schönheit bewundert hatten, verschwanden sie und heirateten eine andere, und mit jeder dieser Hochzeiten wuchs die Ungeduld der Eltern der jungen Frau. Sie hatte alles, was eine Traumfrau ausmacht, aber es war nie ein Bewerber aufgetaucht, der sich mit ihr vermählen wollte.

Zur damaligen Zeit war eine unverheiratete Tochter eine Schande für die Familie und ein Unglück für die junge Frau selbst.

Irgendwann kam ein Spielmann in die Hauptstadt. Als er von der schwierigen Situation der jungen Prinzessin hörte, hatte er Mitleid und sang ein kleines Lied in den Straßen, wenn nicht ihr zu Ehren, so wenigstens zu ihrem Ruhm:

Die Hässlichste und die Schönste
das weiß ein jedes Kind,
wenn es gilt, einen Mann zu finden,
stets die Letzten sind.

Die Nachbarn und Freunde der Familie stimmten dem Rat zu, der in dem Lied anklang. Man musste abwarten und durfte nicht die Hoffnung verlieren.

Psyche war noch sehr jung.

Kein Grund, zu verzweifeln.

Der Richtige würde schon noch auftauchen.

Der Vater tat alles, um den Rat zu beherzigen, doch das konnte ihn nur ein paar Wochen beruhigen. Dann raubte ihm erneut die immer gleiche Frage den Schlaf, ohne dass er eine Antwort darauf fand. Was sollte aus seiner schönen Tochter werden, wenn sich niemand fand, der sie heiraten wollte? Was, wenn sie für immer ledig bliebe?

Wenn er wenigstens wüsste, dass der Fluch irgendwann enden würde und seine Ängste unbegründet wären. Wenn er sicher sein könnte, dass in Zukunft ein Partner auf sie wartete, dann wäre diese Aussicht auf eine Hochzeit Psyches, selbst wenn sie noch in weiter Ferne läge, eine Erleichterung für ihn.

Von diesem Gedanken beseelt, beschloss der Vater, nach Delphi zu reisen, um das Orakel zu befragen. Wenn es sich zu einer Antwort herabließ und ihm etwas mitteilte, würde er irgendwie mit seiner Ungeduld zurechtkommen.

»Ich habe drei Töchter«, sagte er, als er vor dem Orakel stand. »Zwei von ihnen sind glücklich verheiratet, die dritte jedoch, die zugleich die Schönste ist, ist nach wie vor allein ... Sag mir, wird irgendwann ein Bewerber für Psyche, meine kleine Tochter, kommen?«

Das Orakel sprach zu ihm, doch die Prophezeiung war furchtbar.

In zwei Wochen, ab dem heutigen Tag gerechnet, sollte Psyche, in schwarze Gewänder gehüllt, zum Gipfel des Berges Lykos geführt werden und allein dort zurückbleiben, ohne Nahrung und ohne Wasser. Nach zwei Tagen und zwei Nächten werde ein geflügeltes Wesen kommen, mächtiger als die Götter selbst, und sie zur Frau nehmen ...

Wenn die Reise nach Delphi von Sorge bestimmt gewesen war, so herrschten bei der Rückkehr Verzweiflung und Trauer. Das Orakel irrte nie, und keiner würde an seinen Prophezeiungen zweifeln.

Mit einem kleinen Funken Hoffnung rief das Königspaar sämtliche Weisen und Berater des Landes zusammen, damit sie die Prophezeiung des Orakels deuteten und versuchten, eine andere Bedeutung herauszulesen als das, was sie wörtlich besagte. Aber vergebens. Es gab nichts zu deuten.

»Was hat das Orakel gesagt?«, fragte schließlich Psyche.

Ihr Vater, der es sicher vorgezogen hätte, niemals in diese Situation zu kommen, berichtete ihr Wort für Wort, was das Orakel vorhergesagt und befohlen hatte.

»Ich verstehe«, sagte das Mädchen ohne jeden Widerspruch und setzte nach einigen Minuten hinzu: »Dann bereite ich mich auf die Abreise vor.«

Und voller Furcht vor den schlimmen Folgen, die der Orakelspruch haben mochte, wurde alles vorbereitet, damit sich das Mädchen eine Woche später seinem Schicksal stellen konnte.

Schwarzgekleidet, als ginge es zu ihrer Beerdigung, bestieg Psyche den Berg, begleitet von einem königlichen Gefolge, das jammerte und klagte, als geleite es einen geliebten Menschen zu seiner letzten Ruhestätte. Schließlich blieb das unglückliche Mädchen allein zurück, und das Gefolge kehrte zum Palast zurück, um für den Rest aller Tage zu weinen.

Psyche saß den ganzen Tag auf dem Berg und wartete. Als die Sonne am Horizont versank, begann die junge Frau, vor Kälte zu zittern, und weinte vor Angst. Da kam der sanfte Wind Zephyr durch die Dunkelheit zu ihr, hob ihren Körper über den felsigen Gipfel und brachte sie zu einer daunenzarten, blumenduftenden Wiese. Ins weiche Gras gebettet, machte das Säuseln der Brise, die der Windgott geschickt hatte, Psyche für einen kurzen Augenblick ihren Kummer vergessen, und sie sank in einen tiefen Schlaf.

Als die junge Frau wieder erwachte, stellte sie fest, dass sie am Ufer eines glasklaren Bachs ruhte, der zum Trinken einlud. Das Wasser war kühl, und die köstlichen Schlucke verliehen ihr neuen Mut. Sie stand auf, blickte sich um und sah nicht weit entfernt ein beeindruckendes und prächtiges Schloss. Mit seinen goldenen Säulen, seinen silbernen Mauern und dem Boden aus Edelsteinen schien es für einen Gott gemacht zu sein.

Zum ersten Mal seit Wochen von innerer Ruhe durchdrungen, näherte sich Psyche neugierig dem beeindruckenden Portal. So viel Pracht schüchterte sie ein, die Stille berührte sie. Alles war so hell und strahlend ...

Nur sie selbst passte nicht hierher mit ihrer Trauerkleidung und der Verwirrung, die so viele unbeantwortete Fragen in ihr hervorriefen ... Wem gehörte dieser Palast? Was machte sie an diesem Ort? Was hatte das mit der Prophezeiung des Orakels zu tun?

Sie fasste sich ein Herz und öffnete das Tor, auf der Suche nach Antworten.

Innen herrschte völlige Stille, die nur von ihrem eigenen Atem durchbrochen wurde.

Und plötzlich ... hörte sie ein Geräusch.

Sie riss die Augen weit auf und spähte in jeden Winkel, aber es war niemand zu sehen.

»Hallo? Wo bin ich? Ist da jemand?«, wagte sie zu fragen.

Psyche sah immer noch niemanden, doch sie hörte deutlich eine Stimme, die sagte:

»Ich habe diesen Palast für dich errichtet. Deine Gemächer sind oben. Hab keine Angst, geh nach oben, nimm ein Bad, und ruhe dich aus, solange du willst.« Und dann, nach einer kurzen Pause, setzte die Stimme hinzu: »Alles, was im Schrank hängt, hat deine Größe. Zieh an, was du möchtest, und geh dann nach unten in den Speisesaal. Dort wird es ein Festmahl zu deinen Ehren geben.«

Man sagt, wenn die Überraschung groß ist, seien keine Erklärungen nötig, und auch wenn diese Behauptung nicht auf Psyche zutraf, biss sie die Zähne zusammen und ging die Treppe hinauf. Dort fand sie die Tür zu ihrem Zimmer offen ...

Sie hatte noch nie zuvor ein so herrliches Bad genommen, mit Duftölen und Essenzen aus aller Welt, noch je in einem so weichen Bett mit so zarten Laken gelegen. Und sie hatte noch nie so viele schöne Kleider an einem Ort gesehen – tatsächlich alle in ihrer Größe.

Vielleicht um die scheußlichen schwarzen Lumpen zu vergessen, in denen sie gekommen war, wählte Psyche ein wunderschönes, kostbares Gewand, das sie mit Satinschuhen und einer traumhaften Perlenkette ergänzte, die nur auf sie zu warten schien.

Als sie fertig war, warf sie einen Blick vom Balkon in den prachtvollen Garten und ging dann nach unten in den Speisesaal.

Dort wartete eine lange Tafel mit den feinsten Speisen und erlesensten Köstlichkeiten auf sie, Krüge mit Säften in allen Farben und Geschmacksrichtungen und Kristallkaraffen mit frischem Wasser. Am Kopfende ein Stuhl sowie ein Gedeck, ein Kristallkelch und eine weiße Spitzenserviette … am anderen Ende nichts, nicht einmal ein zweiter Stuhl.

Während sie aß, hörte die junge Frau ringsum sanfte Harfenklänge, begleitet von einem vielstimmigen Chor. Sie hörte die Musik, aber auch hier sah sie nichts.

Sie blieb den ganzen Tag allein, nur begleitet von der Musik, die ihr überallhin folgte, während sie den Palast erkundete. Anders als bisher in ihrem Leben musste sie nicht genau wissen, was als Nächstes geschehen würde, um gelassen zu sein. Im Moment der größten Ungewissheit ahnte Psyche voraus, dass ihr Mann, das Monstrum in Gestalt einer geflügelten Schlange, bei Anbruch der Nacht zu ihr kommen würde, wie es das Orakel von Delphi vorausgesagt hatte, und dieses Wissen erfüllte sie zwar nicht mit Glück, aber es versöhnte sie paradoxerweise mit ihrem Schicksal.

Auch für Amor war dies ein besonderer Tag. Der junge Gott war immer verliebt gewesen in die Liebe, die Natur und das Leben, doch nie zuvor hatte er Leidenschaft für ein anderes Wesen empfunden. Sehnsüchtig und ein wenig sorgenvoll sah er der

Begegnung mit Psyche entgegen. Zum zweiten Mal empfand Amor Angst, diesmal um Psyches Zukunft.

Er wusste, dass er nicht einfach vor ihr erscheinen und sagen könnte: »Geliebte, ich bin dein zukünftiger Mann.« Psyche würde ihn erkennen, und wenn sie wusste, dass sie mit Amor selbst zusammen war, würde das Unvermeidliche folgen: Aphrodite, die die Gedanken der Menschen lesen konnte, würde es sofort erfahren und sich mit ihrem ganzen Zorn auf das Mädchen stürzen, um es zu vernichten. Es war besser, wenn es die Wahrheit nicht kannte, zumindest so lange, bis er mit Zeus sprechen und ihn um Hilfe bitten konnte.

Als sich Psyche an diesem Abend schlafen legte, spürte sie, wie jemand ins Zimmer kam.

»Wer ist da?«, fragte sie in die Dunkelheit.

»Ich bin es, Psyche, deine Prophezeiung«, raunte Amor ihr leise zu. »Ich bin gekommen, um dir meine Liebe zu gestehen und um deine Hand anzuhalten, wenn du mich erhörst …«

»Ich zünde die Lampe an«, sagte sie.

»Nein«, wisperte Amor. »Wenn du mich wirklich liebst, wirst du auf diese Bedingung eingehen müssen. Mein Gesicht und mein Äußeres müssen fürs Erste ein Geheimnis bleiben, und ich kann dir nicht einmal eine Erklärung für meine Bitte geben. Wenn du mich erhörst, können wir jede Nacht zusammen sein, aber immer im Dunkeln. Ich verspreche, dir meine ganze Liebe zu schenken und immer für dich da zu sein, wenn du mich brauchst. Wenn wir diese Regel befolgen, steht nichts zu befürchten. Ich werde versuchen, diese Unannehmlichkeiten wiedergutzumachen, indem ich jeden deiner Wünsche erfülle, sei er groß oder klein, außer dem, mich bei Licht zu sehen.«

Auch wenn Psyche ihren Verehrer nicht sehen konnte, war sie doch sicher, dass diese Stimme nicht einem schrecklichen Monster gehören konnte. Es war die Stimme des liebevollen Mannes, nach dem sie sich so lange gesehnt hatte, und ein weiteres Mal verschwanden alle ihre Ängste wie durch Zauberhand. Ihre Hände mit seinen verschlungen, schlief sie tief und fest ein.

Als Psyche am nächsten Morgen aufwachte, tastete sie nach dem Körper ihres Geliebten, doch wie angekündigt hatte er das Bett verlassen, bevor die Sonne ins Zimmer schien. Obwohl sie wusste, dass es vergeblich war, sprang die junge Frau auf und sah sich im Zimmer um.

»Geliebter, wo bist du?«, fragte sie ins Leere.

Er selbst tauchte nicht auf, wohl aber seine Stimme, die zärtlich wie immer zu ihr sagte:

»Meine wunderschöne Psyche, ich habe diesen Palast für dich errichten und mit allem ausstatten lassen, was deine Augen erfreuen könnte. Jeder Klang soll deinen Ohren wohltun, alles sich sanft und angenehm anfühlen, jeder Geschmack deinem Gaumen schmeicheln, jeder Duft dich erfreuen. Sollte etwas fehlen, so zögere nicht, die Dienerschaft zu rufen, sie werden sich unverzüglich darum kümmern.«

»Ich möchte, dass du bei mir bist«, sagte das Mädchen.

»Heute Nacht«, antwortete die Stimme. »Sobald es dunkel ist und du die Lampe gelöscht hast, werde ich zu dir kommen.«

In der Nacht erschien der Geliebte tatsächlich, und beide genossen das Zusammensein noch mehr als beim ersten Mal. Alles war perfekt, doch bevor Psyche einschlief, lehnte sie ihren Kopf an die Brust des Geliebten und wagte zu fragen:

»Wann darf ich dein Gesicht sehen?«

»Ich weiß es nicht«, antwortete Amor. »Vertrau mir. Ich bitte dich darum, weil ich nicht will, dass etwas dieser Beziehung oder dir Schaden zufügt. Wenn sich etwas an der Situation ändert, werde ich es dich wissen lassen.«

»Morgen, wenn du nicht da bist, kann ich dann den Wind bitten, mich in meine Stadt zu tragen?«

»Was brauchst du? Bitte, worum du willst, und man wird es dir bringen.«

»Bin ich hier gefangen?«

»Nur eine Gefangene der Liebe, die du empfindest«, sagte er. »Du kannst tun, was du willst, aber wenn du nach Hause kommst, werden dich alle mit Fragen überschütten, und das schützende Geheimnis, das uns umgibt, könnte verloren gehen. Wenn du den Palast verlässt, könnte alles, was wir haben, verloren sein, und das macht mir, ehrlich gesagt, Angst. Ich könnte es nicht ertragen, wenn das geschähe ...«

Das schöne Mädchen versprach, sich an die Bedingungen zu halten. Jedes Zusammensein mit dem Geliebten war so voller Glück; nichts konnte rechtfertigen, dass ihm oder ihrer Beziehung Schaden zugefügt wurde.

Doch als ihr unsichtbarer Geliebter eines Nachts ins Zimmer kam, fand er sie in einem Sessel im dunklen Zimmer sitzend.

»Was hast du, Geliebte? Sag mir, was du brauchst, und ich fliege, um es für dich zu holen ...«

»Ich muss in letzter Zeit oft an meine Schwestern denken ... Die Stadt, die Leute und die Geschäfte sind mir egal, aber ich habe das Gefühl, dass ich nicht wirklich glücklich sein kann, wenn ich nichts von ihnen höre. Ich muss sie sehen und erfahren, ob es ihnen gutgeht; ich will meine Freude mit ihnen teilen und sie fragen, ob auch sie glücklich sind ...«, sagte sie.

»Es geht ihnen gut«, sagte er. »Aber es wäre nicht gut, wenn sie dich sähen, glaub mir. Diese Begegnung wäre unser Verderben. Denk nicht länger daran. Bitte!«

In dieser Nacht vermochten nicht einmal die zärtlichen Liebkosungen ihres Geliebten, Psyches Kummer zu lindern.

Im Morgengrauen verschwand Amor erneut, und Psyche blieb allein im Palast zurück. Von dunklen Gedanken geplagt, weinte sie über das Verbot, ihre Schwestern zu sehen.

»Du hast geweint«, stellte Amor fest, als er nachts zurückkam.

»Ja. Ich glaube, ich werde jeden Tag weinen, wenn du mir nicht gestattest, meine Schwestern zu sehen. Ich verspreche dir, Wort zu halten und den Palast nicht zu verlassen; aber lass mir die Freude, sie zu sehen, und sei es nur ein einziges Mal«, flehte sie.

Amor wusste, dass es ein Fehler war, Psyches Wunsch nachzugeben, aber ihm wurde klar, dass er seiner Geliebten nicht ewig etwas versagen konnte, das sie sich so sehr wünschte, denn das hätte Leid für sie beide bedeutet: Für sie aus Schmerz über die Enttäuschung und für ihn, weil er seiner Geliebten solchen Kummer bereitete.

»In Ordnung«, sagte er. »Morgen werde ich Zephyr bitten, deine Schwestern zum Mittagessen herzuholen. Aber ich muss dich darum bitten, diskret zu sein. Du kannst über alles mit ihnen sprechen und dir anhören, was sie zu erzählen haben, aber sprich nicht über mich und unsere Beziehung. Wahrscheinlich könnten sie unsere Verbindung nicht verstehen.«

»Ich verspreche es«, sagte Psyche.

Am nächsten Morgen erschienen die beiden Schwestern an dem Bach, an dem auch Psyche gewesen war, als sie vom Berg Lykos hergebracht wurde.

Glücklich und mit übervollem Herzen wartete die Gastgeberin auf sie.

Die Freude der drei war so groß, dass es eine ganze Weile dauerte, bis sie vor lauter Seufzen, Lachen und Umarmungen miteinander sprechen konnten.

Schließlich gingen die Schwestern in den Palast und schauten, geführt von Psyche, in jeden Raum und jeden Winkel, die ihnen die Hausherrin voller Stolz zeigte. Doch am meisten beeindruckte sie die Schatulle mit Edelsteinen und Preziosen, die Psyche neben Tausenden von Kleidern in ihrem Schrank verwahrte.

Während des üppigen Festmahls, das die Schwester für sie auftragen ließ und zu dem auch ihre Lieblingsspeisen gehörten, lauschten sie der zauberhaften Musik, die von irgendwoher kam, und überschütteten Psyche mit Fragen:

Wie hieß der Besitzer dieses herrlichen Palasts? Wer war ihr Geliebter? Aus welcher Familie kam er? Was arbeitete er? Wann konnten sie ihn kennenlernen?

Sie wollten einfach alles wissen, sehr zum Unbehagen der jüngsten Schwester, die sich an ihr Versprechen erinnerte. Jedes Wort abwägend, erzählte

Psyche lediglich, dass ihr Geliebter sie sehr glücklich mache, dass er ihr jeden Wunsch erfülle und dass er an diesem Tag auf einer Jagd sei.

Bevor die Schwestern gingen, überreichte die Gastgeberin ihnen einige der Edelsteine und Schmuckstücke, die ihnen so gut gefallen hatten, vielleicht als Wiedergutmachung für ihre Zurückhaltung. Dann verabschiedeten sie sich voneinander, und Zephyr brachte sie nach Hause zurück.

Als Amor in der Nacht kam, fand er Psyche auf dem Bett sitzend. Aufgewühlt berichtete sie ihm von der Begegnung mit ihren Schwestern.

»Bitte triff sie nicht wieder«, sagte er, nachdem er sich angehört hatte, was sie zu erzählen hatte. »Sie begreifen nicht, was zwischen uns ist, und werden uns nur Unglück bringen.«

»Ich will nicht darauf verzichten, sie zu sehen. Willst du mir verbieten, meine Schwestern zu sehen?«

»Nein«, sagte er. »Ich verbiete dir nichts.«

Bis zum nächsten Besuch dauerte es nicht lange.

Hatten sie beim ersten Mal lediglich erfahren wollen, wie ihre jüngste Schwester lebte, so war ihr Plan bei diesem zweiten Besuch ein ganz anderer. Psyches Zurückhaltung und ihre ausweichenden Antworten über den Geliebten hatten ihre Neugier angestachelt, so wie die Juwelen und Edelsteine ihre Habgier und ihren Neid geweckt hatten.

Die Schwestern bedrängten Psyche mit Fragen, bis sie ihr die Einzelheiten der geheimnisvollen Beziehung zu ihrem Geliebten entlockt hatten.

»Merkst du das nicht?«, sagten sie, als sie hörten, dass dieser sich nie bei Tageslicht zeigte. »Er hat etwas Schlimmes zu verbergen.«

»Du schläfst seit Wochen mit ihm und kennst nicht einmal seinen Namen.«

»Schau, wir sind sicher, dass dein Geliebter kein Mensch ist, sondern die furchtbare Schlange aus der Prophezeiung des Orakels von Delphi.«

»Wenn du nicht bald etwas unternimmst, wird sie sich eines Nachts auf dich stürzen, um dich zu verschlingen.«

»Was nützt es dir, im Luxus zu leben, wenn du nicht weißt, ob es immer so bleiben wird oder ob du am Ende von den Klauen eines todbringenden Monsters zerfleischt wirst?«

»Was weißt du denn über ihn?«

Psyche gab es nur ungern zu, aber ihre Schwestern hatten recht ...

Sie hatte sich so oft gefragt, warum er ihr nicht gestattete, ihn zu sehen.

Wenn er kein Monstrum war, warum war er dann so grausam, sich ihrem Blick zu entziehen?

Als es Abend wurde, mussten die Schwestern nach Hause zurück. Doch sie versprachen, in zwei Tagen mit einem Plan wiederzukommen, der es ihnen ermöglichte, alle Geheimnisse zu enthüllen ...

Als Psyche wieder allein war, spürte sie, wie eine unbekannte Empfindung ihren Körper erfüllte: Angst. Eine Angst, die sie in dieser und der folgenden Nacht nicht schlafen ließ. Sie war abweisend und schweigsam ihrem Geliebten gegenüber und wandelte zwei Tage lang traurig und ruhelos durchs Haus.

Gegen Mittag trafen ihre Schwestern ein, sagten aber, dass sie nur wenig Zeit hätten, denn sie wollten dem vermeintlichen Monstrum nicht begegnen.

Psyche fragte, was sie tun solle.

»Du kannst nicht ruhig sein, bevor du nicht weißt, mit wem du das Bett teilst. Und es gibt nur einen Weg, das herauszufinden.«

»Aber du musst uns schwören, dass du bereit bist, dein Leben zu retten, wenn es nötig sein sollte ...«

»Mein Leben retten?«, fragte Psyche. »Ich verstehe nicht ...«

»Zunächst einmal musst du ein scharfes Messer in deinem Nachttisch verstecken. Und du musst bereit sein, es zu benutzen«, sagte ihre älteste Schwester.

»Nein!«, begehrte Psyche auf. »Ein Messer gegen ihn richten? Begreift ihr nicht, dass ich ihn liebe, obwohl ich ihn noch nie gesehen habe? Er war immer äußerst zuvorkommend und reizend zu mir.«

»Das kann Teil seines finsteren Spiels sein«, setzte die jüngere Schwester hinzu. »Denk doch mal nach ... Er behandelt dich wie eine Königin, aber er hält dich in diesem goldenen Käfig gefangen.«

Der Zweifel war gesät ... Man musste ihn nur noch ein wenig hegen.

»Der Plan ist folgender«, sagte die älteste Schwester, »wenn dein Geliebter tief und fest schläft, schleichst du vorsichtig aus dem Zimmer, entzündest die Lampe und hältst sie ihm vors Gesicht, damit du sehen kannst, wie er aussieht.«

»Wenn sich im Lichtschein herausstellt, dass er ein Ungeheuer ist, wie wir vermuten«, fuhr die andere fort, »musst du rasch handeln, das Messer nehmen und es ihm ins Herz stoßen, bevor er reagieren kann.«

»Sei vorsichtig, Psyche. Wenn du nicht tust, was wir dir sagen, kann es bald zu spät sein.«

Als die Sonne zu sinken begann, brachen die Schwestern auf und ließen Psyche verwirrt und von Zweifeln gequält zurück.

Gewiss, sie liebte ihn, niemand war jemals so großzügig und freundlich zu ihr gewesen, niemand hatte sie je so glücklich gemacht ... Aber was ihre Schwestern sagten, entbehrte nicht einer gewissen Logik. Sie liebte ihren Mann, aber sie war nicht bereit, die Geheimniskrämerei ewig hinzunehmen. Ihre Schwestern waren gekommen, um ihr einen Rat zu geben, und ihre gute Absicht stand außer Frage. Welchen anderen Grund als ihr Wohlbefinden konnten die beiden im Sinn haben?

Als es Nacht wurde, war der innere Kampf ausgefochten. Ihre Wissbegierde hatte die Oberhand gewonnen. Psyche wollte es nicht länger hinnehmen, das Gesicht ihres Geliebten nicht zu kennen und nicht zu wissen, wer er war und warum er sich verbarg. Sie konnte ihren Schwestern nicht unter die Augen treten, um ihnen zu sagen, dass alles beim Alten geblieben war und sie nicht den Mut gehabt hatte, die Wahrheit aufzudecken.

Ihr war auch bewusst, dass das, was sie vorhatte, bedeutete, das Wort zu brechen, das sie ihrem Geliebten gegeben hatte, doch war sie fest entschlossen, endlich herauszufinden, wer er war.

Als sie auf ihr Zimmer ging, nahm sie eine Öllampe mit und stellte sie ein paar Meter vor der Tür im Flur ab. Dann ging sie zu Bett und stellte sich schlafend, während sie auf ihren Geliebten wartete. Als er schließlich kam, fragte er, wie ihr Tag gewesen sei, doch sie blieb reglos und mit geschlossenen Augen liegen. In der Annahme, dass seine Geliebte schlief, küsste Amor sie zärtlich wie jede Nacht und war kurz darauf selbst eingeschlafen.

Psyche lag stundenlang wach, während sie auf den richtigen Moment wartete und Mut sammelte. Gegen Mitternacht dachte sie an die Worte ihrer

Schwestern, atmete tief durch, ging auf den Flur hinaus und entzündete die Lampe.

Auf Zehenspitzen schlich sie zum Bett und hob die Lampe, um das Gesicht vor ihr zu betrachten.

Ihr Herz machte einen Satz! Im Lichtschein war nicht das Ungeheuer zu sehen, das ihre Schwestern ihr prophezeit hatten, sondern das Antlitz des schönsten aller Männer ... Ihr Geliebter war kein anderer als Amor!

Beschämt über ihre unberechtigten Zweifel, wurde sich Psyche der Dummheit bewusst, die sie aus Misstrauen begangen hatte. Sie versuchte, rasch die Lampe zu löschen, sich wieder zu ihrem Geliebten zu legen und die Geschichte für immer zu vergessen, doch ihre zitternden Hände gehorchten ihr nicht, so dass ein siedend heißer Öltropfen auf die Wange des schönen Jünglings fiel.

Amor schrie auf und schreckte aus dem Schlaf hoch.

Den Schmerz unterdrückend, sah er die Lampe in den Händen seiner Geliebten und begriff sofort, was geschehen war.

Psyche erstarrte und wusste nicht, was sie sagen oder tun sollte. Amor, den der Verrat mehr schmerzte als die Brandwunde, ging wortlos aus dem Zimmer ...

Psyche lief ihm hinterher und rief:

»Bitte, verlass mich nicht! Ich kann ohne deine Liebe nicht leben!«

»Tut mir leid. Meine Liebe und dein Misstrauen können nicht nebeneinander existieren«, erwiderte er.

Psyche sah, wie ihr Geliebter die Flügel ausbreitete und davonflog. Als ihr klarwurde, dass sie alles zerstört hatte, brach sie in bittere Tränen aus.

So weinte sie fünf Tage und fünf Nächte lang. Ihr Herz war gebrochen. Anfangs hoffte sie noch, dass Amor nicht für immer gegangen wäre, am Ende flehte sie zu den Göttern, ihren Geliebten noch einmal sehen zu dürfen, und sei es nur, um ihn um Verzeihung zu bitten.

In ihrem Kummer glaubte die arme Psyche, dass es ihre letzte Chance wäre, Aphrodite um Hilfe anzurufen; schließlich war es ihr Sohn, dessen Vergebung sie erhoffte.

So ging sie mit allerlei Opfergaben zu einem Tempel der Göttin, warf sich vor ihrem Bildnis nieder und sagte mit flehender Stimme:

»Hilf mir, o Göttin unter Göttinnen! Ich bin nicht hergekommen, um dein Verständnis zu erheischen oder mich zu rechtfertigen … Ich weiß, dass ich einen Fehler gemacht habe. Bitte hilf mir, damit er mir vergibt.«

Da erschien Aphrodite vor Psyche und lachte ihr ins Gesicht.

»Wenn du einen Mann suchst, dann erwarte keine Hilfe von mir«, sagte sie verächtlich. »Denn der, den du hattest, will dich nie wiedersehen.«

»Und das mit vollem Recht«, lautete Psyches Antwort. »Ich verstehe ihn. Aber ich schwöre, ich liebe ihn so sehr, wie ich noch nie zuvor jemanden geliebt habe und nie wieder jemanden lieben werde. Ich würde alles tun ... Bitte, ich flehe dich an!«

Aphrodite war weit davon entfernt, Mitleid mit diesem Menschenwesen zu empfinden, das so menschliche Antworten gab. Aber sie erkannte, dass das Schicksal ihr eine weitere Möglichkeit bot, sich für die beleidigende Schönheit des Mädchens zu rächen.

»Wenn du wirklich möchtest, dass er dir vergibt«, sagte sie boshaft, »musst du das unter Beweis stellen, indem du eine Reihe von Prüfungen bewältigst, die ich dir auferlege. Allerdings glaube ich nicht, dass es dir gelingen wird, sie zu bestehen.«

»Ich bin bereit, alles zu versuchen«, sagte das Mädchen.

»Ich sehe deine Entschlossenheit und verstehe deine Gründe, deshalb will ich dir helfen«, log Aphrodite. »Ich gebe dir meine beiden treuesten Dienerinnen mit, die Unruhe und die Traurigkeit. Sie sollen dich auf deinem Weg begleiten.«

Und so willigte die einstmals zarteste aller Prinzessinnen ein, sich den entsetzlichsten Prüfungen zu stellen, die eher für einen starken Krieger oder eine kleine Armee ersonnen waren als für ein verliebtes Mädchen, das von dem Wunsch getrieben war, Amors Liebe und Vergebung zu gewinnen.

Mit großem Mut und unter Einsatz ihres Lebens bestand Psyche alle Prüfungen, auch die letzte: In die Unterwelt hinabzusteigen und von dort das Kästchen mitzubringen, in dem Persephone, die Göttin der Totenwelt, ihr verborgenes Geheimnis aufbewahrte.

Das kleine Kästchen fest umklammernd, kehrte die junge Heldin in den Tempel zurück, um zu beweisen, dass sie die Aufgabe bestanden hatte, getreulich begleitet von Aphrodites Dienerinnen, die weniger eine Hilfe als vielmehr eine zusätzliche Last für die arme Psyche gewesen waren.

Doch die Anstrengung war zu groß gewesen. Nachdem sie Aphrodite das Kästchen der Persephone auf den Altar gelegt hatte, brach die junge Psyche tot zusammen.

Während dies auf der Erde geschah, wurde Amor, nachdem er mehrere Wochen gewartet hatte, auf dem Olymp von Zeus empfangen. Er berichtete dem Göttervater von seiner Liebe zu Psyche und schilderte ihm, wie er aus Furcht vor der Reaktion seiner Mutter das Unglück ausgelöst hatte.

Zeus rief alle Götter zusammen, auch die Mutter des Jünglings, und verkündete, dass Amor und Psyche einander offiziell versprochen seien und seine Zustimmung und seinen Schutz besäßen. Der Tradition folgend, ordnete er an, dass die Verlobten vor ihn träten und alle mit Ambrosia auf das ewige Glück des Paares anstießen.

Den Befehlen des Göttervaters wurde natürlich Folge geleistet. Merkur brachte Psyches Leiche, und nachdem die Göttin Fortuna einige Tropfen eines magischen Elixiers auf ihre Lippen geträufelt hatte, erwachte sie wieder zum Leben und konnte über die Vergebung und die Liebe Amors hinaus auch den Segen und den Schutz nicht nur des Zeus, sondern aller olympischen Götter entgegennehmen.

Als unsterbliche Gottheiten waren Psyche und Amor von nun an für immer vereint.

Die Moral

Die Mythologie eröffnet uns eine ganze Welt von Interpretationen und Lesarten – voller Metaphern und Symbole.

Der Mythos von Amor und Psyche macht da keine Ausnahme und erinnert uns an mindestens ein Dutzend Tugenden und Schwächen von Männern und Frauen aus allen Zeiten.

Er zeigt uns, wie gefährlich Vorurteile sein können.

Er beschreibt die einzelnen Phasen einer Paarbeziehung, von der anfänglichen Verliebtheit bis zu ersten Konflikten und gegenseitigen Erwartungen.

Er warnt davor, sich von Mutmaßungen und den Ratschlägen jener leiten zu lassen, die uns beneiden und uns Böses wollen.

Und auch wenn es ein versöhnliches Ende gibt, das uns versichert, dass »die Liebe immer siegt«, wird diese zuvor den schlimmsten Prüfungen unterzogen, namentlich durch ihr Misstrauen und seine Angst.

Ohne Vertrauen kann die Liebe nicht wachsen, denn Vertrauen ist die Grundlage für eine tiefe Liebesbeziehung. Ohne Vertrauen wird alles zerstört, angefangen mit dem Todesstoß, den das Fehlen einer offenen Kommunikation der Liebe versetzt.

Aus Neugier, Unsicherheit und dem Bedürfnis, durch Wissen Kontrolle zu erlangen, erliegt Psyche der Versuchung, den zuvor getroffenen Pakt zu brechen. Wie Eva, die erste Frau, im Angesicht der verbotenen Frucht; wie Bella, die Heldin aus *Die Schöne und das Biest*; wie in der Geschichte von der Büchse der Pandora oder den von Äol entfesselten Stürmen in der *Odyssee*.

Doch auch Amor ist nicht unschuldig an der Tragödie. Aus Angst vor Aphrodite und aus Sorge, die Geliebte zu verlieren, setzt er Grenzen, ohne eine Erklärung dafür zu geben, und überhäuft seine Geliebte zum Ausgleich mit Geschenken. »Du kannst alles haben, was du willst, aber du darfst mich nicht bei Tageslicht sehen«, sagt Amor und lässt Psyche lieber in dem Glauben, dass er ein Ungeheuer sei, als ihr zu gestehen, wer er wirklich ist.

In der klassischen Interpretation ist die Neugier

schuld daran, dass wir einen Fehler machen und alles verlieren, was wir haben. Doch das Streben nach Wahrheit ist kein Fehler, sondern vielmehr die Entscheidung, ein Risiko einzugehen und Prüfungen und Gefahren in Kauf zu nehmen, die uns letzten Endes zu besseren Menschen machen. Doch zunächst muss eine unvermeidliche Phase jeder Paarbeziehung überstanden werden: Wenn die geheimnisvolle Magie der ersten Tage schwindet und man darum kämpfen muss, sie wiederzuentdecken.

Wenn wir einmal hinhören, was in unserem Umfeld über dieses Thema erzählt wird, werden wir erstaunt sein, welche Macht dem Glauben zugeschrieben wird und wie stark die fast magische Verbindung mit der Welt der Esoterik und des Aberglaubens ist.

Wir hören, dass man an sich glauben muss, um es im Leben zu etwas zu bringen. Dass Glaube »Berge versetzt« und es ein Segen ist, einen unbeirrbaren Glauben zu haben.

Wir hören von Männern und Frauen, denen der Glaube fehlt, und von Menschen, die ihn für sich entdecken. Von solchen, die ihren Glauben wiederfinden, und von anderen, die »den Glauben verloren haben«.

Ist der Glaube eine göttliche Gabe, die manchen zuteilwird und anderen nicht? Etwas, das man bei einem mysteriösen Kartenspiel gewinnt oder verliert? Das man zufällig entdeckt oder das einem versagt bleibt wie ein verborgener Weg, der einigen wenigen vorbehalten ist?

Auch wenn das Wort zunächst auf die Welt des Spirituellen und Religiösen verweist, ist der Begriff »Glaube« nicht auf die Religion beschränkt.

Wer glaubt, hat Vertrauen: Er vertraut darauf, hat die Gewissheit, dass die anderen, er selbst, Gott oder die Umstände im Einklang mit dem sind, woran er glaubt.

Wenn ich etwas oder jemandem vertraue, glaube ich an dieses Ziel oder diese Person, an ihre Loyalität, ihr Wort, ihre Fähigkeiten, ihre Liebe … Das ist ein ganz wichtiger Punkt, denn gegenseitiges Vertrauen ist einer von drei Faktoren in einer Paarbeziehung, die zwingend nötig sind, um eine innige Beziehung aufzubauen (die anderen beiden sind Anziehungskraft und Liebe).

Nur wenn wir vertrauen, können wir »die Schutzwand einreißen« und unsere verletzlichen Seiten zeigen, weil wir wissen (oder spüren), dass unser Vertrauen nicht ausgenutzt wird, um uns zu schaden. Joseph Zinker sagt: »Die Magie der Liebe besteht darin, dass derjenige, der dich liebt, weiß, wohin er zielen muss, um dich zu treffen, und es NIEMALS tun wird.«

Diese Erkenntnis gewinnt noch an Bedeutung, wenn wir sie aus dem Kontext der Paarbeziehung herauslösen und auf unser alltägliches Leben anwenden.

Wir leben in Zeiten, in denen Vertrauen keine geläufige Währung ist.

Wir haben Angst, bestohlen, belogen und betrogen zu werden.

Am Ende vertrauen wir mehr auf das Gesetz, die Polizei oder private Sicherheitsdienste als auf das Wort, den Menschen oder die Erziehung.

Wer vertraut darauf, dass der Klempner kommt, wenn er es verspricht, und keine überteuerte Rechnung stellt? Wer glaubt wirklich, dass seine Steuern vollständig für öffentliche Aufgaben verwendet werden? Wer würde eine Wohnung mieten ohne Vertrag und ohne Garantie?

Die Wertschätzung des anderen als Person, das Vertrauen in sein Wort und seine Fähigkeit, ein Versprechen zu halten, sind nahezu verschwunden, wie Spuren im Sand, weggespült von Ängsten, Unsicherheit und Enttäuschungen, die wir erleben mussten, weil wir vertrauten.

Niemand ist davor gefeit, auf einen Halunken, einen Blender, einen Zyniker oder einen professionellen Betrüger hereinzufallen, aber das kann kein Vorwand sein, jedem zu misstrauen.

Gegenseitiges Vertrauen ist eine starke Macht, die dafür sorgt, dass außergewöhnliche Ideen, wenn sie geteilt werden, zum Bestandteil des Lebens werden und alltäglichen Handlungen und Entscheidungen einen Sinn geben.

Man sagt, der Glaube sei der göttliche Funke im Menschen. Vielleicht ist der Mensch deswegen imstande, kreative Prozesse in Gang zu setzen, hin zu etwas, das noch nicht ist, aber werden kann, hin zu dem, was wir uns wünschen und erträumen.

Die andere Tür

Ohne Begegnung kann es keine Beziehung geben. Wenn wir keine Beziehung zu anderen aufbauen, sind wir dazu verurteilt, für immer die zu bleiben, die wir sind, ohne uns weiterzuentwickeln, dazuzulernen, zu teilen, was wir haben. Mit anderen Worten: Ohne Begegnung kann es kein »Wir« geben, das doch unverzichtbar ist, um ein gesundes Leben zu führen, im privaten wie im gesellschaftlichen Sinn.

Das alles scheint offensichtlich zu sein, aber nach wie vor sind die empörten Stimmen derer zu hören, die alles diskreditieren, was sich nicht messen, anhäufen, erklären, verkaufen oder kaufen lässt.

Die Skeptiker mit den verschlossenen Herzen mögen einen brillanten Verstand besitzen, doch sie bleiben für immer in ihrem angeblichen Wissen gefangen, weil sie auf jene herabschauen, die aus dem Herzen, dem Bauch oder der Seele sprechen, die von Gefühlen reden statt von Gedanken, von Spiritualität statt Ruhm, von Glück statt Erfolg.

Viele dieser brillanten Denker bilden die noch

schlimmere Elite jener, die zu »hoch entwickelt« sind, um sich ihre Verzweiflung, ihre Ratlosigkeit oder ihr Unglück einzugestehen. Sie bleiben auf der »sicheren Seite«, völlig in ihrer Identität gefangen, und vertrauen ganz auf ihren Besitz und ihr logisches, unwiderlegbares Denken. Sie sind nicht bereit, ihre Isolation zu verlassen, damit niemand ihre innere Einsamkeit und ihren mangelnden Bezug zum Großteil der Menschen bemerkt. Da sie sich fast allem verschließen, besteht ihr einziger Trost darin, sich auf die Grundfesten der Eitelkeit zu stützen, so dass es ihnen zunehmend schwerfällt, zu akzeptieren, dass Menschen mit einem völlig anderen Hintergrund ihnen andere Lösungen vorschlagen.

Wenn wir unser Herz nicht öffnen, sind wir befangen und unsicher und werden uns immer wie Bettler fühlen, obwohl unser Haus, unser Bankkonto und unsere Garage von materiellen Gütern überquellen.

Viele Denker, Philosophen und Therapeuten haben darauf hingewiesen, wie wichtig eine offene innere Haltung ist: Carl Rogers, Abraham Maslow, Margaret Mead, Fritz Perls, Leo Buscaglia, Daniel Goleman, Wayne Dyer und die von mir bewunderte Virginia Satir haben darüber gesprochen, wie eine zugewandte, vertrauensvolle Begegnung der einfachen Summe des »Du und Ich« eine überraschende Qualität hinzufügt.

Jede Beziehung, die auf aufrichtiger, inniger Begegnung beruht, schafft ein Maß an Zärtlichkeit, Mitgefühl, gegenseitiger Einflussnahme und Verbindung, die auch Angst machen kann.

Innige Beziehungen gehen von dem gedanklichen Standpunkt aus, nicht an der Oberfläche bleiben zu wollen. Es ist diese Suche nach Tiefe, die ihnen die Stabilität verleiht, von Dauer zu sein und über die Zeit zu wachsen.

Eine innige Beziehung ist eine affektive Verbindung, die über das Alltägliche hinausgeht, denn sie entsteht aus dem stillschweigenden Übereinkommen, keine Angst davor zu haben, sein wahres Ich zu zeigen und ganz man selbst zu sein.

Nachdem ich die vorherigen Abschnitte geschrieben hatte, habe ich mich hingesetzt und mir aus einem Impuls heraus (zum wievielten Mal?) den Film *Rain Man* angesehen, ganz eindeutig mein Lieblingsfilm und einer der Filme, die mich am meisten berühren. Selbst wenn man die künstlerischen Aspekte wie Kameraführung, Regie und schauspielerische Leistung außer Acht lässt, glaube ich, dass der Film mich dennoch berühren würde, wie jeder Film, der eine Verbindung zur Schönheit der Kunst in ihrer reinsten Form herstellt. Das ist nicht weiter erstaunlich, ist doch diese Verbindung an sich bereits eine verändernde Erfahrung. Aber darum geht es nicht. Nachdem ich mir die Tränen weggewischt habe, die Dustin Hoffmans außergewöhnliche Darstellung mir jedes Mal entlockt, sitze ich wie immer still da und denke darüber nach, was diese Geschichte alles transportiert. Zum einen ist es ein Porträt des Menschen in all seinen Facetten; zum anderen eine fast grausame Bestandsaufnahme der Fehler unserer Erziehung, die oft genau zu dem führen, was sie angeblich verhindern will. In einem eindringlichen und so notwendigen Hochgesang auf das Verständnis und die brüderliche Liebe erklärt der Film, dass nicht alles verloren ist. Eine Liebe, die unsere Seele berührt, wenn Tom Cruise am Ende begreift und spürt, welche tiefe Zuneigung ihn mit seinem Bruder verbindet, und er aus diesem Gefühl heraus beschließt, ihn den Ärzten zu überlassen. Es ist eine Entscheidung zum Wohle des anderen und nicht die, zu der ihn die egoistischen Anteile seiner Gefühle drängen, die sich wünschen, dass der Bruder bei ihm bleibt.

Auch ich – wie vielleicht auch du – hatte Zeiten, in denen ich dem pragmatischen Denken den Vorrang gab und mich von der Botschaft des Herzens entfernte. Zeiten, in denen der akademische Anteil meiner Erziehung mein »Bewusst-Sein« trübte und mich in eine Berufsrichtung lenkte, in der das einzig Wichtige ein möglichst breitgefächertes Wissen, effizientes Handeln und die messbaren Ergebnisse dessen zu sein schienen, was ich sagte und tat.

Zu meinem – und vielleicht auch deinem – Glück lernt man mit der Zeit dazu.

Früher oder später stellen wir fest, dass der wahre Wert der Dinge auch mit dem Blick der Seele gemessen wird.

Diese Fähigkeit, mit dem Herzen zu sehen, ist nicht nur einigen wenigen vorbehalten. Es ist kein Ziel, nach dem alle streben, zu dem aber nur Ausersehene Zugang haben. Die Fähigkeit zur Empfindsamkeit ist nichts, was man sich erwirbt, indem man erfolgreich einen Weg spiritueller, religiöser oder mystischer Erweckung geht. Gefühle sind zutiefst menschlich, und sie wahrzunehmen ist die Substanz, die das »Menschliche« des Menschen ausmacht.

Sich seinen Gefühlen zu öffnen heißt, einen Zugang zum Leben und den anderen zu finden; sie sind der Passierschein zu den wirklich wichtigen Dingen und zum Besten in jedem von uns.

Aber da Gefühle Emotionen sind und das Wort *Emotion* mit Bewegung zu tun hat, muss jeder von uns die Entscheidung treffen, wie er das, was er empfindet, ausdrücken will. Und um dies möglichst effizient zu tun, müssen wir auf einen anderen Aspekt zurückgreifen: den Verstand.

Mit achtundzwanzig Jahren, vier Jahre nach seiner Ernennung zum Philosophieprofessor in Basel, publizierte der frühreife Friedrich Nietzsche mit Unterstützung seines Freundes Richard Wagner sein erstes Buch. In *Die Geburt der Tragödie aus dem Geiste der Musik* erklärt er den Widerstreit zweier innerer Haltungen zur Grundlage jeden menschlichen Konflikts, die eine geprägt von Ordnung und Vernunft, die andere von Chaos und Leidenschaft.

Für Nietzsche ist das Leben ein ständiger Kampf zwischen zwei Polaritäten, die einander ausschließen: Denken und Fühlen, Disziplin und Zügellosigkeit, Ordnung und Chaos.

Im Hinblick auf unsere Geschichte ist es der Konflikt zwischen Psyche und Eros/Amor, der als ständige Botschaft in diesem antiken Mythos mitschwingt.

Ausgehend von der Bedeutung ihres griechischen Namens können wir Psyche mit ihrem unerschöpflichen Wissensdrang, ihrem Bestreben, Neues zu entdecken und Grenzen einzureißen, als Verkörperung des Intellekts sehen. Von allen als reine Vernunft bewundert, aber unfähig, jemanden zu finden, der gewillt wäre, dauerhaft mit ihr zusammenzuleben. (Wer will schon die nackte Wahrheit heiraten?)

Eros/Amor wiederum verkörpert das Emotionale, Sensitive. Der junge Gott ist voller Leidenschaften und Sehnsüchte, die ihn, der Liebe stiftet, aber selbst nie verliebt war, in Angst und Ungewissheit stürzen.

Die Geschichte von Amor und Psyche zeigt auf, wie zerstörerisch der Rückzug auf das Gegensätzliche ist, und legt eindrucksvoll den Gedanken nahe, dass beide Pole sich nicht zwangsläufig ausschließen müssen, sondern einander ergänzen können und sollten, dass sie vielleicht sogar aufeinander angewiesen sind.

Tatsächlich scheint das Ende der Geschichte, indem die beiden Liebenden für immer vereint sind, in diese Richtung zu weisen und folgenden Rat mitzugeben:

> Wenn die Liebe nicht die Wahrheit sagen darf
> und der Verstand nicht vertrauen und private
> Momente des Rückzugs respektieren kann,
> wird die Verbindung zwischen beiden nicht
> lange halten.

Lass mich an dieser Stelle noch einmal abschweifen.

Stell dir vor, Amor und Psyche wären lediglich zwei Aspekte ein und derselben Person.

Der Film *Klick* handelt genau davon.

Die Hauptfigur, ein erfolgreicher Architekt, erhält eine magische Fernbedienung, mit der er die Momente seines Lebens überspringen kann, die ihn langweilen oder die ihn nicht »weiterbringen«. Dazu gehört für ihn alles, was mit Gefühlen, der Beziehung zu seiner Frau oder dem Familienleben zu tun hat. Er überspringt also all diese »vergeudete Zeit«, um sich auf seinen Beruf zu fokussieren. Das Leben belohnt ihn mit den gewünschten Ergebnissen. Innerhalb kürzester Zeit steigt er beruflich auf und kommt zu Ruhm und Geld, verliert dabei aber sein Privatleben aus dem Blick. Das geht so weit, dass er nichts von der Krankheit und dem Tod seines Vaters mitbekommt ... Als er am Ende ganz allein dasteht, ein alter Mann ohne Familie und ohne Freunde, wird dem »erfolgreichen« Geschäftsmann klar, was er verloren hat, und er erkennt, dass er das Wichtigste übersprungen hat, nur um ein Ziel zu erreichen, das diesen Preis nicht wert war.

Die Intensität, mit der jemand lebt, der Zugang zu seinen Gefühlen, Emotionen und Leidenschaften hat, kann auf intellektuellem Weg niemals erreicht werden, den diejenigen einschlagen, die im Namen des Messbaren und der Selbstkontrolle ihre Gefühle bremsen, auch wenn sie behaupten, dass sie dies nur tun, um nicht zu leiden.

Wir sind denkende Wesen und brauchen die Möglichkeiten der abstrakten Vernunft, die logischen Denkprozessen gehorcht, Grenzen setzt, Unterscheidungen und Verbindungen herstellt, ordnet, vergleicht und einordnet. Aber wir sind auch fühlende Wesen, die auf Emotionen, Leidenschaften und Instinkte angewiesen sind, auch wenn diese zuweilen mit Hemmungslosigkeit, Maßlosigkeit und dem einen oder anderen Exzess einhergehen.

Unsere sensiblen Anteile wertzuschätzen und auf diese inneren Bereiche zu achten heißt, sich regelmäßig die Möglichkeit zuzugestehen, Zeit mit sich zu verbringen, auf sich zu hören, sich selbst kennenzulernen und anzunehmen und von Zeit zu Zeit wahrzunehmen, welche Gefühle wir in uns tragen. Uns mit unseren sensiblen Anteilen zu verbinden bedeutet auch, einen Teil des Tages mit den Personen zu verbringen, die wir lieben und von denen wir geliebt werden, um Dinge miteinander zu teilen, auch das Schweigen, das glücklicherweise fast immer dem Filter unseres Verstands entgeht.

Im letzten Viertel des vergangenen Jahrhunderts entstanden zahlreiche Untersuchungen unterschiedlicher Forschergruppen für wissenschaftliche Institute, Firmen oder Regierungsorganisationen überall in der westlichen Welt. Sie alle waren sich darin einig, dass die Institutionen neue Wege beschreiten müssen, damit die Menschen wieder lernen, zuzuhören, zu verstehen, zu begleiten, zu motivieren und neue Situationen zu meistern.

Zunehmende Gewalt, das Fehlen ethischer Richtlinien, eine Tendenz zur Vereinsamung und die Einmischung des Öffentlichen in das Privatleben sind einige der Faktoren, die sich negativ auf das Wohlbefinden und die Lebensqualität in unserer Gesellschaft auswirken.

Wir wissen, dass jeder Mensch die Geschichte seiner Vorfahren über die Generationen hinweg in seinen Genen trägt; die Spezies versucht, sich den

Veränderungen anzupassen, die sie in der Welt erwarten, in die sie hineingeboren wird.

Es verwundert also nicht, dass die Kinder in einer Welt, in denen die Eltern und Großeltern immer weniger im Leben präsent sind, in ihrer Erbinformation eine größere abstrakte Intelligenz tragen als die Menschen, die vor ihnen gelebt haben. Das Schlechte an dieser eigentlich guten Sache ist, dass die übrigen Fähigkeiten, die nicht in den Genen festgelegt sind, im Zusammenleben und der Interaktion mit der Umwelt erlernt werden müssen.

Das Gute ist, dass diese »emotionale Intelligenz«, wie David Goleman sie treffend nennt, nicht nur von jedem erlernt werden kann, sondern sich im Laufe des Lebens weiterentwickelt, indem wir aus unseren Erfahrungen lernen.

Der Mythos scheint zu bestätigen, wie sinnvoll es ist, diese Botschaft zu erkennen, denn wir erfahren, dass Amor und Psyche nach ihrer Vereinigung eine Tochter namens Hedone bekamen, die Göttin der lustvollen Seelenbegegnung.

6
Der Rattenfänger von Hameln

Einleitung

Unter den Märchen nimmt *Der Rattenfänger von Hameln* eine Sonderstellung ein, denn es ist das einzige, das von einem Vorfall erzählt, der sich tatsächlich ereignete. Die Geschichte, die dem Märchen zugrunde liegt, lässt sich zeitlich und örtlich festlegen, selbst die Namen einiger Beteiligten tauchen darin auf.

Der Vorfall ereignete sich angeblich am 26. Juni 1284 in der Stadt Hameln, in einer schönen, fruchtbaren Gegend in Deutschland gelegen.

An diesem Tag, dem Festtag der Heiligen Peter und Paul, verschwanden hundertunddreißig Kinder auf mysteriöse Weise aus der Stadt, ohne eine Spur zu hinterlassen.

In dem Versuch, eine Erklärung zu finden, die es brauchte, um darüber reden zu können, schufen die Menschen eine Legende, fügten immer wieder Neues hinzu und ließen anderes weg, bis schließlich ein Mythos entstanden war. Sie bewahrten die Erinnerung auf eine Art und Weise, die den Menschen die Möglichkeit gab, den Schmerz über diesen großen Verlust innerlich zu verarbeiten.

Anfang des 14. Jahrhunderts wurde die rätselhafte Figur des Rattenfängers hinzugefügt, die, in bunte Gewänder gehüllt, die Kinder der Stadt zu einer Höhle im Koppenberg führt, wo sich ihre Spur verliert. Seither wurde die Sage über die Jahrhunderte hinweg zum einen als metaphorische Schilderung einer großen Epidemie (vielleicht der Pest) gelesen, die Hunderte Kinder das Leben kostete, in der die buntgekleidete Gestalt des Flötenspielers mit seiner unwiderstehlichen Musik den Tod verkörpert. Zum anderen wird hinter dem Ereignis eine Kindesentführung vermutet, denn in jenen bewegten Zeiten kam es nicht selten vor, dass adlige Lehnsherren, die ihre Macht auf Gebiete in Osteuropa ausweiten wollten, ohne Rücksicht auf Verluste Söldner und Siedler für ihre Besitzungen anwarben und Tausende Menschen (insbesondere Frauen und Kinder) gefangen, verschleppt und verkauft wurden. Nicht zuletzt ist es interessant, an die traurigen Kinderkreuzzüge des 13. Jahrhunderts zu erinnern, als geschulte Prediger über die Dörfer zogen und die Jüngsten dazu aufriefen, ins Heilige Land zu ziehen, eine Aufgabe, die nach ihrer Vorstellung nur die Reinsten im Geiste bewerkstelligen konnten (ein Irrsinn, der Schätzungen zufolge allein in Deutschland über fünftausend junge Menschen das Leben kostete).

Im 16. Jahrhundert wurde die mündliche Version der Geschichte um eine Rattenplage ergänzt, für deren Vernichtung man den Rattenfänger nicht bezahlt hatte.

Aus irgendeinem Grund hat sich diese Version durchgesetzt. Noch heute ist in der Kirche von Hameln ein Fenster zu sehen, auf dem ein buntgekleideter Mann eine Gruppe fröhlich tanzender Kinder anführt.

Die Straße, die zu dieser Kirche führt, endet auf der Bungelosenstraße, was so viel bedeutet wie »trommellose Straße«; dort ist es bis auf den heutigen Tag verboten, Musik zu spielen oder zu tanzen.

Die Geschichte

In einer kleinen Stadt namens Hameln ereignete sich vor vielen, vielen Jahren ein geheimnisvoller Vorfall, der das Leben der Einwohner (und aller, die diese Geschichte später hörten) für immer veränderte.

Die Landschaft rings um die Stadt war herrlich und von einem breiten, tiefen Fluss durchzogen. Überall herrschten Fülle und Wohlstand, und die Bewohner rühmten sich, in einer so schönen, fruchtbaren Gegend zu leben. Es heißt, die Menschen glichen der Landschaft, in der sie lebten; wer in einer trockenen, dürren Gegend aufwachse, werde spröde und schwierig im Umgang, wer hingegen in einer milden Gegend lebe, wo die Saat leicht keimt und schnell wächst, werde bequem und wolle, dass alles so leicht wäre wie die Ernte. Und dies war in Hameln der Fall.

In jedem Haus und auf allen Märkten gab es Lebensmittel in Hülle und Fülle, doch niemand war gewillt, sich mit dem Transport und der Lagerung dieses Reichtums zu befassen. In den Küchen wurde mehr Essen zubereitet als nötig, die Tische bogen sich unter den Speisen, und auf den Tellern häufte sich mehr, als man essen konnte. Das alles galt den Bewohnern als Zeichen von Überfluss und Wohlstand. Der Abfall, der dadurch entstand, wäre kein Problem gewesen, hätten die Bewohner der Häuser ihn beseitigt, doch das taten sie nicht. Die Mengen an Lebensmitteln, die in den Speisekammern und Kellern lagerten, wären kein Problem gewesen, hätten die Besitzer die Räume gut belüftet und gepflegt, doch das taten sie nicht. Der Überfluss an Getreide hätte ein Zeichen für allgemeinen Wohlstand sein können, hätte man es entsprechend gelagert, doch das geschah nicht.

Sicherlich nicht nur deswegen, aber auch oder vor allem deswegen wurde die Stadt eines Tages von einer schrecklichen Plage heimgesucht.

In Hameln wimmelte es von Ratten!

Es waren so viele, dass sie sogar Hunde und Katzen angriffen, die immer ihre ärgsten Feinde gewesen waren. Sie kletterten in die Wiegen und bissen die Kinder, die darin lagen, und machten sich über die Käselaibe her, die in den Vorratskammern lagerten, ohne ein Krümelchen übrig zu lassen.

Irgendwann hatten die Menschen in der Stadt genug davon, und sie zogen in Scharen zum Rathaus. Wie aufgebracht sie waren! Unmöglich, die Gemüter zu beruhigen.

»Der Stadtrat muss eine Lösung finden!«, forderten sie.

»Die Ratsherren sind Versager!«, riefen einige.

»Weg mit dem Bürgermeister!«, verlangten andere.

In Anbetracht der ernsten Lage beriefen die Stadtoberen, die ihre Posten und ihren Reichtum durch die Ratten bedroht sahen, den Ältestenrat ein.

Der Rat kam zu dem Schluss, dass bestimmte Voraussetzungen erfüllt werden mussten, um der Ratten Herr zu werden:

Die Häuser und Straßen der Stadt mussten rein gehalten werden.

Sämtliche Schlupflöcher, durch welche die Ratten in die Keller und Speicher gelangten, sollten verschlossen werden.

Der Abfall sollte in geschlossenen Behältnissen aufbewahrt werden, die täglich geleert werden mussten.

In den Abwasserkanälen und Abflussrohren sollte Rattengift ausgelegt werden.

Da keiner der städtischen Arbeiter bereit war, mehr zu tun als bisher, ließ der Bürgermeister Kostenvoranschläge einholen, um die entsprechenden Arbeiten extern durchführen zu lassen.

Einige Wochen später traf sich der Bürgermeister mit seinen Ratgebern, die Kostenvoranschläge in der Hand.

»Das ist ein Wahnsinn«, sagte er. »Wenn wir ein derartiges Vermögen für diese Maßnahmen ausgeben, bleibt nichts für die anderen Verwaltungskosten übrig.«

»Wer bezahlt dann unsere Ausgaben?«, fragten einige Stadträte.

»Und den Lohn unserer Mitarbeiter?«, sagte ein anderer.

»Und unser eigenes Gehalt?«, fügte ein weiterer hinzu.

Alle waren sich einig, dass man nicht so viel Geld für die Lösung des Problems ausgeben konnte. Ein anderer Vorschlag musste her.

»Jeder soll sich um sein eigenes Anwesen kümmern«, meinte der jüngste Ratsherr.

»Eine gute Idee, aber wie sollen wir die Leute dazu bringen?«, gab der Bürgermeister zu bedenken. »Die Menschen hier sind nicht besonders reinlich und tun nicht eben viel fürs Allgemeinwohl.«

»Wir müssen eine Verordnung erlassen, damit sie sich zumindest um ihre eigenen Häuser kümmern«, sagte ein anderer.

Am nächsten Tag veröffentlichte der Rat die

folgende Verordnung, die überall in der Stadt aushing und unter jede Tür geschoben wurde:

»*In Anbetracht der Rattenplage, von der die Stadt derzeit heimgesucht wird, ordnet der Bürgermeister an, dass alle Bewohner selbst für die Sauberkeit ihrer Häuser Sorge zu tragen haben. Jeder Hauseigentümer muss Schlupflöcher überprüfen und verschließen, durch die Nager in die Keller und Speicher gelangen können. Der Müll ist täglich in verschlossenen Behältern zum Abtransport nach draußen zu stellen.*«

Eine Woche später teilten die zuständigen Beamten dem Bürgermeister mit, dass die Verordnung keine sichtbaren Ergebnisse gebracht habe. Im Gegenteil, die Plage nehme auf alarmierende Weise zu. Die Ratten vermehrten sich und verlören jegliche Scheu und Zurückhaltung. In den letzten Tagen steckten sie ihre Schnauzen in jedes Essen, schnüffelten an den Kochlöffeln, mit denen die Speisen umgerührt würden, zerfräßen die Sonntagskleidung der Leute, nagten Löcher in die Mehlsäcke und die Fässer mit gesalzenen Sardinen, ja, sie kletterten gar an den Röcken der Frauen empor, die auf dem Platz zusammenständen, und übertönten mit ihren schrillen Pfiffen die Entsetzensschreie der Bewohner von Hameln. Das Leben in der Stadt war unerträglich geworden!

Als Antwort auf den gescheiterten Aufruf versammelten sich die Menschen erneut vor dem Rathaus, und schon bald waren die ersten Protestrufe zu vernehmen:

»Wofür halten die sich, dass sie uns die Verantwortung zuschieben?«, schimpfte die Menge.

»Unverschämt!«

»Sorgt dafür, uns von der Rattenplage zu befreien. Verbrecher!«

»Entweder ihr findet einen Weg, der Sache ein Ende zu bereiten, oder wir schleifen euch durch die Straßen!«

Als sie diese Drohungen hörten, waren der Bürgermeister und die Ratsherren bestürzt und zitterten vor Angst. Was tun?

Eine lange Stunde saßen sie im Ratssaal zusammen und grübelten. Sie waren so besorgt, dass sie keine Ideen hatten, wie sie das Problem lösen sollten.

Dann klopfte es dreimal an die Tür des Ratssaals. Die Anwesenden sahen sich an.

»Gott schütze uns!«, rief der Bürgermeister in Panik. »Sie werden uns umbringen ...«

Die Ratsherren sagten nichts, aber mit Sicherheit gingen ihnen ähnliche Gedanken durch den Kopf, und die Angst fuhr ihnen in die zitternden Glieder.

»Entschuldigen Sie die Störung!« Die Tür öffnete sich, und dort stand die absonderlichste Gestalt, die man sich nur vorstellen konnte.

Es war ein großer, schlanker Mann mit stechend blauen, stecknadelkopfkleinen Äuglein. Er trug einen seltsamen Umhang aus schwarzen, roten und gelben Flicken, der ihm bis auf die Füße reichte. Das strohblonde Haar fiel ihm über die Schultern und stand im Gegensatz zu der dunklen, wettergegerbten Haut.

Bürgermeister und Ratsherren starrten ihn mit offenen Mündern an. Der Neuankömmling war ein gänzlich Unbekannter, aber seine Gegenwart war mit Sicherheit wesentlich angenehmer als die derjenigen, die dort draußen lautstark nach ihren Köpfen verlangten. Darüber hinaus musste man zugeben, dass seine schlanke Gestalt, sein bartloses Gesicht, seine freundliche Miene und sein Lächeln eine unerklärliche Anziehungskraft ausübten.

Der Fremde trat ungezwungen und gutgelaunt ein, wobei er sich nach allen Seiten verbeugte, als hätte er es mit alten Freunden zu tun. Schließlich nahm er unbefangen und gegen jedes Protokoll auf dem Sessel des Bürgermeisters Platz, der am Kopfende des Tisches stand, und sagte:

»Ich bitte nochmals um Verzeihung, meine Herren, dass ich es wage, Ihre wichtige Versammlung zu stören, doch mir ist zu Ohren gekommen, dass Hameln schwere Zeiten durchmacht, und ich bin sicher, dass Sie sehr erfreut über das sein werden, was ich Ihnen über meine Dienste zu berichten habe.«

»Sprich«, sagte der Bürgermeister. »Wir hören.«

»Nun, durch einen geheimen Zauber bin ich in der Lage, jedes Lebewesen zu mir zu locken, ganz gleich, ob es im Staub kriecht, im Wasser schwimmt, durch die Lüfte fliegt oder auf der Erde läuft. Ich nutze meine magische Kraft bei allerlei Getier, das in den Dörfern Schaden anrichtet, seien es Kröten, Schlangen oder Eidechsen. Wenn ich eine bestimmte Melodie auf meiner Flöte spiele, folgen mir die Tiere auf wundersame Weise, und ich kann sie wegbringen, ohne sie auch nur anzufassen. Deshalb bin ich bei den Leuten als der Rattenfänger bekannt.«

In diesem Moment fiel den Zuhörern auf, dass der Fremde eine kleine Flöte um den Hals trug. Der Bürgermeister zögerte. Alles schien darauf hinzudeuten, dass der Kerl ein Verrückter war: seine Art, sich vorzustellen, seine Kleidung und vor allem diese unglaubwürdige Geschichte über die Macht seiner Musik. Aber wenn es stimmte ...

Angetan von dem Gedanken, dass sich womöglich eine unerwartete Lösung für ihr großes Problem gefunden hatte, fragte der Bürgermeister:

»Entschuldige die Frage, aber hast du die angebliche Macht deiner Flöte bereits anderswo unter Beweis gestellt?«

»Erst letztes Jahr habe ich die Bewohner eines englischen Dorfes von einer schrecklichen Fledermausplage befreit, und in einer Stadt im fernen

Orient habe ich kürzlich einer Stechmückenplage ein Ende bereitet, die alle fast um den Verstand gebracht hätte.«

»Und du glaubst, dein Zauber wird auch bei Ratten wirken?«

»Ich bin sogar sicher.«

Zum ersten Mal seit Wochen hatte der Bürgermeister das Gefühl, dass die Götter ihn nicht völlig verlassen hatten.

»Nun, mein Freund«, verkündete er. »Wenn du uns von den verfluchten Ratten befreien könntest, die sich überall breitmachen, wären wir dir zu großem Dank verbunden. Mehr noch, wenn es dir tatsächlich gelingt, ernennen wir dich zum Ehrenbürger und überreichen dir die Stadtschlüssel, eine doppelte Ehre, die bislang noch niemandem zuteilwurde.«

»Allerherzlichsten Dank, Herr Bürgermeister, aber ich bin ein armer Mann, und das ist mein Beruf«, sagte der Musiker. »Ich muss eine Bezahlung verlangen.«

»Und wie viel wäre das?«, erkundigte sich einer der Ratsherren.

»Wenn es mir gelingt, auch die letzte Ratte aus der Stadt zu vertreiben, hätte ich für meine Arbeit gerne einen Beutel mit zwanzig Goldmünzen«, sagte der Flötenspieler.

»Abgemacht«, erklärte der Bürgermeister, der mit

Vergnügen bereit gewesen wäre, auch das Zehnfache zu bezahlen.

Als am nächsten Morgen die ersten Sonnenstrahlen auf den Marktplatz fielen, kam der Flötenspieler die Hauptstraße von Hameln hinunter. Mit seinem breiten Lächeln und seinem Auftreten strahlte er die Selbstsicherheit eines Mannes aus, der sich der großen Macht bewusst war, die in ihm schlummerte.

Auf dem Platz angelangt, blickte er sich um, und aus seinen zusammengekniffenen blauen Augen schienen gelbe Funken zu sprühen. Dann stellte er sich unter die mächtige Eiche am Rand des Platzes, atmete tief durch, nahm seine Flöte und entlockte ihr drei lebhafte Töne, die durch ganz Hameln drangen.

Augenblicklich war ein Pfeifen und Trappeln zu hören, das aus allen Winkeln der Stadt kam. Es klang wie eine plötzlich zum Leben erwachte Armee.

Nach einigen Minuten wurde aus dem leisen Murmeln ein Tosen, das immer mehr anschwoll, bis es den Boden der Stadt erzittern ließ.

Was nun geschah, war kaum zu glauben. Aus sämtlichen Häusern kamen Ratten gelaufen. Hunderte, Tausende Ratten strömten aus ihren Schlupflöchern. Riesige, fette Ratten und kleine, dünne Mäuslein, alle hüpften und sprangen wie von Sinnen. Rattenväter, Rattenmütter, Tanten und Onkel liefen mit ihren langen Schwänzen und Schnurrhaaren hinter dem Flötenspieler her, ohne auf Pfützen oder Schlaglöcher zu achten.

Von Tausenden Ratten umgeben, machte sich der Flötenspieler auf den Weg in Richtung Fluss, während er unaufhörlich die immer gleiche Melodie spielte.

Straße um Straße folgte ihm in wildem Tanz das immer größer werdende Heer der Ratten.

Und so erreichte der tanzende Zug den Fluss.

Der Flötenspieler stieg auf einen Stein und stimmte eine neue Melodie an. Diesmal tanzten die Ratten nicht, sondern marschierten schnurstracks auf die Böschung zu.

Am Steilufer angekommen, sprangen sie eine nach der anderen in die Tiefe und stürzten ins Wasser, um dann leblos flussabwärts zu treiben.

Die Legende besagt, dass nur einer Ratte die Flucht gelang, weil sie durch Zufall in das Ufergestrüpp stürzte, das zwischen den Felsen wuchs, und sie sich auf festen Boden retten konnte. Die Überlebende rannte und rannte, bis sie ihre Heimat erreichte und dort berichtete, was geschehen war: Als sie die ersten Töne aus der Flöte hörte, habe sie einen unwiderstehlichen Drang verspürt, der Musik zu folgen. Es sei gewesen, als hätte man ihr sämtliche Leckerbissen vor die Nase gehalten und ihr zugeflüstert, nur tüchtig zuzuschlagen und zu futtern, so viel sie wolle, als wäre ihr Leben ein nicht enden wollendes Festmahl. Ob dieser Teil der Geschichte nun stimmt oder nicht, jedenfalls kam niemals wieder eine Ratte auf den Gedanken, nach Hameln zurückzukehren.

Man musste den Jubel in der Stadt sehen! Als die Menschen merkten, dass sie von der Plage befreit waren, läuteten sämtliche Kirchenglocken, dass die Kirchtürme zitterten. Endlich konnten sie wieder ruhig schlafen und ihren Geschäften nachgehen!

Die Menschen waren so froh, dass sie ein großes Fest auf dem Marktplatz veranstalteten. Niemand erinnerte sich daran, dass es der junge Flötenspieler gewesen war, der sie von den Ratten befreit hatte. Alle fühlten sich als Sieger, als wären sie nach einem gewonnenen Krieg von der vordersten Linie des Schlachtfelds zurückgekehrt. Es war keine Freude, es war Euphorie.

Am euphorischsten war natürlich der Bürgermeister. Zum ersten Mal seit Monaten ging er auf die Straße und mischte sich unter die Bürger, ohne Angst zu haben, beleidigt oder verprügelt zu werden.

»Welche Freude!«, rief er, während er händeweise Bonbons in die Luft warf, die die Kinder gierig auffingen. »Heute ist ein Festtag für Hameln. Lasst uns feiern, Freunde!«

Alle schienen vergessen zu haben, dass sie vor ein paar Tagen noch am Rathaus gewesen waren, um seinen Kopf zu fordern. Stattdessen ließen sie sich von seiner Begeisterung anstecken und klopften ihm anerkennend auf die Schulter.

So brüstete sich der Bürgermeister, bis er auf einmal dem Flötenspieler gegenüberstand, dessen stattliche, eigenwillige Erscheinung nicht zu übersehen war.

»Ich denke, Herr Bürgermeister, der Moment ist gekommen, mir meine zwanzig Goldmünzen zu geben.«

Das Lächeln des Bürgermeisters erlosch augenblicklich. Ungnädig musterte er den wunderlichen Kerl, der ihn um Geld anging. Wer käme auf den Gedanken, einem Vagabunden im bunten Flickenumhang eine derartige Summe auszuhändigen?

»Zwanzig Goldmünzen?«, sagte der Bürgermeister, der wie viele Mächtige geizig und nur auf seinen eigenen Vorteil bedacht war. »Wofür sollte ich dir einen solchen Batzen Geld zahlen?«

»Dafür, dass ich die Ratten ersäuft habe«, entgegnete der Flötenspieler.

Der Bürgermeister fand, dass zwanzig Goldmünzen ein Vermögen waren und er niemals einen solchen Haufen Geld an jemanden zahlen würde, weil er ein paar Stunden lang Flöte gespielt hatte. Wofür hielt sich dieser Bursche? Zwanzig Goldmünzen!

»Du hast die Ratten ersäuft?«, rief das Stadtoberhaupt von Hameln mit gespielter Überraschung, während er seinen Stadträten zuzwinkerte, die sich inzwischen um ihn geschart hatten. »Hat man so was schon mal gehört! Ha, ha, ha!«

Seine Mitstreiter fielen in sein Lachen ein.

»Meine Räte und ich haben das Verhalten dieser widerlichen Nager genau beobachtet, und wir haben mit eigenen Augen gesehen, wie die Bande ertrunken ist. Vielleicht hat sie eine Art Rattenwahnsinn ergriffen«, fuhr der Bürgermeister fort. »Wie dem auch sei, tot ist tot. Die Sache ist erledigt. Wir lassen uns nicht lumpen und laden dich zu einem Schlückchen Wein ein, um das Ereignis zu feiern. Du sollst auch ein paar Kupfermünzen bekommen, um deinen Beutel zu füllen. Aber zwanzig Goldmünzen ... Ich bitte dich!«

»So war es abgemacht!«, beschwerte sich der Musiker.

»Schau her, mein Junge, wie du dir vorstellen kannst, hat uns die Plage schwere Verluste zugefügt. In der Verzweiflung sagt man viel ... Zwanzig Goldmünzen! Also wirklich! Du bist mir sympathisch, deshalb zahle ich dir eine Münze aus meiner eigenen Tasche, damit du die Stadt mit einer klingenden Melodie verlässt. Was sagst du dazu?«

Während der Flötenspieler dem Bürgermeister zuhörte, wurde seine Miene immer finsterer. Wie jedem anderen gefiel es auch ihm nicht, hinters Licht geführt und mit ein paar freundlichen Worten abgespeist zu werden. Er war nicht bereit, hinzunehmen, dass man die Tatsachen verdrehte und aus der Bezahlung ein Almosen machte.

»Genug jetzt!«, rief er. »Ich habe keine Lust, zu diskutieren. Ihr habt eine Abmachung mit mir getroffen, und die habt ihr einzuhalten!«

»Wir haben eine Abmachung mit dir?« Der Bürgermeister tat erstaunt und hatte nicht einmal ein schlechtes Gewissen, weil er Tatsachen bestritt.

Seine Berater, die ebenfalls nicht die Absicht hatten, das Versprechen zu halten, und erst recht nicht, ihren Beitrag zu der Summe zu leisten, sprangen dem Bürgermeister zur Seite:

»Verlasse unsere Stadt! Warum sollten wir zahlen, wenn du nichts anderes getan hast, als dich auf den Platz zu stellen und Flöte zu spielen?«

»Wir schulden dir nichts! Scharlatan!«

»Ich kann mich an keine Abmachung erinnern ... Hast du das schriftlich?«

Der Flötenspieler sagte in drohendem Ton:

»Vorsicht! Ihr solltet euch nicht weiter so unwürdig aufführen, sonst werde ich sehr ungehalten.«

Diese Worte brachten den Bürgermeister mächtig auf.

»Wie kannst du es wagen!«, donnerte er. »Glaubst du, ich lasse mir von dir drohen und mich wie einen Dienstboten behandeln? Hast du vergessen, dass ich der Bürgermeister von Hameln bin? Wofür hältst du dich?«

Der Mann wollte seine mangelnde Seriosität hinter lautem Geschrei verstecken, wie dies so oft geschieht. Arroganz ist das Mittel derer, die keine Argumente haben.

»Ich lasse mich nicht von einem Herumtreiber beleidigen, auch wenn er eine magische Flöte hat und lächerliche Kleider trägt, so wie du! Geh mir unverzüglich aus den Augen, oder ich befehle meiner Wache, dir eine Tracht Prügel zu verpassen, die du nicht vergessen wirst.«

»Das werdet ihr alle bereuen«, sagte der Flötenspieler und ballte die Fäuste.

»Du drohst mir immer noch, du elender Landstreicher?«, tobte der Bürgermeister und rief nach seinen Wachen. »Verschwinde und tröte auf deiner Flöte, bis du platzt!«

Der Flötenspieler machte auf dem Absatz kehrt und ging davon.

Während er die Straße entlangging, hob er die lange, glänzende Flöte an die Lippen und entlockte ihr drei Töne. Drei zarte, wohlklingende Töne, wie sie selbst der begabteste Musiker nicht zustande gebracht hätte.

Ein leises Wispern ging durch Hameln. Ein Wispern, das bald zu lautem Plappern wurde und von fröhlichen Kindergruppen herrührte, die auf den Flötenspieler zuströmten.

Kleine Füßchen tapsten über den Boden, winzige

Holzschühchen klapperten auf dem Pflaster, kleine Händchen klatschten, und das Lärmen nahm zu. Wie Hühner im Hühnerhof, wenn man ihnen das tägliche Futter brachte, so strömten die Kinder aus Häusern und Palästen, Jungen und Mädchen mit rosigen Wangen und goldenen Locken, funkelnden Augen und perlweißen Zähnen. Stolpernd und hüpfend liefen sie fröhlich hinter dem wundersamen Musikanten her und begleiteten ihn mit ihrem Plappern und Lachen.

Der Bürgermeister verstummte überrascht, genau wie die Ratsherren.

Stocksteif standen sie da, ohne zu wissen, was sie angesichts dessen, was sie da sahen, unternehmen sollten. Sie waren nicht imstande, auch nur einen Schritt zu tun oder irgendetwas zu sagen, um den Auszug der Kinder zu verhindern.

Stumm und fassungslos sahen sie zu, wie die fröhliche Kinderschar hinter dem Flötenspieler herzog.

Als sie feststellten, dass der magische Musikant in die Straße einbog, die zum Fluss hinunterführte, wollten sie ihm nachrufen: »Komm zurück ... Du bekommst dein Geld!« Aber ihre Muskeln gehorchten ihnen nicht; sie waren wie verhext.

Doch der Flötenspieler schien die Kinder nicht ertränken zu wollen, denn statt zum Fluss zu gehen, schlug er den Weg in die Berge oberhalb der Stadt ein.

Die Eltern der Kinder, die sich zunächst über die fröhlichen Gesichter ihrer Kinder gefreut hatten, begannen sich Sorgen zu machen, als der Zug diese Richtung einschlug.

»Nur die Ruhe«, sagte ein Vater, der das Gebiet gut kannte. »Er würde nicht mal über den Gipfel kommen, wenn er eine Gruppe Bergsteiger dabeihätte.«

»Außerdem«, sagte eine Mutter, »wenn die Kinder das Spiel leid sind und müde vom Tanzen, werden sie ihm nicht länger folgen und zu uns zurückkehren.«

Doch so war es nicht.

Als der Flötenspieler den Berg hinaufzog, veränderte sich plötzlich die Melodie, die aus seiner Flöte drang, und die Erde öffnete sich vor ihnen, als hätte eine geheimnisvolle, mächtige Hand eine riesige Höhle gegraben.

Dorthinein ging der Flötenspieler, gefolgt von der fröhlichen Kinderschar.

Und als das letzte Kind unter den erstaunten Blicken der Erwachsenen darin verschwunden war, schloss sich die wundersame Höhle ganz plötzlich wieder, und zurück blieb der Berg, trutzig und abweisend wie eh und je.

Die arme Stadt Hameln bezahlte teuer für ihr Verhalten!

Der Bürgermeister schickte Gesandte in alle vier Himmelsrichtungen mit dem Auftrag, den Flötenspieler zu finden und ihm alles Gold zu bieten, das er verlangte, wenn er nur die Kinder zurückbrächte.

Aber es war vergebens. Niemand hatte den Flötenspieler oder die Kinder gesehen.

Als den Gesandten klarwurde, dass sie nur ihre Zeit vergeudeten und der Flötenspieler und die Kinder für immer verschwunden waren, kehrten sie in die Stadt zurück und erzählten es allen.

So viel Trauer! So viele Klagen und Tränen!

Zur Erinnerung an das Ereignis nannten die Bürger die Straße, durch die sie die Kinder verschwinden sahen, Rattenfängerstraße. Der neue Bürgermeister ließ die Geschichte in eine Säule einmeißeln und verbot, dass in dieser Straße Musik gemacht oder gefeiert würde, um die Würde des Ortes nicht zu entweihen.

Das Verbot wurde auf die ganze Stadt ausgedehnt, und so ist Hameln immer noch ein wunderbarer, fruchtbarer Ort, doch mit der Musik und den Kindern verschwand die Freude für immer aus ihren Straßen und Häusern.

Es heißt, selbst die Blumen, die immer für ihre leuchtenden Farben bekannt gewesen waren, seien mit den Jahren vor lauter Trauer verblasst, bis sie schließlich völlig weiß waren, bis heute.

Die Moral

Wir können die Botschaften dieses Märchens erneut von verschiedenen Seiten beleuchten.

Zum einen ist *Der Rattenfänger von Hameln* eine Warnung, die Folgen des eigenen Handelns zu bedenken. Das gilt für das nachlässige Verhalten der Stadtbewohner bezüglich der Sauberkeit, denn obwohl sie wissen, was zu tun wäre, um Plagen zu verhindern, tun sie es nicht. Außerdem legen sie die Geschicke der Stadt in die Hände korrupter, käuflicher Ratsherren, um sich dann über ihre Untätigkeit zu beschweren. Und schließlich werden die Konsequenzen geschildert, die sich ergeben, wenn man aus Verzweiflung und Angst heraus handelt, statt mit Verstand, Umsicht und Klugheit.

Ich finde, man kann auch den Rat herauslesen, Probleme so schnell wie möglich zu lösen und nicht erst, wenn es zu spät ist.

Und dann ist da noch eine weitere, nicht weniger wichtige Botschaft: denen Dankbarkeit und Anerkennung zu zollen, die uns in schwierigen Zeiten helfen und zur Seite stehen. Wie oft versäumen wir es, dankbar für das zu sein, was andere für uns oder für die Allgemeinheit tun! Und ich rede hier nicht von den Goldmünzen des Flötenspielers. Natürlich freue ich mich, dass ich gut für meine Arbeit bezahlt werde, ich bin begeistert, wenn man mir Dinge schenkt, die mir gefallen, und jeder, der mich mal gesehen hat, kann erahnen, wie gerne ich gutes Essen mag. Aber ich weiß, dass ich wie jeder andere ein Wort, eine Geste und einen Blick der Anerkennung brauche. Und wenn man die Moral noch ein wenig weiter fasst, sollte man auch nicht vergessen, Gott, der Natur oder dem Schicksal zu danken, selbst wenn unsere Lebenslage weit davon entfernt ist, die beste zu sein.

Vielleicht sind wir nicht so gesund, stark oder sportlich, wie wir gerne wären, aber wir leben, und das ist schon eine ganze Menge.

Die andere Tür

Hilfe zu brauchen ist keine Schande, wohl aber, von der Hilfe anderer abhängig zu sein. Aus Angst davor, nicht zu wissen, was man mit der Freiheit anstellen soll, die einem von Gesetzes wegen zusteht, oder weil man nicht bereit ist, die Verantwortung zu übernehmen, die damit einhergeht, entscheidet sich so mancher »aus freien Stücken« dafür, ein Sklave zu sein. Sklave eines angepassten Verhaltens, Modesklave, Arbeits- und Geldsklave oder sogar Liebessklave eines anderen Menschen, dem man die Verantwortung zuschiebt, die man eigentlich selbst tragen sollte. Auch wenn es dir überzogen erscheinen mag, diese Situationen mit dem Begriff Sklaverei zu bezeichnen, ist doch jede Abhängigkeit eine Form der Unterwerfung, selbst wenn sie freiwillig stattfindet. Die Entscheidung, sich abhängig zu machen, ist keine Rechtfertigung dafür, die Verantwortung für das eigene Leben abzugeben.

In Hameln will niemand für das verantwortlich sein, was in der Stadt passiert, oder sieht sich gar in der Pflicht, eine Lösung zu finden. Schuld sind die Ratten, die Stadtoberen, das Schicksal, vielleicht auch Gott, also sollen sie gefälligst etwas unternehmen, um das Problem aus der Welt zu schaffen.

Auch die Regierenden weigern sich, ihren Teil der Verantwortung zu übernehmen oder ihre Unfähigkeit einzugestehen. Stattdessen warten sie darauf, dass sich das Problem von allein löst, sind nachher aber nicht bereit, für die in Anspruch genommene Leistung zu zahlen.

Ihr Verhalten erinnert mich an die Parabel vom Fluss, die meine Lehrerin Adriana Schnake immer erzählte, wenn es um neurotisches, unreifes Verhalten ging:

Ein Mann ist auf dem Weg in die Stadt und steht auf einmal vor einem Fluss. Um sein Ziel zu erreichen, muss er ihn überqueren. Neurotisch wäre es, sich einfach auf den Weg zu setzen und zu jammern: »Hier dürfte gar kein Fluss sein ... Die Stadt müsste eigentlich auf dieser Seite liegen ... Jemand hätte eine Brücke bauen können.« Neurotisch ist es auch, den Rest seines Lebens auf den Fährmann zu warten, der niemals kommt, oder auf die Ingenieure, die den Fluss eines Tages umleiten werden. Andere jammern jedem die Ohren voll und sagen: »Das ist nicht fair ... Ich hätte auf der anderen Seite geboren werden sollen.«

Ich glaube, bei einem anderen, neuen Blick auf den *Rattenfänger von Hameln* sollte der Akzent vor allem darauf liegen, von der kindlichen Vorstellung Abstand zu nehmen, dass immer andere die Verantwortung für das übernehmen, was ich brauche. Heute mehr denn je sollten wir aufhören, darauf zu hoffen, dass jemand anders die Entscheidungen trifft, die man selbst immer wieder verschiebt. Wir sollten aufhören, herumzujammern, bis man bekommt, was man will, nur weil man es sich wünscht.

Hindernisse, Schwierigkeiten oder Probleme dürfen nicht als Grund dafür herhalten, ein Vorhaben abzubrechen oder die Kreativität zu verlieren; sie sollten im Gegenteil der Auslöser für stetige Weiterentwicklung sein.

Die paradoxe Theorie der Veränderung besagt, dass man erst dann etwas ändern kann, wenn man sich nicht länger damit abfindet, dass es ist, wie es ist. Wie sollen wir etwas auf unserem Planeten, in unserem Land, in unserer Familie bewegen, wenn wir nur daran denken, wie schön es wäre, wenn alles so wäre wie früher, oder überlegen, was wäre, wenn es nicht so wäre, wie es zu sein scheint?

Diese Überlegungen können durchaus sinnvoll sein, aber nur dann, wenn wir sie um den Begriff der Wirklichkeit kreisen lassen, wenn wir dem Offenbaren Priorität einräumen, um zu erkennen, wo wir stehen.

Man muss lernen, die Wirklichkeit zu akzeptieren, wie sie ist, ganz gleich, wie unangenehm oder unerträglich sie erscheint – Arbeitslosigkeit, Scheidung, Einsamkeit, Krankheit oder auch eine Rattenplage –, und genau dort ansetzen, um etwas zu ändern. Wir können nichts gegen Ungerechtigkeit, Hunger und Diskriminierung ausrichten, wenn wir sie einfach ausblenden und uns ausschließlich darauf konzentrieren, wie es früher einmal war oder wie es sein sollte. Wenn wir nur von einer besseren Welt träumen, werden wir nie anfangen, etwas dafür zu tun, um sie zu schaffen, auch wenn manche das hartnäckig glauben wollen.

Mitte des Jahres 2002 schrieb die australische Fernsehproduzentin Rhonda Byrne das Drehbuch zu einem außergewöhnlichen Film, der schließlich unter dem Titel *Das Geheimnis* ausgestrahlt wurde. Außergewöhnlich wegen der Erzählstruktur (der Film ist wie eine wissenschaftliche Dokumentation angelegt), wegen seiner Protagonisten (ein Dutzend Menschen berichtet, wie »das Geheimnis« ihr Leben verändert hat, und ebenso viele »Lehrer« erklären, was ihr Wissen an Positivem bewirkt hat) und insbesondere wegen seiner unkonventionellen Form der Verbreitung.

Über ein Jahr wurde der Film, der erst viel später ausgestrahlt wurde, unter der Hand als Geheimtipp weitergereicht, der nur einigen Auserwählten vorbehalten war. Ich glaube, ich habe in diesem Jahr mindestens fünfzehn Kopien der DVD von Lesern, Patienten oder Freunden bekommen, immer in einer stillen Ecke überreicht und begleitet von verschwörerischen Worten à la »Das musst du dir unbedingt ansehen«.

Diese geheimnisvolle Form der Verbreitung, dazu das Erscheinen von Kommentaren in Blogs, Nachrichten in sozialen Netzwerken und Mund-zu-Mund-Propaganda verweisen auf das Werbemodell des sogenannten viralen Marketings. In Medienkreisen ist damit eine Kampagne gemeint, in der über einen längeren Zeitraum spontan erscheinende Botschaften lanciert werden, um ein Produkt oder eine Marke zu platzieren. Diese Form verdeckter Werbung basiert auf der Erkenntnis, dass die Leute unterhaltsame oder interessante Inhalte mit ihren Kontakten teilen, vor allem, wenn diese sowohl für den Übermittelnden als auch für den Empfänger gratis sind.

Der Inhalt war nicht nur interessant, sondern äußerst verlockend. Es ging darum, sich ein angeblich unfehlbares Universalgesetz zunutze zu machen, das »Gesetz der Anziehung«, das unseren innigsten Wunsch in Erfüllung gehen lässt. Vereinfacht besagt das Gesetz der Anziehung, dass du dir etwas nur fest genug wünschen musst, damit das Universum dich hört und dein Wunsch in Erfüllung geht. Ein Gedanke, der sich in folgendem Satz von Esther und Jerry Hicks zusammenfassen lässt, jenen beiden Glücklichen, denen eine Gruppe spiritueller Lehrmeister, die sich nur ihnen offenbarten, diese grundlegende Lehre übermittelte: »Was ich denke, glaube oder erwarte, das ist.«

Der Gedanke ist nicht neu. Ansätze dieses Glaubens finden sich im Hinduismus, dem Judentum, dem Christentum und natürlich den hermetischen Gesetzen (dem *Kybalion*, das auf den Hermes Trismegistos zugeschriebenen Schriften basiert), auch wenn hier im Gegensatz zu jenen auf die Vorstellung eines gebenden, großzügigen Gottes verzichtet wird und stattdessen die Macht, Wünsche zu erfüllen, auf das Universum übertragen wird. Moderne Vorstellungen dieses Konzepts finden sich in den Schriften von Wallace Delois Wattles (*Die Wissenschaft des Reichwerdens*), den Theorien mentaler Kontrolle von José Silva (*Silva Mind Control*) oder bei Louise L. Hay (*Du selbst bist die Antwort*).

Den Lehrern aus *Das Geheimnis* zufolge funktioniert das Gesetz der Anziehung nach demselben

Prinzip wie Aladins berühmte Wunderlampe, nur dass man sich nicht einmal die Mühe machen muss, an der Lampe zu reiben, um den Prozess der Wunscherfüllung in Gang zu setzen. Es genügt, sich auf die folgenden vier Schritte zu konzentrieren:

1. Erkennen, was man möchte, und den Wunsch ans Universum richten.
2. Die Gedanken auf das Gewünschte fokussieren.
3. Sich so verhalten, als ob das Gewünschte bereits da wäre.
4. Offen dafür sein, es zu erhalten.

Vielleicht bin ich ein Skeptiker, vielleicht hindert mich meine medizinische Ausbildung daran, an etwas zu glauben, das man nicht messen oder beweisen kann, vielleicht hat meine Erfahrung als Psychiater zur Folge, dass ich alles ablehne, was als Teil magischen Denkens daherkommt. Jedenfalls rechtfertigt das kleine Fünkchen Wahrheit, das in diesem Denkansatz stecken mag, nicht die Bedeutung, die man solchen Modellen im Bereich des psychischen Wohlbefindens heutzutage zumisst, oder gar das Bestreben, sie als Gesetz zu präsentieren, das ohne Ausnahmen in Erfüllung geht.

Natürlich ist positives Denken die beste Voraussetzung für ein zielorientiertes Verhalten. Das Planen eines Projekts mobilisiert in uns die nötige Energie, um die Umsetzung des Gewünschten zu konkretisieren. Ein klar formulierter, mit Begeisterung gehegter Wunsch ist eine sehr wichtige Voraussetzung, um einen Traum wahr werden zu lassen ... Aber deswegen zu hoffen, dass mein Wünschen mir das Gewünschte bringt, erscheint mir zu weit hergeholt.

Es geht darum, im Hier und Jetzt die besten Voraussetzungen dafür zu schaffen, dass unser Handeln das beste Morgen hervorbringt.

Und genau dazu sind die Bewohner von Hameln nicht bereit. Die Eltern setzen ihre Erwartungen in die Kinder, die Kinder sehen die Verantwortung bei den Eltern, die Familien geben den Nachbarn die Schuld und alle zusammen den Regierenden, die ihrerseits darauf hoffen, dass irgendjemand vorbeikommt, um das Problem zu lösen.

Ich möchte an dieser Stelle ein neues Gesetz vorschlagen, das an die Stelle des Gesetzes der Anziehung tritt und das ich allen Bewohnern von Hameln und auf der ganzen Welt ans Herz lege.

Ich nenne es das Gesetz der Pro-Aktion (du brauchst dir nicht die Mühe zu machen, dieses Wort im Wörterbuch zu suchen, denn ich habe es gerade erfunden).

Pro-Aktion ist das Zusammenspiel aus einem optimistischen Blick in die Zukunft und einer aktiven Herangehensweise an Herausforderungen. Ich muss die Fähigkeit besitzen, eine Vision zu schaffen, ich muss meine inneren Möglichkeiten kennen und den Willen haben, mit eiserner Disziplin den richtigen Weg zu verfolgen, und die Ausdauer, Hürden zu überwinden, um gestärkt aus jeder Schwierigkeit hervorzugehen.

Diese Kombination von Eigenschaften wird niemals imstande sein, auf magische Weise eine Sache zu generieren oder aus dem Nichts heraus eine Situation Wirklichkeit werden zu lassen, aber sie kann und wird im Hier und Jetzt die besten Voraussetzungen schaffen, damit unser konkretes Handeln (das heißt, unsere aktive Arbeit) den Grundstein für ein besseres Morgen legt.

Oder wie eine Weisheit der Sufis besagt:

Vertraue stets auf Gott …, aber dein Kamel musst du selbst anbinden.

7
Dornröschen

Einleitung

Die Urversion dieses Märchens, das auf nordische Erzählungen zurückgeht, kursierte über vierhundert Jahre in mündlicher Form in ganz Europa, bis sie 1634 in Italien von Giambattista Basile unter dem Titel *Sonne, Mond und Thalia* verschriftlicht wurde.

Später nahmen sich alle, die die Geschichte wiedergaben, die Freiheit, ganze Passagen hinzuzufügen oder wegzulassen und so den Inhalt und den Sinn der Geschichte zu verändern. Die heutzutage bekannteste Version ist jene der Gebrüder Grimm. Mit ihrer unschuldigen Naivität hat sie sich ihren Zauber bewahrt, auch wenn sie ziemlich weit von der ursprünglichen Geschichte entfernt ist.

Es gibt ein interessantes Detail in *Dornröschen*, das in der Welt der Märchen nicht sehr häufig vorkommt: Die königliche Familie ist eine ganz »normale« Familie. Es gibt einen Vater und eine Mutter, die präsent sind, die ihre Tochter sehr lieben und einander zugetan sind. Eine echte Seltenheit in der Märchenwelt.

Vielleicht deshalb ist diese Geschichte in gewisser Weise das Paradigma all jener Geschichten, in denen eine Prinzessin, deren herausragende Tugend ihre Schönheit ist (zumindest ist es das, was ihren Retter anzieht), passiv darauf wartet, erlöst zu werden. Eine traditionell männliche Sichtweise und eine für heutige Verhältnisse ziemlich schlichte pädagogische Botschaft, ein Punkt, auf den ich später zurückkommen werde.

Davon abgesehen, ist es ein wunderschönes, zartes und sehr klassisches Märchen, das großen Unterhaltungswert hat und zweifelsohne ein fester Bestandteil unserer westlichen Kultur ist.

Die Geschichte

Es waren einmal ein König und eine Königin, die zu ihrem Kummer keine Kinder bekamen. Sie beteten zu allen Göttern und Dämonen, tranken jedes Zaubermittel dieser Welt, leisteten Gelübde, unternahmen Pilgerreisen und boten Opfergaben dar, doch das Schicksal schien ihren sehnlichsten Wunsch nicht erfüllen zu wollen.

Eines Tages wandelte die Königin wieder einmal mit gesenktem Kopf durch den Schlosspark. Sie war so niedergeschlagen, dass sie nicht auf ihre Schritte achtete und so versehentlich auf einen Frosch trat, der daraufhin mit einem gewaltigen Satz in einen großen Springbrunnen hüpfte und sich gewaltig den grünen Kopf stieß. Benommen, wie er war, hätte der arme Frosch ertrinken können, doch als die Königin ihr Missgeschick bemerkte, stieg sie ins Wasser, um das arme Tier zu retten, ohne auf ihr langes Kleid und die feinen Seidenschuhe zu achten.

Der Frosch hatte sich bald erholt und begann zum Erstaunen der Königin zu sprechen:

»Du bist eine gute Frau mit edlem Herzen«, sagte er. »Du hast dir eine Belohnung verdient. Sag mir, was du dir wünschst.«

»Ich glaube nicht, dass du meinen Wunsch erfüllen kannst«, sagte die Königin unendlich traurig.

»Urteile nicht vorschnell«, entgegnete das Tier. »Sag mir, was dir fehlt und was dich so bekümmert ...«

»Alles, was ich will, ist ein Kind«, bekannte die Frau. »Doch der gütige Gott hat mir die Mutterfreuden bislang vorenthalten.«

»Nun«, sagte der Frosch. »Komm morgen wieder. Vielleicht habe ich Neuigkeiten für dich.«

»Welche Neuigkeiten? Sag es mir, bitte ...«

»Morgen bei Sonnenuntergang, am selben Ort«, sagte der Frosch und hüpfte davon.

Am nächsten Tag war die Königin schon früh am Springbrunnen, neugierig, welche Nachrichten der Frosch bringen würde.

»Hier bin ich«, sagte der Frosch.

»Hast du gute Nachrichten für mich?«, fragte die Königin.

»Die Zauberin, die unten am Fluss lebt, kennt mich seit meiner Geburt. Ich habe sie gebeten, dir bei deinem Wunsch behilflich zu sein, und ihr gesagt, dass du dich großzügig erweisen wirst, wenn sie einwilligt …«

»Sie kann alles haben, was sie will!«, rief die Königin sofort.

»Warte hier«, sagte der Frosch und hüpfte zum Fluss hinunter.

Es war schon dunkel, als er zur Königin zurückkam.

»Ich habe ihr versprochen, dass du ihr von dem Moment an, da du von deiner Schwangerschaft erfährst, bis zum Tag der Geburt jede Woche eine Goldmünze zukommen lässt …«

»Und was hat sie gesagt?«, fragte die Königin.

»Sie hat eingewilligt. Du sollst dir diesen Tag merken, denn in genau einem Jahr wird dein Wunsch in Erfüllung gehen und du wirst ein wunderschönes Mädchen gebären.«

»Was muss ich tun?«, fragte die Herrscherin begeistert.

»Jeden Montag«, sagte der Frosch, »wirfst du eine Goldmünze in den Brunnen. Ich werde mich darum kümmern, sie zu der Zauberin zu bringen.«

»Ich weiß nicht, wie ich dir danken soll«, sagte die Königin.

»Wir sind quitt, aber vergiss die Abmachung nicht.«

Die Königin, die wenig Grund, aber große Neigung hatte, das alles zu glauben, küsste das hässliche Tier und eilte in ihre Gemächer, um dem König zu erzählen, was passiert war und was ihr der freundliche Frosch prophezeit hatte.

Einige Monate später war die Königin guter Hoffnung.

Sie war außer sich vor Freude, und nachdem sie Gott gedankt hatte, galt ihr erster Gedanke dem Frosch am Springbrunnen, der seinen Anteil an diesem Wunder hatte.

Gleich am Montagmorgen ging die Königin in den Park, um ihr Versprechen zu erfüllen und eine Goldmünze in den Brunnen zu werfen. Sie war überglücklich.

So geschah es an jedem Montag des ersten Monats und auch im zweiten, doch am zweiten Montag des dritten Monats vergaß die Königin die Münze für die Zauberin. Sie wagte es nicht, sie ihr am Dienstag oder Mittwoch zu bringen, aber am darauffolgenden Montag warf sie stattdessen zwei Münzen in den Brunnen.

Je weiter die Schwangerschaft voranschritt, desto mehr hatte die Königin zu tun. Die Übergabe der Münzen wurde immer unregelmäßiger, bis die Zahlungen schließlich im vierten Monat ganz versiegten und die Abmachung nach einigen Wochen in Vergessenheit geriet, vielleicht aufgrund der Vorfreude auf die bevorstehende Geburt.

Weitere fünf Monate vergingen, und alles entwickelte sich ganz normal, sehr zur Freude aller im Palast. Schließlich gebar die Königin genau am vorhergesagten Tag ein wunderhübsches Mädchen, das den Namen Thalia erhielt, was so viel heißt wie »blühendes Glück«.

Das Königspaar war so glücklich und dankbar, dass sie sämtliche Feen, die sie im Lande auftreiben konnten – sieben an der Zahl – zu Patinnen des Mädchens bestimmten und zu einem großen Festmahl einluden, das zu Ehren des neugeborenen Kindes gegeben wurde. Die Eltern des Mädchens hofften, dass jede dem Kind ein Geschenk mitbrächte, wie es unter Feen damals Brauch war ...

Nachdem man die Prinzessin vom Palastbalkon aus den Untertanen präsentiert hatte, versammelte sich die königliche Familie mit allen Feen im großen Saal, wo eine lange Tafel für sieben Gäste gedeckt war. Neben jedem Teller stand ein kleines Kästchen aus purem Gold, in dem sich eine Gabel, ein Messer und ein Löffel aus getriebenem Silber befanden.

Die Feen bedankten sich für den freundlichen Empfang und machten sich daran, ihre guten Wünsche auszusprechen, die Prinzessin Thalia jede nur erdenkliche Vollkommenheit verliehen: unermessliche Schönheit, Güte, musikalisches Talent und eine schöne Stimme, einen grazilen Gang, Lebensfreude, eine Begabung zum Tanz ...

In diesem Augenblick stürzte jemand in den Saal. Es war die Zauberin, die unten am Fluss lebte und die der Frosch aus dem Springbrunnen vor Jahresfrist aufgesucht hatte.

Niemand hatte sie je zuvor gesehen, doch die Königin erkannte gleich, wer sie war. Beschämt erinnerte sie sich daran, dass sie ihren Teil der Abmachung nicht eingehalten hatte, und sagte es ihrem Mann.

Der König ließ rasch einen Stuhl bringen und ein weiteres Gedeck auflegen, und der unerwartete Gast wurde eingeladen, doch Platz zu nehmen. Aber die Zauberin war unversöhnlich und begann, Flüche und Drohungen auszustoßen.

Weil es sich so gehörte, ging der König persönlich zu der Zauberin, um sich dafür zu entschuldigen, dass die Abmachung nicht eingehalten worden war. Er beteuerte, die Sache sei versehentlich in Vergessenheit geraten, bat um Verzeihung und versprach, das Versäumnis mehr als wiedergutzumachen ...

Doch die Zauberin verkündete, dafür sei es nun zu spät, trat in die Mitte des Saals und rief:

»Hört alle zu! Die Prinzessin mag all diese Gaben erhalten, die meine Feenschwestern ihr gewünscht haben, aber ich werde die Kränkung nicht vergessen, die man mir zugefügt hat. Wir hatten eine Abmachung, doch die Königsfamilie hat entschieden, sich nicht länger daran zu halten, als sie merkte, dass sie mich nicht mehr brauchte ... Ich habe lediglich fünfzehn der Münzen erhalten, die man mir schuldete. Also soll die Prinzessin fünfzehn Jahre lang in den Genuss der Gaben kommen, die ihr von den Feen geschenkt wurden. An ihrem fünfzehnten Geburtstag jedoch wird sie sich an einer Spindel stechen, sie wird diese Welt für immer verlassen und in Vergessenheit geraten, so wie auch ich von allen vergessen wurde!«

Der König bat inständig darum, den Fehler wiedergutmachen zu dürfen, doch die Zauberin schenkte ihm keine Beachtung. Wie aus dem Nichts erschien eine Wolke aus feuerrotem Rauch, der die Frau einhüllte und vor den Blicken der Anwesenden verbarg.

Als der Rauch sich auflöste, war die Zauberin verschwunden.

Vergebens stürzte der König zum Fenster und rief verzweifelt nach Erbarmen.

Vergebens befahl der Kommandeur der königlichen Garde, den Park nach der Zauberin zu durchsuchen und sie vor den König zu bringen.

Vergebens waren die Tränen der Königin und der Hofdamen ...

Der Fluch war ausgesprochen, und nichts schien etwas daran ändern zu können.

Doch glücklicherweise hatte eine der sieben geladenen Feen ihren Wunsch noch nicht geäußert.

Die Fee erhob sich und sagte:

»Es steht nicht in meiner Macht, den Fluch der Zauberin vollständig abzuwenden, aber vielleicht kann ich ihn ein wenig abmildern.«

Sie schwang ihren Zauberstab und verkündete:

»Die Prinzessin mag sich an einer Spindel stechen, doch sie soll nicht sterben, sondern für viele Jahre in einen tiefen Schlaf fallen … Eines Tages aber wird ein Prinz kommen und sie erlösen, und sie wird zu neuem Leben erwachen und auf dem Thron Platz nehmen.«

Die Königin eilte herbei, um der guten Fee die Hände zu küssen, weil diese das Leben ihrer Tochter gerettet hatte. Ihr war nicht bewusst, dass dieser dauerhafte Schlaf dem Tod sehr nahekam.

Ihr Mann hingegen fragte:

»Wie viele Jahre wird sie schlafen?«

Die Fee schwieg eine Weile, dann sagte sie leise:

»Hundert …«

Die Königin schrie entsetzt auf und warf sich in die Arme ihres Mannes.

»Es tut mir leid«, setzte die Fee hinzu, als wollte sie sich bei dem Königspaar entschuldigen. »Das ist alles, was ich tun kann.«

Der König war kein Mann, der sich seinem Schicksal ergab oder eine schmerzliche Wahrheit kleinredete. Es musste etwas geschehen, um zu verhindern, dass das Unglück über seine Familie und sein Volk kam.

In aller Herrgottsfrühe gab der Herrscher seiner Wache den Befehl, durchs ganze Land zu reisen, um nach der Zauberin zu suchen und sämtliche Spinnräder zu konfiszieren, die sich in den Häusern, Kellern, Speichern und Schuppen fanden, sie auf dem Marktplatz zu sammeln und auf einem gewaltigen Scheiterhaufen zu verbrennen.

Am nächsten Tag wurden an praktisch jeder Wand im Königreich Bekanntmachungen aufgehängt, in denen der König bei Todesstrafe verbot, Spinnräder zu besitzen, herzustellen oder zu benutzen. Gleichzeitig beauftragte er seine treuesten Soldaten damit, darüber zu wachen, dass der Befehl befolgt wurde. Der Gedanke war nachvollziehbar: Ohne Spinnräder gab es keine Spindeln, und ohne Spindeln konnte der Fluch nicht in Erfüllung gehen.

Die Jahre vergingen, und der Fluch geriet in Vergessenheit. Die Prinzessin lebte und wuchs heran wie jedes andere Mädchen ihres Alters. Irgendwann beschlossen die Eltern, nicht mehr über die Angelegenheit zu sprechen, sei es aus Angst oder um die düstere Prophezeiung zu verdrängen.

Eines Tages aber wurde Prinzessin Thalia fünfzehn, und im Palast wurde erneut ein großes Fest ausgerichtet. Erwartungsgemäß trafen Hunderte

Besucher ein, und Geschenke aus allen Teilen der Welt wurden gebracht. Es waren so viele, dass man sie zunächst in einem verlassenen Turmzimmer im Nordflügel des Palasts ablegte.

»Es wird schon noch Zeit sein, sie zu öffnen«, hatte die Prinzessin gesagt, die ihr Fest genießen wollte. Und so geschah es.

Täglich stieg Prinzessin Thalia mit zwei gleichaltrigen Mädchen, die ihre besten Freundinnen und liebsten Spielgefährtinnen waren, in das Turmzimmer hinauf, um zwei oder drei Geburtstagsgeschenke zu öffnen … Es gab alles: kostbare Kleider, mechanisches Spielzeug, Puppen, Möbel aus fernen Ländern, exotische Schmuckstücke, wohlriechende Parfüms – Päckchen in allen Größen und Formen.

Die drei Mädchen freuten sich sehr auf diesen Moment des Tages, und obwohl sie sehr neugierig waren, war nach sechs Monaten immer noch ein Drittel der Geschenke ungeöffnet.

Eines der Pakete war sehr groß. Zu dritt mühten sie sich, den Stoff zu entfernen, in den es eingeschlagen war. Es war ein altes Spinnrad.

»Was ist das?«, fragte die Prinzessin.

»Wer weiß?«, sagte ihre Freundin. »Ich habe so etwas noch nie gesehen.«

»Ich auch nicht«, sagte die andere.

»Sieht aus wie eine Maschine«, rätselte Thalia.

»Vielleicht ein Pflug«, mutmaßte ihre Freundin.

»Oder eine Kaffeemühle«, sagte die Dritte.

Verständlicherweise waren sie ahnungslos, denn keine von ihnen hatte jemals ein Spinnrad gesehen oder auch nur davon gehört.

Die Prinzessin, die ein lebhaftes, neugieriges Mädchen war, drehte das Rad und versuchte, die Fäden zu spannen, die daran befestigt waren.

Dabei begann das altersschwache Spinnrad zu wackeln. In einem Reflex versuchte sie, es vor dem Umfallen zu bewahren, und griff in die Spindel.

»Oh!«, sagte die Prinzessin, während sie ihren rechten Zeigefinger betrachtete.

Es war das Letzte, was sie sagte.

Dann fiel Thalia wie vom Blitz getroffen zu Boden und blieb reglos liegen.

Entsetzt rannten ihre beiden Freundinnen aus dem Turm und riefen um Hilfe.

Von überallher liefen Männer und Frauen herbei – die Gärtner, die Wache, die Dienstboten und das Königspaar selbst – und versuchten, das Mädchen wiederzubeleben. Sie befeuchteten sein Gesicht mit einem Tuch, das man in kaltes Wasser getaucht hatte, hielten ihm Riechsalz unter die Nase, schlugen ihm sanft auf die Wangen, rieben kräftig seine Hände, lockerten die Kleidung und fächelten ihm Luft zu ... Aber das Mädchen kam nicht zu sich.

Da erinnerte sich der König wieder an die Prophezeiung der Zauberin, und er begriff, dass all sein

Bemühen es nicht vermocht hatte, die geliebte Tochter vor ihrem unheilvollen Schicksal zu bewahren.

Zärtlich hob der Vater die bewusstlose Thalia auf und trug sie in ihr Zimmer.

Wie sie dort auf ihrem Bett lag, war sie so schön, dass jeder, der sie betrachtete, geglaubt hätte, einen schlafenden Engel zu sehen. Ihre Haut hatte nichts von ihrer lebendigen Farbe verloren, ihre Wangen waren rosig und ihre Lippen, die ein leichtes Lächeln auf ihr schönes Gesicht legten, korallenrot.

Der König befahl, die Prinzessin in Ruhe schlafen zu lassen, bis die Stunde ihres Erwachens gekommen wäre, und wies seine Botschafter an, sich auf die Suche nach der guten Fee zu machen, der es damals gelungen war, den Fluch der bösen Fee abzumildern. Der König wollte sie nun, da die Befürchtungen wahr geworden waren, erneut um Hilfe bitten.

Als die Fee eintraf, beklagte sie, was geschehen war, und hörte sich die Sorgen des Königs an:

»Was wird geschehen, wenn meine kleine Prinzessin in hundert Jahren erwacht? Ich werde nicht mehr da sein, ihre Mutter wird nicht mehr da sein, ebenso ihr Land und alles, was ihr gehört. Wer soll ihr erklären, was geschehen ist? Wer wird ihr helfen, sich zurechtzufinden?«, klagte der König. »Du hast sie vor dem Tod bewahrt, bitte bewahre sie auch vor ihrem zukünftigen Leben.«

Die Fee verstand die Beunruhigung des Vaters

und fragte ihn, ob er bereit sei, seine Tochter in diese Zukunft zu begleiten. Als der König augenblicklich bejahte, traf sie einen Entschluss.

Sie ließ blau schimmernden Staub auf das Schloss fallen und auf alle, die darin wohnten: Wachen, Pagen, Lakaien, Hofdamen, Dienstboten, Beamte und Ratgeber ... Als der blaue Staub auf sie niederregnete, erstarrten alle an Ort und Stelle, und so würden sie verharren, bis die Prinzessin in hundert Jahren erwachte. Der Regen fiel auf die Pferde im Stall und die Vögel im Garten, die riesigen Bulldoggen im Zwinger und das winzige Schoßhündchen der Prinzessin, das neben ihrem Bett saß, die Tauben im Taubenschlag und die Fliegen an der Wand. Alles verharrte in stillem Warten, als wüsste es, dass alles wieder zum Leben erwachen würde, wenn die Zeit gekommen wäre. Es erstarrte auch das Wasser in den Brunnen, und sogar das Feuer, das im Herd flackerte, erkaltete. Der Wind legte sich, und in den Bäumen rings um das Schloss bewegte sich kein Blatt.

Als der ganze Palast schlummerte, gingen der König und die Königin in Thalias Zimmer. Nachdem sie ihre Tochter auf die Stirn geküsst hatten, baten sie die Fee, dafür Sorge zu tragen, dass niemand ihren Schlaf störe, denn auch sie wollten schlafen, bis sie ihr Kind in hundert Jahren wieder herzen und küssen konnten.

Da rieselte der magische Staub auch auf sie hernieder und auf die Gärten und Felder rings um das Schloss.

Binnen weniger Minuten wuchsen rings um das Schloss gewaltige Bäume und dichte Wildrosen empor, die lange, spitze Dornen trugen, so dass kein Lebewesen, ob Mensch oder Tier, hineingelangen konnte, wo die Prinzessin ihren langen Schlaf schlief.

In den hundert Jahren, die nun folgten, wurde das Land von den schlimmsten Unglücksfällen heimgesucht: Pest, Dürre, einer großen Überschwemmung und dem schlimmsten Übel von allen, dem Krieg. Doch keine dieser Katastrophen erreichte den schlafenden Palast, der außerhalb dieser Welt zu liegen schien.

Als die Herrscher der umliegenden Reiche erfuhren, dass das Königshaus untergegangen war, ohne Nachkommen oder auch nur die geringste Spur zu hinterlassen, beschlossen sie, in das Land einzumarschieren, um es ihrem eigenen Herrschaftsgebiet einzuverleiben. Aus allen vier Himmelsrichtungen rückten die Heere der Nachbarreiche an, um es zu erobern und es ihrem jeweiligen König als Trophäe zu überreichen, nachdem sie die übrigen Angreifer vernichtet hätten.

Das nördliche Heer schlug jenes, das von Osten kam, die westliche Armee besiegte jene, die von Süden aufmarschierte. Schließlich standen sich die verbliebenen Heere in einem schier endlosen Krieg gegenüber, bis nach mehr als tausend Schlachten die Nordarmee den Gegner zurückschlug und das Land für ihren König Sigismund III. in Besitz nahm.

Endlich wurde Frieden geschlossen, und der neue König entsandte seinen Sohn Prinz Philip, die neueroberten Gebiete zu erkunden und die Ordnung wiederherzustellen.

So entdeckte der Prinz eines Tages, dass sich tief im Süden des Landes ein dichter Wald befand, aus dessen Mitte hohe Türme aufragten, von denen niemand mit Gewissheit sagen konnte, wer sie erbaut hatte und wann.

Die Nachkommen der wenigen Bauern, welche die Katastrophen überlebt hatten, wussten nicht viel: Die Türme seien schon immer dort gewesen ... Einige meinten, es sei ein altes Schloss, in dem Geister umgingen, andere behaupteten, die Hexen versammelten sich samstagnachts dort zum Hexensabbat.

Ein alter Bauer aber, der seinem Aussehen nach an die hundert Jahre alt sein mochte, ging zu dem jungen Prinzen und sagte:

»Vor mehr als fünfzig Jahren hörte ich meinen Vater erzählen, dass in dem Schloss die schönste Prinzessin der Welt nach einem Fluch den ewigen Schlaf schlafe ...«

Als er das gespannte Gesicht des jungen Prinzen

sah, machte der alte Mann eine Pause und flüsterte ihm dann ins Ohr, als verriete er ein Geheimnis:

»Mein Vater sagte auch, er habe im Vorbeigehen gehört, dass eines Tages ein junger Prinz kommen werde, um sie zu erlösen und sie zu seiner Königin zu machen, die schönste, die man je gesehen habe ...«

Die Worte verfehlten ihre Wirkung nicht. Der Prinz hatte sofort das Gefühl, derjenige zu sein, der dazu bestimmt war, die schlafende Schöne zu wecken. Wenn es stimmte, was der Bauer erzählte, konnte er den Zauber brechen und das Abenteuer mit einem glücklichen Ende krönen.

Von Liebe, aber auch von Heldenmut getrieben, lenkte er sein Pferd zu dem geheimnisvollen Wald.

Was dann geschah, schien seine Vermutungen zu bestätigen, denn kaum stand er vor dem Wald, da öffnete sich die Dornenhecke, um ihm Einlass zu gewähren und sich dann gleich wieder zu schließen, so dass niemand von seinem Gefolge oder seiner Garde Zutritt fand.

Ganz allein ging Philip über eine lange Allee zum Schloss und betrat den Innenhof, wo sich ihm ein Bild präsentierte, das einem das Blut in den Adern stocken ließ.

Über allem lag eine furchtbare, bedrückende Stille. Wohin man auch sah, fiel der Blick auf die scheinbar leblosen Körper von Menschen und Tieren, die jedoch trotz ihrer merkwürdigen Haltungen und Positionen lediglich schliefen.

Der Prinz durchschritt einen weiteren Innenhof aus Marmor, stieg eine Treppe hinauf und betrat den Raum der Palastwache, die in Reih und Glied stand, die Arkebusen geschultert, und laut schnarchte.

Er durchquerte mehrere Gemächer voller Edelleute und Hofdamen; in einem der Räume sah er den König und die Königin, die wie ins Gespräch vertieft beieinanderstanden, aber tief und fest schliefen.

Schließlich gelangte Philip zu einem vollständig vergoldeten Zimmer. Darin stand ein Himmelbett, dessen geöffnete Vorhänge den Blick auf das schönste Bild freigaben, das ihm je vor Augen gekommen war: Dort lag eine Prinzessin von betörender, ja göttlicher Schönheit und schlief.

Zitternd trat er näher, kniete neben dem Bett nieder und wagte es irgendwann, ihre Hand zu nehmen. Das junge Mädchen war offensichtlich nicht tot, die warmen Hände und die samtige Haut legten beredtes Zeugnis davon ab.

Der Prinz beschloss, sie zu wecken, wie es die Legende besagte, die man ihm erzählt hatte. Er drückte die Hand der schönen Schlafenden, doch nichts geschah. Daraufhin rüttelte er ein bisschen am Bett und sprach sie an.

»Mylady«, sagte er, »wacht auf! Mein Name ist

Philip, und ich bin gekommen, um euch meine Liebe zu erklären. Prinzessin ... wacht auf!«

Als er keine Antwort erhielt, beugte er sich über sie und wiederholte seine Worte immer lauter, indes ohne Erfolg.

Von seinen Gefühlen übermannt, fasste sich der Prinz schließlich ein Herz und beschloss, sie auf den Mund zu küssen, auf die Gefahr hin, abgewiesen oder missverstanden zu werden. Vielleicht konnte er sie so in die Welt zurückholen.

Mit Thalia geschah nichts, wohl aber mit dem Prinzen ...

Auf den ersten Kuss folgte ein weiterer, dann eine Liebkosung und noch eine, immer mutiger und leidenschaftlicher.

Verrückt vor Begehren und ohne die Folgen seines Handelns zu bedenken, schlief der Prinz schließlich mit dem Mädchen, das auch jetzt nicht erwachte, ein Opfer des Fluchs, der es vor hundert Jahren in diesen Zustand versetzt hatte.

Verwirrt floh Philip von dem Ort und kehrte in seinen Palast zurück. Er schämte sich für das, was vorgefallen war, und war enttäuscht, dass es ihm nicht gelungen war, das Mädchen, in das er sich hoffnungslos verliebt hatte, wieder zum Leben zu erwecken.

In den nächsten Wochen und Monaten dachte Prinz Philip unentwegt an die schlafende Schöne und überlegte, wie er sie von dem Fluch erlösen sollte, um sie heiraten zu können.

Er war nur selten im väterlichen Schloss, sondern ritt Tag für Tag allein oder mit seinem Gefolge durchs Land, um jemanden zu finden, der den Zauber brechen konnte, der die Prinzessin in diesen Zustand versetzt hatte. Er verfolgte jede Spur und sprach mit jedem, der ihm die geringste Hoffnung gab, selbst wenn er nicht daran glaubte.

Irgendwann erzählte ihm jemand, die gute Fee, die Thalia vor dem Tod bewahrt habe, sei nach Malaquetin gegangen, einem fernen Land, von dem niemand genau wusste, wo es lag. Verrückt vor Liebe, begab sich Philipp verzweifelt auf die Suche, doch all sein Bemühen war vergebens. Schließlich erfuhr er, dass die gute Fee vor Jahren gestorben sei und niemand ihre Kräfte geerbt habe, und auch die böse Zauberin hatte das Zeitliche gesegnet.

Aber das Leben hielt eine Überraschung bereit. Die schlafende Thalia war guter Hoffnung, und unter dem schützenden Zauber der guten Fee, der sie jung und gesund hielt, gebar sie schließlich Zwillinge, einen Jungen und ein Mädchen, ohne aus ihrem Schlaf zu erwachen.

Nachdem sie geboren waren, suchten die beiden Kleinen die Brust ihrer Mutter. Während das Mädchen sie rasch fand, saugte der Junge auf der Suche nach Nahrung an den Fingern seiner Mutter. Als er bei dem verletzten Finger angelangt war, saugte er so kräftig, dass der vergiftete Splitter sich löste und Thalia erwachte.

Die Prophezeiung hatte sich erfüllt: Ein Prinz hatte Dornröschen erlöst und mit ihr alle anderen im Palast.

Der König und die Königin erwachten ebenso wie der ganze Hofstaat und sahen sich erstaunt um. Die Pferde im Stall erhoben sich, die Hunde sprangen auf und wedelten mit den Schwänzen, die Tauben im Taubenschlag lugten unter den Flügeln hervor, blickten sich um und flogen dann in den Himmel. Die Mücken an der Wand summten davon, das Herdfeuer flackerte wieder auf und kochte den Braten weiter, der Koch brüllte wie üblich das Gesinde an, und die Magd beeilte sich, das Huhn für den Eintopf fertig zu rupfen.

Die Prinzessin schloss ihre Kinder in die Arme, voller Glück, mit einem solchen Geschenk in den Armen zum Leben zu erwachen, und rief nach ihren Eltern, um ihre Freude mit ihnen zu teilen. Das Königspaar war so glücklich, seine Tochter wiederzuhaben, dass sie gar nicht auf die Idee kamen, Fragen zu stellen.

Es dauerte nicht lange, und die Nachricht, dass die Dornenhecke verschwunden sei, kam auch dem Prinzen zu Ohren. Er begriff sofort, dass der Fluch gebrochen war, und zum ersten Mal seit vielen

Wochen verließ er seine Gemächer, bestieg sein Pferd und eilte zu dem jungen Mädchen, das er nie hatte vergessen können.

Die Legende besagt, dass Prinzessin Thalia, als sie ihn erblickte, geheimnisvollerweise zu ihm sagte:

»Bist du es, mein Prinz? So lange hast du mich warten lassen!«

»Woher weißt du, wer ich bin?«, fragte der Prinz.

»Wie sollte ich es nicht wissen?«, entgegnete Dornröschen. »Hundert Jahre habe ich von dir geträumt.«

Der Prinz erschauderte. Sein Herz raste und seine Hände zitterten. Ihre Worte hatten ihn förmlich verzaubert, und dieser Zauber sollte ihn nie wieder verlassen.

Wenig später heirateten sie. Ihre Kinder nannten sie Sol und Luna – Sonne und Mond.

Und sie lebten glücklich bis ans Ende ihrer Tage.

Die Moral

Die Geschichte von Dornröschen gehört nicht nur zum klassischen Märchenrepertoire, sie ist Teil unserer jüdisch-christlichen Kultur und eine Aufforderung, sich in zwar passiver, aber unerschöpflicher Hoffnung zu üben.

Die Botschaft scheint zu lauten: Wenn du ein guter Mensch bist, wird am Ende alles gut.

Ganz dem Zeitgeist der Entstehungsepoche entsprechend, wird in dem Märchen die Überzeugung deutlich, dass das Schicksal festgeschrieben steht und dass der Versuch, etwas daran zu ändern, zuweilen schwer zu überschauende Gefahren birgt.

In der vorliegenden Fassung kommt auch die Szene mit dem Frosch und der Zauberin vor, die in den bekannteren Versionen fehlt. Sie warnt uns vor zwei Dingen: Es ist gefährlich, nicht Wort zu halten, und es hat Folgen, wenn man mit dunklen Mächten paktiert.

Das Erwachsenenleben kann nur weitergehen, wenn das Mädchen seine Unschuld verliert und zur Frau wird.

Interessanterweise ist Thalia die einzige Märchenprinzessin, die nicht jungfräulich in die Ehe geht.

Dornröschen zeigt uns, dass eine längere Zeit des Rückzugs und der Besinnung sehr zuträglich sein kann.

Fehler passieren, aber sie können – und müssen – wiedergutgemacht werden. Erst wenn man seinen inneren Frieden gefunden hat, kann man damit beginnen, ihn auch in der Beziehung zu anderen zu finden.

Im Folgenden möchte ich zwei zusätzliche Weisheiten für Mädchen im heiratsfähigen Alter wiedergeben, natürlich in Reimform, wie es im 19. Jahrhundert üblich war:

Jedes Mädchen möchte einen Mann,
der schön ist und reich
und es glücklich machen kann.
Doch wohl kein Mädchen ist so geartet,
dass es hundert Jahre geduldig
auf den Richtigen wartet.

Warten, das ist wohlbekannt,
scheint wenig vergnüglich.
Doch wer es immer nur eilig hat,
baut oft auf Sand.

Gewisse Dinge
brauchen Ruhe und Zeit,
doch hundert Jahre
auf einen Mann zu warten,
ist eine Ewigkeit.

Jedoch ist das Heiraten
eine ernste Sache,
denn bis in den Tod gilt das Versprechen,
das ich damit mache.

Lieber ein Jahr warten
und Glück ins Haus bringen,
als mit einem riesigen Satz
ins Unglück springen.

Die andere Tür

Werfen wir einen Blick auf die Gaben, welche die guten Feen der neugeborenen Prinzessin zum Geschenk machen. Sie werden hier aufgeführt, weil es die Dinge sind, die sich Eltern für ihre erstgeborene, langersehnte Tochter wünschen.

Das sind die Gaben der Feen:

1. Schönheit
2. Güte
3. Musikalisches Talent und eine schöne Stimme
4. Grazie
5. Lebensfreude
6. Begabung zum Tanz

Wir können nun mutmaßen, dass die siebte Fee, wenn sie gekonnt hätte, dem Mädchen grenzenlose Klugheit, einen scharfen Verstand und unvergleichlichen Mut verliehen hätte ... Aber wir werden es nie erfahren. Die siebte Fee hatte nicht einmal die Gelegenheit, ihre Gabe zu formulieren, weil sie ihre ganze Magie darauf ausrichten musste, das Unheil abzuwenden, das die Nachlässigkeit der Mutter über die Protagonistin gebracht hatte.

Ich unterbreche meine Überlegungen an dieser Stelle, weil mir gerade auffällt, dass wir bei der Suche nach einer neuen, anderen Botschaft der Geschichte unser Augenmerk vielleicht auf dieses Detail richten sollten: die nicht erfüllte Abmachung mit der Zauberin, die bezeichnenderweise in den meisten Versionen durch eine rachsüchtige, »von Grund auf böse« Fee ersetzt wurde. Für mich ist es ganz offensichtlich nicht dasselbe, ob da eine Fee auftaucht, die ein Mädchen mit einem tödlichen Fluch belegt, weil sie nicht zum Fest eingeladen wurde, oder ob man erfährt, dass diese Zauberin belogen und betrogen wurde und nun nach Rache dürstet.

Zurück zur Geschichte.

Die siebte Fee muss ihr ganzes Können darauf konzentrieren, den Fluch abzuwenden, den die nachtragende Zauberin aus Rache ausgesprochen hat.

Die Geschichte von einer Frau, die schläft, bis sie von einem tapferen Helden erlöst wird, ist ein männlicher Topos in vielen Märchen. In der germanischen Sagenwelt wird Brunhilde von Odin mit einem tiefen Schlaf in einer Burg aus Eis bestraft, bis sie von Siegfried erlöst wird – durch einen Kuss natürlich.

Wie fast alle weiblichen Figuren in den klassischen Märchen sind die jungen Mädchen nie in der Lage, sich selbst zu helfen. Einige haben keine Hände, andere keine Beine, wieder andere sind unerfahren und naiv, oder sie sind in einem hohen Turm eingesperrt. Wie Ana Guillot ausführt, sind diese Heldinnen sehr weit davon entfernt, die begehrenswerte, reife Frau zu sein, die der Prinz verdient. Vielleicht wissen sie es nicht, aber nach meinem Dafürhalten ahnen sie es ...

Wenn man diesen Gedanken weiterspinnt, könnte man zu dem Schluss kommen, dass eigentlich sie es sind, die ihr zeitweise grausames Schicksal herausfordern. Sie suchen förmlich die Spindel, an der sie sich stechen (wie in diesem Fall), oder den vergifteten Apfel, verlieren den gläsernen Schuh oder begegnen im Wald dem bösen Wolf. Als wüssten sie, dass sie zunächst von zu Hause fortgehen, Erfahrungen sammeln, leiden oder sterben müssen, um am Ende als erwachsene Frauen zurückzukehren.

Es ist die Metapher von der Raupe, die sich zum Schmetterling entwickelt.

Diese Entwicklung gehört in die Phase des Lebens, die ich »Planänderung« nenne.

Es ist eine Erfahrung, die wir alle mehrmals im Leben machen: Wir müssen manche Dinge hinter uns lassen, um offen für andere zu sein, die irgendwann kommen, selbst wenn sie in diesem Moment noch nicht mal am Horizont zu erahnen sind.

Dem Babyalter entwachsen, vom Kind zum Jugendlichen werden, die Ausbildung abschließen, ins Ausland gehen, eine unerwartete Diagnose erhalten, älter werden, Kinder bekommen – all diese Ereignisse und noch vieles andere mehr sind Beispiele für Veränderungen, die einschneidend sein mögen oder auch nicht, die aber immer unumkehrbar sind.

Wir können aus diesem Märchen lernen, dass ein Planwechsel durch etwas Banales wie eine Spindel ausgelöst werden kann, ohne dass dies etwas an der Tragweite des Ereignisses ändert.

Es ist ein Erwachen zu etwas Neuem, zu dem, der ich bin, zu meiner aktuellen Realität und meinem Potenzial.

Bei dieser kleinen Analyse soll nicht übersehen werden, dass Dornröschen in der klassischen Version durch einen Liebeskuss erlöst wird, ein poetischer Anklang an etwas, das im wahren Leben zum Glück ziemlich häufig geschieht. Wenn die Liebe in unser Leben tritt, erweckt sie so viele wichtige Dinge in uns, die uns prägen und das Vorher vom Nachher trennen.

In dieser Version hingegen, die dem Original von Perrault sehr nahekommt, wird die Prinzessin nicht durch den Kuss des Prinzen erlöst.

In meiner therapeutischen Praxis habe ich Hunderte Male den Unterschied zwischen Liebe und ihren Substituten erklären müssen. Liebe ist nicht Verliebtsein, sie ist nicht Faszination, Anziehungskraft und schon gar nicht sexuelles Begehren, auch wenn diese Dinge oft zur Liebe führen und manchmal Teil der Liebe sind.

Es klingt provokant, wenn ich behaupte:

Der Kuss des Prinzen kann die schlafende Prinzessin nicht erlösen, weil er wenig oder nichts mit Liebe zu tun hat.

Fassen wir einige der Botschaften zusammen, die wir mit dieser neuen, anderen Sicht aus *Dornröschen* herauslesen können:

- Wer dich küsst, muss dich nicht notwendigerweise lieben, selbst wenn er eine Dornenhecke überwunden hat, um zu dir zu gelangen. Vielleicht ist ihm das Gefühl, es geschafft zu haben, wichtiger als deine Erlösung.
- Du wirst genau in dem Moment erwachen, wenn du bereit dazu bist, keine Minute früher.
- Ob schlafend oder wach, wir müssen die Verantwortung für das übernehmen, was wir in uns tragen, denn es ist Teil dessen, was wir sind und sein werden.

Und die wichtigste:

- Es kann sein, dass der Märchenprinz, dessen Handeln deinen Planwechsel auslöst, nicht dem Bild entspricht, das du dir in deinen Träumen von ihm (oder ihr) gemacht hast.

Diese Interpretation des Märchens fordert uns dazu auf, unsere Definition von Liebe zu überdenken und uns Fragen zu stellen, die nicht immer leicht zu beantworten sind. Die erste könnte lauten: »Gibt es womöglich unterschiedliche Qualitäten von Liebe?«

Ich persönlich bin fest davon überzeugt. Es sind keine unterschiedlichen Arten von Liebe, aber Liebe kann wahrhaftig sein oder falsch, existentiell oder nebensächlich, tief oder oberflächlich.

Wenn Liebe bedeutet, dass mir an einer Person und ihrem Wohlergehen liegt, ist klar, dass Liebe nichts ist, was einigen wenigen vorbehalten bleibt. Sie ist nicht so »besonders«, wie man denkt, aber sie ist wichtig und bestimmt unser Verhalten (umso stärker, je mehr uns daran gelegen ist, was mit dem anderen geschieht und was er fühlt), und zwar unabhängig von unseren eigenen Wünschen und unserem eigenen Vorteil ...

In diesem Sinne muss Liebe nicht endlos oder bedingungslos sein, ewig und ausschließlich; Liebe heißt nicht, dass man große Opfer bringt oder sein Leben für das gibt, was man liebt. Die Liebe, zu der wir alle fähig sind und die andere für uns empfinden können, ist im Grunde kein überirdisches, grenzenloses Gefühl.

Anders gesagt: Eine Person, die sich um dich bemüht, die spürt, dass du ihr etwas bedeutest, die sich mit dir über Erfolge freut und dir in schwierigen

Momenten beisteht, die deine Zeit und deine Entscheidungen respektiert, diese Person liebt dich zweifellos, auch wenn sie hin und wieder das Gegenteil behauptet, auch wenn sie nicht ernsthaft darüber nachdenkt, sich umzubringen, wenn es mal nicht so gut läuft, und sich manchmal dafür entscheidet, ihre Pläne nicht mit dir zu teilen.

Diese »einfache, beschränkte« Vorstellung von Liebe bestärkt all diejenigen, denen bewusst ist, dass wir den anderen zwar brauchen, ihn aber nicht für unser Leben, unseren Erfolg oder unseren Seelenzustand verantwortlich machen können. Aber sie wird niemals denjenigen genügen, die anderen die Macht einräumen, sie wütend, traurig oder glücklich zu machen, weil sie nicht die volle Verantwortung für ihr Leben übernehmen wollen.

Wir genügen uns nicht selbst, das stimmt, aber es ist unsere Pflicht, zu lernen, auf eine reife, erwachsene Weise zu lieben. Zu bitten, ohne Forderungen zu stellen, und zu akzeptieren, dass der andere uns das, was wir brauchen, nicht geben kann oder will. Wir müssen lernen, den Unterschied zwischen Verzicht und Selbstaufgabe zu erkennen.

Philosophen, Denker, Kirchenväter und Therapeuten haben im Laufe der Geschichte ihre Definition von Liebe formuliert. Ich bin nichts von alledem, doch auch ich habe meine eigene Definition:

Liebe ist die aufrichtige Entscheidung und das daraus folgende Verhalten, Freiräume für die geliebte Person zu schaffen, die es ihr ermöglichen, ihre eigenen Entscheidungen zu treffen, auch wenn diese nicht die von mir gewünschten sind und ich nicht in ihnen eingeschlossen bin.

Uns nicht abhängig zu machen ist zweifellos eine der größten Herausforderungen, mit denen wir täglich ringen, wenn wir ein erfülltes Leben führen wollen. Das gilt zumindest für jene unter uns, die glücklich sein wollen. Natürlich hat es seinen Preis, sich nicht von dem Blick, der Zustimmung oder der Entscheidung anderer abhängig zu machen, und man sollte sich dessen bewusst sein, dass es kein niedriger Preis ist.

Freiheitsliebende Menschen werden von denen, die noch auf den Pfaden der Abhängigkeit wandeln, immer wieder beschuldigt werden, überheblich, dumm, grausam oder aggressiv zu sein, und auf lange Sicht von denen verlassen werden, für die Partnerschaft ein goldener Käfig ist, weil sie den anderen bezichtigen, nicht mehr verliebt oder egoistisch zu sein.

Liebe unterscheidet sich dadurch, wer ich bin, und nicht dadurch, wie sehr ich liebe. Es gibt eine gute, gesunde Liebe, die jene empfinden, die ein gutes, gesundes Herz haben. Und es gibt die krankhafte

Liebe der Unfähigen, der Manipulativen, der Besitzergreifenden, der Abhängigen, die nicht begreifen, dass sich der größte Wert des Menschen an meiner Seite dann offenbart, wenn ich mir bewusst mache, dass er immer die Wahl hätte, zu gehen.

Wer gelernt hat, wirklich zu lieben, macht sich nicht abhängig, lässt aber auch nicht zu, dass sich andere von ihm abhängig machen. Solche Menschen wissen, dass beide, Herr und Sklave, ein Opfer dieser Sklaverei sind, und lehnen sie rundheraus ab. Wenn sie lieben, setzen sie Grenzen und erwarten dasselbe vom anderen.

Wahrhaftige Liebe kann die Hilfe der geliebten Menschen annehmen, aber sie hängt nicht von ihrer Liebe ab und braucht nicht ihre Erlaubnis, um zu erwachen und im neuen Lebensplan die eigene Identität zu bestätigen und erneut frei zu sein.

8
Die Geschichte von Adam und Eva

Einleitung

Die Geschichten der Bibel haben viel mit den phantastischen Sagen und traditionellen Märchen gemeinsam. Unabhängig vom religiösen Hintergrund und von charakteristischen Besonderheiten hinsichtlich des Inhalts und der Botschaft ist ihnen allen gemeinsam, dass sie die Menschheit durch die Jahrhunderte begleiten, ihnen Wege aufzeigen und zur »Bewusstwerdung« innerer und äußerer Vorgänge anregen.

Man könnte argumentieren, der große Unterschied zwischen beiden liege darin, dass die biblischen Texte auf einem tatsächlichen Hintergrund beruhen, während die Märchen eine Phantasiewelt darstellen, doch meiner Meinung nach hält diese Sichtweise einer objektiven Analyse nicht stand. Zum einen, weil nur wenige biblische Ereignisse tatsächlich glaubhaft belegt werden können (ich weiß noch, welchen Eindruck die Lektüre von Werner Kellers Buch *Und die Bibel hat doch recht* diesbezüglich auf mich machte), und zum anderen, weil auch Märchen mit Sicherheit auf »wahre« Ereignisse zurückgehen, die mündlich überliefert wurden.

Ein weiteres Thema ist die Frage der Urheberschaft. Was diesen Punkt angeht, muss von Anfang an betont werden, dass alle Geschichten, die einen wie die anderen, von Menschen niedergeschrieben wurden. Wenn man nun argumentieren wollte, dass die biblischen Erzählungen von Gott gegeben und ihre Niederschrift von Seiner Hand gelenkt wurden, lässt sich andererseits nicht ausschließen, dass dieser vielleicht – und das sage ich mit allem Respekt – auch bei Perrault, Andersen und Grimm die Feder führte.

Allen diesen Geschichten ist außerdem gemeinsam, dass sie allgemeine Gültigkeit und großen Einfluss besitzen, wenngleich natürlich in unterschiedlichem Maße. In nüchternen Zahlen betrachtet, ist die Bibel das mit Abstand meistgelesene und meistgedruckte Buch der Geschichte. Und das ist nur zu gut nachvollziehbar. Denn es ist eine Sammlung von tatsächlichen Begebenheiten oder Legenden (darauf kommt es nicht an) voller Emotionen, Spannung, Leidenschaft, Glauben und Gefühle, die sowohl die Stärken als auch die Schwächen ihrer Protagonisten wie der Leser widerspiegeln. Ein Spiegel unserer Vorzüge und Fehler, unseres Handelns und Seins und vor allem ein starker Katalysator: damit wir über uns selbst nachdenken und Stück für Stück ein wenig besser werden.

Jedes Volk hat im Laufe der Zeit seine eigenen Mythen und Legenden geschaffen, die, wie Alan

Watts aufzeigt, viel über das Volk aussagen, das sie erzählt. Die Geschichte von Moses sagt viel über das jüdische Volk aus und die Geschichte von Jesus viel über die Christen.

Jede Heldensaga, jeder Mythos, jede Legende schildert das Leben bewunderter Menschen, aber sie erzählen auch von den Völkern, die sie schufen, von den Traditionen der Länder, in denen sie lebten, und von den Menschen, gegen die sie kämpften.

Mythen erzählen nicht nur, wer wir waren, sondern auch und vor allem, wer wir sind und was wir werden können.

Wir können sicher sein, dass die Mythen, die wir als Gesellschaft mit uns tragen, viel über unser Menschenbild aussagen, darüber, wie wir uns selbst und die Menschheit als Ganzes sehen.

In der westlichen Welt ist die biblische Schöpfungsgeschichte eine mehr oder weniger logische, mythische Erklärung dafür, wie alles begann. Wenn man die Bedeutung unserer überlieferten Glaubenswahrheiten bedenkt, kann uns diese angeblich von Gott gegebene Geschichte dabei helfen, zu verstehen, wie manche Dinge funktionieren, die wir als gegeben hinnehmen, und zu ergründen, warum unser Verhalten so stark von gewissen Vorstellungen beeinflusst wird.

Die Geschichte

Anders als die vorangehenden Kapitel, folgt dieses wortwörtlich dem biblischen Text.

In der Genesis, dem ersten Buch des Alten Testaments, wird der Beginn menschlichen Lebens folgendermaßen geschildert:

Da machte Gott der HERR den Menschen aus Staub von der Erde und blies ihm den Odem des Lebens in seine Nase. (Gen 2,7)

Der Bibel zufolge formt er den Menschen nach seinem Ebenbilde.

Unabhängig davon, ob die Bibel nun eine getreue Schilderung der Ereignisse oder eine symbolische Darstellung ist, beeinflusst dieser Text unweigerlich unser aller Selbstbild. Er enthält eine implizite Botschaft, die wir nicht in Frage stellen.

Und Gott der HERR machte aus Erde alle die Tiere auf dem Felde und alle die Vögel unter dem Himmel und brachte sie zu dem Menschen, dass er sähe, wie er sie nenne. Und der Mensch gab jedem Vieh und Vogel unter dem Himmel und Tier auf dem Felde seinen Namen. (Gen 2,19)

Unabhängig von der jeweiligen Interpretation erzählt die Bibel an dieser Stelle, dass Adam von Gott geschaffen wurde, um sich die Schöpfung zu eigen zu machen und über sie zu herrschen. Deshalb fordert er ihn auf, den Tieren und den Dingen einen Namen zu geben.

Wir Therapeuten wissen genau, dass man nur dann die Kontrolle über etwas hat, wenn man es benennen kann. Dinge, die man nicht benennen kann, sind abstrakte Größen, die man nicht handhaben oder gar kontrollieren kann. Das gilt für diesen Text genau wie für das alltägliche Leben. In Bezug auf unsere Gefühle bedeutet es, dass sich ein Ereignis nur verarbeiten lässt, wenn ich es beim Namen nennen kann. Einen Beleg dafür, wie schwer es ist, mit dem Tod eines Kindes umzugehen, bietet die Sprache: Es existiert kein Wort, um einen Vater oder eine Mutter zu bezeichnen, die durch diesen Schmerz gegangen sind. Wieder einmal habe ich keine Kontrolle (kann sie nicht haben!) über das, was ich nicht benennen kann.

Und Gott der HERR sprach: Es ist nicht gut, dass der Mensch allein sei; ich will ihm eine Hilfe machen, die ihm entspricht. (Gen 2,18)

Gott lässt Adam in einen tiefen Schlaf fallen, nimmt eine seiner Rippen und verschließt die Stelle mit Fleisch.

Und Gott der HERR machte eine Frau aus der Rippe, die er von dem Menschen nahm, und brachte sie zu ihm. (Gen 2,22)

Es fällt auf, dass die Frau laut Genesis das Einzige ist, was nicht aus dem Nichts heraus erschaffen wurde, einzig und allein aus dem Willen Gottes. Die Frau, so die Heilige Schrift, ist aus einem anderen Wesen entstanden, dem Mann, dessen Bedürfnis und dessen Beitrag sie vor allem anderen ihre Existenz verdankt.

Ich glaube, ich irre nicht, wenn ich behaupte, dass diese Geschichte von Anfang an die angebliche Überlegenheit des Mannes festzuschreiben scheint. Immer wieder scheinen eine männlich dominierte Sichtweise und der Keim weiblicher Abhängigkeit durch, die sich später in der Bibel bestätigen werden.

Adam und Eva mussten weder hungern noch dürsten.

Und Gott der HERR ließ aufwachsen aus der Erde allerlei Bäume, verlockend anzusehen und gut zu essen, und den Baum des Lebens mitten im Garten und den Baum der Erkenntnis des Guten und Bösen. (Gen 2,9)

Sie durften von sämtlichen Früchten des Gartens essen, außer vom Baum der Erkenntnis.

Und Gott der HERR gebot dem Menschen und sprach: Du darfst essen von allen Bäumen im Garten, aber vom Baum der Erkenntnis des Guten und des Bösen sollst du nicht essen; denn an dem Tage, da du von ihm isst, musst du des Todes sterben. (Gen 2,16–17)

Es ist anzunehmen, dass Adam und Eva ein wahrhaft paradiesisches Leben führten, da ihnen der Bibel zufolge alles zur Verfügung stand.

Bis Eva eines Tages der Schlange begegnete und diese sie aufforderte, von der verbotenen Frucht zu kosten.

Da sprach die Frau zu der Schlange: Wir essen von den Früchten der Bäume im Garten; aber von den Früchten des Baums mitten im Garten hat Gott gesagt: Esset nicht davon, rühret sie auch nicht an, dass ihr nicht sterbet! (Gen 3,2–3)

Doch die Schlange war das listigste aller Tiere.

Da sprach die Schlange zur Frau: Ihr werdet keineswegs des Todes sterben, sondern Gott weiß: An dem Tage, da ihr davon esst, werden eure Augen aufgetan, und ihr werdet sein wie Gott und wissen, was gut und böse ist. (Gen 3,4–5)

Eva zögert … Sie findet den Vorschlag der Schlange sehr verlockend und nähert sich dem Baum.

Und die Frau sah, dass von dem Baum gut zu essen wäre und dass er eine Lust für die Augen wäre und verlockend, weil er klug machte. Und sie nahm von seiner Frucht und aß und gab ihrem Mann, der bei ihr war, auch davon, und er aß. (Gen 3,6)

Eva hat von der verführerischen Frucht gegessen und ist nicht gestorben. Also ruft sie Adam und fordert ihn auf, ebenfalls davon zu essen. Der Mann willigt schließlich ein und kostet von der verbotenen Frucht.

Da wurden ihnen beiden die Augen aufgetan, und sie wurden gewahr, dass sie nackt waren, und flochten Feigenblätter zusammen und machten sich Schurze. (Gen 3,7)

Als sie hören, dass Gott den Garten betritt, verstecken sie sich.

Und Gott der HERR rief Adam und sprach zu ihm: Wo bist du? Und er sprach: Ich hörte dich im Garten und fürchtete mich; denn ich bin nackt, darum verstecke ich mich. Und er sprach: Wer hat dir gesagt, dass du nackt bist? Hast du gegessen von dem Baum, von dem ich dir gebot, du solltest nicht davon essen? (Gen 3,9–11)

Es ist eine sehr konkrete Frage, doch Adam antwortet:

Die Frau, die du mir zugesellt hast, gab mir von dem Baum, und ich aß. Da sprach Gott der HERR zur Frau: Warum hast du das getan? Die Frau sprach: Die Schlange betrog mich, so dass ich aß. (Gen 3,12–13)

Gott zürnt und verdammt die Schlange dazu, ihr Leben lang auf dem Bauch zu kriechen und Staub zu fressen.

Zu Eva sagt er:

Ich will dir viel Mühsal schaffen, wenn du schwanger wirst; unter Schmerzen sollst du Kinder gebären. Und dein Verlangen soll nach deinem Mann sein, aber er soll dein Herr sein. (Gen 3,16)

Und zu Adam:

Im Schweiße deines Angesichts sollst du dein Brot essen, bis du wieder zu Erde wirst, davon du genommen bist. Denn Staub bist du, und zum Staub kehrst du zurück. (Gen 3,19)

Gott vertreibt die beiden aus dem Garten Eden und befiehlt den Engeln:

Siehe, der Mensch ist geworden wie unsereiner und weiß, was gut und böse ist. Nun aber, dass er nur nicht ausstrecke seine Hand und nehme auch von dem Baum des Lebens und esse und lebe ewiglich! […] Und er trieb den Menschen hinaus und ließ lagern vor dem Garten Eden die Cherubim mit dem flammenden, blitzenden Schwert, zu bewachen den Weg zu dem Baum des Lebens. (Gen 3,22–24)

Adam und Eva verlassen das Paradies als Vertriebene. Sie tragen nicht mehr Lendenschurze aus Feigenblättern, denn außerhalb des Paradieses scheint es kalt zu sein, sondern Gewänder aus Fell, die Gott ihnen macht.

Das Leben der ersten Menschen geht spannend weiter.

Die beiden verlassen das Paradies mit dem Wissen, was gut ist und was böse. Und mit diesem neuen Wissen machen sie das Einzige, was ihnen einfällt:

Und Adam erkannte seine Frau Eva. (Gen 4,1)

Zum ersten Mal in ihrer Geschichte (und wir sind bereits im vierten Kapitel) »erkennen« sich die beiden; so, wie wir die Bibel heute lesen, heißt das, sie hatten Sex. Aus dieser Begegnung und dem gegenseitigen Erkennen entstehen Kain und Abel, die beiden ersten Söhne des Paares.

So weit die Geschichte, ein wenig salopp, aber im Originalwortlaut nacherzählt.

Die Moral

In Anbetracht der Bedeutung dieser Geschichte und ihrer bereits erwähnten Folgen für das, was wir sind, tun und glauben, gelange ich immer zu einem offensichtlichen Schluss und stelle mir ein paar gewagte Fragen, die ich im Folgenden gern mit dir teilen möchte.

Das Offensichtliche ist die Moral. Eigentlich sind es mehrere.

Es sind Erkenntnisse und Standpunkte, die wir alle – die einen mehr, die anderen weniger – implizit oder explizit aufnehmen, ganz gleich, welcher Religion wir angehören oder wie es um unseren Glauben steht.

Deshalb will ich mich nicht allzu lange mit diesem Punkt aufhalten.

Die erste Moral ist überdeutlich: Man soll gehorsam sein. Wer aufbegehrt, bezahlt teuer dafür. Insbesondere dann, wenn man es wagt, Gottes Gebot zu missachten.

Die zweite bleibt unausgesprochen, ist aber tief im kollektiven Unterbewusstsein verankert.

Ich spreche von der »verbotenen Frucht« und der »Erbsünde«, die fälschlicherweise auf die sexuelle

Beziehung zwischen Adam und Eva bezogen wird, obwohl der biblische Text dies weder sagt noch andeutet.

Die andere Tür

Die Tür zu diesem »Da ist noch etwas« öffnet sich, wenn man noch ein wenig weiterliest. Noch im vierten Kapitel der Genesis konkurrieren Kain und Abel um den wohlwollenden Blick Gottes, und alles endet auf die schlimmstmögliche Weise.

Es begab sich aber nach etlicher Zeit, dass Kain dem HERRN Opfer brachte von den Früchten des Feldes. Und auch Abel brachte von den Erstlingen seiner Herde und von ihrem Fett. Und der HERR sah gnädig an Abel und sein Opfer, aber Kain und sein Opfer sah er nicht gnädig an. Da ergrimmte Kain sehr und senkte finster seinen Blick. (Gen 4,3–5)

Der Herr sah Kains Opfer nicht gnädig an ...

Da sprach Kain zu seinem Bruder Abel: Lass uns aufs Feld gehen! Und es begab sich, als sie auf dem Felde waren, erhob sich Kain wider seinen Bruder Abel und schlug ihn tot. (Gen 4,8)

Offensichtlich weiß Gott, dass Kain seinen Bruder getötet hat, und verflucht ihn:

Wenn du den Acker bebauen wirst, soll er dir hinfort seinen Ertrag nicht geben. Unstet und flüchtig sollst du sein auf Erden. (Gen 4,12)

Kain nimmt seine Strafe schuldbewusst an, aber er ist auch voller Angst, dass man ihn totschlägt, wenn man ihn findet.

Aber der HERR sprach zu ihm: Nein, sondern wer Kain totschlägt, das soll siebenfältig gerächt werden. Und der HERR machte ein Zeichen an Kain, dass ihn niemand erschlüge, der ihn fände. (Gen 4,13–15)

Gott macht deutlich, dass sich vor ihm verantworten muss, wer Kain etwas antut. Kain ist nun ein Unberührbarer, gegen den niemand die Hand erheben darf. Der Bibel zufolge lebt er mehr als neunhundert Jahre lang, immer verflucht von Gott ...

Schwer zu glauben, nicht wahr? Kain, der erste Mörder. Der Brudermörder.

Gott verflucht ihn, aber er rührt ihn nicht an.

Angesichts seiner Angst, angegriffen zu werden, bewahrt Gott ihn sogar davor, ermordet zu werden!

Seine Strafe besteht darin, ihn von den anderen zu trennen.

Nicht, dass ich diese Strafe nicht hart fände, und es steht mir auch nicht zu, darüber (oder gar über Gott) zu urteilen, aber wenn ich seine armen Eltern Adam und Eva betrachte, ist das für mich nicht stimmig (wie man heute sagt).

Weil sie von einem kleinen Bäumchen genascht haben, verurteilt er sie zum Tode und verdammt sie dazu, für den Rest ihres Lebens zu arbeiten und einer des anderen Untertan zu sein.

Da folge ich dem Rat des Propheten Elias (wie ich durch Paulo Coelhos bestes Buch *Der fünfte Berg* lernte) und wage es, Gott in Frage zu stellen (und sei es nur, um später einen Rückzieher zu machen).

Mit Verlaub, aber ich frage mich: Was ist das für ein Gott? Er erscheint doch allemal ein bisschen seltsam, oder? Oder zumindest ein wenig ungerecht.

Man kann es sich wie immer leichtmachen und sagen: »Er ist der Boss. Wenn er so entscheidet, wird es für etwas gut sein.«

Mag sein, aber wir dürfen nicht so nachlässig sein, nicht mal bei IHM. Zumindest ich kann das nicht.

Ich dachte immer, eine bessere Antwort zu finden, anstatt sich unterwürfig abzufinden, könnte dabei helfen, uns besser kennenzulernen und zu verstehen. Erst wenn wir den Mythos unseres Ursprungs analysiert, verstanden und akzeptiert haben, können wir uns selbst annehmen und Teil dieser Kultur sein. Es soll daran erinnert werden, dass diese Geschichte, weil sie die Anfänge schildert, diejenige sein muss, die am besten erklärt, wo unsere Ursprünge liegen, wie unsere Kultur entstanden ist und was unsere Gesellschaft zusammenhält.

Wir müssen hinter dieses Geheimnis kommen, denn wenn es uns nicht gelingt, Widersprüche und offene Fragen zu lösen, entsteht ein negatives Bild eines unbegreiflichen Gottes. Wir werden im wahrsten Sinne des Wortes zu einer gottlosen Gesellschaft oder, schlimmer noch, bleiben für immer eine Gesellschaft, die in absoluter Abhängigkeit von einem Wesen verharrt, das sie als Wahnsinnigen wahrnimmt, als einen perversen Sadisten, einen launenhaften Narren, der mit uns macht, was er will, und das nicht einmal zu unserem Besten.

Die Vorstellung, in einer Welt zu leben, in der es keine Gerechtigkeit gibt, nicht einmal vom obersten Boss, ist wirklich schwer zu ertragen.

So kann es nicht sein.

Denken wir noch ein bisschen weiter.

Wenn Gott nicht wollte, dass der Mensch von dem Baum isst, warum stand er dann dort?

Ist es ein weiteres Anzeichen von Sadismus?

Ich stelle einen Baum auf, damit du nicht davon isst, und schmücke ihn obendrein mit Girlanden und bunten Lichtern! Ich stelle ihn genau in die Mitte des Gartens, nicht nur, damit er sich von den anderen Bäumen abhebt, sondern auch, damit du förmlich darüberstolperst.

Warum die Verlockung so erreichbar machen? Weshalb dieses Interesse daran, dass Adam jeden Tag, wenn er vom Baum des Lebens isst, daran erinnert wird, dass ihm der Baum der Erkenntnis von Gut und Böse verboten ist?

Als wären das nicht Fragen genug, müssen wir außerdem bedenken, dass Gott, der Allmächtige, doch wissen musste, was passieren wird.

Oder wusste er es nicht?

Das ist unhaltbar.

Räumen wir im Sinne unserer Beziehung zu IHM ein, dass der Baum mit Absicht dort stand, um den Menschen in Versuchung zu führen, als Symbol seines freien Willens und/oder, um seine Treue auf die Probe zu stellen, in dem Wissen, dass er scheitern würde.

Okay, aber warum bestraft er Adam und Eva dann härter als Kain, der seinen eigenen Bruder tötet?

Die Wahrheit ist, dass auch das erneut viele Zweifel aufwirft.

Der Gedanke, dass Gott wollte, dass wir Gebrauch von unserem freien Willen machen, um uns letztendlich für den Gehorsam zu entscheiden, erscheint nicht genügend, zumindest nicht von diesem Standpunkt aus betrachtet. Gott stellt einen besonderen Baum neben einen weiteren, ebenfalls besonderen Baum. Er sagt mir, dass der eine verboten ist, und macht ihn besonders verlockend.

Nebenbei bemerkt, frage ich mich: Gestaltet er ihn besonders verlockend, um deutlich zu machen, dass er verboten ist, oder ist es sein Verbot, das ihn für mich noch verführerischer macht?

Wieder komme ich zu dem Schluss, dass es sich um einen grausamen, perversen Gott handeln muss, der eine besonders verführerische Frucht erschafft, um sie mir dann zu verbieten und mich hart zu bestrafen, wenn ich sein Gebot missachte.

Und da ist noch etwas.

Im Garten Eden gibt es zwei Bäume, den »Baum des Lebens« und den »Baum der Erkenntnis«.

Der letztere, verbotene, lässt den Menschen unterscheiden, was gut ist und was böse. Jetzt frage ich mich: Wenn Adam und Eva noch nicht von der Frucht gekostet haben, wie können sie dann wissen, dass es schlecht ist, sich nicht an das Gebot zu halten? Wie kann der Mensch zwischen Gut und Böse wählen, wenn er nichts darüber weiß?

Aus dieser Sichtweise, die ich gleich ausschließe, wäre der Boss nicht nur ein perverser Sadist, sondern ein Sinnbild institutionalisierter Ungerechtigkeit und des Unrechts, sich nicht verteidigen zu können.

Diese verrückte Vorstellung der Schöpfungsgeschichte ist nicht zu halten.

Wir müssen eine bessere Lösung für unsere Probleme suchen, andernfalls wird dieses autoritäre, launenhafte Verhalten in unserer Kultur als Norm etabliert bleiben.

Wir sind mit diesem Mythos aufgewachsen, sind bewusst oder unbewusst von ihm geprägt.

Wir haben die Vorstellung von einem Paradies, das durch Ungehorsam verlorengeht. Und genau das droht wieder zu passieren, wenn wir nicht aufpassen.

Die Überzeugung, dass die Sünde, sich nicht an Verbote zu halten, schwer bestraft wird.

So wird es einem Tag für Tag zu Hause, in der Schule und auf der Straße beigebracht. Es ist die Basis unserer moralischen Erziehung. Es ist das, was wir unseren Kindern lang und breit beizubringen versuchen. Immer wieder sagen wir ihnen, wenn sie brav und gehorsam sind, wird alles gut laufen für sie; sind sie hingegen ungehorsam, wird ihnen viel Schlechtes widerfahren. Und damit sie keinen Zweifel daran haben, denken wir uns effektive Bestrafungen aus, die ihnen klarmachen, dass wir der verlängerte Arm eines allmächtigen Gottes sind.

Zum letzten Mal:

Ist das der große Mythos? Die Schilderung göttlichen Unrechts, beruhend auf autoritären Werten und Rachsucht, mit denen man unmöglich einverstanden sein kann? Warum wiegt die Verfehlung von Adam und Eva schwerer als die von Kain? Weshalb wird Ungehorsam härter bestraft als Mord? Warum wird Kain, der weiß, dass er Böses tut, halbwegs verziehen, seinen Eltern hingegen nicht, die sich ihres Ungehorsams erst nach der Tat bewusst werden?

In Bezug auf die Geschichte vom Brudermord kann ich eine – vielleicht allzu menschliche – Erklärung finden, um hinter das göttliche Geheimnis zu kommen.

Bevor der erste Mord geschieht, hat der Boss weder Kain noch einem anderen das Töten explizit verboten.

Dieser Sündenfall ist also keine Überschreitung einer gegebenen Regel. Man könnte daraus folgern, dass Kain nicht wissen konnte, dass er etwas Strafbares tat, selbst wenn er von seinen Eltern das Wissen um den Unterschied zwischen Gut und Böse geerbt hätte.

Das ist tatsächlich ein Unterschied, der im Vergleich mit der Sünde der verbotenen Frucht zugunsten von Kain spricht. In jenem Fall hatte Gott die ersten Menschen tatsächlich davor gewarnt, von der Frucht dieses Baumes zu kosten.

Aber ich möchte auf einen weiteren Unterschied hinaus.

Als Kain vom Boss zur Rede gestellt wird und seinen Fehler bemerkt, senkt er beschämt den Kopf. Adam und Eva hingegen versuchen, ihre Verantwortung zu leugnen. Adam will sogar Gott die Verantwortung für seine Verfehlung zuschieben (»Die Frau, die DU mir zugesellt hast …«).

Warum nicht denken, dass vielleicht darin, und nicht in der Ungerechtigkeit der Strafen, die wahre Lehre des Mythos zu finden ist?

Bedenken wir die Möglichkeit, dass die Vertreibung aus dem Paradies nicht deshalb erfolgte, weil die ersten Menschen der Versuchung erlagen, sondern aufgrund einer anderen Verfehlung, die vielleicht noch schwerer wiegt: dem Umstand nämlich, dass sie sich weigerten, die Verantwortung für das Geschehene zu übernehmen.

Und zwar zu einem Zeitpunkt, als sie bereits um den Unterschied zwischen Gut und Böse wussten.

Dieser Gott, den ich vorschlage – und der, wie ich finde, ein besonnenerer, gerechterer und verständnisvollerer Gott ist –, bestraft nicht den Ungehorsam an sich, wie wir zu glauben gewohnt sind, sondern vielmehr die Tatsache, dass der Mensch keine Verantwortung für seinen Ungehorsam übernimmt.

Erlaube mir, dass ich abschweife, um auf einen noch viel provokanteren Interpretationsansatz hinzuweisen. Es ist eine ungewöhnliche, zum Nachdenken anregende Sichtweise, die um Jahrhunderte älter ist als die gewagten Interpretationen der modernen Psychologie.

Ich spreche von dem geheimnisvollen Buch *Zohar*, einer rätselhaften Textsammlung zu den biblischen Texten in der jüdischen Tradition der Kabbala. Sie wird Schimon ben Jochai zugeschrieben und wurde vermutlich im 2. Jahrhundert unserer Zeitrechnung verfasst. Hier wird zum ersten Mal behauptet, dass der Mensch, nachdem er Gott herausforderte, diesen aus dem Paradies vertrieb und nicht umgekehrt. Der Mensch lebt demnach weiterhin im Paradies, doch von nun an ohne Gott.

Eine interessante Vorstellung ...

Begleite mich nun durch eine fiktive Bibelgeschichte, und lass uns eine Alternative zu der Geschichte entwickeln, wie sie traditionell erzählt wird.

Betrachten wir den Mythos aus einer anderen Perspektive.

In dieser Version, die auch ein Film von Fellini, Almodóvar oder Woody Allen sein könnte, verändert sich der Mythos in dem Moment, als Eva der Schlange begegnet.

Die Schlange will die Frau dazu verführen, von der verbotenen Frucht zu kosten, doch diesmal sagt Eva:

»Nein. Die Frucht ist verführerisch, aber sie ist verboten. Gott hat es so befohlen.«

Die Schlange, die klug und schmeichlerisch ist, versucht, sie mit der Theorie zu überzeugen, dass der Boss nur Angst davor hat, die Menschen könnten zu Göttern werden.

Doch Eva antwortet höflich:

»Nein, danke.«

Und sie geht ungerührt ihrer Wege.

Wunderbar, nicht wahr? Kuss und Orden für Eva (auch wenn es nichts gibt, wo wir den Orden anheften könnten).

Was würde dann passieren?

In dieser Version, in der Eva nicht von der verbotenen Frucht isst, fordert sie auch nicht ihren Gefährten dazu auf, davon zu kosten.

Als der Boss kommt (der schon weiß, was passiert ist, denn in dieser Version fragt Gott nicht viel, zumindest nichts, was er sowieso schon weiß), belohnt er sie.

Und worin besteht die Belohnung?

Die beiden dürfen für immer im Paradies bleiben, vom Baum des Lebens und den Früchten aller anderen Bäume essen – mit Ausnahme des einen. Das Klima ist mild, es gibt Nahrung im Überfluss, es herrscht Frieden, und die Menschen brauchen nicht zu arbeiten und müssen nicht an den Tod denken.

Alles gut.

Sehr gut.

Himmlisch.

Wie die Engelein.

Wir geben ihnen die köstlichsten Früchte, sind voll des Lobes und klopfen ihnen auf die Schulter ...

Aber: Von körperlicher Liebe keine Rede!

Nein?

Nein!

Erinnern wir uns: Die Sexualität entsteht erst außerhalb des Paradieses, als der Mensch sich der eigenen und der fremden Nacktheit bewusst wird, die mit der Erkenntnis des Bösen (und des Guten) einhergeht.

In dieser alternativen Geschichte, in der Adam und Eva mit dem Paradies belohnt werden, lernt Adam natürlich nie, einen Pflug oder dergleichen zu benutzen, weil es keine Notwendigkeit dazu gibt. Alles ist absolut perfekt, und er verbringt die Tage damit, zu springen, umherzuwandeln und den Vögelchen zuzuhören ...

Eva erfährt nie die Schmerzen der Geburt, da sie keine Gelegenheit hat, die Freuden der Sexualität kennenzulernen.

Die beiden leben ewig ... Und ohne Herausforderungen.

Ewig zufrieden, unfruchtbar, einsam und unsterblich.

Und es geht noch weiter.

Die Männer und Frauen, von denen wir abstammen, sind der Bibel zufolge aus jener natürlichen Reihe von Generationen entstanden, die letztlich auf jene ersten Menschen zurückgehen ... Adam und Eva.

Wenn diese sich also nie »erkannt« hätten, hätte es kein menschliches Leben außer ihnen gegeben, niemanden, der ihnen Gesellschaft leistete, keine Nachkommen, nichts.

Die Menschheit? Fehlanzeige.

Und wir? Nichts.

Das heißt ...

Wenn Eva nicht ungehorsam gewesen wäre, hätte die Geschichte so ausgesehen?

Müssen wir also letztlich zu dem Schluss kommen, dass wir Glück gehabt haben?

Ich finde, ja.

Die erste Frau war hauptverantwortlich dafür, sich selbst und ihren Mann vor der vorhersehbaren Langeweile und allen Beschränkungen des ewigen

Paradieses zu retten und darüber hinaus die gesamte Menschheit vor der Nichtexistenz zu bewahren.

Nach dieser nicht sehr orthodoxen Analyse erscheint es mir offensichtlich, dass uns der biblische Schöpfungsmythos in der überlieferten Form etwas zu sagen hat. Eine aufschlussreiche Tatsache, der wir unsere Aufmerksamkeit widmen sollten:

Die Menschheit existiert, weil jemand irgendwann auf die Idee kam,

eine Norm zu überschreiten,

ein Gebot in Frage zu stellen,

einem Wort zu misstrauen,

eine Regel zu missachten.

Der Segen der Strafe.

Unsere kulturelle und persönliche Geschichte lässt uns die Wahl zwischen der Ruhe und statischen Bequemlichkeit des Gehorsams oder der Spannung, nicht länger zu gehorchen, das Risiko der Grenzüberschreitung zu wagen und darum zu kämpfen, den freien Willen zu erlangen.

Freiheit entsteht, so legt der Bibeltext nahe, wenn man es wagt, Gut und Böse zu erkennen. Und zu dieser Erkenntnis, so scheint der Mythos zu sagen, gelangt man erst, wenn man es wagt, gegen Vorgegebenes aufzubegehren.

Es klingt ketzerisch, aber der freie Wille beginnt jenseits des Paradieses.

Nun könnte man entgegnen, die Vertreibung aus

dem Paradies nicht als »Strafe« zu begreifen sei eine zumindest gefährliche Vorstellung und bedrohe die Fundamente unseres Glaubens ... Ich glaube das genaue Gegenteil.

Wenn man die Geschichte auf diese Weise neu interpretiert, lässt sich die Vertreibung als eine Chance und eine Befreiung statt als göttliche Rache verstehen. Gott ist nicht länger ein grausamer, rachsüchtiger, allmächtiger Herrscher, sondern vielmehr ein kluger, zugewandter Stratege (allerdings fällt mir jetzt, da ich das schreibe, auf, dass einige genau das womöglich als äußerst bedrohlich empfinden könnten).

Kehren wir zum Thema zurück.

Wie sah die Bestrafung von Adam und Eva aus, von der Vertreibung einmal abgesehen?

Im Schweiße ihres Angesichtes arbeiten.

Von den Entscheidungen des anderen abhängig sein.

Unter Schmerzen gebären.

Sterben.

Stellen wir uns die Stimme eines Vaters oder einer Mutter vor, die ihrem Kind genau diese Dinge in der heutigen Sprache sagen:

»Wenn du nicht gehorchst, kannst du nicht länger ein beschütztes, verhätscheltes Kind bleiben; wenn du Entscheidungen treffen willst, musst du arbeiten, damit du dir von deinem eigenen Geld kaufen kannst, was du willst.«

»Wenn du nicht tust, was man dir sagt, wirst du es nicht leicht haben; wenn du hingegen entscheidest, widerspruchslos zu gehorchen, kannst du alles haben, was du brauchst. Wenn du nicht gehorchst, dann schau, wie du klarkommst!«

»Ich bin nicht immer da, um dich zu beschützen, denn auch ich werde irgendwann sterben. Also wäre es gut, wenn du weißt, dass du nicht für dich allein lebst; es wird immer jemanden geben, dessen Entscheidungen dein Leben beeinflussen.«

Für eine Frau bedeutet, unter Schmerzen zu gebären, vieles, sowohl im konkreten wie im übertragenen Sinne. Aber wenn wir den Satz metaphorisch betrachten, können wir die Interpretation noch weiter fassen: Nichts von dem, was du glaubst, und nichts von dem, was du machst, ist umsonst; deine Entscheidungen beziehen immer auch andere ein, mit denen du zusammenleben musst, von der Geburt bis zu deinem Tod.

Nun bekommt alles allmählich einen neuen Sinn ...

Der Auszug aus dem Paradies ist von metaphorischen Ratschlägen begleitet.

Es sind Hinweise, keine Strafen.

Diese »Strafen« sind nichts anderes als der ehrliche Hinweis darauf,

wie das Leben außerhalb des Paradieses ist,

ohne von jemandem abhängig, sondern immer man selbst zu sein und die volle Verantwortung für das zu tragen, was einem widerfährt.

Tatsächlich haben diese Sanktionen große Ähnlichkeit mit dem, wofür ich mein Leben lang als Therapeut gearbeitet habe. Es gibt keine Strafe.

Ich behaupte nun, nach allem Gesagten, dass Gott sehr gut war – bis zu diesem Moment zumindest.

Die Phantasie der Schöpfung ist wundervoll.

Und die Bibel, als Metapher gesehen, könnte die Geschichte der menschlichen Evolution zeigen, wenn wir in der Lage sind, sie mit anderen Augen zu lesen.

Dank dieser »Strafe« existieren wir.

Dank dieser »Strafe« entwickelt sich die Menschheit weiter.

Der Schöpfungsmythos ist mehr als die Vorstellung eines allmächtigen Schöpfergottes. Er ist die Geschichte dessen, was wir sind.

Nach der Vertreibung aus dem Paradies ergeben sich Schwierigkeiten, an denen wir wachsen werden.

Es tauchen Hindernisse auf – das ist der Preis der Freiheit.

Jetzt, außerhalb des Paradieses, hängt alles von dir selbst ab. Bis zu einem gewissen Maße sogar das Leben deines Bruders.

Es klingt nicht gut, aber es ist nicht schlecht.

Doch nun, da ich ein bisschen mit dem Boss versöhnt bin, wage ich es, eine letzte Frage aufzuwerfen.

Ich kann mich nur schwer mit der Vorstellung eines Gottes anfreunden, der zu Adam sagt, weil er von dem Baum gekostet habe, solle er nun wissen, dass er aus Staub sei und zu Staub werde, das heißt, dass er sterben werde.

Es klingt wie eine Todesstrafe.

Ist es das?

Kann sein ...

Wie sonst lässt sich der Satz »Wisse, dass du sterblich bist« verstehen?

Ist es eine Verurteilung zum Tode, oder ist es ein weiteres Mal die Offenbarung einer verkannten Wahrheit?

Womöglich ist die Strafe nicht der Tod an sich, sondern der Kummer, den es für Adam und Eva (und all ihre Nachkommen) bedeutet, sich der eigenen Sterblichkeit bewusst zu sein. Zu wissen, dass das Leben endlich ist und wir nicht ewig leben werden.

Aber selbst wenn es so wäre, ist es keine schlimme Strafe.

Wer, der bei klarem Verstand ist, würde sich für die Unsterblichkeit entscheiden?

Gregory Bateson sagt:

Wir können die Welt nicht wahrnehmen, wir können uns nur auf die Interpretation stützen, die wir uns von ihr machen.

Die Welt ist nicht so, wie wir sie wahrnehmen; wir

bewohnen lediglich die Karte, die wir selbst uns von ihr geschaffen haben.

Wir leben unser Leben im Einklang mit dieser Karte und nicht mit der wahren Welt.

Nach dieser Lesart ist Ungehorsam eine Voraussetzung für Fortschritt und inneres Wachstum. Aber natürlich muss jeder selbst entscheiden, wie er die Schöpfungsgeschichte interpretiert.

Wir können einen Weg zeichnen, bei dem Ungehorsam oder Regelverstöße immer unheilvolle Folgen haben …

Aber warum nicht einen Weg zeichnen, bei dem Mut zu Neuem hin und wieder der Ausgangspunkt für Besseres und Größeres ist?

Wir können in der Vorstellung leben, dass es uns schaden wird, wenn wir den Versuchungen nachgeben, die uns locken.

Aber warum nicht denken, dass jemand, der eine Regel übertritt, immer weiter kommt als einer, der sich nie die Möglichkeit zugesteht, etwas zu machen, das von der Gesellschaft nicht ganz und gar akzeptiert wird?

Wir können den sicheren Weg gehen und die Karte nutzen, die andere vor uns gezeichnet haben.

Aber warum es nicht wagen, neue Wege einzuschlagen, weil sie die Chance bieten, neue Antworten zu finden und andere Erfahrungen zu machen?

Auf diesem Weg zur Weisheit, so mein Vorschlag,

sollten wir unsere Vorstellungen und Überzeugungen auf den Prüfstand stellen und versuchen, die Karte umzuschreiben, die uns bisher leitete und einschränkte. Überkommene Traditionen überprüfen und etwas ändern, wenn sie uns nicht mehr weiterbringen.

Dinge zu hinterfragen und in Zweifel zu ziehen ist niemals etwas Negatives, auch wenn die Absicht dahinter es manchmal ist. Wenn alles gut läuft und die Zeit des Hinterfragens vorbei ist, sind die Gewissheiten beruhigender, die Karten genauer und die Wege klarer.

Von dieser provokanten Vorstellung des göttlichen Verhaltens aus betrachtet, kann ich nur meinem Sohn beipflichten, der eines Abends, ohne dass etwas vorgefallen wäre, zu mir ans Bett kam und zu mir sagte:

»Weißt du was, Papa? Gott ist ein Aufseher!«

9
Das tapfere Schneiderlein

Einleitung

Das tapfere Schneiderlein ist ein deutsches Volksmärchen. Die Gebrüder Grimm nahmen es in den ersten Band ihrer *Kinder- und Hausmärchen* auf, doch die ersten schriftlichen Fassungen sind viel älter und reichen bis ins 16. Jahrhundert zurück.

Das Märchen gehört zu einer ganzen Reihe von Lehrstücken, die zeigen, wie sich durch Erfindungsgabe Hindernisse überwinden lassen, die mit anderen Mitteln oder mit roher Waffengewalt nicht zu bewältigen wären (gegen Riesen kämpfen, ein wildes Tier fangen und sogar eine Prinzessin erobern).

Das tapfere Schneiderlein ist ein sehr altes Märchen (es ist etwa zweihundert Jahre älter als die meisten klassischen Märchen), das außerdem eine Besonderheit aufweist, die es mit nur wenigen Märchen teilt: Die Protagonisten sind Menschen (oder auch Riesen) aus Fleisch und Blut. Ihre Abenteuer werden erzählt, als ob sie wahr wären – schließlich könnten sie sich genau so zugetragen haben. Im *Tapferen Schneiderlein* ist keine Magie im Spiel, sondern es geht um die Gewitztheit und Kreativität des Protagonisten.

Die Geschichte

An einem milden Frühlingsmorgen saß ein einfacher Schneider auf seinem Tisch am Fenster. Er war bester Dinge und nähte mit Hingabe an einem Übermantel, der noch am selben Tag abgeholt werden sollte. Der junge Mann tat seine Arbeit gerne, am liebsten aber arbeitete er, wenn die Sonnenstrahlen durchs Fenster fielen und Wärme und Licht in seine Werkstatt brachten.

Er dachte gerade, dass nichts diesen Tag noch schöner machen könnte, als draußen auf der Straße eine Bauersfrau vorüberging und ihre Waren anpries:

»Marmelade! Köstliche Marmelade! Selbstgemachte, frisch eingekochte Marmelade!«

Das klang wie Musik in den Ohren des Schneiders, und – mehr vom Magen als vom Verstand geleitet – schaute er aus dem Fenster und rief nach der Verkäuferin:

»Kommt herauf, gute Frau, ich will Euch Eure Last erleichtern!«

Die Bauersfrau schleppte ihren schweren Weidenkorb die Treppe zur Schneiderwerkstatt hinauf. Wenn sie es mit einem potenziellen Käufer zu tun hatte, wollte sie ALLE ihre Marmeladen präsentieren, denn sie glaubte fest, dass sie keinen einzigen Topf verkaufen würde, wenn sie es nicht tat.

Manchmal ergänzen sich die irrtümlichen Ansichten und Gewohnheiten eines Menschen perfekt mit den Vorlieben und Macken eines anderen. In diesem Fall war das so. Der Schneider war einer dieser Kunden, die sämtliche Töpfe betrachten, sie drehen und wenden und ihre Nase zwei-, dreimal hineinstecken, bevor sie sich entscheiden.

Nachdem er eingehend geschaut und gerochen hatte, sagte er schließlich:

»Alle Eure Marmeladen scheinen wirklich köstlich zu sein, gute Frau. Ich nehme ein halbes Pfund von jeder, und wenn es ein bisschen mehr ist, soll es kein Schaden sein.«

Die Frau gab ihm, wonach er verlangte, und nachdem sie ihr Geld eingesteckt hatte, ging sie ihrer Wege, während sie leise darüber schimpfte, dass die besten Kunden immer ganz oben wohnen.

Als der Schneider wieder allein war, tunkte er den Finger in einen der Töpfe, schleckte ihn ab und rief:

»Köstlich! Gott segne diese Marmelade und schenke mir einen gesunden Appetit, damit ich sie genießen kann!«

Er holte ein Brot aus der Speisekammer, schnitt sich eine dicke Scheibe ab und bestrich sie mit Marmelade. Er betrachtete den köstlichen Happen, während ihm das Wasser im Mund zusammenlief, und biss dann ein ordentliches Stück ab.

»Lecker!«, sagte er laut.

Dann legte er das Brot auf den Tisch und nähte weiter. Er war so zufrieden, dass ihm die Stiche immer länger gerieten. Während die Nadel über den Stoff flog, hin und her, her und hin, leckte er sich die Lippen und beglückwünschte sich zu seiner Entscheidung. Der süße Duft der Marmelade breitete sich im Zimmer aus, bis sich schließlich einige Fliegen, vom Geruch angezogen, im Schwarm auf das Brot stürzten.

»He, wer hat euch eingeladen? Weg von meinem Brot!«, rief der Schneider und wedelte mit den Händen, um die ungebetenen Besucher zu verscheuchen.

Aber die Fliegen, die seine Sprache nicht verstanden, hörten nicht auf ihn, sondern kamen immer zahlreicher herbeigeflogen.

Schließlich verlor der Schneider die Geduld. Er nahm ein Tuch, rief: »Euch werde ich's zeigen!«, und schlug beherzt zu.

Als er das Tuch wieder anhob, sah er einige Fliegen reglos auf dem Boden liegen: Er hatte nicht weniger als sieben der lästigen Tierchen erlegt.

»Ich bin ein Held!«, sagte er sich, seine eigene Treffsicherheit bewundernd. »Sieben auf einen Streich! Das muss die ganze Stadt erfahren ... ach was, die Stadt!«, setzte er hinzu. »Die ganze Welt!«

Der Schneider war in Hochstimmung, sein Herz tanzte vor Freude. Sorgfältig schnitt er ein paar Ellen rotes Tuch zurecht und nähte sich daraus eine Schärpe. Als sie fertig war, stickte er mit großen Buchstaben darauf:

SIEBEN AUF EINEN STREICH

Voller Stolz betrachtete er sich im Spiegel und kam zu dem Schluss, dass die Werkstatt zu klein für seine Heldentaten sei. Der Schneider trat auf den Balkon und posierte vor dem Spatz, den er immer mit Brotkrumen fütterte. Vielleicht hatte er von dem Vogel zustimmendes Gezwitscher oder ein Lied erwartet, aber nichts davon geschah. Also beschloss er, sein Glück bei den Nachbarn zu versuchen. Vielleicht um es später noch einmal bei seinem gefiederten Freund zu versuchen, steckte er beim Hinausgehen ein Stück altes Brot in die eine und den Vogel in die andere Tasche.

Draußen vor der Schneiderwerkstatt waren die Leute mit ihren eigenen Angelegenheiten beschäftigt und schienen nicht sonderlich an der Schärpe interessiert zu sein, die die Brust des Schneiders schmückte. Sie waren in Sorge wegen der Angriffe eines Riesen, der jede Nacht ihre Gärten und Hühnerställe verwüstete und ihre Ernte und ihre Tiere raubte.

»Es muss etwas geschehen!«, sagte der Bäcker.

»Ja«, pflichtete die Schustersfrau bei. »Aber wer bringt den Mut zu diesem Streich auf?«

Der Schneider, der nur das Wort »Streich« hörte,

sprang mit einem Satz in die Mitte der Gruppe und deutete auf seine Schärpe:

»Ich! Ich!«, rief er. »Ich habe sieben auf einen Streich getötet!«

»Sieben auf einen Streich?«, fragten die Nachbarn.

»Sieben«, bestätigte der Schneider mit stolzgeschwellter Brust.

»Erstaunlich …«, sagten alle, denn sie dachten, er hätte sieben Riesen getötet.

Sie klatschten und ließen ihn hochleben. Der Schmied und der Klempner hoben ihn auf ihre Schultern und trugen ihn zum Ortsrand, während ihm die Umstehenden auf den Rücken klopften.

»Wenn es stimmt und du sieben von ihnen getötet hast, wie du behauptest, wird es dir nicht schwerfallen, noch einen weiteren zu erledigen«, sagte der Pfarrer des Dorfes. »Tu es für uns!«

»Kein Problem«, sagte der Schneider. »Ihr könnt euch auf mich verlassen.«

»Unser mutiger Held! Unser Retter!«, riefen seine Nachbarn und schickten ihn den Berg hinauf.

»Keine Ursache«, sagte der Schneider.

»Und so bescheiden!«, staunten alle im Chor.

Als der Schneider am höchsten Punkt des Berges angekommen war, saß dort ein Riese und betrachtete die Landschaft.

Das tapfere Schneiderlein ging beherzt auf ihn zu und sagte:

»Guten Tag, mein Freund! Wie geht's? Brauchst du Hilfe?«

Der Riese sah den Schneider verächtlich an.

»Geh mir aus der Sicht, du Dummkopf! Wenn ich etwas bräuchte, dann sicher nicht von dir, du elender Wicht!«

»Geh nicht nach dem Äußeren«, sagte der Schneider und deutete auf seine Schärpe. »Hier kannst du lesen, was ich für ein Mann bin!«

Der Riese las »Sieben auf einen Streich« und hatte so seine Zweifel.

»Mal sehen, ob du das fertigbringst!«, sagte er, nahm einen Stein und presste ihn zusammen, bis er in zwei Teile zerbrach.

Der Schneider dachte kurz nach und erwiderte dann:

»Das? Das ist ein Kinderspiel für mich!«

Er tat, als würde er einen Stein auflesen, nahm das Stück Brot aus der Tasche und drückte es, bis es zu Krümeln zerfiel.

»Na, was sagst du nun?«, fragte er herausfordernd.

Der Riese wusste nicht, was er antworten sollte. Er konnte kaum glauben, dass dieses schmächtige Männlein ihm an Kraft überlegen sein sollte.

»Mal sehen, Kleiner, ob du das kannst.« Der Riese nahm einen weiteren Stein und warf ihn so hoch in die Luft, dass er kaum noch zu sehen war.

»Ein guter Wurf!«, lobte der Schneider. »Lass es mich probieren.«

Erneut tat er, als würde er einen Stein aufheben, nahm den Vogel aus der anderen Tasche und warf ihn in die Luft.

Froh über die wiedergewonnene Freiheit, erhob sich der Vogel in die Lüfte und flog davon.

»Was sagst du zu diesem Wurf, mein Freund?«, erkundigte sich der Schneider.

»Steine werfen kannst du«, gab der Riese zu. »Da du es mir angeboten hast, hilf mir doch, diesen Baum wegzutragen, damit er nicht länger im Weg liegt.«

Er führte den Schneider zu einer mächtigen Eiche, die entwurzelt auf dem Boden lag, und sagte:

»Jeder trägt ihn ein Stück. Willst du zuerst, oder soll ich beginnen?«

»Tragen wir ihn zusammen. Du fasst ihn am Stamm und ich an der Krone, die ist am schwersten. Geh du voran, ich folge dir ...«

Nachdem der Riese den Stamm geschultert hatte, sprang der Schneider auf einen Ast, so dass der Riese, der sich nicht umdrehen konnte, nicht nur das ganze Gewicht des Baumes trug, sondern auch ihn.

Der Schneider war wohlgemut und pfiff ein fröhliches Lied, bis der Riese schließlich keuchte:

»Legen wir ihn hier ab.«

»Gut«, sagte der Schneider. »Auf drei. Eins, zwei ... drei!«

Bei drei sprang er flink auf den Boden und rieb sich die Hände, als ob er den Baum den ganzen Weg getragen hätte.

Der Riese, der sehr groß und stark war, aber ziemlich dumm, war sicher, dass er es mit einem Menschen mit übernatürlichen Kräften zu tun hatte. So stand es ja schließlich auch auf der Schärpe.

»Danke für deine Hilfe, mein kleiner Freund«, sagte er. »Wenn du versprichst, uns nichts zu tun, kannst du die Nacht bei uns Riesen verbringen.«

Der tapfere Schneider bedankte sich für die Einladung, sagte jedoch, er müsse seinen Weg fortsetzen.

Mit einer Mischung aus Dankbarkeit, Angst und Bewunderung zog der Riese einen groben Kupferring vom kleinen Finger und schenkte ihn dem Fremden.

Nach einer langen Wanderung gelangte der Schneider schließlich zum königlichen Schloss. Müde von der Reise und dem Gewicht des gewaltigen Rings, den ihm der Riese geschenkt hatte, legte er sich zum Schlafen ins Gras.

Während er so schlief, näherten sich mehrere Höflinge, musterten ihn von oben bis unten, lasen die Aufschrift auf der Schärpe, »Sieben auf einen Streich«, und sahen den riesigen Ring neben ihm liegen.

»Oh!«, riefen sie. »Was sucht dieser furchtbare Krieger hier, wo wir doch im Frieden leben? Sicher ist er ein mächtiger Ritter.«

Sie liefen, dem König die Nachricht zu bringen, und berichteten ihm, dass der Fremde im Kriegsfall sicherlich großen Mut beweisen werde und der König sich keinesfalls die Gelegenheit entgehen lassen dürfe, ihn in seinen Dienst zu nehmen.

Der König hörte den Rat und sandte einen seiner Berater, der sich davon überzeugen sollte, ob es stimmte, was man sich über diesen Mann erzählte, und ihm, falls es der Wahrheit entsprach, ein Angebot unterbreiten sollte, sobald er erwachte.

Der Bote blieb neben dem Schlafenden stehen, bis dieser die Augen aufschlug.

»Stimmt es, was auf deiner Schärpe steht?«

»Wie kannst du es wagen, mich das zu fragen, du unverschämter Kerl!«, entgegnete der Schneider, dem es nicht gefiel, wenn man an seinem Mut zweifelte.

»Verzeiht, gnädiger Herr«, sagte der Bote. »Darf ich fragen, ob dieser Ring einem Riesen gehört hat?«

»Wem sonst? Kennst du jemanden, der einen so großen Finger hat?«

»Natürlich nicht«, sagte der Mann. »Ich stehe im Dienst des Herrschers. Ich bin sicher, der König wäre erfreut, dich kennenzulernen und dir seine Gastfreundschaft anzubieten.«

»Ich bin gerne bereit, dem König meine Aufwartung zu machen, wenn das sein Wunsch ist«, antwortete der Schneider mit einer eleganten Verbeugung.

Und so wurde er mit allen Ehren empfangen, und man stellte ihm eine besondere Unterkunft bereit.

Die Soldaten des Königs hingegen waren gar nicht erfreut und hätten ihn am liebsten weit weg gesehen.

»Wie soll das werden?«, beratschlagten sie. »Wenn wir mit ihm in Streit geraten und er uns angreift, wird er mit jedem Streich sieben von uns niederstrecken.«

Also beschlossen sie, zum König zu gehen und um ihre Entlassung zu bitten.

»Wir sind nicht darauf vorbereitet, an der Seite eines Mannes zu stehen, der sieben auf einen Streich töten kann.«

Der König war sehr ärgerlich, als er feststellte, dass er wegen eines Fremden seine ergebenen Diener verlieren würde.

Er bedauerte es, den Schneider empfangen zu haben, und hätte sich nur zu gerne seiner entledigt, doch er traute sich nicht, aus Angst, dieser könne ihn zusammen mit seinen Getreuen töten und sich dann auf seinen Thron setzen.

Der König dachte lange nach, bis er schließlich eine Lösung fand.

Er ließ dem Schneider ausrichten, dass er ihm, da er ein so mächtiger Krieger sei, einen Vorschlag zu machen habe. In einem Wald seines Königreichs lebten zwei Riesen, die raubten, töteten, Feuer legten und gewaltigen Schaden anrichteten; niemand könne sich ihnen nähern, ohne sein Leben aufs Spiel zu setzen.

Wenn es ihm gelänge, die beiden Riesen zu besiegen und zu vernichten, werde er ihm die Hand seiner Tochter und als Mitgift die Hälfte des Königreiches geben.

»Es ist mir eine Ehre, Majestät«, antwortete das tapfere Schneiderlein. »Ich werde den beiden Unholden schon sehr bald den Garaus machen. Wer sieben auf einen Streich erledigt, fürchtet sich nicht vor zwei Banditen.«

Und so zog der Schneider in Begleitung von hundert Reitern los.

Als sie den Wald erreichten, sagte er zu seinen Begleitern:

»Ihr wartet hier. Ich will den Auftrag, den man mir gegeben hat, allein ausführen.«

Und mit einem Satz war er im Wald verschwunden und machte sich auf die Suche.

Nach einer Weile entdeckte er die beiden Riesen. Sie lagen schlafend unter einem Baum und schnarchten dabei so laut, dass die Äste wackelten.

Der Schneider, nicht müßig, füllte sich die Taschen mit Steinen und kletterte dann in die Baumkrone.

Dort fand er einen Ast, auf dem er genau über den Schlafenden saß, ohne dass man ihn von unten sehen konnte, und begann, einen Stein nach dem anderen auf einen der beiden Riesen zu werfen.

Der Riese spürte zunächst nichts, aber schließlich gab er seinem Kumpan einen Knuff und sagte:

»Warum belästigst du mich?«

»Du hast geträumt«, sagte der andere. »Ich habe nichts getan!«

Und sie schliefen wieder ein. Nun warf der Schneider einen Stein auf den anderen Riesen.

»Was soll das?«, brummte der. »Warum wirfst du mit Steinen nach mir?«

»Ich habe keinen Stein geworfen«, knurrte der erste.

Die beiden stritten eine Weile, aber da sie sehr müde waren, ließen sie es schließlich gut sein und schlossen erneut die Augen.

Der Schneider setzte sein gefährliches Spiel fort, doch diesmal wählte er den größten Stein, den er tragen konnte, und warf ihn mit aller Kraft dem ersten Riesen mitten auf die Brust.

»Das geht zu weit!«, brüllte der Riese wütend, sprang auf, stürzte sich auf seinen Gefährten und stieß ihn so fest gegen den Baum, dass dieser zu schwanken begann.

Der andere zahlte es ihm mit gleicher Münze zurück, und nachdem sie eine Weile gerangelt hatten, wurden die beiden so wütend, dass sie zwei ganze Bäume ausrissen und sich damit prügelten, bis beide vor Erschöpfung umfielen.

Da kletterte der Schneider vom Baum und dankte

dem Himmel, dass keiner der beiden Riesen ihn aus den Ästen geschüttelt hatte. Er zog sein Schwert und versetzte den beiden jeweils einen tödlichen Stich ins Herz.

Danach ging er zu den Reitern des Königs zurück, die am Waldrand auf ihn warteten.

»Die Riesen sind tot«, verkündete er.

»Wie war der Kampf?«, fragten alle.

»Ich muss gestehen, es war wirklich harte Arbeit«, übertrieb der Schneider. »Sie haben ganze Bäume ausgerissen, um sich zu verteidigen; aber gegen einen wie mich, der sieben auf einen Streich erledigt, gibt es keine Verteidigung.«

»Und du bist nicht verwundet?«, fragten die Reiter.

»Keine Spur«, sagte der Schneider. »Sie haben mir kein Haar gekrümmt.«

Die Reiter, die es nicht glauben konnten, gingen in den Wald und fanden dort die beiden Riesen in ihrem eigenen Blut liegend und ringsum die ausgerissenen Bäume.

Der Schneider ging zum König, um die versprochene Belohnung einzufordern, doch der König drückte sich und ersann eine weitere List, um den Helden loszuwerden.

»Bevor du die Hand meiner Tochter und das halbe Königreich erhältst, musst du noch eine weitere Aufgabe erfüllen. Im Wald haust ein gefährliches

Wildschwein, das großen Schaden anrichtet und unsere Leute tötet. Es muss so schnell wie möglich gefangen werden.«

»Vor einem Wildschwein fürchte ich mich noch weniger als vor zwei Riesen«, antwortete das tapfere Schneiderlein. »Sieben auf einen Streich! Das ist meine leichteste Übung.«

Und er ging zum Wald, wo er die Jäger zurückließ, die der König ihm zur Seite gestellt hatte.

Als das Wildschwein den Schneider sah, stürzte es sich sogleich auf ihn und zeigte seine scharfen Hauer, Schaum trat ihm vors Maul. Dem wackeren Mann fiel nicht ein, wie er diesem Untier begegnen sollte, außer, so schnell davonzulaufen, wie ihn seine Beine trugen.

Während er so rannte, überlegte er, wohin er sich vor der wilden Bestie retten könnte, und erinnerte sich an eine alte, verfallene Kapelle.

Dorthin lief er, rannte durch die schmale Tür hinein und sprang durch das Fenster auf der anderen Seite wieder heraus.

Das Wildschwein folgte ihm in die Kapelle, und als es merkte, dass die Beute entwischt war, war es bereits zu spät. Der Schneider war zum Eingang zurückgelaufen und hatte die Tür verriegelt. Das tobende Tier saß in der Falle.

Nun musste der König wohl oder übel sein Versprechen einlösen und gab dem Schneider seine

Tochter zur Frau. Diese war glücklich, einen so mutigen, edlen Mann zu haben, der sich den größten Gefahren ausgesetzt hatte, um ihre Hand zu gewinnen.

Und so wurde aus einem einfachen Dorfschneider ein echter König.

Nach einiger Zeit stellte die junge Königin fest, dass ihr Mann im Schlaf sprach. Am Anfang versuchte sie, nicht hinzuhören. Sie vergrub den Kopf unter den Kissen, stopfte sich Wachs in die Ohren oder nahm ein Mittelchen für tiefen Schlaf ...

Doch eines Tages hörte sie, wie ihr Mann im Traum murmelte:

»Ja, der Herr, natürlich ... Euer Auftrag ist morgen fertig ... Seid mir nicht gram, gute Frau, aber das Flicken dauert noch ein paar Stunden ... Aber sicher könnt Ihr Euer Wams zum Ende der Woche abholen ...«

Da begriff die junge Frau, dass ihr Mann von niedrigem Stand war, und begann, ihn abschätzig zu behandeln. Wahrscheinlich dachte sie, dass ein armer Schneider keinen Respekt verdiente, und schon gar nicht verdiente er es, König zu sein.

Die Königin rief den Hauptmann ihrer Leibwache zu sich und erzählte ihm von ihrer Entdeckung. Der König sei in Wirklichkeit ein einfacher Mann aus dem Volk, denn schließlich wisse jeder, dass man im Schlaf nicht lüge. Der Soldat begriff genau, worum die Königin ihn bat. Er sagte:

»Euer Hoheit, lasst heute Nacht die Tür zu Eurem Schlafgemach offen. Sobald der König eingeschlafen ist, werden meine Soldaten kommen, ihn entführen und mit einem Schiff weit wegbringen.«

Der Königin gefiel der Vorschlag. Sie konnte kaum erwarten, dass es endlich Nacht wurde.

Doch ihre Pläne endeten nicht gut, denn der treue Diener des Königs hatte das Gespräch der beiden belauscht und berichtete seinem Herrn davon.

Als es Nacht wurde, ging der König mit seiner Frau zu Bett und tat, als wäre er augenblicklich eingeschlafen. Als die Ehefrau sicher war, dass ihr Mann schlief, stand sie auf, um ihren Teil des Plans zu erfüllen und die Tür zum Schlafgemach zu öffnen.

Der Schneider, der sich ja nur schlafend stellte, begann laut zu sprechen, damit ihn alle hören konnten, nicht zuletzt die Leibwache.

»Raus hier, ihr unwürdigen Sklaven! In diesem Land werden keine Gottlosen geduldet. Ich habe ein Königreich aufgegeben, um hierherzukommen, und nun muss ich meiner Pflicht gerecht werden.«

Die Wachen waren verwirrt: Wenn man im Schlaf die Wahrheit sagte, dann war die Königin diejenige, die log …

»Ich war in tausend Schlachten und habe tausendundeinen Mann getötet, ich habe sieben Riesen auf einen Streich hingestreckt, zwei weitere Riesen und ein tollwütiges Wildschwein …«

Der Schneider ließ ein paar Minuten verstreichen, dann schnarchte er kurz und sprach weiter:

»Glaubt ihr etwa, ich fürchte mich vor den Verrätern, die vor meinem Schlafgemach auf mich warten? Ich werde sie auf einen Streich erledigen, wie zuvor die Riesen ...«

Als die Soldaten das hörten, flohen sie aus dem Palast und schworen bei allen Göttern, dass sie sich diesem tapferen, mächtigen Mann nie wieder nähern würden.

Und so blieb der junge Schneider sein Leben lang König. Aber es heißt, er habe immer Angst gehabt, im Traum sein Geheimnis zu verraten, und habe darum nie wieder nachts geschlafen.

Die Moral

Dies ist die Geschichte eines einfachen Schneiders, der ein Missverständnis nutzt, um etwas zu erreichen, das ihm bislang nicht gelungen war: gesellschaftliche Schranken zu überwinden, um zunächst ein vom Hof bewunderter Ritter und schließlich der Herrscher des Landes zu werden. Die in der Geschichte empfohlenen Mittel sind für jeden verfügbar, der sie nutzen möchte:
- Erfindungsgabe
- Verschmitztheit
- Klugheit

- eine Vision
- Beharrlichkeit
- Optimismus
- Selbstbewusstsein

Obwohl klar ist, dass sich der jugendliche Leser mit dem siegreichen Helden identifizieren wird, schlägt das Märchen auch Verhaltensweisen vor, die unter moralischen Gesichtspunkten weder damals noch heute sehr tugendhaft waren:
- Schwindelei
- Betrug
- das Ausnutzen der Unwissenheit anderer Lügen.

Du wirst jetzt sagen, dass die Lügen des Schneiders etwas anderes sind als die Unaufrichtigkeit des Königs – tatsächlich ist das Verhalten des armen Schneiders zumindest anfänglich eher das eines Menschen, der sich eines Irrtums bedient, um mehr darzustellen, als er ist, als das eines Lügners –, und du hast recht. Sicherlich werden die meisten mit dem armen Schlucker sympathisieren und nicht mit dem mächtigen König, der sein Versprechen nicht halten will. Dennoch ist die Moral des »erfolgreichen Gauners« verstörend und »politisch inkorrekt«. Ich glaube, um zu verstehen, warum die Geschichte zwar nicht jedem, wohl aber den Schwachen und Besitzlosen die Anwendung von List und Lüge zugesteht, muss man den historischen Kontext berücksichtigen, in dem die Geschichte entstand. Es war eine Zeit, in der das Eigentum und das Leben der Armen von den Launen der Mächtigen abhingen, die sich zu Herren über alles aufschwangen.

Zu lügen, um sich einen ungerechtfertigten Vorteil zu verschaffen, Lügen aus Hass oder Neid oder wenn in einer asymmetrischen Beziehung derjenige, der lügt, mehr Macht hat als der Belogene, hat immer eine negative Konnotation. Das scheint auch in dieser Geschichte durch, wohingegen sie dem Schwächeren durchaus das Recht zugesteht, im Sinne der Gerechtigkeit dem Mächtigen, der seine Position ausnutzt, eine Falle zu stellen, ihn zu belügen oder zu hintergehen.

Aber das ist noch nicht alles. *Das tapfere Schneiderlein* ist auch ein Loblied auf die Unerschrockenheit des Protagonisten, der zwar andere hinters Licht führt, aber auch den Mut besitzt, sich der Gefahr zu stellen, um seinen Traum zu erfüllen. Und dieser Mut ist es, für den er letztendlich belohnt wird.

Die andere Tür

Jedem, der sich mit der Analyse von Märchen beschäftigt, wird genau wie mir auffallen, dass man beim Lesen dieser Geschichte in jeder Situation mit dem Helden mitfühlt. Warum betrachten wir ihn mit einem Lächeln? Immerhin ist er ein Lügner und

Betrüger oder zumindest jemand, der die Dummheit der anderen ausnutzt.

Mir fallen zwei Antworten auf diese Frage ein. Zum einen ist da die zweifellos charmante Art und Weise, in der die Hauptfigur als eine Mischung aus schelmischem Held und gewitztem Gladiator präsentiert wird, der trotz augenscheinlicher Unterlegenheit dafür kämpft, die Hand der Geliebten zu gewinnen.

In diesem Kontext kommt mir die Flut an widersprüchlichen Empfindungen in den Sinn, die der wunderbare Film *Einer flog über das Kuckucksnest* in mir (und so vielen anderen) auslöste. Darin spielt der phantastische Jack Nicholson den psychopathischen Protagonisten so meisterhaft, dass der Zuschauer nicht anders kann, als eine gewisse Sympathie für diese dissoziale Figur zu empfinden. Am Ende ist das Publikum entsetzt über die tatsächlichen Fehler des Systems, das nicht mit ihm fertigwird; es leidet mit ihm mit und vergisst wie durch Zauberei seine schwere Erkrankung und seine Vorgeschichte.

Der zweite Grund dafür, dass wir solche Grenzgänger mit Nachsicht betrachten und ihnen verzeihen, ist – du wirst es dir schon denken –, dass wir uns bis zu einem gewissen Grad mit ihnen identifizieren.

Wer hat nicht schon einmal gelogen, wenn es

darum ging, sich selbst zu beschreiben, um attraktiver, selbstsicherer und verführerischer zu erscheinen?

Wer hat nicht schon einmal eine Lüge als »kleine Flunkerei« heruntergespielt, um Verständnis für etwas zu erhalten, was eigentlich nicht zu akzeptieren ist?

Wer hat nicht schon einmal seine eigenen Verdienste aufgebauscht oder einen schweren Fehler heruntergespielt, der vermeidbar gewesen wäre?

Wer hat nicht schon mal wissentlich eine Unwahrheit »in Umlauf gebracht« und sich dann hinter der Ausrede versteckt, das habe man »so nie gesagt«, und dabei an die Vorteile gedacht, die der Fehler des anderen einem bringen könnte?

Nicht zu vergessen die oft gebrauchte und missbrauchte »Notlüge« …

Die Botschaft der Geschichte ist keine Kritik am Lügen. Tatsächlich kommt der Protagonist mit seiner Strategie ja ganz gut durch. Andererseits glaube ich auch nicht, dass es die Absicht des Märchens ist, ein Loblied auf die Lüge zu singen. Was also dann?

Tatsächlich beruht die unglaubliche Erfolgsgeschichte des Protagonisten auf seiner Gewitztheit, durch die er sich den Ruf eines gefährlichen und starken Helden erwirbt. Aber da ist ein Problem: Dem Schneider ist bewusst, dass er alles, was er erreicht hat, diesem Ruf zu verdanken hat, und glaubt nun, dass er dieses Image für den Rest seines Lebens aufrechterhalten muss, um seinen Platz zu behaupten (und seine Umgebung bestätigt ihm das nahezu täglich). Dem armen Kerl ergeht es wie vielen, die bewusst oder unbewusst einen ähnlichen Weg gehen.

Der tapfere Schneider steckt in der Rolle fest, die er irgendwann erfunden hat (oder die andere ihm mit seiner Duldung zugeschrieben haben), und erkennt schließlich, dass er dazu verurteilt ist, weiterhin jemand zu sein, der er nicht ist, weil alles, was er erreicht hat (und sogar sein Leben), davon abhängt.

Das ist der Punkt, um den meiner Ansicht nach die eigentliche Botschaft des Märchens kreist.

Wenn wir sie in einem Satz zusammenfassen wollten, könnte dieser ungefähr so lauten:

Wenn du deine Welt auf Lügen aufbaust, wird sie irgendwann zu deinem Gefängnis.

Die Geschichte scheint uns förmlich zuzurufen, dass das Problem am Lügen nicht darin liegt, dass es moralisch verwerflich ist, sondern dass wir gezwungen sind, unsere Lügen aufrechtzuerhalten, und zwar zu einem immer höheren Preis.

Ein Großteil unserer Identität – und das gilt für uns alle – besteht aus vielen Schichten von Eigenschaften, Gewohnheiten, Überzeugungen und Vorurteilen, die uns sicherlich irgendwann einmal vor tatsächlichen oder imaginären Bedrohungen geschützt haben. Der Rest, das wenige also, das außerhalb dieses Bereichs liegt, ist der Druck, den wir in unserer Beziehung zu anderen erfahren, die oft darauf bestehen, dass wir immer noch die sind, die wir einmal waren, die wir sein sollten oder die wir niemals waren.

Vielleicht regen dich die Geschichte oder diese Gedanken dazu an, das Bild der Person zu aktualisieren, die du bist. Das gelegentlich zu tun, ist sicherlich gut. Und doch wäre es auch gut, daran zu denken, dass jede Aussage à la »So bin ich und nicht anders« Ausdruck einer Lüge ist, ein Gefängnis und nur ein kleiner Ausschnitt des Möglichen, die uns wie dem tapferen Schneiderlein früher oder später viel mehr abverlangen, als sie uns geben.

Einen Teil von uns zu negieren führt unweigerlich zu Beschädigungen, besonders dann, wenn wir unter diesem »Ich« alles verstehen, was wir sind und waren – und auch das aktuelle Potenzial, die zu werden, die wir einmal sein könnten.

Wenn wir zum Beispiel irgendeine der Polaritäten nehmen, die wir benutzen, um uns selbst zu definieren, und uns ehrlich betrachten, werden wir feststellen, dass jede Einschätzung, die wir vornehmen, bestenfalls eine Tendenz ist, ein erlerntes und zudem zeitlich begrenztes Modell.

Glücklicherweise haben wir alle die nötige Wandlungsfähigkeit, um nicht nur ein Pol einer Reihe von Stärken und Schwächen zu sein.

Vielleicht sagt deswegen eine Volksweisheit: »Alles ist eine Last, wenn es keinen Nutzen mehr hat.«

Das Leben zu leben, das noch vor uns liegt, immer weiterzugehen und sich weiterzuentwickeln heißt auch (und vor allem), Vorurteile oder Erfahrungen zurückzulassen, die mit dem zu tun haben, der ich einmal war, und nicht mit dem, der ich bin.

Aber das ist nicht leicht.

Unsere Persönlichkeit ist ein geschützter Ort zwischen uns und den anderen, wo wir uns zu dem entwickeln, der dort steht, wo er steht, der das hat, was er hat, und nach dem strebt, was er begehrt. Auch wenn wir uns bewusst machen, dass diese Persönlichkeit manchmal nicht authentisch ist oder uns einengt, ist es nicht leicht, die Sicherheit des Bekannten aufzugeben, die uns diese Zuflucht bietet. Sie aufzugeben, macht uns Angst, weil es zwangsläufig die Auflösung einiger sicherer oder historischer Grenzen des »Ichs« bedeutet.

Zhuangzi war einer der bedeutendsten chinesischen Philosophen der Geschichte. Er lebte um 300 vor Christus und war zusammen mit Laotse einer der herausragenden Vertreter des Daoismus. In einer Parabel wird erzählt, dass Zhuangzi eines Nachts von einem Schmetterling träumte. Der Traum war so lebensnah, dass Zhuangzi beim Aufwachen nicht wusste, ob er Zhuangzi war, der von einem Schmetterling geträumt hatte, oder ob er ein Schmetterling war, der geträumt hatte, er sei Zhuangzi. Eine kleine Geschichte, die uns zum Nachdenken darüber anregt, ob unsere Identität (das, was wir sind oder zu sein glauben) vielleicht gar nicht so offensichtlich, gesichert und unanfechtbar ist, wie es uns gemeinhin erscheint.

Wir sollten in der Lage sein, von manchen Verhaltensweisen Abstand zu nehmen, die an den Tag zu legen wir uns angeeignet haben, als seien sie alles, was wir sind. Wir sollten einige Masken abnehmen, die wir vielleicht zu häufig benutzen und hinter denen wir uns immer wieder verstecken. Man muss sich bewusst machen, dass immer das Gleiche zu tun immer nur das Gleiche in unser Leben bringt.

Damit meine ich nicht, dass wir uns jeden Morgen fragen, ob wir träumen oder geträumt werden, aber ich arbeite ständig an mir und schlage dir das Gleiche vor: Versuche nicht, in der Vorstellung davon zu verharren, wer du bist oder zu sein glaubst, schon gar nicht, um die Wünsche oder Bedürfnisse anderer zu befriedigen.

Und wo wir schon dabei sind, sollten wir lernen, bewusst und verantwortungsvoll das Drehbuch umzuschreiben, das durch unsere Erziehung vorgegeben wurde, und gegen die Beschränkungen kämpfen, die wir seitdem mit uns herumtragen. Vielleicht besteht dann keine Notwendigkeit mehr, sich ständig unbesiegbar und stark zu geben. Vielleicht brauchen wir dann keine Zuwendung mehr, die auf Lügen beruht. Und vielleicht gefällt uns in Wahrheit der Posten des Königs gar nicht mehr.

10
Die Abenteuer des Pinocchio

Einleitung

Pinocchio ist eine von Meister Geppetto, einem alten Holzschnitzer, geschaffene Holzfigur. Erfunden wurde sie von Carlo Collodi für eine Fortsetzungsgeschichte, die zwischen 1882 und 1883 unter dem Titel *Le avventure di Pinocchio: Storia di un burattino (Die Abenteuer des Pinocchio. Geschichte eines Hampelmanns)* in einer italienischen Wochenzeitung erschien.

Pinocchio nimmt in der vorliegenden Sammlung einen ganz besonderen Platz ein, denn die Geschichte, so wie wir sie kennen, unterscheidet sich sowohl in der Form als auch vom Handlungsverlauf noch wesentlich stärker von der Originalversion, von der sie inspiriert ist. Beispielsweise umfasst die erste Ausgabe von *Pinocchio* fast vierhundert Seiten.

Die Reisen und Abenteuer des kleinen Helden sind dort sehr ausführlich beschrieben und umfassen mehrere große Metamorphosen: vom Holzscheit zur Marionette, von der reglosen Marionette zur lebendigen Puppe, von der Puppe zum Esel, vom Esel wiederum zur etwas älter gewordenen Puppe und von dort zu einem Jungen aus Fleisch und Blut.

Die Ursache dafür ist im historischen Kontext ihrer Entstehungszeit zu finden. Im 19. Jahrhundert sprach und diskutierte die »gebildete« Gesellschaft leidenschaftlich über Alchemie, den Stein der Weisen und Transformation. Frankenstein, der Golem und eben auch Pinocchio sind zeitgenössische literarische Antworten auf dieses Interesse, das einige Jahre später zur Entstehung unzähliger Geschichten über Roboter führte, zunächst nur als Nebenfiguren, später dann als Protagonisten zahlreicher Science-Fiction-Geschichten, die auf diese Vorgänger zurückgehen.

In Pinocchios Fall entstehen die Probleme, als dieser in die Welt hinauszieht, verursacht durch seinen unbedarften Umgang mit der soeben entdeckten »Freiheit«, die er zunächst einschränken muss, um eine korrekte moralische Haltung zu entwickeln und die kindliche Vorstellung hinter sich zu lassen, dass man alles bekommen könne, ohne etwas dafür zu geben.

Die Geschichte

Dies ist die Geschichte eines Stückes Holz. Eines dieser soliden Holzscheite, mit denen man im Winter Öfen und Kamine anfeuert, um das Haus zu wärmen.

Gott weiß, wie, doch eines Tages gelangte dieses

Holzscheit in die Werkstatt eines alten Schreiners, genannt Meister Kirsche, der es aus einem Holzstapel herausfischte, um daraus ein neues Bein für seinen wackligen Tisch zu machen.

Doch daraus wurde nichts, denn als Meister Kirsche in der Werkstatt zum ersten Axthieb ansetzte, hörte er ein feines, helles Stimmchen, das ihm flehentlich zurief:

»Nein! Schlag mich nicht mit der Axt!«

Ihr könnt euch vorstellen, wie Meister Kirsche erstarrte! Mit ängstlichen Augen blickte er sich in der Werkstatt um, um herauszufinden, woher die Stimme kam, aber er sah niemanden.

Er schaute unter die Werkbank – nichts. Er sah in einem Schrank nach, der immer verschlossen war – nichts. Im Korb mit den Holzspänen – nichts. Er öffnete die Tür zur Werkstatt und trat auf die Straße, aber auch dort war niemand zu sehen. Neugierig hielt er sein Ohr an das Holzscheit, um zu hören, ob die Klagelaute aus seinem Inneren kamen.

»Ja, ich bin es, der zu dir spricht«, sagte das Stimmchen, als hätte es seine Gedanken gelesen. »Wag es nicht, mir weh zu tun!«

Meister Kirsche rutschte von seiner Bank und wirbelte eine Wolke aus Sägemehl auf, als er zu Boden plumpste.

Dort blieb er eine ganze Weile sitzen, während er darüber nachdachte, wie er dieses sprechende Holzscheit loswerden könnte und ob er lieber aufhören sollte, billigen Wein zu trinken.

Im wahren Leben sind Zufälle sehr selten, aber in der Welt der Märchen sind sie eine alltägliche Angelegenheit ... Wie um das zu beweisen, betrat in diesem Augenblick Meister Kirsches Nachbar und Kollege Geppetto die Werkstatt.

Während er dem Schreiner wieder auf die Beine half, erklärte Geppetto, warum er vorbeikam.

»Weißt du, ich habe vor, eine Holzpuppe zu schnitzen. Aber sie soll anders sein, besonders, einzigartig. Verstehst du? Ich möchte, dass sie tanzen, klettern und Saltos schlagen kann. Wenn sie fertig ist, werde ich durch die Welt ziehen und mit der Puppe mein Geld verdienen. Dafür brauche ich natürlich gutes Holz, aber ich habe kein Geld, um welches zu kaufen. Meinst du, du kannst mir helfen?«

Kurz darauf legte Geppetto die Werkzeuge bereit, um mit der Arbeit zu beginnen. Nicht einmal im Traum hätte er gedacht, dass es so einfach sein würde, das Material zu beschaffen.

Er konnte es kaum erwarten, seine Puppe zu schnitzen, und noch bevor er zum ersten Schnitt ansetzte, fragte er sich, wie sie heißen sollte.

Aus irgendeinem Grund fiel ihm sofort ein Name ein:

»Ich werde dich Pinocchio nennen«, sagte er laut. Und dann begann er zu arbeiten.

Schwungvoll schnitzte er die leicht gewellten Haare, dann die Stirn, danach die Augen ... Schließlich hielt er als guter Künstler inne, um sein Werk zu betrachten.

Zu seiner Überraschung hatte er für einen Moment den Eindruck, dass die soeben geschnitzten Augen ihn eindringlich ansahen.

Geppetto wollte sich nicht von diesem beunruhigenden Moment von seinem Schaffen ablenken lassen, also schluckte er, nahm seine Arbeit wieder auf und schnitzte Nase und Mund.

Kaum war er mit dem Mund der Puppe fertig, als diese plötzlich zu lachen anfing und ihm die Zunge herausstreckte.

»Hör auf zu lachen!«, sagte Geppetto eher ungehalten als überrascht, denn solange sich der Mund bewegte, konnte er nicht ordentlich weiterarbeiten.

Der Schreiner schnitzte das Kinn, den Hals, den Oberkörper, die Arme, die Hände ...

Als die Hände fertig waren, lachte die Puppe erneut auf und riss dem Schreiner die Brille herunter, die bislang auf Geppettos kleiner Nase geklemmt hatte.

Das war offensichtlich zu viel für den Künstler. Er richtete den Finger auf die Puppe und schimpfte:

»Unartiger Junge! Noch nicht fertig geschnitzt, und schon lässt du es an Respekt mangeln ... Ich bin dein Schöpfer ... Dein Vater. Verstehst du?«

Geppetto setzte seine Brille wieder auf und schnitzte die Füße fertig. Dann warf er einen letzten Blick auf sein Werk, packte die Holzmarionette unter den Armen und setzte sie auf den Boden, um sie auszuprobieren.

Nach einer Weile lockerten sich die Scharniere, die Beine begannen zu baumeln, und gelenkt von den geschickten Händen ihres Schöpfers, setzte die Puppe einen Fuß vor den anderen.

Geppetto war glücklich. Für jeden, der die Szene betrachtete, schien sich die Puppe so natürlich zu bewegen wie ein Junge aus Fleisch und Blut.

Mit derselben Natürlichkeit entwischte Pinocchio plötzlich Geppettos Händen und lief durch den Raum, während der Schreiner begeistert lachte und klatschte.

Doch sein Lachen erstarb, als Pinocchio mit einem Satz durchs Fenster sprang und auf die Straße entkam.

Der arme Geppetto rannte ihm hinterher, aber weil er schon alt war und auf einem Bein hinkte, konnte er ihn nicht einholen.

»Haltet ihn! Haltet ihn!«, rief der Holzschnitzer.

Doch die Leute waren so begeistert von der laufenden Holzpuppe, dass sie herzlich lachten und bewundernd klatschten, so wie es zuvor Geppetto getan hatte.

Ein dicker, brummiger Polizist, der wie üblich an

der Straßenecke stand, hörte den Aufruhr und glaubte, es handele sich um einen Dieb, der vor seinem Opfer davonrannte. Also stellte er sich Pinocchio in den Weg und fing ihn ein.

»Danke, Herr Wachtmeister ... Sie können ganz beruhigt sein; das ist mein Junge«, erklärte Geppetto und streckte die Arme aus, damit ihm der Polizist die Puppe übergab.

Geppetto wollte Pinocchio für seinen Streich ordentlich die Ohren langziehen, konnte das aber nicht tun, weil er vergessen hatte, ihm welche zu machen. Also begnügte er sich damit, ihn am Arm zu packen und nach Hause zu schleifen, um ihn dort in die Kammer einzusperren.

»Du bist ein Taugenichts«, sagte er, während er ihm mit einem feinen Pinsel ein Ohr auf jede Seite des Kopfes malte, um sicher zu sein, dass er ihn hören konnte. »Du verlässt das Zimmer erst, wenn ich es dir erlaube.«

»Und du bist ein alter Hinkefuß«, erwiderte Pinocchio, der wusste, dass ihn das treffen würde.

Geppetto seufzte, und da er nicht wusste, was er tun sollte, kehrte er mit hängendem Kopf in seine Werkstatt zurück.

Als Pinocchio allein in der stillen Kammer saß, hörte er ein Geräusch:

»Kri, kri, kri!«

»Wer ist da?«, rief Pinocchio.

»Ich.« Und eine Grille kam langsam die Wand hochgekrochen.

»Wer bist du, und was machst du in meinem Zimmer?«, herrschte Pinocchio sie an.

»Ich bin die Sprechende Grille und lebe seit über hundert Jahren hier.«

»Mag sein«, entgegnete Pinocchio, »aber jetzt ist es mein Zimmer. Also verschwinde auf der Stelle. Dein Gezirpe stört mich.«

»Ich will nicht gehen, ohne dir vorher etwas Wichtiges zu sagen.«

»Dann sprich und verschwinde.«

»Wehe dem, der sich nicht an die Regeln hält, die seine Eltern ihm beibringen! Früher oder später wird er es bitter bereuen.«

»Es ist mir gleich, was du sagst, du dumme Grille. Ich habe schon gemerkt, was das für Regeln sind, deshalb will ich gleich morgen bei Tagesanbruch dieses Haus verlassen. Sonst wird mein Vater wollen, dass ich zur Schule gehe und etwas lerne, ob ich nun will oder nicht … Aber ich will nicht lernen! Ich will spielen, Schmetterlinge fangen und auf Bäume klettern, um Vogelnester zu suchen.«

»Du Dummkopf! Wenn du groß bist, wirst du ein Esel sein, und alle werden dich auslachen. Wenn du nicht zur Schule gehst, solltest du zumindest einen Beruf erlernen. Was würdest du gerne machen?«

»Das ist einfach ... Spielen, essen, trinken, schlafen und mich amüsieren.«

»Auf diesem Weg wirst du im Krankenhaus oder im Gefängnis enden«, warnte die Sprechende Grille in gleichmütigem Ton.

Als er diese Warnung hörte, packte Pinocchio wütend den Schemel, auf dem er saß, und warf ihn nach der Grille. Der Hocker traf das Insekt genau am Kopf, und das arme Tier brachte noch ein letztes Kri-Kri heraus, bevor es zerquetscht an der Wand kleben blieb.

Als Pinocchio sah, was er getan hatte, erschrak er und beschloss, jetzt gleich davonzulaufen statt erst am nächsten Morgen. Während er aus dem Fenster stieg, versuchte er sich einzureden, dass es gar nicht so schlimm sei, eine sprechende Grille mit einem Schemel zu erschlagen, und auf einmal merkte er, wie seine hölzerne Nase um mehr als fünf Zentimeter wuchs.

Draußen war eine scheußliche Nacht: Es donnerte und blitzte, als stünde der ganze Himmel in Flammen. Es waren die Vorboten von Wind und Regen, die wenig später einsetzten. Die Läden waren bereits geschlossen, genau wie die Türen und Fenster der Häuser; nicht einmal die Hunde waren auf der Straße.

Pinocchio fürchtete sich sehr und wusste nicht, wohin. Nach kurzer Zeit war er völlig durchnässt und kehrte reumütig nach Hause zurück. Er war müde und hungrig und zitterte vor Kälte.

Da er nicht auf demselben Weg ins Haus zurückkonnte, wie er herausgekommen war, klopfte Pinocchio an die Tür. Als Geppetto öffnete, rang er, um Verzeihung bittend, die Hände und sagte:

»Ich will von nun an ein guter Junge sein, Vater, ich verspreche es. Ich will auf dich hören und nicht wieder davonlaufen … Ich habe meine Lektion gelernt … Ich verspreche, zur Schule zu gehen, fleißig zu lernen und einen Beruf zu erlernen …«

»Sehr gut, mein Sohn! Das ist eine großartige Entscheidung. Geh jetzt schlafen, morgen musst du früh raus. Ich will noch kurz weg«, sagte Geppetto, nahm seine abgetragene, geflickte Jacke und ging in die Kälte hinaus.

Als er zurückkam, hatte er ein funkelnagelneues Heft und einen Stift für den ersten Schultag seines Jungen dabei, aber keine Jacke mehr.

Am nächsten Morgen überreichte Geppetto Pinocchio die neuen Schulsachen, küsste ihn auf die Stirn und schickte ihn zur Schule.

Unterwegs überlegte Pinocchio:

»Heute lerne ich lesen, morgen schreiben und übermorgen rechnen … Und wenn ich alles weiß, werde ich viel Geld verdienen und zwei Jacken kaufen, eine aus Stoff für meinen Papa und eine mit Gold und Silber durchwirkte für mich …«

Da vernahm er in der Ferne ein Flöten und Trommeln.

»Was ist das für eine Musik?«, fragte er sich. »Schade, dass ich zur Schule muss, ich sterbe vor Neugier!«

Er ging immer langsamer, um noch ein wenig länger der Musik zu lauschen, die ihm immer schöner erschien, und blieb schließlich unentschlossen stehen ...

»Besser, ich gehe heute dorthin, wo die Musik ist«, überlegte er. »Mit der Schule kann ich auch noch morgen beginnen!«

Der Musik folgend, gelangte der Junge durch eine Gasse zu einem Platz, auf dem sich viele Leute um eine kleine, improvisierte Bühne drängten.

»Was ist das?«, fragte Pinocchio einen Jungen, der neben ihm stand.

»Das ist ein Puppentheater«, antwortete der Junge.

»Wie schön!«, sagte Pinocchio. »Kann ich bleiben und mir die Vorstellung ansehen?«

»Du musst Eintritt bezahlen.«

»Und wie viel kostet der Eintritt?«, fragte er.

Wenig später saß Pinocchio vor der Bühne, nachdem er den Eintritt mit seinem neuen Stift und dem Heft bezahlt hat.

Als die Vorstellung zu Ende war, verließen die Leute allmählich den Platz – alle bis auf Pinocchio, der auf seinem Platz sitzen blieb und klatschte, bis auch der Letzte gegangen war.

Der Besitzer des Theaters, ein gewisser Mangiafuoco, war gerührt von der Begeisterung des Jungen und ging zu Pinocchio, um sich für den Applaus zu bedanken. Als er hörte, wie dieser den Eintritt bezahlt hatte, gab er ihm das Heft und den Stift zurück und schenkte ihm außerdem fünf Münzen, die er mit nach Hause nehmen sollte.

Pinocchio bedankte sich vielmals und machte sich auf den Heimweg, während er daran dachte, wie glücklich und stolz Geppetto sein würde, wenn er ihm die Münzen gab.

Er war noch nicht weit gekommen, als er einem Fuchs und einem Kater begegnete, die ihn sogleich ansprachen.

»Wohin gehst du so zufrieden, mein kleiner Freund?«, erkundigte sich der Kater.

»Was macht dich so froh?«, setzte der Fuchs hinzu.

»Ich gehe nach Hause, zu meinem Vater. Ich bringe ihm die fünf Münzen, die Mangiafuoco mir geschenkt hat, weil ich seine Vorstellung beklatscht habe«, teilte Pinocchio mit.

»Fünf Münzen!«, sagte der Fuchs und verschluckte sich fast vor Gier.

»Stell dir nur vor, wie glücklich dein Vater wäre, wenn du statt fünf Münzen fünfhundert mitbrächtest!«, sagte der Kater listig.

»Stell dir vor, was man mit diesem Vermögen alles machen könnte ...«, raunte der Fuchs ihm ins Ohr.

»Ja! Das wäre wunderbar!«, bestätigte Pinocchio. »Aber das ist unmöglich, denn ich kann nichts. Wie sollte ich so viel Geld zusammenbringen?«

»Arbeiten ist was für Dummköpfe«, sagte der Kater. »Du musst deine Münzen auf dem Wunderfeld vergraben und sie nachts mit Wasser aus dem verzauberten Brunnen begießen ...«

»Aus jeder Münze, die du pflanzt, wächst am nächsten Morgen ein Baum, an dessen Zweigen nicht weniger als hundert Münzen hängen«, ergänzte der Fuchs.

»Das ist ja wunderbar!«, rief Pinocchio und tat einen Freudensprung. »Und könntet ihr mich dort hinführen? Bitte ... Wenn ihr mich hinbringt, gebe ich jedem von euch zwanzig Münzen, wenn ich die Früchte ernte.«

»Zwanzig für jeden?«, sagten die beiden Halunken wie aus einem Munde und taten erstaunt. »Abgemacht!«

»Machen wir uns auf den Weg«, sagte der Fuchs. »Wenn wir heute noch säen wollen, müssen wir vor Sonnenuntergang dort sein.«

Und die drei marschierten im Gänsemarsch davon: der Kater, Pinocchio und der Fuchs.

Nach mehreren Stunden Fußmarsch querfeldein

erreichten sie schließlich einen kleinen, abgelegenen Acker.

»Hier ist es«, sagte der Kater.

»Du passt auf, dass uns niemand sieht, während wir die Münzen einpflanzen«, wies der Fuchs seinen Komplizen an.

Nachdem die Münzen vergraben waren, sagte der Fuchs zu Pinocchio:

»Siehst du den Baum auf dem Berg dort drüben? Gleich daneben ist der Zauberbrunnen. Nimm meinen Hut und schöpfe damit das Wasser, um die Münzen zu wässern. Los, beeil dich!«

In stockdunkler Nacht lief Pinocchio aufgeregt auf den Berg und suchte den Brunnen … Er suchte hier, er suchte dort, aber er fand ihn nicht. Beunruhigt wollte er zu seinen Begleitern zurück, um sie um Hilfe zu bitten. Aber sie waren nicht mehr da … und das Geld auch nicht!

Pinocchio erkannte, dass er betrogen worden war, und lief auf gleichem Weg zurück, um die Diebe zu finden, aber vergeblich.

Traurig, hilflos und wütend auf die Ganoven und auf sich selbst legte er sich auf eine Lichtung und spürte, wie ihm einige Tropfen aus den Augen rannen und über seine hölzernen Wangen kullerten. Pinocchio weinte zum ersten Mal und konnte gar nicht mehr aufhören … Ein wahres Bild des Jammers.

Da kam ein hübsches Mädchen mit Engelsgesicht auf ihn zu.

»Warum weinst du, süßes Püppchen«, fragte ihn die Fee mit sanfter Stimme.

»Ich weine um die fünf Münzen, die ich hatte«, schluchzte Pinocchio.

»Und was ist mit den Münzen passiert?«, erkundigte sich die Fee.

Pinocchio schämte sich, die Wahrheit zu sagen und zuzugeben, dass er sich aus Habsucht hinters Licht hatte führen lassen.

»Ich habe sie verloren«, behauptete er.

Kaum war die Lüge ausgesprochen, da wuchs die Nase der hölzernen Puppe ein weiteres Mal.

»Wo hast du sie verloren?«

»Da drüben ... Im Wald.«

Nach dieser erneuten Lüge wurde die Nase noch länger.

»Wenn du sie hier im Wald verloren hast, kannst du ganz beruhigt sein, mein kleiner Freund«, sagte die Fee. »Man findet immer, was man sucht, wenn man weiß, wo man danach suchen muss. Wir suchen so lange, bis wir deine Münzen gefunden haben.«

»Jetzt erinnere ich mich wieder«, sagte Pinocchio und verstrickte sich immer weiter in seine Lügen. »Ich habe sie nicht verloren ... Ich habe sie verschluckt! Ich habe sie in den Mund gesteckt, damit die Diebe sie mir nicht stehlen, und als ich gestolpert bin ...«

Bei dieser erneuten Lüge wurde die Nase so lang, dass der arme Pinocchio den Kopf nicht mehr wenden konnte, ohne gegen die umstehenden Bäume zu stoßen.

Die Fee sah ihn an und lachte.

»Worüber lachst du?«, fragte die Puppe.

»Ich lache über die Lügen, die du mir erzählst.«

»Und woher weißt du, dass es Lügen waren?«

»Auf dieser Welt gibt es zwei Arten von Lügen«, erklärte die Fee. »Solche Lügen, die kurze Beine haben, und solche, die eine lange Nase haben. Deine haben offensichtlich eine lange Nase.«

»Gut, ich verstehe«, sagte Pinocchio und senkte den Kopf, so weit es seine lange Nase zuließ. »Aber muss ich jetzt für immer mit dieser Nase herumlaufen, auch wenn ich nicht mehr lüge?«

»Ich will dir helfen«, sagte die Fee. »Aber du darfst nie wieder lügen.«

»Nie wieder«, beteuerte Pinocchio. Und auch wenn es niemand merkte, wuchs seine Nase bei diesem Versprechen noch ein bisschen mehr.

Die Fee schwenkte ihren leuchtenden Zauberstaub, und aus den Bäumen kamen Hunderte Spechte geflogen, setzten sich auf Pinocchios Nase und begannen darauf herumzuhacken, bis sie wieder ihre ursprüngliche Größe hatte.

»Jetzt nimm das Heft und den Stift, die Geppetto dir geschenkt hat, und geh nach Hause. Beeil dich, damit du zurück bist, bevor er sich auf die Suche nach dir macht«, sagte die Fee. »Und geh früh schlafen, morgen beginnt die Schule.«

»Ja, ja, natürlich«, beteuerte Pinocchio, während er glücklich seine Nase betastete. »Danke, liebe Fee.«

Die Puppe machte sich auf den Heimweg, während sie sich immer wieder sagte, dass sie sich durch nichts ablenken lassen durfte. Sie freute sich darauf, ihren Vater zu sehen und ihm von ihren Abenteuern zu erzählen …

Doch ein Abenteuer stand noch aus.

Als er durch das Dorf ging, begegnete Pinocchio einer Gruppe von Kindern, die, ihren Rucksäcken nach zu urteilen, gemeinsam auf Reisen waren.

»Wohin geht ihr?«, fragte er sie.

»Wir sind unterwegs in das schönste Land der Welt.«

»Was ist das für ein Land?«, erkundigte sich Pinocchio.

»Das Land der Spielereien.«

»Das Land der Spielereien? Das klingt sehr gut«, sagte die Holzpuppe.

»Natürlich«, sagten die Kinder. »Warum kommst du nicht mit uns? Ein besseres Land wirst du nicht finden. Dort gibt es keine Schulen, keine Lehrer und keine Bücher. In diesem verheißenen Land muss man niemals lernen. Donnerstags ist keine Schule, und die Woche besteht aus sechs Donnerstagen und einem Sonntag! Das ist wunderbar, findest du nicht?«

»Aber was macht man dann den ganzen Tag?«, fragte Pinocchio.

»Man spielt und vergnügt sich von morgens bis abends, dann geht man schlafen, und am nächsten Morgen wieder von vorne. Wie findest du das? Los, gehen wir! Willst du jetzt mitkommen?«

»Nein, nein, nein!«, sagte Pinocchio. »Ich habe versprochen, brav zu sein, zur Schule zu gehen und fleißig zu lernen. Also lebt wohl und gute Reise!«

In diesem Moment kam die Kutsche, die die Kinder ins Land der Spielereien bringen sollte.

Es war eine riesige Kutsche, gezogen von zwölf Eselspaaren. Sie waren alle gleich groß, hatten jedoch unterschiedliches Fell: grau, braun, weiß und schwarz, einige waren gescheckt, und alle trugen Stiefel anstelle von Hufeisen.

Der Wagen hielt an, und der Kutscher forderte sie auf, einzusteigen.

»Dann leb wohl«, sagte einer der Jungen. »Du verpasst was …«

»Und du bist sicher, dass es in diesem Land keine Schulen und keine Lehrer gibt und man nicht lernen muss?«, fragte Pinocchio, der den Vorschlag nun doch sehr verlockend fand.

»Ganz sicher! Die ganze Zeit nur spielen, essen

und sich vergnügen. Warum kommst du nicht mit? Wenigstens für eine Zeit …«

»Worauf wartest du, Junge?«, sagte der Kutscher zu Pinocchio. »Wir dürfen keine Zeit verlieren, die Nacht ist kühl und der Weg lang! Wenn du nicht einsteigst, bleibst du hier.«

»Jetzt steig schon ein!«, riefen die anderen vom Wagen.

Pinocchio konnte oder wollte nicht länger widerstehen. Er vergaß sein Versprechen und stieg ein.

Das Gefährt setzte sich in Bewegung, und am nächsten Morgen erreichten sie ihr Ziel: das Land der Spielereien.

Man sah auf den ersten Blick, dass dieses Land anders war als alle anderen Länder der Welt. Die gesamte Bevölkerung bestand nur aus Kindern; die ältesten waren nicht älter als vierzehn, die jüngsten mochten vielleicht acht sein.

In den Straßen herrschte ein Lärmen, Jubeln und Toben, dass man Kopfschmerzen bekam. Überall waren Kinder, die Versteck oder Fangen spielten, Schlagball, Plumpsack oder Blindekuh. Kinder saßen lachend auf Dreirädern oder Steckenpferden. Andere waren als Clowns verkleidet und schlugen Rad oder gingen auf den Händen.

Sie machten einen solchen Lärm, dass man sich Watte in die Ohren stopfen musste, wenn man nicht taub werden wollte.

Pinocchio und die anderen stiegen vom Wagen, mischten sich unter die fröhliche Menge und hatten sich nach wenigen Minuten mit allen angefreundet.

»Du wärst schön blöd gewesen, wenn du nicht mitgekommen wärst!«, rief einer der Jungen Pinocchio zu.

»Ja«, antwortete Pinocchio. »Ich wäre schön blöd gewesen. Wo könnte ich glücklicher sein als hier?«

Bei diesem ständigen Fest voller Vergnügungen vergingen die Stunden, Tage und Wochen wie im Flug.

Im Handumdrehen waren die ersten fünf Monate seines Aufenthalts im Land der Spielereien vorbei. Hundertundzwanzig Donnerstage und zwanzig Sonntage, an denen alle nur spielten und sich vergnügten, ohne zur Schule zu gehen, ohne Hausaufgaben zu machen, ohne das Zimmer aufzuräumen ...

Was für ein gutes Leben! Vielleicht zu gut ... Und alles, was zu gut ist, hat irgendwann ein Ende.

Eines Morgens beim Aufwachen erwartete Pinocchio eine sehr unangenehme Überraschung: In der Nacht waren ihm riesige Eselsohren gewachsen, dort, wo ihm Geppetto zwei niedliche kleine Öhrchen aufgemalt hatte.

Anfangs dachte er, dass er noch schliefe und alles nur ein Albtraum wäre. Er kniff sich und schlug mit dem Kopf gegen die Wand, aber es nützte nichts. Vielleicht machte es die Sache sogar noch schlimmer, denn die Ohren wuchsen immer weiter und waren nun außerdem mit Fell bedeckt.

Auf Pinocchios Geschrei kam ein niedliches Murmeltier ins Zimmer gerannt, das im Stock darüber wohnte. Als es den untröstlichen Jungen sah, fragte es neugierig:

»Was ist los, lieber Nachbar?«

»Ich weiß es nicht, Freund Murmeltier. Sieh nur meine Ohren! Ich bin krank ... Ich habe große Angst ... Ob ich wohl Fieber habe?«

»Pinocchio, es tut mir leid, aber ich habe schlechte Nachrichten für dich. Es ist keine Krankheit ... Es ist die Verwandlung!«, erklärte das Murmeltier. »In ein paar Stunden wirst du keine Puppe mehr sein und auch kein Junge. Du wirst dich in einen leibhaftigen Esel verwandeln!«

»Oh! Ich Ärmster! Ich Ärmster!«, klagte Pinocchio und zog mit beiden Händen an den Ohren, als wollte er sie ausreißen. »Was soll ich jetzt tun?«

»Mein Lieber«, versuchte ihn das Murmeltier zu beruhigen, »da kann man nichts tun! Im Buch der Weisheit steht geschrieben, dass Faulenzer, die Bücher, Schule und Lehrer verabscheuen, sich irgendwann in Esel verwandeln.«

Natürlich hatte Pinocchio davon gehört, aber er hatte immer gedacht, es sei nur eine Redensart.

»Aber mich trifft keine Schuld, glaub mir!«, beteuerte Pinocchio schluchzend. »Die Kinder aus dem

Dorf haben mich überredet. Ich wollte zurück zu meinem Papa, gehorsam sein und fleißig lernen, aber sie sagten zu mir: ›Warum willst du dir das antun und lernen und zur Schule gehen? Komm mit uns ins Land der Spielereien; dort musst du nie mehr lernen, wir haben Spaß von morgens bis abends und sind immer glücklich.‹«

»Und warum bist du dem Rat dieser falschen Freunde gefolgt? Hast du noch nie von schlechter Gesellschaft gehört?«

»Wie sollte ich? Ich bin eine Puppe ... Ein Holzkopf ohne einen Funken Verstand«, sagte Pinocchio tief betrübt. »Wenn ich auch nur ein bisschen Hirn oder Herz hätte, wäre ich erst gar nicht von zu Hause weggelaufen.«

Stundenlang stand Pinocchio weinend vor dem Spiegel. Dann beschloss er, nach draußen zu gehen und seine Freunde zu suchen. Vielleicht in Gesellschaft ...

Doch was er draußen vorfand, beruhigte ihn keineswegs, sondern ließ sein Entsetzen noch größer werden.

Alle hatten Ohren wie er, manche sogar noch größere, und einige gingen bereits auf allen vieren.

Nach einiger Zeit hatten sich alle, auch Pinocchio, vollständig verwandelt. Ihre Arme wurden zu Beinen, der Körper bedeckte sich mit Fell, die Gesichter wurden länger und verwandelten sich in

Eselsköpfe, und schließlich wuchs ihnen ein behaarter Schweif.

Einige Stunden später erschien der Kutscher, der sie hergefahren hatte, und lachte zufrieden, als er sie sah.

»Sehr gut! Man wird mir einen ordentlichen Batzen Geld für euch zahlen«, sagte er. Dann legte er jedem einen Strick um den Hals und trieb sie zum Markt.

Pinocchio wurde von einem Zirkusdirektor gekauft, der ihn mit Schreien, Schlägen und Peitschenhieben zwang, Stroh zu fressen, und ihn absurde Pirouetten vollführen oder auf den Hinterbeinen eine Polka tanzen ließ.

Aber trotz aller Schläge lernte Pinocchio nie, durch einen Reifen zu springen, und genau das war seine Rettung. Der Zirkusbesitzer fand, dass Pinocchio zu nichts nütze sei, wenn er nicht einmal dieses einfache Kunststück erlernen könne, und beschloss, ihn an einen Fabrikanten zu verkaufen, der Trommeln aus Eselshaut herstellte. Sein neuer Besitzer kaufte alte und kranke Esel, wartete, bis sie schliefen, und zog ihnen dann mit einem scharfen Messer das Fell ab, um seine berühmten Trommeln daraus zu machen. Diesmal allerdings musste er feststellen, dass der Esel, den er gekauft hatte, statt eines Skeletts eine Holzpuppe im Leib hatte, die obendrein quicklebendig war!

Pinocchio, der heilfroh war, wieder seine alte Gestalt zu haben, dankte dem Mann, der vor Erstaunen wie erstarrt war, für seine Rettung und lief dann schnell davon, bevor dieser auf die Idee kam, ihn irgendwie zu Geld zu machen.

Pinocchio hatte nämlich begriffen, dass alle nur darauf aus waren, Geld zu machen. Alle, außer Geppetto... Wo sein Vater wohl sein mochte?

Pinocchio lief, so schnell er konnte. Seine Füße schienen geflügelt zu sein und nicht aus Holz.

»Papa!«, rief er. »Ich bin's, Pinocchio ... Dein Sohn. Ich bin wieder da!«

Aber niemand antwortete auf sein Rufen.

»Geppetto!«, rief er erneut, aber keine Antwort.

Das Haus wirkte verlassen und leer.

Plötzlich hörte Pinocchio ein feines Stimmchen, das ihm bekannt vorkam.

»Pinocchio! Pinocchio!«

Es war die Sprechende Grille!

»Grille! Ich bin so froh, dass du hier bist«, sagte Pinocchio mit aufrichtiger Freude. Er war glücklich, dass er das arme Tier damals nicht getötet hatte, als er den Schemel nach ihm warf. »Aber wo ist mein Vater, liebe Grille?«

»Dein Vater ist weggegangen«, sagte die Grille. »Er hat die Traurigkeit über deinen Weggang nicht ausgehalten und beschlossen, sich auf die Suche nach dir zu machen. Er sagte, er würde sämtliche Meere befahren, bis er dich findet. Aber er ist nie zurückgekehrt...«

»Jetzt habe ich doch alles verloren!«, klagte Pinocchio. »Und ich habe es verdient! Immer will ich meinen Kopf durchsetzen, statt auf die Ratschläge derer zu hören, die es gut mit mir meinen! Ich wollte das Leben eines Vagabunden führen, ich bin den Ratschlägen schlechter Gesellschaft gefolgt, ich war böse und ungehorsam, und dafür hat mich das Leben bestraft!«

Wieder benetzten Tränen die Wangen der Puppe.

Da erschien ihm erneut die gute Fee.

»Du bereust es, nicht wahr, Pinocchio?«, fragte sie ihn.

»Sehr. Wenn ich ein braver, gehorsamer Junge gewesen wäre ... Wenn ich fleißig gelernt oder gearbeitet hätte ... Wenn ich nicht von zu Hause weggelaufen wäre ... Wenn ich bei meinem Vater hätte aufwachsen können ... Dann wäre ich jetzt nicht in dieser Lage ... Wo ist Geppetto? Bitte hilf mir, ihn zu finden. Weißt du, wo er ist?«

»Nein«, sagte die Fee. »Aber eine Taube hat mir erzählt, dass sie gesehen hat, wie er am Strand ein Boot baute.«

»Bitte bring mich zu diesem Strand.«

»Ich werde dich hinbringen«, versprach die Fee. »Aber wenn er aufs Meer hinausgesegelt ist, hat ihn wahrscheinlich der furchtbare Meerdrache verschlungen, der seit Monaten Tod und Schrecken verbreitet.«

»Ist dieser Drache sehr groß?«, fragte Pinocchio, der jetzt schon vor Angst zitterte.

»Damit du dir eine Vorstellung machen kannst: Er ist größer als ein fünfstöckiges Haus, und sein Maul ist so breit und tief, dass ein ganzer Zug samt Lokomotive problemlos hineinpasst.«

»Entsetzlich!«, rief die Puppe erschrocken aus. »Mein armer Papa! Ich muss ihn finden, gute Fee, bring mich zum Strand.«

Wieder zückte die Fee ihren Zauberstab, berührte Pinocchio damit und verschwand.

Im selben Augenblick trieb Pinocchio auf dem Meer, genau an der Stelle, wo Geppetto verschwunden war.

Ihm blieb nicht lange Zeit, sich zu bedenken, denn plötzlich sah Pinocchio den fürchterlichen Kopf eines Meerungeheuers auftauchen, das mit weit aufgerissenem Maul auf ihn zukam. Der arme Kerl versuchte zu entkommen, doch all sein Bemühen war vergebens. Der riesige Kopf mit seinen drei Reihen scharfer Zähne stieß blitzschnell auf ihn herab und verschluckte ihn mit einem Happs.

Benommen vom Herumgeschleudertwerden und der Anstrengung, spuckte Pinocchio das Wasser aus, das er geschluckt hatte. Es dauerte ein wenig, bis er begriff, dass er noch lebte, aber … er saß in einem

Ungeheuer fest, das ihn verschlungen hatte! Dann überlegte er, dass es Geppetto ähnlich ergangen sein könnte, und mit dieser Hoffnung wanderte er durch die Eingeweide des Ungeheuers, bis er den Holzschnitzer schließlich im Magen des riesigen Fischs fand.

Da saß tatsächlich Geppetto im Schein einer Kerze, die in einer leeren Flasche steckte, an einem kleinen Tisch und las seelenruhig ein Buch.

Pinocchios Freude war so groß, dass er beinahe verrückt geworden wäre.

Er hätte lachen, weinen, so viele Dinge sagen mögen, aber stattdessen brachte er nur undeutliche Laute heraus und stammelte unverständliche, sinnlose Wörter, bis er dem alten Mann schließlich mit einem Freudenschrei um den Hals fiel.

»Papa! Papa! Endlich habe ich dich gefunden! Ich werde dich nie, nie wieder verlassen!«

»Stimmt es, was meine Augen sehen?«, erwiderte der alte Mann und rieb sich die Augen. »Bist du es wirklich, mein lieber Pinocchio?«

»Ja, ich bin es, ich bin es wirklich! Du hast mir verziehen, ja? Ach, Papa, du bist so ein guter Mensch! Wenn ich daran denke, dass ich … Oh! Du kannst dir nicht vorstellen, wie viele schlimme Dinge mir widerfahren sind und wie sehr ich geweint habe!«

Pinocchio berichtete seinem Vater von seinen Abenteuern und Missgeschicken und erfuhr, dass

Geppetto genau wie er verschluckt worden war und im Bauch des Ungeheuers ein halbzerstörtes Schiff mit Lebensmitteln und Wein gefunden hatte, von denen er seit zwei Jahren lebte.

»Wir müssen fliehen«, sagte Pinocchio.

»Aber wie sollen wir hier herauskommen?«, fragte Geppetto.

»Es gibt nur einen Weg«, erklärte Pinocchio. »Wir müssen genauso heraus, wie wir hereingekommen sind: durch das Maul des Ungeheuers …«

Ohne ein weiteres Wort nahm Pinocchio die Kerze, um den Weg damit zu beleuchten, und sagte zu seinem Vater:

»Folge mir! Und hab keine Angst.«

Vorsichtig kletterten sie durch den Schlund des Ungeheuers. Als sie das Maul erreicht hatten, balancierten sie über die Zunge, die so lang und breit war wie eine Straße, und stiegen auf Zehenspitzen durch die drei Zahnreihen.

Pinocchio sagte zu seinem Vater:

»Steig auf meinen Rücken, und halt dich gut fest. So fest du nur kannst! Alles Weitere überlasse mir.«

»Aber …«, setzte Geppetto an, kam aber nicht weiter, denn Pinocchio sah, dass das Ungeheuer sein Maul ein wenig öffnete.

»Los, jetzt! Steig schon auf!«, rief er ihm zu.

Beherzt schwamm er gegen die Strömung an, während die Wellen über ihm zusammenschlugen.

Keinen Moment hielt er inne, bis sie schließlich festen Boden unter den Füßen hatten.

Als sie das Ufer erreichten, fiel Pinocchio erschöpft in den Sand. Er konnte kaum noch atmen. Geppetto brachte ihn ein Stück vom Wasser weg und bettete ihn in seinen Schoß.

»Mein Held, mein kleiner hölzerner Held. Heute verdanke ich dir mein Leben!«

Als beide wieder zu Atem gekommen waren, gingen sie, einer auf den anderen gestützt, nach Hause.

Fast einen Monat waren Vater und Sohn unterwegs und waren auf einen Platz zum Schlafen und etwas zu essen angewiesen, die wollten natürlich bezahlt werden. Sie mussten sich mit dem bescheiden, was ihnen gegeben wurde, aber Pinocchio hatte seine Lektion gelernt. Da die Arbeiten, die man ihnen anbot, für Geppetto zu schwer und zu anstrengend waren, war es immer Pinocchio, der als Gegenleistung für ein Dach über dem Kopf, ein bisschen Brot oder ein Glas frische Milch fleißig mit anpackte.

Eines Freitagabends schließlich kamen sie zu Hause an.

Geppetto und Pinocchio fielen einander in die Arme. Ohne auch nur ein Bad zu nehmen, sanken sie in ihre Betten und waren eingeschlafen, noch bevor ihre Köpfe die Kissen berührten.

Pinocchio schlief so tief und fest wie noch nie.

In der Nacht träumte er, dass die schöne Fee in seinem Zimmer erschien, ihn auf die Stirn küsste und sagte:

»Sehr gut, Pinocchio! Dein gutes Herz und der Mut, den du bewiesen hast, zeigen, wie sehr sich dein Denken und Fühlen entwickelt hat. Deshalb will ich dir deine Streiche und deine Lügen vergeben. Du hast eine Belohnung verdient!«

Als er aufwachte, sah Pinocchio einen feinen Anzug, eine neue Mütze und ein paar glänzende Lackschuhe am Fußende des Bettes liegen. Pinocchio war verwirrt – waren sie wirklich dort oder träumte er noch? War dies das Geschenk, das die Fee ihm im Traum versprochen hatte?

In jedem Fall probierte er die Sachen rasch an und lief zum Spiegel, um sich zu betrachten.

Was Pinocchio dort sah, ließ ihn vor Glück erstarren.

Das Spiegelbild zeigte keine hölzerne Puppe, sondern einen hübschen Jungen mit braunem Haar und blauen Augen.

Pinocchio war dankbar und froh. Er war nicht länger eine hölzerne Puppe, sondern ein Junge aus Fleisch und Blut, mit Hirn und Herz, wie er es immer gewünscht hatte.

Die Moral

Eine so umfangreiche und anspruchsvolle Geschichte wie *Pinocchio* enthält zwangsläufig mehrere Botschaften und Lehren.

Zum einen verheißt die Geschichte dem eine glückliche Zukunft, der sich richtig verhält, während demjenigen, der vom rechten Weg abkommt, Unheil droht.

Sie verurteilt Eigensinnigkeit und Ungehorsam gegenüber den Eltern.

Sie macht deutlich, dass Lügen immer ans Tageslicht kommen, im Falle von Pinocchio durch eine lange Nase.

Sie warnt vor den Gefahren der Habgier, durch die der Protagonist alles verliert.

Und sie schildert die Folgen, die es hat, wenn man nicht lernt und zur Schule geht, denn wer den lieben langen Tag nur spielt und sich vergnügt, wird sich im wahrsten Sinne des Wortes in einen Esel verwandeln und muss sein Leben als Langohr fristen.

Im Einklang mit den pädagogischen Richtlinien der damaligen Zeit wird Pinocchio im Verlauf der Handlung immer wieder belohnt, wenn er sich richtig verhält, und ausgesprochen grausam bestraft, sobald sein Verhalten zu wünschen übriglässt.

Es ist interessant, dass Pinocchio zu keinem Zeitpunkt auch nur einen Hauch von Erziehung erhält; von Anfang an sind da nur Vorschriften, Verbote, Strafen und prophetische Drohungen.

Die gute Nachricht der Erlösung kommt erwartungsgemäß am Ende, als Pinocchio bei Geppettos Rettung Mut, Einsatz und Opferbereitschaft beweist, auch wenn diese edlen Taten, wiederum gemäß den Vorstellungen der Epoche, nur durch sein Schuldbewusstsein veranlasst werden, das als alleiniger Antrieb zur Wiedergutmachung von Fehlern und der Rückkehr auf den rechten Pfad erscheint.

Die andere Tür

Die Geschichte von Pinocchio ist weit mehr als ein Märchen.

Sie ist vom Umfang und der Art des Inhalts ein Abenteuerroman mit allen Merkmalen dieses Genres und ohne Frage den Erzählungen zuzurechnen, die von der Initiationsreise eines Helden mit all ihren Etappen und Wendungen berichten. Vielleicht deshalb werden *Pinocchios Abenteuer* auch als »Odyssee für Kinder« bezeichnet, obwohl Collodi seine Geschichte ursprünglich nicht für Kinder geschrieben hatte.

Tatsächlich beinhaltet sie die klassischen Phasen des archetypischen Helden, wie sie Joseph Campbell einige Jahrzehnte später beschrieben hat:

- die Phase des Desinteresses oder der Unschuld
- der Ruf des Abenteuers
- der Aufbruch
- die Proben
- die Niederlage
- die göttliche Hilfe
- der entscheidende Kampf
- die Erleuchtung
- die triumphale Rückkehr des Protagonisten, aus dem nun ein Held geworden ist

Und was ist dieser Weg des Helden? Was ist die Herausforderung? Was die höchste Erkenntnis?

Carl Rogers folgend, könnten wir von einem »Prozess der Persönlichkeitsbildung« sprechen.

Und das ist für mich die Botschaft von *Pinocchio*.

Du wirst kein wahrhaftiges Leben führen, wenn es dir nicht gelingt, dich von der Marionette zum Menschen zu wandeln und dein ganzes Potenzial zu entwickeln.

Im Gegensatz zu Pinocchio, der sich bei seiner Geburt von allen anderen Figuren der Geschichte unterscheidet, sind wir bei unserer Geburt jedem anderen Baby auf der Welt sehr ähnlich, von Nebensächlichkeiten wie Größe, Gewicht, Hautfarbe oder Augenform einmal abgesehen. Im Laufe der Zeit jedoch werden die innerlichen und äußerlichen Unterschiede zu anderen Gleichaltrigen immer größer.

Wenn unsere Entwicklung ihren normalen Lauf nimmt, werden wir mit den Jahren immer einzigartiger, das heißt, wir definieren uns nicht nur als Menschen, sondern als Individuen. Dieser Prozess der Differenzierung, der von Anfang an nicht einfach ist, wird mit zunehmendem Alter komplizierter und endet nie. Tatsächlich beschäftigt er uns vom ersten Atemzug bis zur letzten Minute unseres Lebens.

In den ersten Lebensmonaten ist es relativ einfach, sich zurechtzufinden; uns genügt der Instinkt, um zu wissen, wie wir uns verhalten sollen, wem wir vertrauen können oder wo wir suchen müssen. Aber diese Einfachheit währt nicht lange. Noch bevor wir die erste Geburtstagskerze ausblasen und vollen Zugang zu unserem Bewusstsein haben, sind wir gezwungen, unseren eigenen, persönlichen Weg zu finden, um mit gewissen »neuen Bedürfnissen« umzugehen – einige davon angeboren, viele andere von unserer Umwelt geweckt.

Bei dem Versuch, unsere hedonistischen Ansprüche der ersten Jahre mit der Lebenswirklichkeit in Einklang zu bringen, greifen wir auf den Mechanismus von »Versuch und Irrtum« zurück. Es ist die erste Strategie, um herauszufinden, wie man sein und was man tun sollte, um dem Leben die Erfüllung kleiner und großer Wünsche abzuringen.

Von frühester Kindheit an sammeln wir »Erfahrung«, eine Art Blackbox, in der unser Gedächtnis die notwendigen Daten abspeichert, um sich zu erinnern, was bei der Erfüllung unserer Wünsche hilfreich ist und was nicht. Zuerst geht es um Essentielles, Lebensnotwendiges wie Nahrung, Zuwendung, Schutz, Liebe; später dann um alles andere, wie Aufmerksamkeit, Zärtlichkeit, Wertschätzung und Anerkennung.

Das Problem ist, dass aus der Erfahrung heraus (die so hilfreich dabei sein kann, unser Handeln in die richtige Richtung zu lenken) nur solche wirksamen Gewohnheiten entstehen können, die als Reaktion auf bestimmte Reize erfolgen. Erfahrung hilft uns nicht, herauszufinden, wer wir wirklich sind, denn schließlich sind wir so viel mehr als die Summe unseres Handelns.

Rabindranath Tagore schrieb eine wunderbare Geschichte über dieses Thema. Doch darin geht es nicht um eine Holzpuppe, sondern um Buddha.

Auch der Erleuchtete verlässt in jungen Jahren sein Elternhaus (wie Pinocchio). Auch er wandert durch die Welt und begegnet Dingen, die er sich niemals hätte vorstellen können (wie Pinocchio). Und auch wenn Buddha einen erhabeneren Weg geht, der ihn am Ende zur Erleuchtung führt, kehrt er schließlich zu jenem Ort zurück, von dem er geflohen war (wie es auch Pinocchio versucht).

Als er in den Palast seines Vaters zurückkehrt, sagt dieser sinngemäß zu ihm:

»So viele Jahre habe ich auf dich gewartet, und nun sagst du mir, du seist nicht mehr derselbe, der du warst, als du fortgingst. Du seist erleuchtet ... Beantworte mir eine Frage: Was auch immer du in der Welt gelernt hast, hättest du es nicht auch hier im Palast lernen können, bei mir und den Deinen? Findet man die Wahrheit nur in der Ödnis, fernab von deiner Familie und den Menschen, die dich lieben?«

Und Buddha antwortet:

»Die Wahrheit ist hier wie dort. Aber es wäre sehr schwierig für mich gewesen, sie hier zu finden, denn ich war in meiner Identität als Prinz, Sohn, Ehemann und Vater gefangen, die andere mir gaben, begonnen mit dir, Vater. Nicht den Palast habe ich verlassen, sondern das Gefängnis, das meine eigene Identität für mich bedeutete.«

Collodis *Pinocchio* erinnert uns erneut an diese Botschaft: Die geliehene Identität hinter mir zu lassen, die andere für mich entworfen haben, weil sie finden, dass es das Beste für mich sei, um meine wahre Identität zu entdecken, die in einem steten Wandel begriffen ist und mich nicht nur einzigartig und unverwechselbar macht, sondern auch kreativ, intelligent, menschlich und potenziell unendlich.

Der große Carl Rogers hat ein wundervolles Buch über dieses Thema geschrieben, dessen Lektüre ich dir sehr ans Herz lege: *Entwicklung der Persönlichkeit*.

Rogers unterscheidet zunächst zwischen Persönlichkeit und Person, zwischen Maske und Identität, zwischen Sein und Schein, um uns dann zu ermutigen, uns vor einigen Umwegen in Acht zu nehmen, wie etwa der Schaffung einer falschen Identität.

Wenn wir »Identität« und »Identifikation« verwechseln, laufen wir Gefahr, einem von außen vorgegebenen Modell zu folgen, das uns angesagt, angesehen oder erstrebenswert erscheint. Es ist unschwer vorauszusehen, dass diese Vorstellung die Gefahr in sich birgt, dass aus einem bestimmten, gesellschaftlich manipulierten Modell am Ende eine »globale«, uniforme Vorgabe wird.

Es ist immer wieder verblüffend, dass viele Jugendliche, die in Diskussionen vehement das Recht auf eine eigene Persönlichkeit einfordern, paradoxerweise beschließen, sich an der großen Masse zu orientieren, die oft genug von der Werbung manipuliert ist, die bestenfalls ihre Produkte verkaufen will.

Offensichtlich ist diese falsche Identität – Ausdruck von Antriebslosigkeit und mangelnder Autonomie vieler junger und gar nicht mehr so junger Menschen – weder die Ursache noch die Folge mangelnder innerer Entwicklung, sondern das Resultat eines Cocktails aus Introjektionen und Konditionierungen, die von einer manchmal kranken Gesellschaft geschaffen werden, um unsere Wünsche und Ziele besser manipulieren zu können.

Ich stelle mir vor, dass du jetzt an Horden aufmüpfiger Teenager denkst, die angesagte Klamotten tragen und wummernde Musik hören, die wir weder durchschauen noch verstehen (von mögen gar nicht zu sprechen). Aber so ist es nicht. Zumindest nicht nur.

Eine falsche Identität haben auch jene »braven« Kinder (zu brav, würde ich sagen), die allzu sehr an das rigide System ihres Umfelds angepasst sind. Jungen und Mädchen, die unter dem manipulativen Einfluss von Eltern und Lehrern stehen, die ihr Verhalten durch willkürliche Belohnungen und Strafen konditionieren und so statt Individuen unpersönliche, stabile und berechenbare Wesen formen, die sich dressieren lassen wie Zirkuspferde.

Der Zirkusdompteur fühlt sich berechtigt, wenn nicht gar verpflichtet, seinen Tieren beizubringen, was sie zu tun haben. Aber wohlgemerkt, das gilt für den Dompteur genauso wie für alle Arten von Machtausübung: In diesem Kontext heißt etwas »gut« zu machen, es so zu machen, wie es dem Dompteur richtig erscheint.

Bei dieser Form der Erziehung beruhen die Wertschätzung und das Lob der Gesellschaft, der man angehört, nur auf Anerkennung dafür, dass man gemäß den Werten der Mehrheit lebt, auf deren Zustimmung man hofft. Oder wie es der scharfzüngige amerikanische Schriftsteller Ambrose Bierce einmal formulierte: Bewunderung ist die höfliche Anerkennung der Ähnlichkeit eines anderen mit uns selbst.

Seine wahre Identität kann man nur finden, wenn man den entgegengesetzten Weg einschlägt.

Oder als existentielle Frage formuliert:

Wenn du auf einem verlassenen Berg stehst
 oder in einem Wald,
 wenn du der einzige Bewohner eines Planeten
 oder einer einsamen Insel bist ...
 WER BIST DU DANN?
 Wenn niemand dich sieht, beurteilt oder bewertet ...
 WER BIST DU DANN?
 Wenn niemand da ist, dem du gehorchen kannst,
 der dich wertschätzen oder verurteilen kann,
 wenn niemand da ist, der dir applaudiert oder dich ausbuht ...
 WER BIST DU DANN?

Wir alle sind einzigartig.
Keine Frage, ein Teil von uns ist die Folge unserer Erziehung und fest mit unserer Identität verschmolzen, ohne dass wir eine Wahl gehabt hätten. Es ist ein sicherer, vorhersehbarer Ort, aber ohne jede Freiheit, ein Gefängnis, in dem mehr oder weniger klare Regeln gelten, die andere aufgestellt haben: »Das tut man nicht« oder »Das macht man so«.

Und doch: WER SIND WIR ohne diese Vorschriften?

Für Pinocchio, der aus einem Stück Holz gemacht ist und ohne Erziehung zum Leben erwacht, ist der Weg klarer, denn er ist eine Puppe, auch wenn er nach Höherem strebt. Da sein »Vater« Geppetto vergessen hat, ihm Ohren zu schnitzen, hört Pinocchio die Ratschläge und Vorschriften nicht, die man ihm gibt.

Für uns Menschen ist die Situation eine völlig andere.

Erst wenn wir uns von der geliehenen Identität lösen, die durch unsere Erziehung, gesellschaftliche Normen und die Erwartungen derer vorgegeben ist, die uns lieben, werden wir, aus jeder Abhängigkeit befreit, zu unserem wirklichen Selbst finden.

Selbst Buddha muss zunächst fortgehen, um zu wachsen und frei zurückzukehren. Er hat alles gehört (man denke an die großen Ohren, mit denen er dargestellt wird) und sich seiner Bürde entledigt, um zu sich selbst zu finden.

Aber um deine eigene Identität zu finden, ist es nicht unbedingt nötig, dein Zuhause, deine Familie und deine Stadt zu verlassen. Das ist lediglich eine Metapher. Du musst dir nur über die Person klarwerden, die du bist, und alles ablegen, was andere in dir sehen oder sehen wollen.

Die Person, die du in dir trägst, unvergleichlich, einzigartig und großartig.

Das Beste von dir.
Das Kunstwerk, das du bist.
Ohne etwas zu verändern.
Ohne etwas zu verbessern.
Einfach so, wie du bist.
Aus Fleisch und Blut.
Denken, Fühlen und Handeln.
Du selbst. Nur du selbst.

11
Hänsel und Gretel

Einleitung

Die Geschichte von Hänsel und Gretel gehört zu einer besonderen Gruppe von Volksmärchen, die wir heute als »Initiationsgeschichten« bezeichnen. Im Allgemeinen kennen alle Völker Legenden, die vom Weg eines Helden erzählen, der zu einem Vorbild für alle wird. Ihnen allen ist die Schilderung des persönlichen Reifungs- und Entwicklungsprozesses einer Person oder Gruppe gemeinsam, der immer mit dem Eintritt in das Universum des Wilden und Bedrohlichen beginnt. Es sind Geschichten, die deutlich machen, dass geistige Klarheit nur dann entstehen kann, wenn man das Bekannte hinter sich lässt.

Das vorliegende Märchen wurde 1812 in den *Kinder- und Hausmärchen* der Gebrüder Grimm veröffentlicht. Beim Übergang von der mündlichen zur schriftlichen Überlieferung gingen wie so oft explizit sexuelle Bezüge (Perversionen, Kannibalismus, Versklavung) verloren. An ihre Stelle tritt eine ungewöhnlich brutale Gewalt, die den Fokus auf die Bestrafung der Bösen legt. Diese Betonung des Gerechtigkeits- und Rachegedankens ist für viele moderne Interpreten der Versuch, die Grausamkeit der »Guten« gesellschaftlich zu rechtfertigen und den Umstand abzumildern, dass sich die beiden Kinder so anders verhalten, als man es von Helden erwartet.

Bevor wir uns dem Märchen selbst zuwenden, lohnt es sich, auf einige Besonderheiten des Textes hinzuweisen.

Zum einen ist die Geschichte zweifellos von tatsächlichen Ereignissen inspiriert, die archetypisch für die harten Lebensbedingungen der Besitzlosen im Mittelalter waren. Zeiten, in denen, wie wir heute wissen, Kindstötung aufgrund von Hunger und Mangel ein alltäglicher Horror war.

Zum anderen fällt auf, dass abweichend von den meisten Märchen die böse Mutter in *Hänsel und Gretel* nicht durch eine Stiefmutter ersetzt wird.

Neu ist außerdem der Umstand, dass am Ende nicht der Junge, sondern das Mädchen die Retterin und somit die Heldin ist.

Die Geschichte

Vor vielen, vielen Jahren lebte in einer kleinen Hütte mitten im tiefen Wald ein armer Holzfäller mit seiner Frau und seinen beiden Kindern, einem Mädchen namens Gretel und einem Jungen namens Hänsel.

In jenen Tagen ging das Land durch schwierige Zeiten. Eine furchtbare Hungersnot beutelte das Land und hinterließ nichts als Schrecken und Tod.

Die ganze Bevölkerung litt Mangel, manche mehr als andere. Zu ihnen gehörte auch der Vater der Kinder, der trotz aller Plackerei nicht genug verdiente, um für das tägliche Brot zu sorgen.

Eines Nachts, als sich der Holzfäller schlaflos im Bett herumwälzte, weil ihn die Sorgen drückten, fragte ihn seine Frau vorwurfsvoll:

»Was soll nur aus uns werden?«

»Wir haben nichts mehr«, sagte der Mann verzweifelt. »Nicht einmal eine Handvoll Linsen, um sie unseren Kindern zu essen zu geben … Als ich heute Holz ins Dorf gebracht habe, hörte ich von einer sechsköpfigen Familie auf der anderen Seite des Flusses, die hungers gestorben ist. Ich kann es nicht ertragen, das Leid zu sehen, das uns bevorsteht, und kann doch nichts daran ändern.«

»Ich ertrage es auch nicht länger, dich jede Nacht so zu sehen«, antwortete sie. »Morgen bei Tagesanbruch bringen wir die Kinder tief in den Wald und lassen sie dort zurück. Vielleicht haben sie Glück und überleben irgendwie.«

»Überleben? Im Wald? Die wilden Tiere werden sie zerreißen.«

»Dann sind wir zwei Mäuler los, die wir nicht stopfen können«, erwiderte die Frau.

»Mein Gott, Frau, was redest du da?«, entgegnete der Mann. »Wie könnten wir unsere Kinder im Wald zurücklassen? Sie werden niemals den Weg zurück finden!«

»Darum geht es nicht, du Dummkopf!«, rief sie. »Willst du, dass wir alle vier hungers sterben? Dann kannst du schon die Bretter für die Särge zurechtsägen!«

»Ich will nichts davon hören«, sagte der Holzfäller.

»Dann mache ich es allein«, antwortete die Frau, löschte die Kerze und kehrte ihrem Mann den Rücken zu, der zu schluchzen begann, weil er wusste, dass seine Frau niemals leere Worte machte.

Auch die Kinder wussten das.

Der Hunger hatte auch sie wach gehalten.

So belauschten sie, was ihre Mutter zu ihrem Vater sagte, und in diesem Haus wussten alle, dass die Angst, die der Vater vor seiner Frau hatte, größer war als jedes andere Gefühl in seiner Brust und sie deshalb keine Hilfe von ihm zu erwarten hatten.

»Wir sind verloren!«, sagte Gretel und weinte bitterlich.

»Weine nicht«, versuchte Hänsel sie zu trösten. »Du musst dich nicht grämen. Ich beschütze dich. Wir werden wieder nach Hause finden, ich verspreche es dir.«

Als er sicher war, dass alle schliefen, stand Hänsel auf, zog die Jacke an, öffnete vorsichtig die Tür und verließ leise das Haus. Draußen schien hell der Mond, und die weißen Kiesel vor dem Haus leuchteten wie Silbermünzen. Da hatte der Junge eine Idee. Er sammelte die Kieselsteine auf und stopfte sich die Taschen damit voll, bis keiner mehr hineinpasste. Dann schlich er auf Zehenspitzen in die Kammer zurück und sagte zu Gretel:

»Hab keine Angst, Schwesterchen, und schlafe ruhig. Gott wird uns nicht im Stich lassen.«

Und nachdem er seine Schwester auf die Stirn geküsst hatte, legte er sich wieder ins Bett.

Im ersten Tageslicht, noch vor Sonnenaufgang, weckte die Frau die Kinder.

»Aufstehen, ihr Faulpelze! Wir müssen in den Wald, Holz sammeln.«

Dann gab sie jedem einen Kanten Brot und sagte:

»Das ist euer Mittagessen. Hebt es gut auf, denn mehr kann ich euch nicht geben.«

Gretel nahm beide Brotkanten und steckte sie in ihre Schürze, weil Hänsels Taschen voller Steine waren. Und so machten sich die vier auf den Weg in den Wald.

Hin und wieder blieb Hänsel stehen und blickte zum Haus zurück. Der Vater schalt ihn:

»Was schaust du dauernd zurück, Hänsel? Los, vorwärts!«

»Ich betrachte den weißen Kater, der auf dem Dach sitzt und mir zuwinkt«, antwortete der Junge.

»Das ist nicht der Kater, mein Sohn. Es ist die Morgensonne, die auf den Schornstein fällt. Pass auf, und schau, wo du hintrittst!«

Doch Hänsel betrachtete nicht den Kater, sondern ließ hin und wieder einen der weißen Kieselsteine fallen, die er in der Tasche trug.

Als sie tief im Wald waren, sagte der Vater:

»Nun sammelt Holz, Kinder. Ich werde euch ein Feuer machen, damit ihr nicht friert, während ich in den Wald gehe, um Bäume zu fällen.«

Als das Feuer brannte, sagte die Mutter:

»Setzt euch nun neben das Feuer, Kinder, und rührt euch nicht von der Stelle, bis wir wiederkommen, um euch zu holen.«

Die Geschwister setzten sich ans Feuer und legten immer wieder Holz nach, während sie darauf warteten, dass ihre Eltern zurückkamen, wie sie es versprochen hatten.

Nachdem sie eine ganze Weile so gesessen hatten, fielen ihnen die Augen zu, und sie schliefen ein.

Als sie wieder wach wurden, war es tiefe, stockfinstere Nacht.

»Sie sind nicht gekommen«, sagte Gretel und brach in Tränen aus. »Wie sollen wir jetzt aus dem Wald herausfinden? Ich will nach Hause …«

Hänsel tröstete sie:

»Warte nur, bis der Mond aufgeht. Sein Licht wird uns den Weg weisen.«

Und tatsächlich, als der Mond hoch am Himmel stand, glänzten die weißen Kieselsteine, die der Junge ausgestreut hatte, wie Silbermünzen und wiesen ihnen den Weg nach Hause.

Sie gingen die ganze Nacht hindurch und erreichten bei Tagesanbruch das Haus.

Als sie an die Tür klopften, öffnete ihnen die Mutter. Beim Anblick der Kinder verbarg sie ihren Ärger und rief:

»Ihr verflixten Kinder! Was fällt euch ein, so lange im Wald zu bleiben? Wir dachten schon, ihr würdet nie wiederkommen! Rasch, kommt ins Haus!«

Der Vater hingegen, den das Gewissen drückte, weil er die Kinder zurückgelassen hatte, freute sich aufrichtig über ihre Rückkehr und schwor sich, nicht zuzulassen, dass so etwas noch einmal geschah.

Doch nach einiger Zeit machte das Gerücht die Runde, dass ein altes Ehepaar an Entkräftung gestorben sei. Das Elend schien mit ganzer Wucht in der Gegend zu wüten und wurde erneut zum Gesprächsthema unter den Eheleuten.

»Es ist wieder passiert, und du hast nichts unternommen«, warf die Mutter ihrem Ehemann vor. »Wir stehen vor dem Ruin. Wir haben nur noch einen halben Laib Brot. Ich habe es dir gesagt … Die Kinder müssen weg. Wir bringen sie wieder in den Wald, diesmal noch tiefer, damit sie den Heimweg nicht finden. Andernfalls gibt es keine Rettung für uns.«

Der Vater wollte die Kinder nicht im Stich lassen und beteuerte, er werde einen anderen Weg finden. Doch die Frau war keinen Argumenten zugänglich und überschüttete ihn mit Vorwürfen, Beschimpfungen und Beleidigungen. Der Mann hatte nicht den Mut, sich ihr zu widersetzen, sagte ihr jedoch, dass er sich nicht an ihrem Plan beteiligen werde.

In dieser Nacht stand Hänsel erneut auf, um Kieselsteine zu sammeln, doch diesmal hatte die Mutter die Tür abgeschlossen. Der Junge ging ohne Steine in die Kammer zurück und wusste nun nicht, was tun.

Die Geschichte wiederholte sich. Im Morgengrauen gab es wieder einen Kanten Brot für beide, und auf dem Weg in den Wald blickte Hänsel zurück und sagte, er wolle sich von seinem Kater verabschieden. Weil er keine Kieselsteine hatte, ließ der Junge diesmal Brotkrumen fallen. Er hatte überlegt, dass es besser war, zu hungern, als sich zu verlaufen und nicht zu wissen, wie sie zurückfinden sollten.

Die Mutter führte die Kinder noch tiefer in den Wald hinein, an einen Ort, wo sie noch nie zuvor gewesen waren. Zu dritt entfachten sie ein großes Feuer und die Mutter sagte:

»Ihr bleibt hier, Kinder, und wenn ihr müde seid, könnt ihr ein wenig schlafen. Ich gehe zu eurem Vater, und wenn es Abend wird, kommen wir, um euch abzuholen.«

Wie die Kinder bereits geahnt hatten, kamen weder Vater noch Mutter zurück. Als es dunkle Nacht geworden war, dachte Hänsel, dass sein Freund, der Mond, die Brotkrumen beleuchten würde, die er auf den Weg gestreut hatte, doch zu seiner Überraschung fanden sie keinen einzigen Krümel. Die Vögel hatten sie aufgepickt, kaum dass Hänsel sie fallen ließ.

»Komm«, sagte Hänsel und nahm seine Schwester bei der Hand. »Wir können nicht einfach hier sitzen bleiben.«

Die Kinder gingen die ganze Nacht und den ganzen nächsten Tag hindurch, von Sonnenaufgang bis Sonnenuntergang, um wieder nach Hause zu finden. Aber sie fanden nicht aus dem Wald heraus.

Sie waren hungrig, denn sie hatten nur ein paar Wildfrüchte gegessen, die sie vom Boden aufklaubten, und so müde, dass ihre Beine sie kaum noch trugen. Schließlich konnten sie nicht mehr weiter und schliefen unter einem Baum ein, mit keiner anderen Decke als der Umarmung des jeweils anderen.

Als der dritte Tag anbrach, machten sie sich mit großer Mühe und wenig Hoffnung wieder auf den Weg.

Gegen Mittag setzte sich ein hübscher schneeweißer Vogel vor sie auf einen Ast und sang so wunderschön, dass sie stehen blieben, um ihm zuzuhören. Als er fertig gesungen hatte, breitete er seine Flügel aus und flog davon.

»Lass uns ihm folgen«, schlug Gretel vor.

Sie liefen zwischen den Bäumen hindurch und blickten aufmerksam zu den Kronen empor, um den Vogel nicht aus den Augen zu verlieren. Schließlich ließ er sich auf dem Dach eines wunderlichen Häuschens nieder, das ganz aus Lebkuchen gemacht und mit Schokolade überzogen war. Die Fenster waren aus Zucker und die Vorhänge aus Schlagsahne.

»Sieh dir das an!«, rief Hänsel, dem das Wasser im Mund zusammenlief.

»Ich weiß nicht, wie es dir geht«, sagte Gretel, »aber ich werde zuerst ein Stückchen vom Dach essen. Ich habe solch einen Hunger!«

»Ich probiere ein Fenster mit Schlagsahne«, verkündete Hänsel. »Die sehen köstlich aus!«

Gretel streckte sich und brach ein Stückchen vom Dach ab, während Hänsel an einer der Fensterscheiben knabberte und feststellte, dass sie nach Ananas und Apfel schmeckte. Da war eine zittrige Stimme aus dem Haus zu hören:

»Wer ist da draußen?«

Die Geschwister hörten die Stimme sehr wohl, doch sie hatten solchen Hunger, dass sie weiteraßen, ohne sich einschüchtern zu lassen.

Gretel, der das Dach sehr gut geschmeckt hatte, biss ein Stück von der Seitenwand ab, an der köstliche Schokolade hinabtropfte, während Hänsel eine

Scheibe aus Erdbeerzucker herausbrach und sich auf die Erde setzte, um sie aufzuessen.

Da wurde die Tür aufgerissen, und aus dem Haus kam eine alte, runzlige Frau, so alt und runzlig, dass die Kinder bei ihrem Anblick erschraken.

Auf einen Stock gestützt, humpelte die Alte auf sie zu und sagte:

»Guten Tag, liebe Kinder. Wer hat euch hergeführt? Kommt herein und bleibt bei mir. Ihr könnt die Reste der Speisen essen, die ich für Besucher vorbereitet habe.«

Sie nahm die beiden an der Hand und führte sie in das Häuschen, wo ein köstliches Mahl bereitstand:

Warme Milch mit Zuckerküchlein,

kandierte Äpfel,

Kekse, Honigkuchen, Nüsse, Naschwerk

und Bonbons in allen Farben.

Nachdem die Kinder sich den Bauch vollgeschlagen hatten, bot ihnen die Hausherrin zwei Bettchen an, die mit duftenden weißen Laken bezogen waren.

Dankbar legten Hänsel und Gretel sich hin und waren augenblicklich eingeschlafen. Sie fühlten sich wie im Himmel.

Aber der Schein ist oft trügerisch.

Sie waren keinesfalls im Himmel ...

Die freundliche alte Frau, die sie in ihrem Zuckerhäuschen aufgenommen hatte, war in Wirklichkeit eder gut noch freundlich. Sie war eine böse Hexe, die Kinder fing, um ihre schlimmsten Instinkte zu befriedigen. Das Lebkuchenhaus hatte sie nur gebaut, um die Kleinen anzulocken. Sie musste sie nur ins Haus locken und sie mit Süßigkeiten vollstopfen. Wenn sie dann schliefen, tötete und kochte sie sie, um sie zu verzehren. Das war für sie das größte Festmahl.

Als sie Hänsel und Gretel schlafend in ihren Betten liegen sah, kicherte sie boshaft und sagte bei sich:

»Die sind mein! Morgen werde ich sie verspeisen ...«

Doch als sie näher trat, um die beiden genauer zu betrachten, stellte sie fest, dass die Geschwister ziemlich mager waren (die jahrelange Not hatte Spuren hinterlassen). Das musste sie vor dem Festessen ändern.

»Wenn sie fetter werden«, dachte sie laut, »werden sie ein Leckerbissen sein! Zuerst er und danach das Mädchen ...«

Am nächsten Morgen stand die Hexe sehr früh auf. Während sie wie üblich eine Ratte und eine Eidechse frühstückte, überlegte sie, dass es eine Weile dauern würde, die Kinder zu mästen, und dass sie Vorkehrungen treffen sollte, damit die beiden appetitlichen Leckerbissen nicht entwischten.

Also schlich sie zu den Kindern und fesselte sie an Händen und Füßen, bevor sie aufwachen konnten. Den Mund band sie ihnen nicht zu, weil sie wusste, dass niemand ihr Schreien hören würde.

Mit ihren knochigen Händen schleppte sie die Kinder zu einem kleinen Stall. Den Jungen sperrte sie in einen Pferch, das Mädchen kettete sie an einen Pfosten an.

Hänsel trat um sich und beschimpfte sie mit den furchtbarsten Wörtern, die er kannte, aber es nützte alles nichts. Die Hexe blieb völlig ungerührt.

»Du bist zu mager«, sagte sie zu Gretel. »Es wird lange dauern, bis du so weit bist. Inzwischen wirst du deinem Bruder seine Lieblingsspeisen kochen. Wenn er schön fett ist, werde ich ihn verspeisen!«

Gretel weinte bitterlich, aber in ihrer Angst wurde ihr klar, dass sie besser tat, was die Hexe ihr befahl.

Von nun an erhielt Hänsel viermal täglich Essen, während sich Gretel mit den Resten begnügen musste, die ihr Bruder übrig ließ.

Doch Hänsel hatte die Absichten der Hexe durchschaut und eine Entscheidung getroffen: Er wollte nur die Hälfte von dem essen, was man ihm brachte; die andere Hälfte würde er beiseitetun, um sie seiner Schwester zu geben, wenn die Hexe es nicht sah.

Der Junge blieb zwar hungrig, aber so wurde er nicht fetter, und Gretel verhungerte nicht. Es war ein Plan, der vorläufig beiden das Leben rettete.

Jeden Morgen kam die Hexe zum Stall und befahl Hänsel:

»Junge, streck deinen Arm aus dem Fenster, ich will wissen, ob du so weit bist.«

Aber die Geschwister hatten bemerkt, dass die Hexe sehr schlecht sah. Also streckte Gretel ihren Arm aus dem Fenster, während Hänsel sagte:

»Da ist mein Arm, du böse alte Frau.«

Und natürlich fand die Hexe, wenn sie Gretels dünnen Arm betastete, dass der Junge noch nicht fett genug sei.

Aber Lügen währen nie ewig ...

Als die Hexe nach vier Wochen sah, dass Hänsel nicht wie vorgesehen zunahm, verlor sie die Geduld und beschloss, dass sie nicht mehr länger warten wollte.

»Gretel«, sagte sie zu dem Mädchen. »Morgen in aller Frühe holst du Wasser und setzt es aufs Feuer. Ich will deinen Bruder verspeisen, ob er nun mager oder fett ist!«

Am nächsten Morgen blieb Gretel nichts anderes übrig, als den großen Kessel mit Wasser zu füllen und den Herd anzufeuern.

»Gretel, schäle ein paar Kartoffeln und Zwiebeln, um das Essen zu würzen ... Gretel, hab Salz und Pfeffer zur Hand ... Gretel, schieb das Brot in den Ofen, damit es braun wird ...«

Und schließlich befahl sie:

»Gretel, nimm den Deckel vom Kessel, wirf das Gemüse ins kochende Wasser, und setze den Deckel danach wieder gut auf, damit kein Dampf entweicht.«

»Ich schaffe das nicht«, sagte Gretel und verzog

angestrengt das Gesicht. »Der Deckel ist zu schwer für mich.«

»Du unnützes Ding«, schimpfte die Hexe. »Zu nichts zu gebrauchen!«

Fluchend trat sie an den riesigen Kessel, um den Deckel selbst abzunehmen.

Das war der Moment, auf den Gretel gewartet hatte.

Sie stieß die böse Hexe in den brodelnden Kessel, setzte den Deckel auf und verschloss ihn ganz fest, damit sie nicht entkommen konnte.

Wie durchdringend die Hexe kreischte!

Wie schrecklich sie schrie!

Aber Gretel hatte kein Mitleid, im Gegenteil. Sie fand, dass die böse Frau den Tod verdient hatte.

Dann lief sie zum Stall, um ihren Bruder zu befreien.

Ohne die Hexe hatten sie nichts mehr zu befürchten. Die Geschwister gingen ins Haus und suchten Proviant für den Heimweg. Sie fanden reichlich Essen, Plätzchen und Brot, vor allem aber fanden sie in sämtlichen Schubladen und Regalen kleine Kästchen mit Juwelen, Perlen und Edelsteinen und beschlossen, auch diese mitzunehmen.

»Wenn wir es nur bis zur Mühle schafften ...«, sagte Hänsel. »Von dort aus kenne ich den Weg.«

Sie machten sich auf den Weg in den Wald, obwohl sie nicht wussten, wie es dort weiterging, doch kaum standen sie unter den Bäumen, da kamen Dutzende kleiner Vögel herbeigeflogen.

Die Geschwister sahen sich erstaunt an. Die Vögel verhielten sich, als würden sie sich ein Leben lang kennen. Einige setzten sich auf Gretels Schultern, andere flatterten um Hänsel herum, als wollten sie an seinen Taschen picken.

Da begriff der Junge, dass es dieselben Vögel waren, die vor Wochen die Brotkrumen vom Weg aufgepickt hatten, die er ausgestreut hatte, um wieder nach Hause zu finden. Sie hatten ihn wiedererkannt und wollten noch mehr Futter.

Hänsel holte ein wenig Brot und Kekse aus den Taschen und gab Gretel davon ab, um es gemeinsam ihren gefiederten Freunden anzubieten. Dann sagte er:

»Hört zu, meine Freunde, wenn ihr uns zur Mühle unten am Fluss bringt, geben wir euch zum Dank den ganzen Proviant und einen wunderschönen blauen Stein obendrein. Euer Nest wird das schönste auf der ganzen Welt sein.«

Als hätten sie jedes Wort verstanden, flogen die Vögel voran und brachten die Geschwister tatsächlich durch den dichten Wald zur Mühle, wo sie zum Lohn das Brot, die Kekse und einen herrlichen Saphir erhielten.

Von dort gingen Hänsel und Gretel nach Hause.

Noch bevor die Sonne am höchsten Punkt stand,

erreichten die beiden Kinder den Zaun, der die kleine Hütte umgab, liefen in den Garten und riefen:

»Papa! Papa!«

Ihr Vater kam ihnen entgegengelaufen, und Hänsel und Gretel warfen sich in seine Arme.

Als der Mann bemerkte, dass die Kinder sich suchend umsahen, erzählte er ihnen, dass seine Frau ihn für immer verlassen habe, weil sie die Not nicht länger habe ertragen wollen. Seither seien die Tränen, die er aus Reue über das Schicksal seiner Kinder vergoss, seine einzige Gesellschaft gewesen.

»Wir sind ja wieder da, Papa«, sagte Gretel.

»Alles andere ist unwichtig«, ergänzte Hänsel.

Der Mann bat sie, nie wieder wegzugehen, und versicherte ihnen, dass sie schon zurechtkämen, auch wenn sie nicht viel zu essen hätten.

»Natürlich werden wir zurechtkommen«, sagte Hänsel.

»Und du wirst nie wieder arbeiten müssen«, beteuerte Gretel.

Und die beiden ließen den Schatz auf den Tisch fallen, den sie aus dem Haus der bösen Hexe mitgebracht hatten.

»Was ist das?«, fragte der Vater.

»Das erzählen wir dir später«, sagten die beiden. »Wir haben ja Zeit …«

Der Mann und seine Kinder umarmten sich lachend, weil sie wussten, dass sie von nun an glücklich sein würden, nicht wegen des Vermögens, sondern weil sie wieder zusammen waren.

Die Moral

Hänsel und Gretel ist ein Loblied auf die guten Taten, aber das Märchen enthält noch mehr Botschaften.

Es zeigt, wie nützlich Klugheit und Vorsehung sind, wenn es gilt, Gefahren oder schwierige Situationen zu meistern.

Es warnt davor, wie trügerisch das Böse sein kann, wenn es gilt, Arglose, Schutzlose oder Schwache anzulocken und zu überlisten, und rät, misstrauisch gegenüber allem Angenehmen und Schönen zu sein. Das Leben ist hart und schwer, und wenn dir etwas besonders Gutes begegnet, dann sei auf der Hut, denn die Wahrscheinlichkeit ist groß, dass es sich um eine Falle handelt und sich dahinter etwas Böses oder Gefährliches verbirgt.

Eine weitere subtile (nicht explizite) Mahnung lautet, niemandem blind zu vertrauen, nicht einmal den eigenen Eltern.

Das Märchen ermuntert dazu, in uns selbst zu vertrauen und jene zu schützen, die wir lieben, vor allem aber legt es den Fokus auf das Verhältnis unter Gleichen, Freunden und Geschwistern. Diese Beziehungen stehen im Mittelpunkt der Aufmerksamkeit und sogar über der Beziehung zu den Eltern.

Die andere Tür

Nicht wenige Wissenschaftler, die sich mit Vorgängen oder Phänomenen befassen, die strengen Naturgesetzen unterliegen, Physiker zum Beispiel, sind der Überzeugung, dass der Blick des Beobachters die Fakten beeinflusst, deren Zeuge er wird. Wie viel mehr noch müssen also der Blick und die Interpretation des Lesers ungewollt den Sinn eines Textes beeinflussen.

Nachdem ich dieses Geständnis vorangestellt habe, um meine mangelnde Objektivität zu rechtfertigen, nehme ich es mir heraus, zwei Details mit dir zu teilen, die mir beim Lesen der Geschichte aufgefallen sind.

Das erste ist eigentlich kein »Detail« in Bezug auf seine Bedeutung, aber in den Versionen, die ich kenne, ist es kein Element, hinter dem sich eine tiefere Botschaft versteckt, obwohl ich finde, dass es so sein sollte.

Ich spreche von dem unbedingten Wunsch der beiden Kinder, wieder nach Hause zu finden.

Ich möchte mich zunächst ein wenig von der Geschichte entfernen, um später auf sie zurückzukommen.

Die meisten Menschen halten hartnäckig an dem Glauben fest, dass Dinge ewig währen:
– die ständige Gegenwart geliebter Menschen

- die Leidenschaft der Liebe
- die Straffheit gewisser Körperpartien
- und sogar der Zauber unserer Kinder, wenn sie klein sind.

Die meisten von uns wollen nicht wahrhaben, dass jede Situation, so schön sie auch sein mag, Teil eines Kreislaufs und damit vergänglich ist. Wir stellen uns blind, um all das Schöne nicht zu verlieren, das diese oder jene Phase in uns hinterlassen hat. Es wäre nun logisch, zu erwarten, dass es uns leichter fällt, mit Situationen abzuschließen, in denen die Entscheidungen anderer oder ein nicht wiedergutzumachender Fehler uns in eine Sackgasse oder zu einem unerwünschten Ausgang geführt haben ... Aber dem ist nicht so.

Meine Erfahrung in der psychotherapeutischen Praxis hat mich gelehrt, dass der wahre Grund dafür, dass jemand mit einer Situation nicht abschließen kann, oft in dem absurden Wunsch begründet liegt, dass derjenige nicht die Verantwortung für den Neuanfang übernehmen will.

Wir harren aus, obwohl wir aus Erfahrung wissen, dass ein Kapitel erst abgeschlossen sein muss, bevor ein neues beginnen kann.

Am Abend markiert der Sonnenuntergang das Ende des Tages und weicht langsam der Nacht, aus der pünktlich zum Morgengrauen ein neuer Tag hervorgeht. Wie schrecklich wäre es, wenn dieser

Kreislauf immer so weiter ging und es ewig Tag wäre oder die Nacht nie aufhörte.

Vielleicht deshalb sind Sonnenuntergänge für mich immer besonders erhabene Momente in meinem Leben.

Vielleicht liegt es an meiner melancholischen Veranlagung, vielleicht ist es der Eindruck, den der kleine Prinz bei mir hinterlassen hat, jene zauberhafte Figur von Saint-Exupéry, die an einem einzigen Tag siebenundvierzigmal die Sonne untergehen sieht, indem sie den Stuhl auf ihrem kleinen Planeten nur um ein paar Meter verschiebt.

Vielleicht kommt es daher, dass jede Abenddämmerung ein Ende und zugleich einen Neuanfang symbolisiert.

Vielleicht sind es auch andere, unbewusste Gründe oder die Summe aus allem Genannten, aber ich bin sicher, auch wenn es diese Gründe nicht gäbe, würden mich Sonnenuntergänge immer noch faszinieren, und sei es nur, weil jeder einzelne ein umwerfendes ästhetisches Erlebnis ist.

Ich komme noch weiter vom Thema ab ...

Vor einigen Jahren beschlossen meine Frau und ich gemeinsam mit unseren Freunden Héctor und Graciela, ein zweites Mal in die Flitterwochen zu fahren (ein guter Vorwand, um die Ersparnisse vieler Jahre in eine knapp einmonatige Reise zu stecken). Wir vier beschlossen, unserem Abenteuer einen

Namen zu geben, und nannten es »Eine Rundreise zu den Sonnenuntergängen des Mittelmeers«. Da unsere Freunde die Sonnenuntergänge an der Côte d'Azur bereits kannten und wir die in Spanien, beschlossen wir, in Istanbul zu beginnen.

Ich will nicht ins Detail gehen, wie die Anreise in die Türkei war, aber stell dir vor, du landest auf einem unbekannten Flughafen, wo niemand oder so gut wie niemand Englisch oder Französisch spricht (geschweige denn Spanisch) und es von Türken, Kroaten, Griechen und Russen wimmelt, die in einem fort reden, mit großer Geste gestikulieren und von A nach B laufen, als hätten sie es eilig, und die weder Zeit noch Interesse haben, zu verstehen, was man sie fragt.

Die Flughafenpolizei hätte uns weiterhelfen können, aber die fragten wir nicht. Ich muss beschämt zugeben, dass es eine Zeitlang dauerte, bis wir begriffen, dass diese uniformierten Kerle mit ihren riesigen Schnauzbärten und den finsteren Mienen liebenswerte Gastgeber sind (im ersten Moment mussten wir alle vier unweigerlich an die Szenen aus *Midnight Express* denken).

Aber jede Unannehmlichkeit wird zur Nebensache, wenn man erst einmal Istanbul sieht, eine Metropole, die durch das Goldene Horn und die Meerenge des Bosporus in mindestens drei verschiedene Städte geteilt wird. Am Ufer des Bosporus aßen wir in einem wunderbaren Restaurant zu Mittag (der köstliche Nachtisch hieß nicht umsonst »Sunset«) und warteten auf den ersten Sonnenuntergang unserer Reise.

Istanbul ist die einzige Stadt, die auf zwei Kontinenten liegt: Tatsächlich beginnt auf der anderen Seite des Bosporus Asien. Begeistert von dieser spielerischen Idee, beendeten wir unsere Mahlzeit in Europa, setzten uns in ein Taxi und fuhren zum Kaffeetrinken nach Asien.

Auf die Sonnenuntergänge von Istanbul folgten die von Athen, einer auf der Akropolis und ein weiterer auf dem legendären Berg Lykabettos.

Es war herrlich. Wir glaubten, nichts könne diese Erlebnisse toppen. Aber wir hatten uns geirrt.

Den nächsten Sonnenuntergang sahen wir auf Mykonos und waren förmlich gebannt von so viel Schönheit. Diesmal dachten wir wirklich, das sei durch nichts zu übertreffen, und erneut irrten wir. Im Norden der kleinen Insel Santorini, in einem Fischerort namens Oia, sahen wir den perfekten Sonnenuntergang. Einen Sonnenuntergang, den keines der fünfundvierzig Fotos wiedergeben konnte, die wir vier machten.

Wir wollten nicht mehr sehen; das ging so weit, dass wir an diesem Abend beim Abendessen ernsthaft darüber nachdachten, die Rundreise abzubrechen und auf Santorini zu bleiben, um noch zwei- oder dreimal nach Oia zu kommen.

Zum Glück taten wir es nicht. Die Entscheidung, weiterzureisen und über unsere Verliebtheit in dieses kleine Dorf hinwegzukommen, führte uns drei Flüge und eine zweistündige Autofahrt später in ein Paradies: Taormina.

Es gibt keine Worte, um diese zauberhafte Stadt auf Sizilien zu beschreiben.

Die Landschaft, die Leute, die Zitadelle und natürlich der Ätna, jener Vulkan, dessen ständiges Rauchen daran erinnert, dass er nur schlummert.

Nachdem man einen Tag lang durch die Stadt gestreift ist, begreift man so manche Aussage von Pirandello und den Titel von Silvina Bullrichs Roman *Te acordáras de Taormina (Du wirst dich an Taormina erinnern).*

Ich werde mich an vieles auf dieser Reise erinnern, aber vor allem erinnere ich mich an ein kleines Gespräch mit Giovanni, einem Barbesitzer in dem Dorf, das am Osthang des Vulkans von Catania förmlich klebt.

Der Ätna hat eine vulkanische Seite, über die bei einer Eruption die Lavaströme fließen, und eine flachere Seite, wo die Lava nie hinkommt. Nicolosi, Giovannis Dorf, liegt auf der gefährlichen Seite. Das Dorf wurde insgesamt siebenmal wieder aufgebaut, nachdem der Ätna ausgebrochen war.

»Warum baut ihr das Dorf jedes Mal wieder auf?«, fragte ich, obwohl ich die Antwort kannte.

»Schauen Sie«, sagte Giovanni und deutete mit seinem knorrigen Finger aufs Mittelmeer. »Das Meer und der Strand, der Berg und die Stadt ... Es ist der schönste Ort der Welt, hat mein Großvater immer gesagt.«

»Aber der Vulkan ...«, wandte ich ein. »Er ist aktiv und kann jeden Augenblick wieder ausbrechen.«

»Schauen Sie, *Signore*, der Ätna ist kein launischer Verräter. Er warnt uns immer vor, nie bricht er von einem Tag auf den anderen aus. Und wir sind ja nicht dumm; wenn er vor einem Ausbruch steht, gehen wir fort.«

»Aber die Sachen? Möbel, Fernseher, Kühlschrank, Kleider ...«, gab ich zu bedenken. »Ihr könnt ja nicht alles mitnehmen ...«

Giovanni sah mich an, atmete tief durch, an die Geduld appellierend, die der Weise mit dem Gebildeten hat, und sagte dann:

»Was hat das für eine Bedeutung, *Signore*, solange wir am Leben sind ... Alles andere kann man wieder richten.«

Jahre später, im Jahr 2005, waren auf allen Zeitungen die schrecklichen Bilder von Lavamassen zu sehen, die erneut jede Mauer, jeden Baum, jeden Balkon und jede Blume in Nicolosi unter sich begruben. Es gab keine Opfer zu beklagen, der Ort war vor dem Ausbruch evakuiert worden.

Ich habe nie wieder mit Giovanni gesprochen,

aber wenn ich die Augen schließe, sehe ich ihn vor mir, wie er, als die Gefahr vorüber ist, mit seinen Nachbarn den Berghang hinaufsteigt und in wenigen Wochen den Ort wieder aufbaut, um ein achtes Mal von vorne zu beginnen.

Die Menschen in Nicolosi sprechen davon, »alles neu zu bauen«, als wollten sie den Akzent auf den Neubeginn legen. »Wiederaufbau« wäre etwas anderes, ein Vorhaben, das nahezu unmöglich ist und wohl kaum ein besseres Ergebnis hervorbrächte. »Man steigt nicht zweimal in denselben Fluss«, urteilte Heraklit vor Tausenden von Jahren und fasste in einem schmerzlichen, aber unanfechtbaren Satz die offensichtliche Wahrheit zusammen.

Man kann von Giovanni lernen, einen Neuanfang zu wagen, statt wieder von vorne zu beginnen. Dabei sollte man versuchen, das auf dem bisherigen Weg Gelernte hinüberzuretten, um auf dem neuen Abschnitt nicht wieder die alten Fehler zu machen.

Noch einmal neu anzufangen ist die Herausforderung, aber man muss der Umkehr einen neuen Sinn geben. Zu der Stelle zurückgehen, wo man die falsche Richtung eingeschlagen hat, oder bis ganz an den Anfang des Weges, der unabänderlich an einen unerwünschten Ort führt, um neue Entscheidungsmöglichkeiten erkunden zu können.

Es ist die Rückkehr an einen Ort, an dem man schon einmal war, aber in dem Wissen, dass die Situation nicht mehr dieselbe sein wird und auch der Ort ein anderer ist.

Aber zurück zu *Hänsel und Gretel*.

Man könnte sich fragen: Warum nicht in dem Zuckerhäuschen bleiben, nun, da die Hexe nicht mehr da ist?

Unmöglich. Die beiden haben gelernt, dass es keine Zuckerhäuschen gibt, dass es nur eine Falle für vernaschte Kinder ist. Ohne dass gesagt wird, woher sie das wissen, ist beiden klar, dass sie zurückkehren müssen, wenn sie neu beginnen wollen.

Man muss zurückgehen, wenn möglich in dem Bewusstsein, dass alles anders sein wird, selbst wenn es scheint, als hätte sich nichts geändert. Wir sind nicht mehr die, die wir einmal waren: Wir haben dazugelernt, wissen mehr, verstehen die Dinge besser, haben uns weiterentwickelt.

Vor über zwanzig Jahren, als ich gerade meine ersten Bücher veröffentlichte und mein Sohn Demián die ersten Buchstaben lernte, hatte ich während unserer üblichen freitagabendlichen Vorlesestunde eine kleine, äußerst erhellende Unterhaltung mit ihm. Es war ein wöchentlicher Programmpunkt, der sich manchmal über viele Stunden hinzog und erst endete, wenn einer von uns beiden einschlief (normalerweise ich).

In der Geschichte an jenem Abend forderte die kleine Maus ihre Freunde auf, sich auf einen bösen Kater zu stürzen. »Vorwärts!«, rief sie ihnen zu.

»Weißt du, was ›Vorwärts‹ heißt?«, fragte ich ihn unschuldig.

»Natürlich«, antwortete Demián sofort. »Vorwärts heißt das, wo ich hingehe ...«

Es dauerte viele Jahre, bis mir klarwurde, dass es drei Dinge gibt, die man beherzigen muss, wenn man vorwärtskommen will: Zum einen muss man das Rüstzeug besitzen und benutzen können, das man zum Vorwärtskommen braucht; man muss eine Entscheidung getroffen haben, wohin der Weg geht; und man muss in der Lage sein, Dinge aus der Vergangenheit zurückzulassen.

Man muss mit Vergangenem abschließen, auch wenn das zunächst einen Rückschritt bedeutet, um sich voll und ganz auf das zu konzentrieren, was das Leben jetzt und in der Zukunft bietet.

Dies ist eines der beiden Erkenntnisse, die ich der Liste der Botschaften hinzufügen möchte, die uns diese Geschichte lehren kann. Die Rückkehr von Hänsel und Gretel ist hochsymbolisch: Sie kehren zurück, aber sie haben sich weiterentwickelt, sind selbständig, können selbst für sich aufkommen, sind von niemandem abhängig, brauchen niemanden und haben mehr zu geben, als sie nehmen.

Die Sicherheit eines Weges ohne Gefahren und ohne Ängste kann man nur in der Erfahrung finden, die daraus entsteht, ihn zuvor gegangen zu sein. Die

Markierungen, die man hinterlässt, um sich den Rückweg zu erleichtern, währen nicht ewig.

Zurückzukehren, um das wiederzufinden, was von uns an jenem Ort, in jener Etappe, geblieben ist, jedoch in dem klaren Wissen, dass wir erneut aufbrechen werden, es sogar müssen. Aber wenn es so weit ist, kennen wir den Weg, und es wird einfacher sein, zurückzukehren. Und es wird mit jedem Mal einfacher, erneut aufzubrechen ...

Der zweite Punkt, mit dem ich mich beschäftigen möchte, um einen neuen Blick auf die Geschichte zu werfen, stützt sich wie gesagt auf ein kleines »Detail«, das ein Detail bleibt, auch wenn es zweimal auftaucht.

Zum ersten Mal wird davon erzählt, als Hänsel und Gretel auf den Entschluss ihrer Mutter hin ein weiteres Mal in den Wald geführt werden. Diesmal gibt es keine Kieselsteine, um den Rückweg zu kennzeichnen. Daraufhin beschließt Hänsel, das Undenkbare zu tun (wir erinnern uns: die Familie hungert, die Kinder werden ohne Nahrung im Wald zurückbleiben und wissen das): Er beschließt, den einzigen Bissen zu opfern, den sie haben, um eine Spur aus Brotkrumen zurückzulassen, die sie nach Hause führen soll. Der Plan scheitert, aber die Entscheidung des Jungen ist klar.

Die zweite Situation ist jene, als die Geschwister vom Plan der Hexe erfahren, Hänsel zu mästen, um ihn später zu verspeisen. Der Junge, der gerne isst, trifft eine Entscheidung, die zu viel Ähnlichkeit mit der vorherigen hat, um sie für Zufall zu halten: Hänsel beschließt, nur die Hälfte seiner Rationen zu essen und den Rest für Gretel übrig zu lassen.

Erneut leidet Hänsel lieber Hunger, um sich zu retten. Er denkt ans Überleben ... Er weiß oder spürt, dass die vorübergehende Einschränkung seine Rettung und die seiner Schwester bedeutet.

Ich glaube, in diesen beiden Episoden liegt die wichtigste Botschaft dieser Geschichte verborgen: Das Aufschieben eines unmittelbaren Wunsches oder Bedürfnisses kann im nächsten Moment zur Erfüllung eines größeren, wertvolleren oder höheren Zieles führen.

Die angespannte Situation, in der sich unsere Welt befindet, konfrontiert uns ein weiteres Mal mit der Notwendigkeit, all unsere Möglichkeiten aufzubieten, um weiterhin zu bestehen. Wie in der Geschichte muss man nach der zielführenden Strategie suchen, um aus der schwierigen Lage herauszukommen, in der wir uns befinden, denn die Option, den Kampf aufzugeben und zu resignieren, würde bedeuten, dass wir verschwinden.

Die tägliche Zeitungslektüre scheint eine freiwillige Komplizin unseres Schwankens zwischen dem angeborenen Wunsch und dem Recht einerseits zu sein, das Leben zu genießen, und der angebrachten

Aufmerksamkeit andererseits, die wir der Angst, der Beunruhigung und dem daraus folgenden Unmut widmen sollten, die stets mit der Ungewissheit einhergehen.

Ich, der ich zum Team derer gehöre, die durch ihre Arbeit versuchen, Menschen »von innen heraus« zu helfen, wie ich immer sage, muss hier zugeben, dass ich wenige Lösungen für eine so frustrierende Realität zu bieten habe, wenige Gegenmittel gegen so viel Informationsgift, wenig Linderndes gegen so viel Angst und Leid ... Doch vielleicht gibt uns dieses alte Märchen einen Lösungsvorschlag an die Hand, der meinem Wunsch entspricht und an den ich glaube. Ich will ihn mit dir teilen:

Es ist notwendig, eine andere Haltung zu entwickeln.

Die Realität zu akzeptieren, wie sie ist, ist in letzter Zeit zu einer beliebten Einstellung geworden. Experten wie Laien halten dieses Akzeptieren für einen ersten wichtigen Schritt, um mit einer unerwünschten Realität zurechtzukommen.

Aber zwei Missverständnisse lassen Zweifel an dieser Haltung aufkommen:

Da sind zum einen jene, die behaupten, Akzeptieren sei gleichbedeutend mit Resignieren.

Das ist natürlich nicht der Fall.

Resignieren heißt, die Zähne zusammenzubeißen und den Ärger hinunterzuschlucken, weil man annimmt, dass man sowieso nichts ändern kann. Im Märchen würde das bedeuten, tüchtig zu essen, bis man der Hexe fett genug ist und sie beschließt, dass es Zeit ist, dich zu verspeisen.

Und dann gibt es diejenigen, die behaupten, um diese Dinge zu akzeptieren, müsse man über dem Menschsein stehen, damit einem alles Menschliche nichts mehr bedeutet.

Ich glaube nicht, dass das Streben nach einem ewigen *Satori*, einem Nirvana, in dem einem nichts mehr etwas bedeutet, möglich und wünschenswert ist.

Das Akzeptieren, von dem hier die Rede sein soll, greift auf ein anderes, höheres und weitreichenderes Konzept zurück. Es ist die innere Ruhe derjenigen, die eine unbequeme Realität sehen und dennoch intensiv leben, ohne die Augen vor der Wirklichkeit zu verschließen oder darauf zu drängen, dass sich sofort etwas verändert. Sie ist ein Segen für diejenigen, die gelernt haben, sich für etwas einzusetzen, ohne sofort Resultate einzufordern.

Dieser Punkt scheint einer der entscheidenden Faktoren dafür zu sein, ob man besser oder schlechter mit der Realität zurechtkommt, insbesondere in schwierigen oder frustrierenden Situationen.

1966 startete der Verhaltenspsychologe Walter Mischel ein Experiment, das über dreißig Jahre hinweg an der Universität Stanford durchgeführt wurde.

Anstoß für das Experiment waren die komplexen

Verhaltensmechanismen seiner Kinder (die damals drei und fünf Jahre alt waren). Um ihre Entscheidungsmuster zu verstehen, unterzog er mehr als sechshundert Kinder dieses Alters (darunter auch seine eigenen) dem folgenden Test:

Das jeweilige Kind wurde in einem fast leeren Raum an einen Tisch gesetzt.

Auf dem Tisch befand sich eine Süßigkeit, die das Kind besonders gerne mochte, meistens ein Marshmallow.

Dann sagte Mischel dem Kind, dass er jetzt das Zimmer verlassen werde und in fünfzehn Minuten mit einer weiteren Süßigkeit zurückkomme. Wenn es bis dahin der Versuchung widerstehe, das Marshmallow auf dem Tisch zu essen, bekomme es auch das zweite und könne alle beide essen.

Fast alle Kinder sagten, sie wollten die Herausforderung annehmen und warten, bis er zurückkäme, um die Belohnung zu verdoppeln.

Mischel lobte sie und verließ den Raum. Das Kind blieb allein mit seiner Süßigkeit und seiner Entscheidung und wurde dabei durch eine Glasscheibe vom Team beobachtet, das jede Mimik, jeden Satz und jede Bewegung notierte und filmte.

Einige Kinder verputzten das Marshmallow, kaum dass der Experimentsleiter den Raum verlassen hatte. Andere hielten ein paar Minuten durch, schafften es aber nicht, Dr. Mischels Rückkehr abzuwarten.

Wieder andere hielten durch und erhielten am Ende die zweite Süßigkeit.

Diese Aufnahmen anzuschauen (sie sind im Internet zu sehen), ist wirklich interessant, lehrreich und »lustig« (ganz besonders, wenn die Kinder gegen die Versuchung ankämpfen, die Süßigkeit einfach aufzuessen).

Abgesehen von leichten Abweichungen zwischen einzelnen ethnischen und sozialen Gruppen bestätigen sich Mischels Ergebnisse jedes Mal, wenn das Experiment wiederholt wird: Über die Hälfte der Kinder (61 Prozent) können den Impuls unterdrücken und erhalten zur Belohnung eine zweite Süßigkeit.

Das vielleicht Spannendste an dem Experiment ist jedoch nicht die Versuchsanordnung oder die ihr innewohnende Grausamkeit, sondern das Durchhaltevermögen Mischels, der sich in den folgenden dreißig Jahren fast ausschließlich damit beschäftigte, den Lebensweg jedes einzelnen Kindes weiterzuverfolgen.

Bei einem Vergleich der beiden Gruppen – denen, die abwarten konnten, und denen, die es nicht schafften – zeigte sich eine absolute Übereinstimmung: Die, die ihre Belohnung verdoppeln konnten, hatten im späteren Leben in allen Bereichen den meisten Erfolg (akademische Laufbahn, Beliebtheit im Freundeskreis, familiäre Beziehungen, stabile Partnerschaften, Karriere …). Es besteht also kein

Zweifel, dass diejenigen, die die Willenskraft aufbringen, die Erfüllung eines Wunsches oder Bedürfnisses zurückzustellen, im Laufe ihres Lebens mehr Kapazitäten und Möglichkeiten haben, die Ziele zu erreichen, die sie sich setzen.

Wir wissen heute, dass die äußeren Umstände, das Umfeld, die mentale Verfassung eines Menschen und sein Verhältnis zur Außenwelt die Persönlichkeit und die Fähigkeit zur Selbstkontrolle mindestens genauso beeinflussen wie angeborene Faktoren.

Wie die Geschichte nahelegt, scheint es ein Mittel zu geben, das es uns erlaubt, effizienter und erfolgreicher zu sein. Es ist eine beneidenswerte Tugend und zugleich eine Fähigkeit, die man entwickeln kann und sollte: die Fähigkeit, die unmittelbare Erfüllung eines Wunsches auf später zu verschieben.

Die Konkretisierung eines Wunsches zurückzustellen, ohne ihn deshalb aufzugeben, und den richtigen Moment abzuwarten, um das zu tun, was ich aus dem Impuls heraus am liebsten jetzt gleich tun würde.

Ich glaube tatsächlich, dass dies die Botschaft von *Hänsel und Gretel* ist:

In schwierigen Momenten unseres Lebens,

in vertrackten Situationen,

wenn alle Vorzeichen für unsere Zukunft schlecht stehen

und kein Lichtblick am Horizont zu sehen ist …

In diesen harten Momenten,
wenn diejenigen, die ihre Wünsche am besten kontrollieren,
die in der Lage sind, die Realität zu akzeptieren,
die immer all ihre Möglichkeiten und ihre ganze Willenskraft in die Waagschale werfen,
sich als am fähigsten erweisen, die besten Entscheidungen zu treffen.

Und wir dürfen nicht vergessen, dass es die guten Entscheidungen sind, die die Chance für uns alle erhöhen, unser Schiff in den sicheren Hafen zu bringen.

12
Die kleine Meerjungfrau

Einleitung

1989 beschlossen die Disney Studios, das grausamste und dramatischste Märchen für Kinder als Zeichentrickfilm umzusetzen: *Die kleine Meerjungfrau* von Hans Christian Andersen. Dafür musste der Inhalt der ursprünglichen Geschichte, die Andersen in einer unglücklichen Zeit seines Lebens schrieb, geändert und gekürzt werden. Unter anderem sollte es ein Happy End geben, das den Kindern eine optimistische Sicht aufs Leben vermittelte.

Obwohl nicht die gesamte Disney-Welt begeistert war, eröffnete Arielle (die kleine Meerjungfrau aus dem Film) den weiblichen Hauptfiguren späterer Filme einen neuen Weg: Erstmals waren sie selbst für ihr eigenes Schicksal verantwortlich. Arielle war die Wegbereiterin für Heldinnen wie Mulan, Pocahontas und Merida, die treffsichere Bogenschützin aus *Merida, Legende der Highlands*.

Im Film begehrt Arielle, die eigensinnige, verträumte Meerjungfrau, gegen ihren Vater, den Meeresgott Triton, auf, als sie sich in einen Menschen verliebt. Nach vielen Abenteuern und einigen Hindernissen erhält Arielle, nachdem sie von dem Mann ihrer Träume gerettet wurde, dank der Drehbuchautoren aus Hollywood den Segen ihres Vaters und heiratet im Lichterglanz eines riesigen Feuerwerks ihren geliebten Prinzen. In der letzten Szene des Films tanzen die beiden Verliebten miteinander und teilen ihr Glück mit Gästen aus beiden Welten.

Die Version, die ich hier mit dir betrachten will, orientiert sich allerdings nicht an der Filmversion, sondern gibt mehr oder weniger getreu die Originalgeschichte wieder, wie sie 1837 von ihrem Verfasser niedergeschrieben wurde.

Die Geschichte

Der König des Meeres war seit vielen Jahren Witwer und hatte deshalb seiner alten Mutter die Leitung des Haushalts übertragen.

Diese war eine kluge Frau, die sich rührend um ihre Enkelinnen, die Meerprinzessinnen, kümmerte. Die sechs waren wunderschön, doch die Schönste von ihnen war Undine, die Jüngste. Ihre Haut war weiß und zart wie ein Rosenblatt, und ihre Augen waren blau wie ein tiefer See. Wie alle ihre Schwestern besaß Undine natürlich keine Beine; ihr Körper endete in einem Fischschwanz.

Die Prinzessinnen spielten und plauderten den ganzen Tag in den riesigen Sälen des Palasts, deren

Wände von zauberhaften Blumen bedeckt waren. Wenn die großen Bernsteinfenster geöffnet wurden, schwammen die Fische herein, wie hierzulande die Spatzen durch die Fenster flattern. Die Fische fraßen den Prinzessinnen aus der Hand und ließen sich streicheln, wie es unsere geliebten Haustiere tun.

Es war nicht zu übersehen, dass Undine anders war als die anderen. Während sich ihre Schwestern mit den absonderlichsten Gegenständen aus gesunkenen Schiffen vergnügten, hatte sie nur Augen für die Statue eines schönen Jünglings aus weißem, glattem Marmor, die von den Wellen auf den Grund des Ozeans getragen worden war.

Aber wie alle Meerjungfrauen hörte Undine gerne Geschichten von den Menschen, so wie wir gerne mehr über das Leben auf dem Meeresgrund erfahren würden.

Es war eine Familientradition, dass den jungen Meerprinzessinnen an ihrem fünfzehnten Geburtstag gestattet wurde, das Wasser zu verlassen, um sich im Mondlicht an den Strand zu setzen und die vorüberfahrenden Schiffe aus der Nähe zu betrachten … Bis dahin mussten sie sich mit den Erzählungen der anderen begnügen.

Die Großmutter erzählte ihren Enkelinnen (sehr zur Freude der sechs Mädchen) alles, was sie über Schiffe, Städte, die Menschen und ihre Abenteuer wusste. Undine war besonders angetan, als sie erfuhr, dass die Blumen an Land dufteten, denn die Blumen auf dem Meeresgrund rochen nicht, und sie staunte, dass die Wälder grün waren. Sie konnte nicht glauben, dass es Tiere mit Flügeln geben sollte, die in der Luft »schwammen«.

Vielleicht darum, oder weil sie die Jüngste war, wartete Undine ungeduldig auf den Tag, da sie endlich das Meer verlassen durfte. Viele Nächte stand sie am Fenster und sah nach oben, um durch das Wasser hindurch den Mond und die Sterne zu betrachten und sich an den Tag zu erinnern, als ihre älteste Schwester zum ersten Mal an die Oberfläche gestiegen war. Bei ihrer Rückkehr hatte sie tausend Dinge zu erzählen, aber das Schönste von allem war ihre Schilderung, wie sie bei ruhiger See auf einer Sandbank gesessen und die Küste und dahinter die große Stadt betrachtet hatte.

Sie erzählte, dass die Lichter gefunkelt hätten wie Millionen Sterne und dass man durch das Rumpeln der Kutschen und das Lärmen der Menschen hindurch immer irgendwo Musik oder das Läuten der Glocken vernehme, das an stillen Tagen bis auf den Meeresgrund zu hören war.

Von ihren älteren Schwestern erfuhr Undine, dass die Sonne dort oben wie Gold glänzte und alles in sanftes Licht tauchte und dass sich ein wenig entfernt ein Fluss durch grünes Hügelland schlängelte, vorbei an Pinien, Blumen, Palästen und Gutshöfen mit allerlei Tieren, von denen sie sich keine Vorstellung machen könne. Sie erfuhr auch, dass die Menschen die Stürme fürchteten und die Schiffe sofort die Segel einholten und zur Küste zurückruderten.

»Ach«, schüttete Undine ihrem Freund, dem Krebs Fix, ihr Herz aus. »Wenn doch endlich der Tage käme, an dem ich nach oben kann! Ich bin sicher, dass mir die Menschenwelt gefallen wird.«

»Ich weiß nicht, meine liebe Freundin«, sagte Fix. »Mir sind wunderbare Dinge über die Menschen zu Ohren gekommen, aber auch die allerschrecklichsten Geschichten.«

»Nun, eines Tages werde ich herausfinden, welche der beiden Versionen die richtige ist.«

»Ganz bestimmt, Undine ... Aber bis es so weit ist, wirst du dich gedulden müssen ...«

Und eines schönen Tages kam endlich die Erlaubnis.

»Leb wohl, Großmutter! Ich werde dir alles erzählen, wenn ich zurück bin«, sagte Undine, winkte noch einmal und stieg dann leicht und durchscheinend wie eine Seifenblase nach oben.

Die Sonne ging gerade unter, als die kleine Meerjungfrau den Kopf aus dem Wasser streckte. Die Wolken leuchteten in allen Farben und färbten das ruhige Meer in Rosatönen.

Nicht weit entfernt ankerte ein prächtiges Schiff mit eingeholten Segeln. An Bord saßen die Matrosen, tranken, sangen und lachten aus voller Kehle.

Die kleine Meerjungfrau schwamm zu den Fenstern der Kajüten. Jedes Mal, wenn eine Welle sie hochhob, konnte sie einen Blick durch die spiegelblanken runden Scheiben erhaschen.

Man sah viele Menschen in prächtigen Kleidern, einer aber stach durch seine Schönheit und seine großen schwarzen Augen unter allen anderen hervor. Es war der junge Prinz, der an diesem Tag Geburtstag feierte; zu seinen Ehren wurde das Fest gegeben.

Als der Prinz an Deck trat, wurden Hunderte Leuchtraketen abgefeuert, die den Himmel taghell erleuchteten.

Undine, die noch nie ein Feuerwerk gesehen hatte, erschrak, weil sie dachte, die Sterne fielen vom Himmel, und tauchte rasch unter.

Als sie wieder an die Oberfläche kam, setzte sie sich auf einen Felsen, um das Schiff genau zu betrachten. Die kleine Meerjungfrau konnte den Blick nicht von dem Schiff und noch viel weniger von dem stattlichen Prinzen wenden. Wie schön er war!

Doch plötzlich, als hätte das Feuerwerk die Götter erzürnt, bedeckte sich der Himmel mit dunklen Wolken, und ein heftiger Wind kam auf.

Die Seeleute rannten über Deck, um die Segel zu hissen, und auf einmal setzte sich das Schiff in Bewegung. In der Ferne zuckten Blitze und kündigten einen furchtbaren Sturm an.

Die Wellen wurden immer stärker, und das Schiff wurde hin und her geworfen wie ein Spielzeug.

Selbst aus der Entfernung konnte die kleine Meerjungfrau erkennen, dass die Seeleute beunruhigt waren wegen des Sturms, der so schnell und so heftig hereingebrochen war. Das Schiff ächzte und knarrte, die dicken Planken bogen sich unter dem Ansturm der Wassermassen.

Plötzlich schlug ein Blitz in den Großmast ein und zerfetzte ihn, als ob er ein Strohhalm wäre. Das Schiff begann zu schwanken, Wasser schlug an mehreren Stellen über das Deck und drang durch die Luken. Erst als ihr klarwurde, dass der Schiffsrumpf bald überschwemmt wäre, begriff Undine, in welcher Gefahr sich das Schiff und die Menschen darauf befanden.

Es war stockfinstere Nacht geworden, nur hin und wieder wurde die Dunkelheit von einem Blitz erhellt. In diesen kurzen Momenten suchte Undine unter den Menschen auf dem Schiff nach ihrem Prinzen. Doch als ein weiterer Blitz aufflammte, sah sie, wie das Schiff entzweibrach und im Meer versank.

Im ersten Moment empfand sie Freude. Wenn das Schiff unterging, so dachte sie, hätte sie den Prinzen bei sich in ihrem Reich … Doch dann erinnerte sie sich daran, dass die Menschen unter Wasser nicht überleben konnten. Der schöne Prinz würde tot sein, bevor er den Palast ihres Vaters erreichte.

Nein, er durfte nicht sterben.

Undine schwamm zwischen den Holzplanken umher, die auf dem aufgewühlten Meer trieben, ohne daran zu denken, dass sie sich in Gefahr brachte. Tauchend erreichte sie den Prinzen, der am Ende seiner Kräfte war. Seine Arme und Beine erlahmten, seine Augen schlossen sich, und eine Mischung aus Wasser und Luft drang in seine Lungen.

Hätte die kleine Meerjungfrau nicht seinen Kopf über Wasser gehalten und ihn zu den Felsen gebracht, das Leben des Prinzen wäre in jener Nacht zu Ende gewesen.

Als der Morgen anbrach, hatte sich der Sturm gelegt, doch von dem Schiff war nichts mehr zu sehen. Die Morgensonne fiel auf das Gesicht des jungen Prinzen und zauberte ein wenig Farbe auf seine Wangen, auch wenn seine Augen nach wie vor geschlossen waren.

Die kleine Meerjungfrau, die die ganze Nacht bei ihm gewacht hatte, war so froh, dass sie einen Kuss auf seine edle Stirn hauchte. Als sie ihm das nasse Haar aus dem Gesicht strich, stellte sie fest, wie ähnlich der junge Prinz der Marmorstatue sah, die in ihrem Meergarten stand. Die Meerjungfrau küsste ihn erneut und hoffte, dass er lebte.

An dieser Stelle formte das Meer eine kleine, windgeschützte Bucht, die sich bis zu einigen Felsen zog. Dorthin schwamm Undine mit dem schönen

Prinzen und legte ihn in den feinen weißen Sand, wobei sie Sorge trug, dass sein Kopf von der Sonne beschienen wurde.

Im Turm eines großen weißen Gebäudes, das ein Stückchen vom Strand entfernt stand, begannen die Glocken zu läuten, und die kleine Meerjungfrau sah einige Mädchen herauskommen. Sie sprang ins Wasser, schwamm zu einem Felsen, der aus dem Wasser ragte, und bedeckte Kopf und Brust mit Meerschaum, um nicht entdeckt zu werden.

Es war Zeit, zurückzukehren. Wenn sie zu spät kam, würde die Großmutter sie bestrafen und sie vielleicht für lange Zeit nicht an die Meeresoberfläche lassen. Doch die kleine Meerjungfrau wollte den Prinzen nicht zurücklassen, bis sie Gewissheit hatte, dass ihm jemand zu Hilfe kam.

Da erinnerte sie sich daran, was ihr Vater immer sagte:

Wenn man will, dass etwas geschieht, muss man dafür sorgen, dass es geschieht.

Sie nahm eine große Muschel, setzte sie an die Lippen und blies kräftig hinein.

»Tuuuut!«

Die Mädchen hörten das Geräusch und liefen neugierig zum Strand, wo sie den Körper des jungen Prinzen im Sand entdeckten.

Nachdem sie sich vom ersten Schreck erholt hatten, gelang es ihnen gemeinsam, ihn aufzurichten.

Erleichtert sah die kleine Meerjungfrau, dass er wieder zu sich kam und den Mädchen, die ihn umringten, dankbar zulächelte.

»Wie ungerecht die Menschenwelt doch ist«, dachte sie. »Mein Freund Fix hatte recht. Er lächelt allen zu, außer mir, seiner Retterin …«

Doch als sie sah, dass er heil und unversehrt in das große Gebäude ging, tauchte sie unter und kehrte in den Palast ihres Vaters zurück.

Undine war schon immer ruhig und in sich gekehrt gewesen, doch von diesem Tag an war sie noch stiller. Sie konnte oder wollte niemandem erzählen, was an jenem ersten Tag an der Wasseroberfläche geschehen war. Ihr einziger Trost war es, in ihrem Garten zu sitzen und die schöne Marmorstatue zu umarmen, die dem jungen Prinzen so sehr glich.

Undine kümmerte sich nicht mehr um die Blumen, die sie doch so sehr liebte. Mit der Zeit verwilderte der Garten, das Gestrüpp überwucherte die Wege und rankte in die Baumkronen empor, bis kein Licht mehr hindurchdrang und der Garten genauso düster wurde wie ihr Gemüt.

»Darf man erfahren, was mit dir los ist?«, wollte ihr Freund Fix irgendwann wissen.

»Das kann ich dir nicht erzählen«, sagte Undine. »Es ist ein Geheimnis.«

»Hör zu, Prinzessin, wofür hat man Freunde, wenn man ihnen keine Geheimnisse anvertrauen kann?«

Fix hatte recht. Also erzählte Undine dem Krebs in knappen Worten, was geschehen war, und dann sehr ausführlich, was sie empfand, wenn sie an den Prinzen dachte, und auch von ihrer Angst, ihn nie wiederzusehen ...

»Überlass das nur mir«, sagte Fix, der immer bereit war, ihr zu helfen. »Aber bis dahin lächle ein wenig. Der Meeresgrund ist sehr trist und grau ohne dein Lächeln.«

Nicht lange, und der Krebs hatte herausgefunden, wer der Prinz war, woher er kam und wo sich sein Palast befand.

»Komm«, sagte Fix zu der kleinen Meerjungfrau. »Es ist gar nicht weit ... Schauen wir uns den Palast deines Prinzen einmal an.«

Der Palast der Königsfamilie war aus leuchtend gelbem Stein erbaut, mit breiten Marmortreppen, von denen eine bis ans Meer reichte. Das Dach war von wundervollen goldenen Kuppeln gekrönt, und zwischen den Säulen, die das Gebäude umgaben, standen Marmorstatuen, die wie lebendig wirkten. Durch die hohen Fenster sah man in prächtige Säle mit kostbaren Teppichen, seidenen Vorhängen und großen Gemälden an den Wänden. Es war eine Augenweide.

Von nun an verbrachte Undine viele Abende und Nächte dort und wagte sich näher an Land, als es eine ihrer Schwestern je getan hatte; sie schwamm sogar den künstlichen Kanal hinauf, der unter der großen Freiterrasse hindurchfloss. Dort setzte sie sich hin und betrachtete den Prinzen, der im Mondlicht zwischen den Blumen umherwandelte und sich allein wähnte.

Die kleine Meerjungfrau verspürte immer stärkere Sehnsucht, dem Meer zu entsteigen und die Welt der Menschen kennenzulernen, die ihr so viel größer erschien als ihre eigene. Sie erfuhr, dass die Menschen mit ihren Schiffen um die Welt segelten, Berge erstiegen, die höher waren als die Wolken, und dass der Vater des Prinzen, der König, Wälder und Felder besaß, so weit das Auge reichte.

»Könnten die Menschen nicht lernen, unter Wasser zu leben?«, fragte sie eines Tages Fix, auch wenn sie die Antwort schon ahnte.

»Nein«, sagte Fix. »Sie atmen Luft, deshalb haben sie eine Lunge und können keinen Sauerstoff aus dem Wasser filtern.«

»Und könnten sie es nicht lernen?«, klagte die kleine Meerjungfrau.

»Könntest du lernen, zu laufen?«, fragte Fix zurück.

»Nein, natürlich nicht.«

»Warum?«

»Weil ich keine Beine habe«, sagte Undine.

»Nun, das ist ungefähr dasselbe.«

Es dauerte eine Weile, bis sie genau verstand, was

ihr Freund, der Krebs, ihr sagen wollte, und als sie es schließlich begriff, gefiel es ihr ganz und gar nicht.

Im Laufe der Zeit wurde der kleinen Meerjungfrau klar, dass sie sich verliebt hatte. Aber sie dachte: »Wie sinnlos ist doch die Liebe, wenn man keinen Ort hat, an dem man der geliebten Person begegnen könnte!«

»Ich will alles versuchen, um meinem Prinzen nahe zu sein«, sagte sie eines Morgens zu Fix.

»Meine liebe Freundin, tu nichts, was du später bereuen würdest«, warnte der Krebs.

»Wie sagt mein Vater immer? Besser handeln mit Reue als gar nichts tun.«

»Du machst mir Angst, Undine. Was hast du vor?«

»Heute Abend, wenn meine Schwestern im Palast tanzen, will ich zur Hexe Medusa gehen, vor der sich alle fürchten ... Vielleicht kann sie mir einen Rat geben. Es heißt, sie sei so alt, dass sie auf alles einen Rat wisse und es nichts gebe, was sie noch nicht gesehen hätte.«

Und tatsächlich, als das Sonnenlicht erlosch, schwamm die kleine Meerjungfrau zu dem tosenden Wirbel, hinter dem Medusa lebte. Die Hexe war nicht wirklich eine Meduse, aber ihr gallertartiges Äußeres und die nesselnden Tentakel hatten ihr diesen Namen eingebracht, unter dem sie alle kannten.

Um zu der Hexe zu gelangen, musste die Meerjungfrau zunächst gefährliche Strömungen und heißen Schlamm durchqueren, von denen die Höhle umgeben war, und dann zwischen den Tentakeln der Hexe hindurchschwimmen, die kreuz und quer im Wasser trieben, um alles Essbare zu lähmen und zu fangen – also alles, wenn die Meduse hungrig war.

Als die kleine Meerjungfrau endlich vor der Hexe stand, hielt sie ihr eine Perlenkette hin, die sie als Geschenk mitgebracht hatte, und setzte dann an, ihr von dem Grund ihres Besuchs zu erzählen.

Aber das war nicht nötig. Nachdem Medusa die Perlenkette an sich gerissen und um den dicksten Tentakel gewickelt hatte, sagte sie:

»Ich weiß schon, was du willst, und bin bereit, dir zu helfen, auch wenn das, was du vorhast, eine Dummheit ist. Du willst deinen Fischschwanz loswerden und stattdessen zwei Beine haben, um laufen zu können wie die Menschen ... Und das alles nur, damit der Prinz sich in dich verliebt und du für immer mit ihm auf der Erde leben kannst. Ha, ha, ha! Was für eine Dummheit! Du musst wissen, dass es sehr schmerzhaft ist, deinen Fischschwanz in Beine zu verwandeln. Es wird sich anfühlen, als würde man dich mit einem glühenden Schwert durchbohren. Du wirst zwar deine außergewöhnliche Schönheit behalten und genauso anmutig gehen, wie du schwimmst, aber bei jedem Schritt wird es dir vorkommen, als trätest du auf ein scharfes Messer. Kein Traum ist ein derartiges Opfer wert, doch wenn du bereit bist, das alles durchzustehen, werde ich dir einen Trank zubereiten.«

»Ich bin bereit«, rief die kleine Meerjungfrau mit zitternder Stimme, während sie an den Prinzen und die Zukunft an seiner Seite dachte. »Gib mir diesen Trank.«

»Nicht so hastig, mein Fräulein. Es gibt noch zwei Dinge, die du wissen musst. Das erste ist: Die Verwandlung lässt sich nicht rückgängig machen. Sobald du Menschengestalt angenommen hast, kannst du nie wieder eine Meerjungfrau werden. Und du kannst nie mehr auf den Meeresgrund zurück, zu deinen Schwestern und dem Palast deines Vaters.«

»Ich verstehe«, sagte die kleine Meerjungfrau mit gesenktem Kopf und bleich wie der Tod.

»Die zweite Sache ist der Preis.«

Undine erstarrte. Aus irgendeinem Grund hatte sie geglaubt, die Perlenkette würde genügen …

»Ich besitze weder Gold noch Geld. Wie könnte ich dich bezahlen?«

»Der Preis, den ich verlange, ist nicht gering, aber damit der Trank wirkt, muss ich mein eigenes Blut hinzugeben. Da ist nur gerecht, was ich im Gegenzug dafür verlange.«

»Was willst du?«

»Seit fünfhundert Jahren sitze ich in dieser Felshöhle fest. Früher konnte ich mich frei bewegen, um meine Nahrung zu suchen und mich überall umzusehen. Heute bin ich auf das angewiesen, was mir an Essbarem vor die Tentakel schwimmt, und ich habe nichts, um die Beute anzulocken. Du hingegen … Du besitzt die schönste Stimme hier unten im Meer. Nun, für meinen Trank will ich deine Stimme.«

»Meine Stimme?«, fragte die Meeresprinzessin, um sich zu vergewissern, dass sie richtig gehört hatte. »Wie könnte ich dir meine Stimme geben?«

»Das lass nur meine Sorge sein.«

»Aber wenn du mir die Stimme nimmst, wie soll ich dann meinen Prinzen erobern?«, fragte die kleine Meerjungfrau.

»Dir bleiben immer noch deine hübsche Gestalt, deine ausdrucksstarken Augen, deine Wärme und Zärtlichkeit. Mit allen diesen Dingen kannst du das Herz jedes Mannes verwirren. Doch bedenke, dass sich eines nicht ändern wird, ob du nun einen Fischschwanz oder zwei Beine besitzt: Dein Herz wird das einer Meerjungfrau bleiben, und wenn man einer Meerjungfrau das Herz bricht, ist es mit ihrem langen Leben vorbei, und sie wird augenblicklich zu Meerschaum. Du musst dich nicht jetzt entscheiden. Geh nach Hause und besinne dich. Wenn du danach immer noch deinen wunderschönen, schillernden Fischschwanz loswerden willst, dann komm zurück, und der Handel gilt.«

Undine schwamm langsam zum Palast ihres Vaters zurück.

Im großen Ballsaal waren die Lichter gelöscht; wahrscheinlich schliefen schon alle. Die kleine Meerjungfrau überlegte, sich von ihrem Vater, ihrer Großmutter und ihren Schwestern zu verabschieden, doch das hätte nur großen Schmerz und viele Erklärungen bedeutet, und sie wollte den Aufbruch nicht noch länger aufschieben. Sie hatte das Gefühl, es würde ihr vor Kummer das Herz brechen. Zum letzten Mal schwebte sie leise in den Garten und pflückte eine Blume, dann warf sie zahllose Kusshände zum Palast hinüber und schwamm durch das blaue Wasser für immer davon.

»So soll es denn sein«, sagte sie, als sie Medusas Höhle erreichte.

Die Hexe hatte den Trank schon zubereitet, weil sie von vornherein wusste, wie Undine sich entscheiden würde.

»Hier, nimm«, sagte sie und reichte ihr ein Fläschchen mit einer klaren Flüssigkeit. »Du schwimmst zum Ufer, und wenn du am Strand bist, trinkst du das Fläschchen bis auf den letzten Tropfen aus. Sofort wird dein Wunsch in Erfüllung gehen: Dein Fischschwanz wird verschwinden und sich in Beine verwandeln. Und auch mein Wunsch wird wahr werden: Du wirst nicht mehr sprechen und singen können, und deine Stimme wird mir gehören.«

Als die kleine Meerjungfrau den Strand vor dem Palast des Prinzen erreichte, ging gerade die Sonne auf. Mühsam schleppte sie sich bis zu der Marmortreppe und trank die brennend scharfe Flüssigkeit.

Wie die Hexe vorhergesagt hatte, fühlte es sich an, als führe ein scharfes, zweischneidiges Schwert durch ihren Körper. Sie sank ohnmächtig zusammen und blieb wie tot liegen.

Als ihr die Sonne ins Gesicht schien, kam sie wieder zu sich.

Der Schmerz war entsetzlich, doch vor ihr stand der schöne Prinz und sah sie aus seinen schwarzen Augen an. Undine schlug ihren Blick nieder und stellte fest, dass jemand einen Umhang über sie gebreitet hatte. Sie betrachtete ihren Körper unter dem Stoff und stellte fest, dass ihr Fischschwanz verschwunden war. An seiner Stelle befanden sich zwei wunderschöne schneeweiße Beine, die schönsten, die ein Mädchen nur haben konnte.

Noch ein wenig benommen, hörte Undine den Prinzen fragen, wer sie sei und wie sie hierhergekommen sei, aber sosehr sie es auch versuchte, sie konnte nicht antworten. Da fiel ihr wieder ein, dass sie keine Stimme mehr besaß, weil sie die Hexe damit bezahlt hatte. Also begnügte sie sich damit, ihn sanft und traurig aus ihren blauen Augen anzusehen und zu hoffen, dass er sie verstand – wenn schon nicht die Antworten auf seine Fragen, so doch ihre Gefühle.

Der Prinz nahm sie bei der Hand und führte sie in den Palast.

Jeder Schritt war, als liefe sie über spitze Scherben und scharfe Messer, aber Undine ertrug den Schmerz klaglos. Sie war so glücklich, an der Hand des Prinzen zu gehen, dass sie die Treppe leichtfüßig hinaufschwebte wie eine Seifenblase.

Der Gastgeber gab Anweisung, sie wie einen Ehrengast zu behandeln und ihr alles zu bringen, wonach sie verlangte. Obwohl sie um nichts bat, brachte man ihr edle Kleider aus Seide und Musselin, wohlriechende Essenzen und kostbaren Schmuck.

Als Undine am Abend in den geliehenen Kleidern aus ihren Gemächern kam, staunten der Prinz und alle Anwesenden über ihre Schönheit und ihren anmutigen, schwebenden Gang.

Schöne, in Seide und Gold gekleidete Sklavinnen kamen herbei, um zu den Klängen einer unvergleichlichen Musik vor dem Königssohn und seinen erlauchten Eltern zu tanzen.

Vielleicht weil sie nicht sprechen konnte, hob Undine ihre wunderschönen schneeweißen Arme, stellte sich auf die Zehenspitzen und begann, mit einer nie gesehenen Eleganz zu tanzen. Jede Bewegung hob ihre Schönheit noch mehr hervor, und ihre Augen sprachen beredter zum Herzen als der Gesang von tausend Sklavinnen.

Alle waren voller Bewunderung, ganz besonders der Prinz, der sie vor allen »mein Juwel« nannte. Er gab Anweisung, ihr Reitkleidung bereitzulegen, damit sie ihn am nächsten Tag auf seinem morgendlichen Ausritt begleiten konnte.

Und so ritten sie durch die duftenden Wälder, deren grüne Äste ihre Schultern streiften, während in den zarten Blättern die Vögel sangen. Sie bestieg mit dem Prinzen die höchsten Berge, und obwohl alle sehen konnten, dass ihre zarten Füße bluteten, lächelte sie ihrem Geliebten weiter zu. Es war der glücklichste Tag ihres Lebens.

Am Abend, als alle schliefen, stieg Undine die marmorne Palasttreppe zu den Felsen hinab, um ihre schmerzenden Füße im Meerwasser zu baden. Sie sah noch immer die Wolken vor sich, die sich zu ihren Füßen ausgebreitet hatten; sie waren ihr wie eine große Schule weißer Wale erschienen, die durch fremde Lande zogen.

Mit jedem Tag wurden die Gefühle stärker, die der Prinz für sie hegte. Er liebte sie wie eine Schwester, doch niemals wäre ihm in den Sinn gekommen, sie zu seiner Königin zu machen. Und Undine war sich dessen bewusst.

Oft, wenn er sie in die Arme nahm, um sie auf die Stirn zu küssen, sah sie ihn an und fragte ihn mit den Augen:

»Liebst du mich, mein Prinz?«

Und als hätte er die Botschaft verstanden, sagte er:

»Ach, mein bewundertes Juwel, ich liebe dich mehr als irgendjemanden auf der Welt. Du hast das edelste Herz und bist diejenige, die mich am meisten liebt.«

Eines Tages, vielleicht war es ein schlechter Tag, wagte sie es, ihn stumm zu fragen:

»Weshalb liebst du mich, mein Geliebter? Was siehst du in mir?«

Wieder schien der Prinz ihre Frage zu verstehen:

»Ich will dir etwas erzählen, wovon sonst niemand weiß. Vor einigen Jahren befand ich mich auf einem Schiff, als dieses in einem Sturm unterging. Ich erinnere mich, dass ich mich an eine Holzplanke klammerte, um nicht zu ertrinken, doch meine Kräfte ließen nach, und ich glaubte, mein Ende sei gekommen. Ich weiß nicht genau, wie, aber ein Mädchen stürzte sich in die Fluten und zog mich ans Ufer. Sie hat mir das Leben gerettet. Als ich wieder zu mir kam, sah ich sie. Sie stand dort und schien zu warten, um zu sehen, ob ich lebte. Dann küsste sie mich und ging. Ich wollte meine Hand ausstrecken, um sie aufzuhalten, aber ich war zu schwach und fiel erneut in Ohnmacht. Ich erwachte in dem Kloster, das sich an der Bucht befindet, in der sie mich zurückließ, und suchte sie verzweifelt unter den Novizinnen. Aber es war keine von ihnen. Ich habe sie nie wiedergesehen und werde sie auch nie wiedersehen, aber du, mein Juwel, erinnerst mich so sehr an sie, dass du beinahe ihr Bild in meinem Herzen auslöschst. Mein Beichtvater sagt, dieses junge Mädchen, das ich zu sehen glaubte, sei mein Schutzengel gewesen ... Falls das stimmt, bin ich sicher, dass dieser Engel dich zu mir geschickt hat. Verstehst du nun, warum ich dich so sehr liebe?«

Undine sah ihn an und sagte ihm mit den Augen, dass sie es gewesen war, die ihn gerettet hatte. Dass es keinen Schutzengel gab außer ihr selbst und dass sie für immer an seiner Seite sein wollte, um auf ihn aufzupassen.

Doch diesmal verstand der Prinz ihre Botschaft nicht. Zumindest nicht ganz, denn er sagte nur:

»Ein Prinz hat gewisse Pflichten, die er erfüllen muss, weißt du? Früher oder später werde ich mir eine Frau suchen müssen.«

Undine spürte, wie ihre Augen feucht wurden, und zum ersten Mal rollten zwei Tränen über ihre Wangen und hinterließen in ihrem Mund einen salzigen Geschmack nach Meer.

»Aber sei unbesorgt«, sagte der Prinz. »Wohin ich auch gehe, du wirst immer einen Platz an meiner Seite haben.«

Irgendwann war der Tag gekommen, da der König und die Königin ihrem Sohn mitteilten, dass sie eine wundervolle Ehefrau für ihn ausgewählt hätten. Es war die Königstochter des Nachbarlandes. Der Prinz sollte sich nun auf den Weg dorthin machen, um die Prinzessin kennenzulernen. Ein großes Gefolge würde ihn begleiten, und natürlich wollte der Prinz, dass ihn auch Undine, sein Juwel, begleitete.

»Ich muss es tun! Und ich hätte gern, dass du mich begleitest«, sagte er. »Ich muss mir die Prinzessin zumindest einmal ansehen. Meine Eltern erwarten es. Aber sie werden mich nicht zur Heirat zwingen, wenn ich sie nicht liebe. Und ich vermute, dass ich sie nicht lieben kann. Wahrscheinlich hat sie nicht die geringste Ähnlichkeit mit meinem Schutzengel.«

In einem Impuls, den die kleine Meerjungfrau nicht unterdrücken konnte oder wollte, warf sie sich dem Prinzen in die Arme, küsste ihn auf den Mund und lehnte dann den Kopf an sein Herz, während sie vom Glück ewiger Liebe träumte.

»Ich glaube, demnächst werden wir darüber nachdenken müssen, auch einen Mann für dich zu finden, mein Juwel!«

»Ich will keinen anderen Mann«, dachte die kleine Meerjungfrau. »Ich liebe dich.«

Aber sie sah ihn nicht an, um es ihm durch Blicke zu sagen.

In einer klaren Mondnacht, während sie in Richtung Nachbarland segelten, wachte Undine unruhig auf und stieg auf das leere Deck. Alle schliefen, nur der Steuermann stand auf seinem Posten. Sie setzte sich an die Reling und blickte ins klare Wasser, und für einen Moment glaubte sie, am Grund den Palast ihres Vaters zu sehen. Ihr Wunsch, dass es tatsächlich so wäre, war so stark, dass Undine sich ein wenig vorbeugte und aufmerksam ins Wasser sah. Da entdeckte sie ihre Schwestern, die an die Wasseroberfläche gestiegen waren, um ihr mit ihren weißen Händen zuzuwinken. Sie lächelte und gab ihnen durch Zeichen zu verstehen, dass es ihr gutging, dass sie glücklich war und sie immer in ihrem Herzen trug.

Am nächsten Morgen erreichte das Schiff den Hafen der Hauptstadt des Nachbarlandes. Sämtliche Glocken läuteten, und von den Türmen erschollen Trompetenklänge, während Truppen mit wehenden Fahnen und glänzenden Bajonetten aufmarschierten.

Am Abend sollte im Palast ein offizieller Empfang stattfinden, bei dem sich der Prinz und die Prinzessin begegnen würden. Die kleine Meerjungfrau war ungeduldig, die Königstochter kennenzulernen. Ob sie wohl so schön war, wie alle behaupteten?

Ja, das war sie.

Undine musste sich eingestehen, dass sie noch nie eine so schöne Frau gesehen hatte. Ein ebenmäßiges Gesicht, in dem hinter langen, dunklen Wimpern zwei sanfte dunkelblaue Augen lächelten. Ihre samtweichen Hände und Schultern bewegten sich mit unvergleichlicher Geschmeidigkeit. Doch jeder Anflug von Beunruhigung oder Eifersucht, die Undine hätte empfinden können, verschwand, wenn sie daran dachte, was der Prinz immer wieder sagte: dass er sich nur in ein Mädchen verlieben könne, das jener Unbekannten glich, die ihm das Leben gerettet hatte. Und die Prinzessin hatte keinerlei Ähnlichkeit mit Undine.

Als das Fest endete und der Ball vorüber war, begaben sich der Prinz und Undine zur Ruhe. Auf der Treppe ergriff der Prinz Undines Hand, drückte sie ganz fest und sagte:

»Sie ist es! Sie ist das Mädchen, das mich gerettet hat, als ich wie tot am Strand lag.«

»Aber ...«, wollte Undine sagen. »Ihr Haar ist anders, die Augen haben eine andere Farbe ... Sie ist es nicht!« Doch sie hatte keine Stimme und keine Möglichkeit, es ihm zu sagen, vor allem, weil er es nicht hören wollte.

»Ich bin so glücklich!«, setzte der Prinz hinzu. »Mein sehnlichster Wunsch ist in Erfüllung gegangen. Und ich weiß, dass du dich am meisten über mein Glück freust, denn du liebst mich mehr als alle anderen. Morgen werde ich um die Hand der Prinzessin anhalten.«

Am nächsten Tag läuteten alle Glocken, und Herolde liefen durch die Straßen, um die Neuigkeit zu verkünden. Auf allen Altären brannte Duftöl in silbernen Lampen, die Priester schwenkten die Weihrauchkessel, und beide Königshäuser erhielten den Segen des Bischofs. Noch am selben Abend bestiegen die Verlobten, begleitet von Kanonenschüssen und wehenden Fahnen, das Schiff in die Heimat des Prinzen, um die Braut seinen Eltern und ihren zukünftigen Untertanen vorzustellen.

Zum ersten Mal ging Undine ohne ihren Prinzen an Bord.

Zum ersten Mal verging ein ganzer Tag, ohne dass sie ihn zu Gesicht bekam.

Zum ersten Mal spürte sie, dass ihr Prinz eine andere zu seinem Juwel erwählt hatte.

Der Wind blähte die Segel, und das Schiff glitt sanft und geschwind übers weite Meer. Bei Einbruch der Dunkelheit wurden Laternen entzündet, und die Seeleute tanzten ausgelassen an Deck.

Die kleine Meerjungfrau dachte an ihren ersten Ausflug aus dem Meer zurück; damals hatte sie die gleiche Pracht und Freude gesehen. Sie begann zu tanzen, flog dahin wie ein Schwälbchen. Die Anwesenden staunten; noch nie zuvor hatte sie so getanzt. Es war, als ob stählerne Klingen ihre zarten Füße durchbohrten, doch sie spürte es nicht. Denn noch schneidender war der Schmerz, der ihr Herz zerriss. Sie wusste, dass es die letzte Nacht war, in der sie den Mann sah, für den sie ihre Familie und ihre Heimat verlassen, ihre schöne Stimme geopfert und Tag für Tag schlimmste Qualen durchlitten hatte.

An Bord herrschte fröhliches Treiben bis weit nach Mitternacht. Erst als sich die Verlobten Arm in

Arm zur Nachtruhe zurückzogen, kehrte auf dem Schiff Stille ein.

Auf dem Weg zu ihren Gemächern gingen die Verlobten engumschlungen an Undine vorbei, ohne sie zu sehen.

»Was kann ich tun, um dich zur glücklichsten Frau der Welt zu machen?«, fragte er.

»Alles, was mir fehlt, mein Geliebter, ist die Gewissheit, dass du mich irgendwann genauso lieben wirst, wie du dieses Mädchen liebst, das immer an deiner Seite ist«, antwortete die Prinzessin.

»Dann kannst du dich als die glücklichste Frau fühlen«, entgegnete er. »Ich liebe dich mehr als alles auf der Welt und mehr, als ich jemals geliebt habe.«

Die kleine Meerjungfrau musste sich auf die Reling stützen, um nicht zusammenzubrechen, während sie sah, wie das Paar in seiner Kabine verschwand.

Sie fühlte, wie ihr Herz brach, und kannte ihr Schicksal. Beim ersten Sonnenstrahl würde sie sich in Meerschaum verwandeln.

Da sah sie ihre Schwestern aus den Fluten auftauchen. Sie waren blass und sahen ernst und entschlossen aus. Und ihre schönen langen Haare flossen nicht mehr um sie herum.

»Wir haben der Hexe unsere Haare versprochen, damit sie uns sagt, was wir tun können, damit du heute Nacht nicht sterben musst. Sie hat uns dieses

Messer gegeben. Hier, nimm! Sieh nur, wie scharf es ist! Dein Prinz hat eine andere erwählt, ein Mädchen seines Standes. So sind die Menschen! Er hat deine Liebe nicht verdient, und deinen Tod noch viel weniger. Aber noch ist Zeit! Bevor die Sonne aufgeht, musst du diesen Dolch in das Herz des Prinzen stoßen. Wenn sein warmes Blut deine Füße benetzt, wird dir wieder ein Fischschwanz wachsen, und du wirst wieder zur Meerjungfrau. Du kannst ins Meer zurückkehren und deine dreihundert Jahre leben, bevor du zu salzigem, totem Meerschaum wirst. Beeil dich! Einer von euch beiden wird vor Sonnenaufgang sterben. Du oder er! Töte den Prinzen, und komm zu uns zurück! Beeil dich, siehst du die roten Streifen am Himmel? Nicht mehr lange, und die Sonne geht auf.«

Die kleine Meerjungfrau ging zu der Kajüte, in der das Paar schlief, und trat ein. Die schlafende Prinzessin hatte den Kopf an die Brust des Prinzen gelehnt, wie sie selbst es so oft getan hatte. Undine beugte sich vor und küsste die edle Stirn ihres Geliebten, betrachtete das scharfe Messer und richtete den Blick erneut auf den Prinzen, der im Schlaf den Namen seiner zukünftigen Frau murmelte.

Die kleine Meerjungfrau spürte erneut den schneidenden Schmerz in ihrer Brust. Sie betrachtete die Waffe in ihrer zitternden Hand, lief hinaus … und stürzte sich ins Meer.

Sie sah, wie das Messer, das ihr das Leben hätte retten können, in der Tiefe versank, und sie spürte, wie sich ihr Körper in den ersten sanften Sonnenstrahlen in Meerschaum auflöste.

Wenig später begannen an Bord erneut die fröhlichen Feierlichkeiten. Undine sah vom Wasser aus, dass der Prinz und seine zukünftige Frau nach ihr suchten und traurig auf die schäumenden Wellen blickten.

Die Meerjungfrau sandte beiden Küsse, um sich zu verabschieden und ihnen alles Gute zu wünschen. Dutzende von Küssen, die sich auf ihren Gesichtern wie kleine Wassertropfen anfühlten, die der Meerschaum herüberwehte.

Die Moral

Anders als der Zeichentrickfilm ist die Originalversion der Geschichte eines der wenigen Märchen für Kinder, die nicht »gut« ausgehen. Die Botschaft ist eher einem schmerzlichen Realismus als sinnlosem Optimismus verhaftet. Und doch hat die Geschichte die Zeit überdauert und damit auch ihr Vermächtnis, das für mich ebenso offensichtlich wie bemerkenswert ist.

Die erste Botschaft der Geschichte lautet eindeutig, dass es im Leben nicht immer so läuft, wie man will, selbst wenn man sich etwas von ganzem Herzen wünscht und danach handelt. Wie die kleine Meerjungfrau stoßen wir im täglichen Leben immer wieder auf Schwierigkeiten und Hindernisse, die uns daran hindern, einen Traum zu verwirklichen, einen Wunsch wahr werden zu lassen oder unseren eigenen Weg zu gehen. Dies gilt ganz besonders dann, wenn dieses Ziel von den Entscheidungen und Bedürfnissen anderer abhängig ist, die oft nicht mit unseren eigenen vereinbar oder gar inkompatibel sind.

Die zweite Moral der *Kleinen Meerjungfrau* ist wie in Stein gemeißelt: Wir sind in großem Maße selbst für unser Leben und für unser Glück verantwortlich, indem wir handeln oder Dinge unterlassen, indem wir eine vorschnelle oder zögerliche Entscheidung fällen, indem wir etwas zulassen oder selbst veranlassen. Anders gesagt: Wir sind immer Protagonisten oder Zwangskomplizen bei allem, was uns widerfährt.

Und dann ist da noch eine dritte Botschaft, die sicherlich entscheidender ist als die ersten beiden. Man könnte sie folgendermaßen formulieren:

Es gibt keinen guten Grund, sich selbst zu verleugnen, um jemand anderes zu sein.

Keinen, nicht einmal die Liebe (wie im Märchen). Sie ist der am wenigsten triftige Grund.

Tatsächlich kann und darf die Liebe kein Vorwand sein, um Zeit und Energie darauf zu verwenden, einem Idealbild zu entsprechen. Im Gegenteil ist die einzig mögliche und erstrebenswerte Liebe die zwischen zwei Menschen, die zu jedem Zeitpunkt authentisch bleiben und aus genau diesem Grund zueinanderfinden, um Räume und Träume zu teilen.

Authentizität ist inzwischen eine feste Größe auf der Liste der Dinge, die man beherzigen sollte, wenn man als Person wachsen und sich weiterentwickeln will ... Es geht nicht nur darum, sich so zu akzeptieren, wie man ist, sondern damit aufzuhören, jemand anderem gleichen und sich zwanghaft verändern zu wollen.

»Sei du selbst« ist ein Weg, dir zu sagen, dass du dich nicht bemühen sollst, mehr (oder weniger) zu sein, als du bist, nicht mit deinen Fehlern und Schwächen zu hadern, zu deinen Unzulänglichkeiten zu stehen und nicht die Anteile deiner selbst zu unterdrücken, die anderen nicht attraktiv erscheinen, nur um ihnen zu gefallen.

Ich unterbreche meine Ausführungen an dieser Stelle, um mit dir gemeinsam darüber zu lachen, wie Groucho Marx, der größte und sarkastischste Komiker aller Zeiten, diese Vorstellung ins genaue Gegenteil verkehrt.

In einer Filmszene diskutiert Groucho Marx hitzig mit einem Mann, weil er und seine Brüder dringend einen Job brauchen. Als der andere sich nach seiner politischen Einstellung erkundigt, scheint Groucho fest zu seinen Überzeugungen zu stehen:

»Schauen Sie, Mister, ich habe meine Prinzipien. Aber wenn sie Ihnen nicht passen, habe ich andere.«

Es ist interessant, dass der respektlose Umgang mit sich selbst, vor dem Andersen in seiner Geschichte so eindrücklich warnt, die Basis sämtlicher neurotischer Verhaltensweisen bildet, insbesondere wenn sie unsere Gefühlswelt betreffen. Wahre Liebe kann dir nur jemand entgegenbringen, der weiß, wer du bist, weil du ihn sehen lässt, wer du bist. Und diese Person – es muss noch einmal gesagt werden – liebt dich nicht, obwohl du so bist, sondern weil du so bist.

Wie nur wenige Geschichten bringt *Die kleine Meerjungfrau* überdeutlich zum Ausdruck, wie falsch die Behauptung ist, große Liebe verlange nach Opfern. Es ist ein Preis, der zuweilen die Form eines Tauschhandels annimmt, wie ihn die Hexe Medusa der Meerjungfrau in Andersens Märchen vorschlägt. Um Beine zu haben, von denen sie (nicht ganz zu Unrecht) glaubt, sie bräuchte sie, um ihren Geliebten für sich zu gewinnen, muss sie nicht nur auf ihre Welt und ihre geliebten Wesen verzichten, sondern auch und vor allem auf ihre Sprache: Sie muss die Stimme verlieren, die nicht zufällig einer ihrer größten Vorzüge ist.

Für den unbedarften Leser liegt genau darin der Beweis für die große Liebe, die Undine für den Prinzen empfindet, doch dieser trügerische Gedanke übersieht, dass wahre Liebe sich nicht daran bemisst, was ich für dich aufzugeben bereit bin, sondern an dem, was ich mit dir gemeinsam genießen kann. Glück (insbesondere in einer Partnerschaft) hat nichts mit dem Wunsch zu tun, sich selbst aufzugeben, sondern im Gegenteil mit dem Anspruch, ganz und gar man selbst zu sein.

Es ist spannend und grausam zugleich, dass in der Geschichte beide Beteiligten in jemand anderen verliebt sind: der Prinz in die Meerjungfrau, die Undine einmal war und die er in dem schönen, stummen Mädchen nicht wiedererkennt, das er ohnmächtig vor den Palasttoren findet. Und sie in die Statue in ihrem Garten, die dem Prinzen aus Fleisch und Blut so ähnlich sieht ... Es ist diese doppelte Verblendung – in der Geschichte meisterlich dargestellt –, die dazu führt, dass Undines Opfer im Namen dieser unwahrhaftigen Liebe noch absurder wirkt.

Die andere Tür

Die explizite Botschaft, von der wir gesprochen haben, ist so wesentlich, dass ihr eigentlich nichts hinzuzufügen ist. Vielleicht um mich auch hier an den Aufbau dieses Buches zu halten, habe ich aufmerksam geschaut, ob da nicht noch mehr sein könnte. Ein Sachverhalt, der vielleicht gar nichts mit dem literarischen Vorbild zu tun hat, hat mich dazu ermutigt, weiterzumachen.

Bevor ich zum ersten Mal nach Kopenhagen kam, sagte mir die Geschichte von der kleinen Meerjungfrau nicht viel. Andersens Märchen war in Argentinien nicht sehr populär, als meine Kinder klein waren, und der Disneyfilm kam erst sehr viel später. Aber wenn du in die dänische Hauptstadt fährst, wird man dir mit Sicherheit empfehlen, die Statue der kleinen Meerjungfrau zu besuchen, die sich an der Uferpromenade Langelinie befindet.

Es kommt nicht oft vor, dass eine Kommune eine Figur aus einem Märchen ehrt, aber dort ist es so: *Den lille Havfrue* ist eine 175 Kilogramm schwere, anderthalb Meter hohe Bronzefigur des dänischen Bildhauers Edvard Eriksen.

Die Geschichte der Skulptur ist fast ebenso dramatisch wie die ihres literarischen Vorbilds. Zunächst hatte der Künstler Schwierigkeiten, sein Modell, die Primaballerina Ellen Price, davon zu überzeugen, nackt für ihn zu posieren. Nachdem er ein Jahr lang insistiert hatte, traf er eine Entscheidung. Der Körper der kleinen Meerjungfrau ist die Bronzeversion des nackten Körpers seiner Ehefrau, der Kopf hingegen ist nach dem Vorbild der Ballerina gestaltet.

Im August 1913 wurde die Statue auf einem Felssockel unmittelbar am Ufer der Ostsee aufgestellt. Aber sie sollte keine Ruhe finden.

Ein Jahr später wurde die Statue mit schwarzer

Farbe beschmiert. Auch in den kommenden zwanzig Jahren wurde die kleine Meerjungfrau regelmäßig Opfer von Vandalismus, zu dem sich niemand bekannte.

In den 1960er Jahren kam es zu weiteren Anschlägen, und das mit unbegreiflicher Gewalt.

1963 wurde der Statue der Kopf abgesägt. Im darauffolgenden Jahr wurde sie restauriert, wobei man die originalen Gipsabdrücke heranzog.

In den 1970er Jahren gingen die Farbanschläge und Schmierereien weiter, bis ihr schließlich 1984 der rechte Arm abgesägt wurde.

Im August 1991 wurde wieder der Versuch unternommen, den Kopf abzusägen, und am 6. Januar 1998 wurde die Statue erneut enthauptet.

Der letzte große Anschlag auf das Kunstwerk ereignete sich im März 2003, als die Figur mit Hilfe von Sprengstoff vom Sockel gestürzt und ins Meer geworfen wurde. Auf den Felsen, der bislang als Sockel gedient hatte, wurde das Datum 8. März gesprüht.

Nachdem man die Statue restauriert hatte, wurde beschlossen, sie an einem neuen Platz weiter vom Land entfernt aufzustellen, um sie vor weiteren Angriffen zu schützen, was nur halbwegs gelang.

Als ich von diesen Zerstörungen hörte und las, stellten sich mir einige Fragen, die vielleicht auch du dir stellst:

Warum?

Weshalb diese Aggression?

Warum so viel Wut und Hass?

Bei wem löst die kleine Meerjungfrau eine solche Ablehnung aus?

Was ist die Botschaft, die einige so sehr auf die Palme bringt, dass sie mit diesem Wahnsinn immer weitermachen?

Und hier öffnet sich für mich »die andere Tür«.

Die einzige konkrete Spur ist das Datum, das nach der Sprengstoffattacke zu Beginn dieses Jahrhunderts auf den Sockel gesprüht wurde.

8. März!

Wie du dich vielleicht erinnerst, ist am 8. März der Internationale Frauentag.

Ausgehend von dieser »Entdeckung« (die eigentlich eher eine Assoziationskette war), forschte ich weiter in diese Richtung, und plötzlich bekam alles einen Sinn.

Der erste Anschlag auf die Statue fällt in das Jahr, in dem in Dänemark, Norwegen und Schweden das Frauenwahlrecht beschlossen wurde und man den Frauen das Recht auf eigenen Besitz zugestand, ohne dass ein Mann dafür bürgen musste.

Die erneute Zunahme von Übergriffen fällt mit dem Aufkommen der Frauenbewegung zusammen.

Als die Statue 1963 zum ersten Mal enthauptet wird, starten Frauen weltweit eine Kampagne zur Freigabe der Antibabypille.

Die Sprengung des Sockels fällt auf den Internationalen Frauentag ...

Die kleine Meerjungfrau transportiert offensichtlich eine Botschaft, die vielen nicht passt.

Insbesondere den Machos dieser Welt (Männer wie Frauen), die sich gegen die endgültige Befreiung der Frau aus ihrem historischen Joch wehren.

Undine, die Meerjungfrau aus unserer Geschichte, ist eine dieser weiblichen Hauptfiguren, die anders als die meisten Märchenprinzessinnen nicht abwartet und darauf hofft, dass ihr geliebter Prinz sie rettet. Sie ist eine Frau, die ihre eigenen Entscheidungen trifft, Risiken eingeht und sich nicht von dem Preis einschüchtern lässt, den sie dafür zahlen muss, dass sie um das kämpft, was sie will. Unerschütterlich erträgt sie ihr Schicksal und bereut es nicht, für einen Traum alles auf eine Karte gesetzt zu haben.

Mich freut es sehr, dass *Die kleine Meerjungfrau* diese Botschaft in sich birgt, denn so kann ich wiederholen, was man mir zu Hause beibrachte und was ich seitdem immer wieder sage:

Männer und Frauen sind gleichberechtigt und ergänzen sich auf wunderbare Weise.

Die Welt wird das irgendwann begreifen, aber noch liegt ein weiter Weg vor uns.

Der Bericht der Vereinten Nationen aus dem Jahr 2011 schätzt, dass mehr als die Hälfte aller Haushalte weltweit durch das Einkommen einer Frau unterstützt wird. Diese Zahl an sich wäre nicht von solcher Tragweite, gäbe es da nicht noch weitere Zahlen in dieser Statistik: 73 Prozent der (körperlichen und geistigen) Arbeit weltweit werden von Frauen geleistet, aber noch immer erhalten die Männer 75 Prozent der Gesamtlöhne.

Es braucht nicht viel Psychologie, um die Metapher zu begreifen, die in Undines Entscheidung liegt, ihr Leben in Abhängigkeit zu verlassen und auf eigenen Füßen zu stehen (auch wenn es weh tut).

Wie Goethes Faust schließt sie einen Pakt mit der dunklen Seite, um die geliebte Person für sich zu gewinnen. Und sie weiß, dass es ein Pakt ist, aus dem es keinen Weg zurück gibt: eine tatsächliche, grausame Transformation, die sie für immer zu einer anderen machen wird.

Und es gibt noch einen weiteren Beleg für Undines autonomes Verhalten. Als die Meerjungfrau am Ende erkennt, dass nicht sie die Erwählte ist, und das Opfer ihrer Schwestern ihr die Möglichkeit gibt, den Zauber rückgängig zu machen, der sie in diese Situation gebracht hat, lehnt sie ab und bleibt ihren Gefühlen treu, obwohl sie weiß, dass es sie das Leben kosten wird.

Aber vielleicht ist die Liebe zum Prinzen gar nicht das Entscheidende in dieser Geschichte.

Die Erkenntnis, was einen Menschen oder ein Wesen einzigartig macht, kann nicht getroffen werden, wenn man sich nicht zuvor mit anderen Denkweisen, der Meinung der Mehrheit und jenem Teil der Welt auseinandersetzt, für den alles so bleiben soll, wie es ist.

Freiheit entsteht nur, wenn man sich zuvor von allem löst, was andere von einem erwarten.

Hier beginnt und manifestiert sich die Selbstachtung. Sich selbst zu respektieren bedeutet nicht nur, dass man seine eigenen Bedürfnisse und Grenzen kennt, sondern auch, dass man in der Lage ist, andere, die uns verletzen wollen, in die Schranken zu weisen.

Denk daran:

Wenn du dir selbst nicht die Freiheit nimmst, dich zu öffnen oder dich zurückzuziehen, zu reden oder zu schweigen, Gefühle zu äußern oder sie in deinem Herzen zu bewahren, wie solltest du dann anderen dieses Recht zugestehen?

Wenn es dir schwerfällt, Risiken einzugehen, weil du Angst vor den Folgen hast, wirst du sehr wahrscheinlich wütend auf solche Personen in deinem Umfeld reagieren, die risikofreudiger oder abenteuerlustiger sind als du.

Wie sollen wir lernen, gemeinsam zu lachen und vergnügt zu sein, ohne uns dabei über andere lustig zu machen, wenn wir nicht in der Lage sind, von Herzen über uns selbst und unsere eigenen Dummheiten zu lachen?

Wie sollen wir in die Aufrichtigkeit und Ehrlichkeit unserer derzeitigen Weggefährtin oder unseres derzeitigen Weggefährten vertrauen, wenn wir selbst nicht hundertprozentig vertrauenswürdig und authentisch sind?

Wer nicht in sich selbst vertraut, dem wird es sehr schwerfallen, einem anderen zu vertrauen.

Wer bei der ersten Schwierigkeit aufgibt, wird auch bei anderen erwarten, dass sie beim geringsten Widerstand davonlaufen.

Wer nicht in der Lage ist, aus Fehlern zu lernen, den werden auch die Beziehungen zu anderen nicht bereichern können. Er wird immer wieder an denselben Dingen scheitern und sich dann über sein Pech beklagen oder düstere Prognosen stellen, um sie dann zwanghaft herbeizuführen und (aus dummer Eitelkeit) seine Kaffeesatzleserei bestätigt zu sehen.

Die Welt, in der ich leben will und die ich meinen Kindern hinterlassen möchte, ist das Ergebnis des Persönlichen, Reichen und Authentischen, das jeder Mensch in sich trägt, unabhängig von Geschlecht, Alter, Hautfarbe oder Religion.

Eine Welt voller Veränderungen, Überraschungen, Kreativität und Erfindungsgabe.

Eine Welt, die sich keine Beschränkungen auferlegt und deshalb keine Grenzen ihrer Entwicklungsfähigkeit kennt.

Eine Welt, in der unsere wahrhaftigen Beziehungen immer besser und unsere besten Beziehungen immer wahrhaftiger werden.

13
Des Kaisers neue Kleider

Einleitung

Anders als beim *Tapferen Schneiderlein* haben die Gauner in diesem Fall nicht die Sympathie der Leser. Es gibt keinen heimlichen Applaus für ihren Betrug, auch wenn dieser eine gerechte Strafe für die übermäßige und lächerliche Eitelkeit des Kaisers ist. Das Märchen stammt ursprünglich auch nicht von Andersen, dem Verfasser der bekanntesten Version, sondern erschien schon fünfhundert Jahre zuvor in dem Werk *El Conde Lucanor*, geschrieben von dem Infanten Don Juan Manuel, einem Enkel Ferdinands III. und Neffen Alfons' X. von Kastilien, Herzog von Peñafiel und Prinz von Villena. Es war eine Zeit, in der außereheliche Kinder eher die Regel als die Ausnahme waren, was immer wieder zu langwierigen Konflikten mit angeblich »legitimen« Erben führte, die die Thronfolge und Vermögen einforderten, die andere in ihren Augen zu Unrecht für sich beanspruchten. Es ist also nicht verwunderlich, dass in der 1337 erschienenen Version des *Conde Lucanor* die angebliche Magie des Stoffes darin besteht, dass er für jeden unsichtbar bleibt, der kein leibliches Kind seiner angeblichen Eltern ist.

Fünfhundert Jahre später, in der Mitte des 19. Jahrhunderts, greift Andersen die Geschichte erneut auf. Allerdings spart er die Konflikte der außerehelichen Vaterschaft aus und beschließt, den Schwerpunkt auf den Hochmut, die Oberflächlichkeit und Eitelkeit des Adels zu legen, sicherlich häufige Charaktermerkmale unter den Mitgliedern des neuzeitlichen Adels. Abgesehen von einigen kleinen Veränderungen, ist dies die Geschichte, die überdauert hat und die in diesem Buch nacherzählt wird.

Die Geschichte

Vor vielen Jahren lebte ein Kaiser, dessen größte Leidenschaft schöne Kleider waren. Er liebte Kleidung so sehr, dass er sein ganzes Vermögen und einen Großteil der Staatsschatulle darauf verwendete, sich mit höchster Eleganz und nach der neuesten Mode zu kleiden.

Der Kaiser interessierte sich nicht im Geringsten dafür, was sein Volk oder seine Soldaten benötigten. Er machte sich nichts aus Unterhaltung und Kultur, und Ausflüge aufs Land oder in die Stadt unternahm er nur, damit die Leute seine Kleider bewunderten.

In Königreichen war es allgemein üblich, dass die Minister Besucher warten ließen, die gekommen waren, um dem Herrscher ihre Aufwartung zu machen. Die Begründung war überall dieselbe:

»Ihr werdet warten müssen, Ihro Hoheit befindet sich in einer Ratsversammlung.«

Aber in diesem Land war es anders. Hier lautete die Begründung:

»Ihr werdet warten müssen, Ihro Hoheit befindet sich im Ankleidezimmer.«

Es hieß, der König habe ein Gewand für jede Stunde des Tages, und dieses Gerücht kam der Wahrheit recht nahe, auch wenn seine Diener hinter vorgehaltener Hand erzählten, er besitze nur einen einzigen alten und fleckigen Pyjama, den er jede Nacht trage.

In der Stadt, in der der Kaiser lebte, ging es sehr fröhlich und lebhaft zu. Und der fröhlichste Ort war zweifelsohne Magrittes Weinkeller. Dort kamen alle Fremden vorbei, die das Land besuchten, und gaben einen Großteil ihres Geldes für gutes Essen und schlechten Wein aus. Dort erfuhr man Neuigkeiten aus aller Welt, hörte die besten Witze und die unglaublichsten Gerüchte des Königreichs.

Unsere Geschichte beginnt in ebendiesem Weinkeller an einem besonders vergnügten Abend.

Zwei Dutzend Gäste hatten sich um einen Mann geschart, der eine groteske Imitation des Kaisers darbot. Er trug eine bunte Gardine statt eines Umhangs und auf dem Kopf einen Kochtopf, den er aus der Küche gemopst hatte, und stolzierte wie ein aufgeplusterter Pfau vor den Zuschauern umher, als wollte er seine Eleganz und seine erlesene Kleidung zur Schau stellen.

Guido und Luigi, zwei Ganoven, die zum ersten Mal in der Stadt weilten, verstanden den Witz nicht gleich, denn wenn man das Original nicht kennt, ist es schwierig, die Karikatur zu begreifen. Ermuntert von dem schallenden Gelächter, das die Vorführung auslöste, wagten sie es schließlich, sich zu erkundigen, welcher aufgeblasene Geck dort imitiert werde.

Animiert durch die fröhliche Stimmung und den Wein, der in Strömen floss, erzählten die Gäste den beiden Fremden bereitwillig von der Eitelkeit ihres Herrschers und seinem unersättlichen Appetit auf erlesene Stoffe und Kleider.

So verging mit wahren und erfundenen Geschichten die Nacht, und erst im Morgengrauen begaben sich die beiden Fremden in ihre Herberge, um zu schlafen. Sie hatten noch das Gelächter im Ohr und Alkoholschwaden im Atem.

Die Sonne stand bereits am höchsten Punkt, als Guido Luigi weckte.

»Steh auf, Bruder! Wir müssen nachdenken …«

Luigi hätte gern noch ein bisschen geschlafen.

»Nachdenken? Was gibt es da nachzudenken? Lass mich schlafen!«

Aber Guido setzte sich immer durch, zumindest

bei dem armen Luigi. Also nahm er den Wasserkrug und schüttete ihn seinem Bruder ins Gesicht.

»In die Boote, in die Boote«, rief dieser. »Das Schiff sinkt!!!«

»Ha, ha, ha«, lachte der andere. »Wach auf, du Faulpelz.«

»Darf man erfahren, was dich gestochen hat?«, schimpfte Luigi, während er sich das Gesicht abtrocknete.

»Findest du das richtig?«

»Was?«

»Dass einige so viel besitzen und andere so wenig?«

»Wovon redest du, Guido?«

»Vom Kaiser, der sein Vermögen verschwendet, während sein Volk in Armut lebt und einige Besucher – wie wir – Löcher in den Schuhen haben.«

»Du hast recht«, sagte Luigi und lachte über die Vorstellungen seines Bruders. »Gehen wir gleich in den Palast und sagen ihm, dass er uns was vom seinem Vermögen abgeben soll, ha, ha, ha.«

»Genau das hatte ich vor«, gab Guido zur Antwort.

In aller Kürze erzählte Guido seinem Kumpan die Einzelheiten seines Plans, dann begaben sie sich unverzüglich zum Palast.

Am Tor wurden sie von der Wache angehalten und nach ihrem Begehr gefragt.

»Sag dem Kaiser, die Gebrüder Fullerini seien da, um Grüße von Seiner ehrwürdigsten Majestät, dem Maharadscha von Samarkand, zu überbringen.«

»Ihr werdet warten müssen, der Kaiser kleidet sich gerade an«, antwortete die Wache, wohl wissend, dass es keine Lüge war, denn der Kaiser zog sich ständig um.

»Noch besser«, entgegnete Luigi. »Sag ihm, wir seien die kaiserlichen Schneider von Samarkand und müssten mit ihm über seine neuen Kleider sprechen.«

Das schien der Schlüssel zu jeder Tür in diesem Palast zu sein, denn einige Minuten später wurden sie vom Kaiser höchstpersönlich empfangen. Er trug sein schönstes Wams aus kostbarem Brokat und glänzender Seide, wie sie die Welt noch nicht gesehen hatte.

»Nur herein!«, sagte der Monarch und stolzierte vor ihnen auf und ab, um seine prächtigen Kleider vorzuführen.

Statt der üblichen Verbeugung bedachten Luigi und Guido den Kaiser mit Applaus, während sie durch den Salon wanderten und ihn aus unterschiedlichen Blickwinkeln betrachteten.

»Gefällt euch mein Wams?«, fragte der Kaiser, die Antwort als selbstverständlich voraussetzend.

»Ja, ja ... nicht schlecht« sagte Guido, »doch unser Beifall galt nicht dem Wams, denn solche haben wir in Samarkand schon viele gesehen. Wir haben dem Auftritt Eurer kaiserlichen Majestät Beifall gezollt, Eurer Eleganz und Anmut.«

»Das Wams ist schön«, ergänzte Luigi. »Aber bei allem Respekt, eine Erscheinung wie Euer Majestät hätte das Beste vom Besten verdient.«

Der Kaiser war bemüht, sich den Ärger über die Antworten seiner Besucher nicht anmerken zu lassen. Dieses Wams war das Beste vom Besten! Er hatte immer geglaubt, es gebe kein anderes wie dieses.

Die Betrüger lasen seine Gedanken an seiner starren Miene ab und fuhren mit ihrem Plan fort.

»Der Maharadscha hat uns übers Meer gesandt, um Euch seine Grüße zu überbringen und Euch nach Samarkand einzuladen«, erfand Guido.

»Aber wenn wir schon einmal hier sind«, setzte Luigi hinzu, »erlaube ich mir mit allem Respekt, Euch unsere Dienste anzubieten, denn wir sind nicht nur die Schneider Seiner Durchlaucht, sondern auch seine persönlichen Tuchmacher.«

»Seine persönlichen Tuchmacher?«, fragte der Kaiser.

»Ja, Euer Hoheit. Der Maharadscha lässt seine Kleidung ausschließlich aus Tuch schneidern, das eigens für ihn gefertigt wird.«

»Erzählt mir mehr über diese Stoffe, die ihr für den Maharadscha herstellt!«

Die Brüder Fullerini zwinkerten sich zu, als sie

erkannten, dass der Kaiser in die Falle getappt war, und erzählten dann von den prächtigen Stoffen, die sie in Samarkand webten. Nicht nur die Farben und Muster seien außergewöhnlich, behaupteten die angeblichen Weber, die Kleider, die man aus ihnen schneiderte, besäßen zudem die wundersame Eigenschaft, für alle unsichtbar zu sein, die ihres Amtes unwürdig oder schlichtweg dumm seien.

Dem Kaiser gingen allerlei Gedanken durch den Kopf.

»Das müssen wundervolle Kleider sein. Meiner würdig ...«

»Ihr wüsstet sofort, welche Eurer Höflinge ihrer Stellung würdig sind und welche nicht.«

»Ihr könntet die Klugen von den Dummen unterscheiden ...«

»Ich muss diese Kleider besitzen!«, beschloss der Kaiser bei sich.

»Lasst eurem Maharadscha ausrichten, dass ich sein Angebot annehme. Handelt euren Lohn mit dem Schatzmeister aus und verlangt alles, was ihr braucht. Ich will, dass ihr unverzüglich mit der Arbeit beginnt.«

Die beiden Halunken erbaten sich einen ruhigen Raum im Palast, um nicht gestört zu werden, einen ordentlichen Vorschuss, des Weiteren zwei Webstühle, feinste Seide, Gold- und Silberfäden, Rubine, Saphire und vieles andere mehr ... Der Kaiser befahl, ihnen umgehend alles zur Verfügung zu stellen, was sie benötigten.

Die beiden falschen Tuchmacher setzten sich an die Webstühle, die sie in dem Zimmer hatten aufstellen lassen, und ließen bis spätnachts Stunde um Stunde die Webschiffchen sausen, obwohl sich kein einziger Faden in den Rahmen befand.

Zwei Wochen vergingen. Den Geräuschen nach wurde in dem Raum fleißig gearbeitet, und bei dem Beamten, den der Kaiser eigens dafür abgestellt hatte, gingen immer neue Bestellungen ein.

»Wie es wohl mit dem Stoff vorangeht?«, fragte sich der Kaiser.

Zwar war er auf den Vorschlag der Weber eingegangen, den Stoff erst zu sehen, wenn er fertig war, aber die Neugier ließ ihn nicht schlafen. Natürlich konnte ihn niemand daran hindern, ihn anzusehen, doch da war ja noch die Sache mit den magischen Kräften des Stoffs ... Denn wer zu dumm oder für sein Amt ungeeignet war, konnte ja nicht sehen, was die beiden webten.

»Ich bin ein guter Kaiser, der Fähigste für dieses Amt, und mit Sicherheit bin ich auch kein Dummkopf«, überlegte er. »Ich habe nichts zu befürchten ... Aber sicherheitshalber will ich zuerst meinen alten Minister vorschicken, damit er die Tuchmacher besucht. Er ist ein ehrenhafter Mann und zweifelsohne am besten geeignet, die Qualität des Stoffes zu beurteilen. Er hat Talent, und niemand macht seine Arbeit so gut wie er.«

»Mein lieber Minister«, trug er ihm eines Morgens auf, »ich möchte, dass du zu den Tuchmachern gehst und als Erster den Stoff begutachtest, den sie für mich anfertigen. Und dann sollst du mir ganz ehrlich sagen, ob das, was du gesehen hast, dich zufriedenstellt oder nicht.«

Der Premierminister ging also zu dem Raum, in dem die beiden Betrüger fleißig arbeiteten, und sah, dass die Webstühle ... leer waren!

»Gott steh mir bei!«, dachte der Minister und riss die Augen weit auf. »Ich sehe nichts! Bin ich etwa dumm? Das hätte ich nie gedacht ... Bin ich ungeeignet für mein Amt? Furchtbar! Ich kann doch nicht zugeben, dass ich den Stoff nicht sehen kann ...«

Als die beiden Betrüger merkten, dass ihr Plan aufging, pokerten sie noch höher.

»Tretet näher, Herr Minister! Seht nur die herrlichen Farben!«, sagte Guido und deutete auf den leeren Webstuhl.

Der arme Minister machte große Augen, aber er sah natürlich nichts, weil es nichts zu sehen gab.

»Nun, was sagt Ihr zu unserer Arbeit?«, fragte Luigi.

»Oh, wundervoll! Herrlich!«, beteuerte der alte Minister und sah durch seine Brille. »Das Muster!

Die Farben! Ich werde dem Kaiser mitteilen, dass es mir außerordentlich gut gefällt.«

»Das freut uns über alle Maßen«, sagte Guido. »Sagt mir nur eines: Ist für Euch diese Farbe in den Schwanzfedern des Fasans Violett oder Magenta?«

»Ah, in den Schwanzfedern …«, wiederholte der Mann und versuchte, sich alles zu merken, um es später wiedergeben zu können. »Das ist Magenta, zweifellos.«

»Gefällt es Euch?«, fragte Luigi. »Sind wir auf dem richtigen Weg?«

»Es ist perfekt«, beteuerte der Minister, der nicht wusste, ob er nun dumm oder unfähig war. Vermutlich beides.

Nachdem er sich von den Webern verabschiedet hatte, lief er zum Kaiser, um Bericht zu erstatten.

»Hast du den Stoff gesehen?«, fragte der Kaiser.

»Natürlich. Darum haben Ihro Hoheit mich schließlich gebeten.«

»Und?«

»Unbeschreiblich …«

»Erzähl, erzähl …«

»Dergleichen habe ich noch nie zuvor gesehen«, sagte der Minister. »Die Farben sind hinreißend …«

»Erzähl mir mehr!«

»Ich will Euch die Überraschung nicht verderben … Ich sage nur, das Magenta in den Schwanzfedern des Fasans … Unvergleichlich!«

»Hach, wie schön!«, seufzte der Kaiser.

Ermutigt durch den Besuch des Premierministers, forderten die Betrüger noch mehr Geld, Gold und Edelsteine, die sie angeblich für ihre Arbeit benötigten und die natürlich in ihren Taschen landeten, während sie weiterhin an den leeren Webstühlen saßen.

Eine Woche hielt der Kaiser aus, bis die Ungeduld ihn dazu drängte, einen zweiten Gesandten zur Werkstatt der Tuchmacher zu schicken. Diesmal traf es den Schatzmeister, dem er nicht nur auftrug, den Stand der Arbeit zu begutachten, sondern sich zudem zu erkundigen, wann der Stoff fertig wäre.

Dem zweiten Gesandten erging es nicht anders als dem ersten: Er trat ein, schaute und schaute, doch da auf dem Webstuhl nichts war, konnte er auch nichts sehen. Aber der Premierminister hatte den Stoff doch gesehen!

»Ich bin nicht so dumm, zuzugeben, dass ich den Stoff nicht sehe«, überlegte er. »Es wäre mehr als ärgerlich, wenn ich meinen Posten verlöre!«

»Ist das nicht ein prächtiger Stoff?«, fragten die beiden Gauner, während sie hierhin und dorthin deuteten und das wundervolle Muster beschrieben.

Der Schatzmeister erging sich in Lobeshymnen auf den Stoff, den er nicht sah, und pries begeistert die leuchtenden Farben und das erlesene Muster, insbesondere den Teil mit dem Fasan.

»Es ist kein Fasan«, behauptete Luigi aus purer Boshaftigkeit, »sondern ein Pfau. Seht nur, wie schön er sein Rad schlägt …«

»Stimmt … Pardon. Wie lange werdet ihr noch brauchen?«

»Drei Wochen«, sagte Luigi.

»Vielleicht weniger«, setzte Guido hinzu, der seit Tagen davon sprach, das Weite zu suchen.

Der Schatzmeister ging also zum Kaiser und sagte:

»In drei Wochen werden sie mit der Arbeit fertig sein …«

»Hast du den Stoff gesehen? Hast du ihn berührt? Wie findest du ihn?«

»Ein wahres Meisterwerk.«

»Hast du die Fasane gesehen?«, erkundigte sich der Kaiser.

»Ich finde sie wundervoll, aber für mich sind es keine Fasane, sondern Pfauen …«

Einer nach dem anderen begutachtete der gesamte Hofstaat den wunderbaren Stoff, und alle berichteten bei ihrer Rückkehr, sie seien hellauf begeistert. Wie vorherzusehen, gab niemand zu, dass er nichts gesehen hatte; schließlich hatten alle vorherigen Besucher das nicht existente Werk der Tuchmacher bewundert und gepriesen.

Am Ende war der Kaiser der Einzige, der den vielgerühmten Stoff noch nicht gesehen hatte. Also organisierte er einen Besuch in Begleitung einiger

Personen, auf deren Urteil er vertraute. Er konnte es nicht länger erwarten, dieses Wunderwerk mit eigenen Augen zu betrachten, bevor es aus dem Webstuhl genommen wurde.

Und so betrat der Kaiser mit seinem Gefolge die Werkstatt.

Als die Weber ihn hereinkommen sahen, hörten sie auf, an dem leeren Webstuhl zu arbeiten, standen auf und luden ihn mit einer Verbeugung ein, sich den Wunderstoff von nahem anzusehen.

Es wurde totenstill.

Der Kaiser versuchte verzweifelt, die Fassung zu bewahren und sich nicht anmerken zu lassen, was er dachte, denn das wäre katastrophal gewesen. Er dachte:

»Wie ist das möglich? Ich sehe nichts von dem, was die anderen sehen! Es ist entsetzlich! Bin ich so dumm? Bin ich etwa ein unfähiger Herrscher? Furchtbar!«

Er musste vorsichtig sein, um sich nicht zu verraten. Also sagte er nur:

»Der Stoff gefällt mir ausnehmend gut. Meinen Glückwunsch.«

Alle Anwesenden atmeten erleichtert auf und feierten mit einem Applaus, dass sie nicht zugegeben hatten, nichts zu sehen.

»Er ist wundervoll!«, riefen sie.

»Hochelegant!«

»Phantastisch!«

»Einzigartig!«

Alle waren in Festlaune. Nur der Kaiser nicht, der sich den Kopf darüber zerbrach, was es zu bedeuten hatte, dass er den Stoff nicht sehen konnte. War er dumm? Oder unfähig? Er wusste nicht, was schlimmer wäre. Was sollte aus seiner Macht und seiner Herrschaft werden, wenn das Volk davon erfuhr? Die ganze Nacht wälzte er sich schlaflos in seinem zerlumpten Schlafanzug im Bett herum. Gegen Morgen schien das stumme Zwiegespräch mit seinem Kopfkissen Früchte zu tragen und wies ihm einen Ausweg aus der Situation. Wer konnte wissen, ob er den Stoff sah oder nicht? Entscheidend an diesem wundersamen Stoff war doch schließlich, dass die anderen ihn sahen, wie bei allen seinen Kleidern. Er hatte sich immer für die anderen herausgeputzt, aber es war ihm nie bewusst gewesen.

Am Morgen ordnete er an, dass in zwei Tagen eine Parade durch die Stadt stattfinden sollte, um dem Volk seine prächtigen neuen Kleider vorzuführen.

Schließlich verkündeten die Weber, dass die Kleider fertig seien, genau rechtzeitig für die Parade am nächsten Tag. Der Kaiser war euphorisch.

»Die Schneider sollen morgen früh kommen und mir beim Ankleiden helfen«, befahl er.

Und so geschah es.

Draußen wartete das Volk auf den Kaiser und seine magischen Kleider. Alle Bewohner der Stadt wussten von der unglaublichen Schönheit der neuen Kleider, aber sie hatten auch von der besonderen Eigenschaft des Stoffes gehört.

Die Straßen, durch welche die Parade führen sollte, waren von Menschenmengen gesäumt. Jeder wollte sehen, wie dumm oder unfähig sein Nachbar war. Die Tuchmacher erschienen mit einem Wagen, auf dem sich angeblich die neuen Kleider befanden, aber in Wirklichkeit baumelten dort nur leere Kleiderbügel.

»Hätten Euer Majestät die Güte, die Kleider abzulegen, die Ihr tragt«, sagte Guido, »damit wir Euch vor dem Spiegel neu einkleiden können?«

»Glücklicherweise ist es heute sehr mild, so dass Ihr nicht frieren werdet, Majestät«, sagte Luigi. »Die Kleider sind so leicht, als wären sie aus Spinnweben gemacht; wenn man sie nicht sehen würde, könnte man glauben, nichts am Leib zu tragen.«

Die beiden Halunken taten so, als nähmen sie die Kleider von den Bügeln, um sie auf dem Bett auszubreiten.

»Das hier ist die Hose.«

»Hier haben wir das Wams.«

»Und hier wäre der Umhang ...«

Der Kaiser legte den Pyjama ab, und die beiden Brüder taten so, als zögen sie ihm die neuen Kleider an, die sie angeblich kurz zuvor geschneidert hatten.

»Mein Gott, sie sitzen wie angegossen! Ihr seht phantastisch aus!«, riefen alle. »Diese Muster! Diese Farben! Ein prachtvolles Gewand!«

»Fühlt Ihr Euch wohl?«, erkundigte sich Guido.

»Als ob ich nackt wäre«, antwortete der Kaiser, während er sich vor dem Spiegel drehte, damit alle glaubten, er begutachte die neuen Kleider.

Bevor er die offene Kutsche bestieg, mit der er durch die Stadt fahren wollte, ordnete der Kaiser an, den beiden Betrügern für ihren Dienst an der Krone einen Orden zu verleihen.

Und so rollte die Kutsche durch die Menschenmenge, und darin saß der Kaiser in Unterhosen.

Die Leute jubelten und riefen:

»Wie schön die neuen Kleider des Kaisers sind!«

»Und diese prachtvolle Schleppe!«

Nur ein kleiner Junge rief, als der Zug sich näherte:

»Seht nur, der Kaiser ist ja nackt!«

Jemand schlug ihm auf den Hinterkopf und sagte:

»Sei still! Dummer Junge ...«

Es braucht keine große Erklärung, um dieses Rätsel zu begreifen. Den Leuten auf der Straße erging es genauso wie zuvor den Ministern im Palast. Keiner wollte, dass die anderen merkten, dass er nichts sah, um nicht für dumm oder unfähig gehalten zu werden.

Nie zuvor waren die Kleider des Kaisers so begeistert bejubelt worden.

Die Moral

Traditionell wird dieses Märchen als mahnendes Beispiel verstanden, um hohles, dünkelhaftes und oberflächliches Verhalten und die Überbewertung materieller Dinge anzuprangern, insbesondere dann, wenn sie die Entscheidungen der Mächtigen beeinflussen. Es ist eine Satire auf alle, die ihre Entscheidungen vom Urteil anderer abhängig machen und den fremden Blick über den eigenen stellen.

Außerdem ist *Des Kaisers neue Kleider* eine Parabel auf all jene, die sich über die anderen stellen wollen und dabei die größte Dummheit von allen begehen: die Dummheit, nicht dumm dastehen zu wollen.

Und zuletzt warnt die Geschichte davor, aus Angst vor Zurückweisung oder Ablehnung zu viel auf die Bewunderung und Zustimmung der anderen zu geben.

In manchen Ländern ist das Märchen so bekannt und beliebt, dass es die Redewendung gibt, jemand wolle »dem Kaiser neue Kleider verkaufen«, wenn er anderen eine offensichtliche Lüge auftischt. Oder man sagt, dass man »des Kaisers Kleider kauft«, wenn man etwas offensichtlich Falsches als wahr hinnimmt, nur weil die Mehrheit es sagt.

Die andere Tür

Gleich bei der ersten Lektüre von *Des Kaisers neue Kleider* ist mir ein Detail aufgefallen, das die Geschichte von allen anderen Märchen unterscheidet: Sie hat kein richtiges Ende. Zumindest in der Originalfassung gibt es keinen abschließenden Satz à la »Und wenn sie nicht gestorben sind ...«, und selbst wenn wir ihn einfach hinzufügen würden, würden die Kinder fragen:

»Aber wie ist die Geschichte ausgegangen?«

Und ihre Frage wäre völlig berechtigt. Was ist aus dem eitlen Kaiser geworden? Und aus den betrügerischen Tuchmachern? Und aus dem Jungen, der auf den nackten Kaiser zeigt?

Im Laufe dieser Studie habe ich eines gelernt: Wenn bei einem Märchen etwas unausgesprochen bleibt, fehlt oder zu viel ist, sollte man hier nach einer weiteren Bedeutung suchen (wie bei dem gläsernen Schuh von Aschenputtel, du erinnerst dich?).

Und mir scheint, dass diese Auslassung von Bedeutung ist.

Vielleicht weist sie darauf hin, dass die Botschaft der Geschichte von dir abhängt.

Anders gesagt: Wenn ich dich nun bitte, einen Schluss für diese Geschichte zu schreiben, der zumindest Antworten auf die drei zuvor gestellten Fragen gibt, wird dieses Ende mit Sicherheit einen

Bezug zu der wahren Botschaft der Geschichte haben.

Probiere es aus ... Bevor du weiterliest, frag dich, ohne lange nachzudenken: Wie geht die Geschichte aus?

Natürlich gibt es unendlich viele Möglichkeiten, und es wird deine Aufgabe sein, die Bedeutung hinter dem Schluss zu suchen, für den du dich entschieden hast. Ich werde mich darauf beschränken, dir mein Ende zu erzählen und einige Schlussfolgerungen zu ziehen, die dieser mögliche Ausgang nahelegt:

Der Kaiser hörte im Vorbeifahren den Satz, den bislang noch niemand zu ihm gesagt hatte: »Der Kaiser ist nackt!« Einige wenige Worte aus dem Mund eines fünf- oder sechsjährigen Kindes, aber sie stimmten mit dem überein, was seine eigenen Augen ihm sagten.

Er kam sich lächerlich vor.

Für einen Moment überlegte er, einfach hoheitsvoll seinen Weg fortzusetzen, als ob nichts geschehen wäre (schließlich könnte man sich, ob nackt oder nicht, einfach einreden, dass das Volk in seiner Dummheit und Einfältigkeit den wundersamen Stoff natürlich nicht hatte sehen können).

Er überlegte auch, den Jungen und seine Familie ins Gefängnis werfen zu lassen, weil sie ihn bloßgestellt hatten, und dann rasch in den Palast zurückzukehren, um die Betrüger festzunehmen und ihnen den Kopf abzuhacken, bevor sie sich mit ihrer Beute davonmachten.

Und zuletzt – warum es nicht zugeben? – war er versucht, sich nackt, wie er war, auf den Boden zu setzen und loszuheulen.

Aber er tat nichts davon.

Stattdessen machte er kehrt und blieb vor dem Jungen stehen.

»Was hast du da gesagt, Kleiner?«

Der Vater zog den Jungen zu sich und umarmte ihn, während er beteuerte:

»Nichts, Euer Hoheit ... Dummheiten ... Dieses Kind erzählt nur Dummheiten ...«

»Du sei still«, befahl der Kaiser und wandte sich wieder dem Jungen zu. »Was hast du gesagt, mein Kind?«

Der Junge wich seinem Blick aus und schwieg.

»Sprich, mein Junge ... Hab keine Angst«, sagte der Kaiser und ging in die Knie. »Sag die Wahrheit, dir wird nichts passieren. Los, komm schon.«

Nach einer endlosen Minute stammelte der Junge verängstigt:

»Ich sagte ...«

»Du sagtest ...?«, insistierte der Kaiser.

»Ich sagte, dass ... dass Ihr ...«

»Weiter!«

»Dass Ihr nackt wärt«, schloss der Junge schließlich.

Auf den überraschten und entsetzten Aufschrei der Zuhörer folgte eine schier endlose Stille, denn jeder rechnete fest mit einer Katastrophe.

Wortlos nahm der Kaiser das Kind auf den Arm und ging mit ihm zum Palast zurück, während die Leibwache seine Eltern daran hinderte, näher zu kommen.

So erreichte der Kaiser, gefolgt von einer großen Menschenmenge, die herrlichen kaiserlichen Gärten, schritt die Marmortreppe zur Eingangshalle empor, setzte den Jungen sanft ab und wandte sich an seine Untertanen.

»Volk von Verecundia! Wie euch allen mitgeteilt wurde, kann der Stoff der Kleider, die ich trage, nur von jenen gesehen werden, die ihres Amtes würdig und keine Dummköpfe sind. Aber ihr alle könnt keinen Stoff sehen ... Stimmt es oder stimmt es nicht?«

Keiner dachte, dass es eine wirkliche Frage wäre, und die wenigen, die es so verstanden, trauten sich nicht, zu antworten.

Aber die Frage war ernst gemeint, und so fragte der Kaiser noch einmal:

»Stimmt es, dass ihr keinen Stoff seht, oder stimmt es nicht?«

Wieder trat ein angespanntes Schweigen ein, bis schließlich von weit hinten einige Stimmen zu vernehmen waren:

»Es stimmt!«, riefen einige.

»Es stimmt«, pflichteten andere bei.

Alle senkten beschämt die Köpfe, wie Kinder, die man beim Lügen ertappt hatte.

»Es stimmt«, gaben schließlich alle zu.

»Das beweist, wie dumm ihr seid«, urteilte der Kaiser.

Er atmete tief durch, als wollte er Kräfte sammeln, und verkündete dann:

»Ihr seid so dumm, einem lächerlichen, eitlen Kaiser zuzujubeln, der nackt durch die Straßen der Stadt paradiert, weil er glaubt, die kostbarsten Gewänder zu tragen!«

Der Kaiser legte die Hand auf die Schulter des Jungen, der neben ihm stand, und beendete die erste sinnvolle Rede an seine Untertanen:

»Und ich bin bis heute der erste und größte Dummkopf in diesem Land gewesen!«

Ein Raunen ging durch die Menge. Man hörte Ausrufe des Erstaunens, Zustimmung und auch das eine oder andere leise Gelächter.

Plötzlich begann jemand zu klatschen, und viele stimmten ein, während andere seinen Namen riefen.

»Denn von heute an wird sich dank dieses mutigen kleinen Helden die Geschichte unseres Landes ändern ... Ich verspreche euch, dass sich vieles zum Guten wenden wird, da wir nun alle die Wahrheit kennen. Ich bitte euch um Verzeihung für so viele Jahre lächerlicher Dummheit.«

Die Leute jubelten, ließen den Kaiser hochleben und wünschten ihm ein langes Leben.

Der Herrscher überhäufte den Jungen mit Geschenken und entließ all seine Berater. Er trennte sich von nahezu seiner ganzen Garderobe und behielt nur die bequemsten und schlichtesten Stücke. Noch in derselben Nacht ließ er die falschen Tuchmacher des Landes verweisen, nicht ohne sie zuvor wissen zu lassen, dass er sie nur deshalb nicht ins Gefängnis werfen lasse, weil sie dem Kaiserhaus unfreiwillig einen großen Dienst erwiesen hätten.

Von diesem Tag an war der Kaiser der gerechteste, großzügigste und klügste Herrscher, von allen geliebt, gelobt und gepriesen.

Und wenn sie nicht gestorben sind, dann leben sie noch heute.

Und genau darin liegt, so glaube ich, der Schlüssel dieser wunderbaren Geschichte: Die Begegnung mit der Wahrheit, sei diese nun angenehm oder nicht, kann von großer Tragweite sein, indem sie uns in unserem Weg bestätigt oder uns zeigt, wie weit wir vom richtigen Weg entfernt sind.

Ich bin der festen Überzeugung, dass uns nur die Erkenntnis der reinen, harten Wahrheit zur besten Version unserer selbst führen kann. Und ich gehe noch weiter: Nur die Wahrheit kann einem Paar den Weg weisen, die beste Partnerschaft zu führen, die ihm möglich ist, und sie begleitet jede Gesellschaft, die es sich zum Ziel gesetzt hat, die bestmögliche Gesellschaft zu sein.

Der Kaiser (und so einige Menschen, die ich kennengelernt habe) hört nur das, was er hören will. »Wahrheiten«, die ihm nicht gefallen, machen ihn ärgerlich und verleiten ihn zu Drohungen und Grausamkeit. Alle in seinem Umfeld wissen das, deswegen schmeicheln sie ihm und sagen nur, was er hören will. Niemand will den Preis dafür bezahlen, ehrlich zu sein (ein Preis, der, das sei am Rande gesagt, fast immer hoch ist).

Wenn wir uns im Spiegel der kaiserlichen Höflinge betrachten, müssen wir zugeben, dass die Berater des Kaisers den Betrügern in die Karten spielen. Sie machen sich zu Komplizen der Lüge, um ihre eigenen Ängste zu verbergen. Ich frage mich: Wenn wir in einer ähnlichen Lage wären, wie viele von uns würden die Hand heben und sagen »Er ist nackt« oder »Da ist gar kein Stoff auf dem Webstuhl«?

Ein 1953 von Solomon Asch durchgeführtes Experiment beantwortet diese Frage mit beinahe grausamer Klarheit, indem es das Ausmaß des sogenannten »Konformitätsdrucks« in der Gesellschaft aufzeigt.

Asch bat einige Studenten, an einem Versuch zum Thema visuelle Wahrnehmung teilzunehmen.

Er versammelte die Teilnehmer in einem Raum und zeigte ihnen zwei Karten. Auf der ersten Karte befand sich eine horizontale Linie, auf der zweiten befanden sich drei unterschiedlich lange Linien, wobei eine wesentlich kürzer, die andere länger und die dritte genau gleich lang wie die Linie auf der ersten Karte war.

Nun sollten die Teilnehmer nacheinander sagen, welche Linie genauso lang war wie die auf der ersten Karte. Das Verfahren wurde achtmal mit unterschiedlichen Karten wiederholt.

Das tatsächliche Ziel des Experiments war es, das Verhalten eines einzigen Probanden zu evaluieren; die übrigen Teilnehmer waren Vertraute des Versuchsleiters und hatten vorher genaue Anweisungen erhalten, was sie während des Tests antworten sollten. Es sollte herausgefunden werden, in welchem Maße wir unsere Meinung an diejenige der Gruppe anpassen, in der wir uns befinden.

Visuell war deutlich zu erkennen, welche Antwort die richtige war. Bei den ersten beiden Durchgängen stimmten alle Teilnehmer überein. Doch nach dem dritten Durchgang wurde es für den Probanden komplizierter.

Auf vorherige Anweisung von Asch gaben die fünf Teilnehmer, die vor dem Probanden an der Reihe waren, übereinstimmend eine falsche Antwort. Der überraschte Prüfling zögerte, sah sie an und gab dann verunsichert die richtige Antwort. Der letzte Proband schloss sich jedes Mal der Mehrheit an.

Von da an war die Anweisung an die Vertrauten immer dieselbe: Sie sollten übereinstimmend eine falsche Antwort geben, um den Probanden immer wieder in die unangenehme Situation zu bringen, eine andere Lösung zu haben als alle anderen.

Das vorhersehbare Resultat trat im Allgemeinen im fünften Durchgang ein (manchmal schon im vierten) und änderte sich bis zum Ende des Experiments nicht mehr.

Nachdem die Probanden die Antworten ihrer Vorgänger gehört hatten, trauten sie sich nicht mehr, der Gruppe zu widersprechen, und gaben die gleiche Antwort wie die Gruppe, obwohl sie wussten, dass sie falsch war, um nicht die Einzigen zu sein, die anderer Meinung waren.

Es war eindeutig eine bewusste Entscheidung, doch wenn man dem Probanden mitteilte, dass seine Antwort falsch war, und ihn fragte, woran es gelegen habe, nannte dieser immer einen vorgeschobenen Grund. Manche behaupteten, ihre Augen seien ermüdet, andere, es gebe nicht genug Licht, und wieder andere, sie seien irgendwie nervös gewesen.

Das heißt, wir sind nicht nur in einem überraschenden Maß beeinflussbar, sondern außerdem nicht bereit, den Einfluss der Mehrheit einzugestehen, nicht einmal uns selbst.

Selbstbetrug, Unaufrichtigkeit und Verstellung

können unter gewissen Umständen sehr komfortable, sichere und bequeme Räume sein.

Akzeptable Lügen lassen sich überall finden, und wenn nicht, kann man jederzeit eine neue, »passgenaue« Lüge erfinden, die den Erfordernissen des Moments entspricht. Es ist nicht schwer. Lügen lassen sich den eigenen Bedürfnissen anpassen, sie können in den Ohren der anderen schön klingen und sogar dich selbst blenden, wenn du dich ausreichend darum bemühst. Sie sind gefällig, verlangen dir nichts ab und verpflichten dich zu nichts. Wenn du kein völliger Dummkopf bist, wirst du immer eine Lüge finden, die für dich stimmig ist.

Kurz gesagt:

Lügen sind bereit, dir zu dienen, unterliegen deinen Launen und Bedürfnissen.

Nicht so die Wahrheit. Denn sie dient keinem anderen als sich selbst.

Aber wie in der Geschichte gesehen, schränkt die Lüge unser Handlungsfeld ein und hindert uns daran, uns weiterzuentwickeln. Die Lüge bringt das Schlechteste in den anderen und in uns selbst zum Vorschein.

Seit Platon wissen wir, dass es einen engen Zusammenhang zwischen der Wahrheit und dem Dialog gibt, der davon lebt, dass man dem anderen aktiv zuhört und die Realität einem ehrlichen Blick unterzieht, unabhängig von den eigenen Wünschen.

Auch wenn wir sicherlich nicht so einfältig sind wie der Kaiser im Märchen, verfallen wir doch oft genug in den Fehler, gewisse Dinge nicht hören zu wollen, auf die andere uns immer wieder hinweisen. Stattdessen bestehen wir darauf, in der Komfortzone zu verharren, und suchen uns Bestätigung von außen, um nichts an der Situation ändern zu müssen.

Aber es ist keine Hilfe, von Menschen umgeben zu sein, die so tun, als wären sie Experten für alles Mögliche.

Auch Mitmenschen, die sich unglaublicher Heldentaten brüsten, von denen niemand je zuvor gehört hat, sind keine Hilfe.

Auch die weitverbreitete Tendenz, sich selbst gerne reden zu hören, ist keine Hilfe, genauso wenig wie die hartnäckige Weigerung, sich Fehler einzugestehen.

Und dann flüchten wir uns wie der Kaiser aus dem Märchen in ein Schloss aus beruhigenden, aber falschen Wahrheiten.

Wir wollen zum Beispiel glauben,
- dass wir nie von den Menschen verlassen werden, die wir lieben,
- dass wir nicht dafür verantwortlich sind, was wir aus unserem Leben machen,
- dass das Gegenteil einer Wahrheit niemals die Wahrheit sein kann,

- dass jemand das Recht haben könnte, uns für unser Handeln zu be- oder verurteilen, obwohl wir nach seinen eigenen Moral- und Wertvorstellungen niemandem schaden,
- dass wir nicht in der Lage sind, Schmerz zu ertragen,
- dass wir niemals Enttäuschungen aushalten müssen, wenn wir nur alles richtig machen,
- dass es absolute Gewissheiten gibt,
- dass wir außer unseren Eltern jemanden finden werden, der uns bedingungslos liebt,
- dass es keine Grenzen gibt und wir alles erreichen können, was wir uns vornehmen, wenn wir uns nur genug anstrengen,
- dass uns das Leben früher oder später für alles Unglück entschädigen wird.

Es sind schöne Lügen, darin sind wir uns einig, aber es sind und bleiben Lügen.

Wie man so oft sagt:

Die einzige Bedingung der Wahrheit ist, dass sie bedingungslos ist.

Als Therapeut habe ich gelernt, dass es notwendig ist, unserer Wahrheit treu zu bleiben und gleichzeitig die »Wahrheiten« der anderen zu akzeptieren.

Ich habe auch gelernt, wie kostbar der Satz der stolzen Blume in Antoine de Saint-Exupérys genialem Buch *Der Kleine Prinz* ist: »Ich muss wohl zwei oder drei Raupen aushalten, wenn ich die Schmetterlinge kennenlernen will.« Ich verstehe ihn so, dass die Wahrheit zuweilen in Gestalt ziemlich hässlicher Raupen daherkommt (die sich letzten Endes aber immer in Schmetterlinge verwandeln).

Es ist nichts Schlechtes daran, den anderen gefallen zu wollen, nicht einmal an deiner angestrengten Suche nach Anerkennung. Aber welchen Preis bist du bereit, dafür zu zahlen?

Wir alle sind die Summe aus vielen Aspekten, die in unserer Persönlichkeit verankert sind.

Wir müssen akzeptieren, dass es Anteile gibt, die wir kennen, und andere, die wir nicht kennen, so wie es Anteile gibt, die wir offen zeigen, und andere, bei denen es uns lieber ist, wenn sie nicht gesehen werden.

Es gibt einen »freien« Anteil, der uns bewusst ist und den wir ohne innere Konflikte zu offenbaren wagen.

Es gibt einen verleugneten Anteil, den wir nur schwer akzeptieren können, auch wenn die anderen ihn, wenn sie ein wenig näher kommen, sowieso bemerken.

Es gibt einen geheimen Anteil, der uns selbst bewusst ist, den wir aber vor den Blicken der meisten verbergen.

Und zuletzt ist da ein verborgener, abgetrennter Anteil, jener Teil von uns, den weder wir selbst noch andere ohne weiteres wahrnehmen, der toxischste und dunkelste Anteil unserer selbst.

Was könnte jemand tun, der einem übergroßen verborgenen Ich begegnet? Die Geschichte schlägt uns zwei Dinge vor:

Zu lernen, uns so zu geben, wie wir sind. Und zu lernen, zuzuhören.

Authentizität ist mit Sicherheit ein Schritt auf dem Weg zur Persönlichkeitsentwicklung (und das bedeutet nicht, wortwörtlich nackt auf die Straße zu laufen). Der andere ist: Zuhören. Ich spreche von aktivem, zugewandtem Zuhören.

Aber ich spreche von Zuhören, nicht von Gehorchen.

Von Zuhören, nicht von Unterwerfung.

Von Zuhören, nicht davon, zwanghaft der gleichen Meinung zu sein.

Von Zuhören, nicht davon, meine eigenen Vorstellungen aufzugeben.

Von Zuhören, um die Anteile des Ganzen kennenzulernen, die ich noch nicht kenne.

Ganz nebenbei berührt die Geschichte einen äußerst wichtigen Punkt: Man muss sich darüber im Klaren sein, dass die Wahrheit einen hohen Grad an Bescheidenheit voraussetzt und mit sich bringt, denn Lernen ist immer ein Akt der Bescheidenheit und der größte Veränderungsprozess überhaupt.

14
Schneewittchen und die sieben Zwerge

Einleitung

Schon in Giambattista Basiles Buch *Il Pentamerone* oder *Lo cunto de li cunti, overo lo trattenemiento de peccerille (Das Pentameron. Das Märchen der Märchen)* aus dem 16. Jahrhundert findet sich die Geschichte von Lisa, einem siebenjährigen Mädchen, das sich einen vergifteten Kamm ins Haar steckt und daraufhin das Bewusstsein verliert. Die Familie hält sie für tot und legt ihren Körper in einen gläsernen Sarg. Im Laufe der Jahre sehen alle, wie das bewusstlose Mädchen zu einer schönen jungen Frau heranwächst. Eine entfernte Verwandte, die eifersüchtig auf Lisas Schönheit ist, beschließt, die Konkurrentin aus der Welt zu schaffen, öffnet den Sarg und zerrt Lisa an den Haaren. Dabei zieht sie versehentlich den Kamm heraus, und das Mädchen erwacht zum Leben. Die Parallelen zwischen dieser Erzählung und dem Märchen von Schneewittchen, über das wir hier sprechen, sind offensichtlich.

Die Gebrüder Grimm verlegen die Handlung in ein Königshaus und geben der Geschichte damit einen neuen Rahmen, der angeblich auf eine historische Begebenheit zurückgeht: Die Rede ist vom Leben der Margaretha von Waldeck, zeitweilig die Verlobte des späteren Königs Philipp II., eines der mächtigsten Männer seiner Zeit, König von Spanien, Portugal und Cerdeña, Herzog von Mailand und Herrscher über Neapel, die Niederlande und sogar England.

Als dieser die Absicht kundtut, sich mit Margaretha zu vermählen, lehnen der Vater und die Stiefmutter des Mädchens eine Verbindung entschieden ab, nicht nur, weil der Bräutigam als arroganter Frauenheld verschrien ist, sondern weil sie sich weigern, ein verwandtschaftliches Verhältnis mit den verhassten Habsburgern einzugehen.

Angeblich vergiftet die Stiefmutter – ganz im Stil der Zeit – ihre Stieftochter Margaretha, um die Hochzeit zu verhindern, und setzt damit der Verlobung und dem Leben des armen Mädchens ein Ende.

Sogar die sieben Zwerge haben eine Entsprechung in dieser wahren Geschichte. Angeblich hatte die schöne Adlige ein gütiges Herz und empfand Mitleid mit den Kindern, die aus eroberten Gebieten verschleppt wurden, um in den königlichen Bergwerken zu arbeiten. Sooft es ihr möglich war, rettete sie eines dieser Kinder, nahm es in ihre Dienste und sorgte für seine Erziehung und seine weitere Zukunft.

Die Fassung der Gebrüder Grimm ist der erste

Text, in dem explizit von einem Märchenprinzen die Rede ist. Eine Figur, die zum Sinnbild des idealen Mannes werden sollte, der sozusagen die »Belohnung« für die Frau darstellt, die keusch und moralisch untadelig geblieben ist, nachdem sie zuvor allerlei Hindernisse überwinden und Gefahren überstehen musste, die stets von anderen Frauen verursacht wurden.

Die Geschichte

Es war einmal in einem fernen Königreich ein schönes Mädchen, das aus der Liebe des Königspaares geboren wurde.

Die Königin liebte die Natur und saß gerne am Fenster, um im Frühling über die blühenden Felder zu blicken und im Herbst über die Berge, die sich schon früh mit Schnee bedeckten.

Die Königin mochte diese Zeit des Jahres so sehr, dass sie beschloss, die ersehnte Tochter Schneewittchen zu nennen.

Doch das Leben ist grausam, und der Winter, den sie so sehr liebte, brachte ihr eine furchtbare Krankheit, an der sie schließlich starb.

Der König litt sehr unter dem Verlust, aber er fand, dass seine Tochter eine Mutter brauchte, und so trug er seinen Ministern auf, ihm eine neue Frau zu suchen.

Unter allen Frauen königlichen Bluts, die man ihm in den nächsten Monaten vorstellte, fiel die Wahl des Königs schließlich auf Grimhilde, die Herrscherin eines fernen Landes, die, als sie von der Situation erfuhr, von weither angereist kam, um den König kennenzulernen. Grimhilde war eine junge, wunderschöne Frau, die sehr stolz auf ihre Schönheit war, mit der sie den König von der ersten Begegnung an in ihren Bann zog.

Dieser verliebte sich hoffnungslos, und ein Jahr später heiratete der König erneut.

Nach der Hochzeit ließ die neue Königin einige persönliche Dinge aus ihrem Land herbeischaffen: dreihunderteinundzwanzig Truhen mit kostbarer Kleidung, hundertsechsundfünfzig Kisten mit Cremes, Salben und Parfüms, zwölf riesige Schatullen voller Juwelen und Schmuck sowie einen großen Wandspiegel, den sie nicht ohne Grund mit ganz besonderer Sorgfalt behandelte: Es war nämlich ein Zauberspiegel mit magischen Eigenschaften.

Nachdem sie eingezogen war, ließ Grimhilde ihren kostbaren Spiegel im Schlafgemach aufhängen und schickte die Dienstboten hinaus.

Nun allein, stellte sich die neue Königin vor den Spiegel, betrachtete sich darin und fragte:

»Spieglein, Spieglein an der Wand, wer ist die Schönste im ganzen Land?«

Und der Spiegel antwortete wie schon viele Male zuvor:

»Königin, Ihr seid die Schönste im ganzen Land.«

Die Königin lächelte zufrieden, denn sie wusste, dass der Spiegel immer die Wahrheit sprach.

So vergingen die Jahre.

Der König war mit Staatsdingen beschäftigt.

Schneewittchen war mit ihren Kinderspielen und Mädchenträumen beschäftigt.

Grimhilde war mit sich und ihrer Schönheit beschäftigt.

Jeden Morgen wiederholte die Königin ihr Ritual vor dem Spiegel. Nachdem sie ihr Haar gekämmt hatte, stellte sie die immer gleiche Frage:

»Spieglein, Spieglein an der Wand, wer ist die Schönste im ganzen Land?«

Als Schneewittchen zwölf Jahre alt wurde, wollte der König ihr zu Ehren ein großes Festbankett mit Hunderten von Gästen geben. Das ganze Schloss putzte sich heraus. Die Königin trug natürlich ihr bestes Kleid und legte ihre kostbarsten Juwelen an.

Bevor es an der Zeit war, nach unten zu gehen und die Gäste zu empfangen, stellte die Königin dem Spiegel ihre Frage:

»Spieglein, Spieglein an der Wand, wer ist die Schönste im ganzen Land?«

Doch diesmal überraschte der Spiegel sie mit einer neuen Antwort:

»Meine Königin, Ihr seid schön wie ein Stern, doch Schneewittchen ist noch tausendmal schöner als Ihr.«

Die Königin spürte, wie ihre Beine nachgaben. Sie wollte nicht wahrhaben, was sie soeben gehört hatte. In ihrer Eitelkeit konnte sie nicht akzeptieren, dass da jemand sein sollte, der sie an Schönheit und Anziehungskraft übertraf. Überrascht und wütend stellte sich Grimhilde erneut vor den Spiegel und wiederholte ihre Frage, aber die Antwort blieb dieselbe:

»Ihr seid schön wie ein Stern, doch Schneewittchen ist noch tausendmal schöner als Ihr.«

Unter dem Vorwand, sie sei unpässlich (und das war sie wirklich), blieb die Königin dem Empfang fern und schloss sich in ihrem Zimmer ein. Als der König nach oben kam und sie bat, doch wenigstens die Gäste zu begrüßen, herrschte sie ihn an, er solle verschwinden und sie in Ruhe lassen.

Von diesem Moment an drehte sich ihr jedes Mal der Magen um, wenn sie Schneewittchen sah, und ihr Herz schlug so schnell, dass es ihr aus der Brust zu springen drohte. Schneewittchen erblühte tatsächlich zu einer Schönheit, und wie immer bei den Hochmütigen und Neidischen erfüllte sich das Herz der Königin mit Groll. Dieses Gefühl ließ ihr Tag und Nacht keine Ruhe.

Eines Morgens schließlich, nachdem sie erneut den Spiegel befragt und wieder die unliebsame

Antwort erhalten hatte, wandelte sich der Groll in Hass, und die Königin beschloss, etwas zu unternehmen.

Sie läutete ein Glöckchen und ließ einen der Jäger holen, die in den Diensten des Königs standen.

»Bist du deiner Königin treu ergeben?«, fragte sie den Mann.

»Selbstverständlich, Majestät!«

»Du sollst mir einen besonderen Dienst erweisen. Aber du musst Stillschweigen bewahren und darfst keine Fragen stellen.«

»Wie Euer Majestät befehlen.«

»Wenn du meinen Wunsch erfüllst, soll es dein Schaden nicht sein. Tust du es jedoch nicht oder erzählst jemandem davon, werde ich alles abstreiten und dich enthaupten lassen. Ich will, dass du das Mädchen von hier fortbringst und dass ich es nie mehr wiedersehen muss.«

»Verzeihung, Hoheit«, sagte der Jäger, der nicht wahrhaben wollte, was das für ein Auftrag war. »Von welchem Mädchen sprecht Ihr? Ich sah nie ein anderes Mädchen im Palast als Schneewittchen …«

»Nun, genau von der spreche ich, du Dummkopf. Von Schneewittchen, der Tochter des Königs. Ich will, dass du sie noch heute in den Wald bringst, wo dich niemand sieht, und sie tötest.«

Der Jäger konnte nicht glauben, was er hörte.

»Ich soll sie töten …?«, brachte er heraus.

»Ja. Töte sie. Wie, bleibt dir überlassen. Als Beweis, dass du meinen Befehl ausgeführt hast, sollst du mir ihr Herz und ihre Leber bringen. Verstanden?«

Der Jäger versprach, den Befehl auszuführen, und machte sich auf die Suche nach dem Mädchen. Er würde ihr sagen, dass sie auf Wunsch der Stiefmutter in den Wald gingen, um ein paar Blumen zu pflücken. Falls sie zögerte, würde er sagen, sie solle selbst mit der Königin sprechen, die werde es ihr bestätigen.

Doch das war nicht nötig. In ihrer Unschuld schöpfte Schneewittchen keinerlei Verdacht, schließlich wusste sie nicht, was in der Frau ihres Vaters vorging.

Der Jäger und das junge Mädchen gingen tief in den Wald hinein, bis sie zu einem kleinen, von Felsen umgebenen Winkel kamen, wo zahlreiche Wildblumen wuchsen.

»Hier ist es«, sagte der Jäger, der wusste, dass er hier vor fremden Blicken geschützt war.

Schneewittchen, die davon ausging, dass dies die Blumen waren, nach denen die Königin verlangt hatte, ging in die Hocke, um einen Strauß davon zu pflücken.

In diesem Moment zog der Mann seinen Dolch und näherte sich ihr von hinten.

Das Mädchen hörte ein Geräusch, drehte sich um und sah entsetzt den Mann mit der Mordwaffe vor sich stehen.

»Es tut mir leid«, sagte der Jäger. »Ich kann dich nicht ins Schloss zurückbringen. Es würde mich den Kopf kosten, und ich habe eine Familie zu ernähren.«

»Aber warum?«, fragte die Prinzessin. »Ich habe doch niemandem etwas zuleide getan.«

»Königin Grimhilde hat es befohlen. Ich versichere dir, es wäre mir lieber gewesen, sie hätte nicht mich ausgewählt, um den Befehl auszuführen.«

»Lass mich am Leben!«, flehte das Mädchen. »Ich verspreche dir, dass ich im Wald bleiben werde. Du kannst ihr sagen, dass du mich getötet hast … Ich werde nie wieder zum Schloss kommen, ich schwöre es dir.«

Ihr Flehen war mehr, als der Jäger ertragen konnte. Er hatte Mitleid mit dem Mädchen und sagte:

»Gut, dann geh! Geh, und komm nie wieder zurück! Nächstes Mal kann ich vielleicht nicht anders, als die Sache zu Ende zu führen.«

Dem Jäger fiel ein Stein vom Herzen, aber er musste auch an die Konsequenzen seiner Entscheidung denken. Sehr wahrscheinlich würde sein Ungehorsam nichts ändern, und die wilden Tiere würden die Arbeit für ihn erledigen. Aber er musste einen Weg finden, Schneewittchens Tod zu beweisen, wie es die Königin gefordert hatte.

Als hätte das Schicksal seine Finger im Spiel, kam in diesem Moment ein junges Wildschwein hinter einer Anhöhe hervor. Der Jäger fing das Tier, schnitt ihm die Kehle durch und entnahm ihm Herz und Leber, um sie der Königin als Beweis für die Ausführung des befohlenen Verbrechens vorzulegen.

Während die böse Königin zufrieden den blutigen Beweis dafür betrachtete, dass Schneewittchen für immer aus dem Schloss und aus ihrem Leben verschwunden war, irrte das arme Mädchen allein durch den riesigen Wald. Das leiseste Rascheln der Blätter und das Heulen der Tiere jagten ihr furchtbare Angst ein.

Als schließlich die Sonne unterging und es im Wald immer kälter und finsterer wurde, begann Schneewittchen, verzweifelt zu laufen. Sie fühlte sich verlassen und wusste nicht ein noch aus.

Da entdeckte sie ein kleines, von Blumen umgebenes Häuschen.

Sie ging zur Tür und klopfte an, während sie rief:

»Bitte öffnet mir! Ich habe mich verlaufen. Könnt ihr mir helfen?«

Niemand antwortete.

Sie klopfte erneut an die Tür, doch nichts. Vor Angst zitternd, öffnete das Mädchen die Tür und betrat das Haus.

Alles in dem Haus war winzig klein, aber so sauber und ordentlich, wie sie es noch nie gesehen hatte.

In der Mitte des Raums stand ein kleiner Tisch mit einer schneeweißen Tischdecke.

Auf dem Tisch sieben Tellerchen und sieben winzige Becherchen.

Und neben jedem Teller ein Löffelchen, ein Messerchen und ein Gäbelchen.

Schneewittchen merkte, dass sie hungrig war, also aß sie ein wenig Gemüse und ein Stückchen Brot von jedem Teller. Da sie auch Durst hatte, trank sie ein Schlückchen Saft aus jedem Becher, denn sie wollte nicht einen ganzen Becher leeren.

Erst jetzt bemerkte das Mädchen, dass an der Wand sieben kleine Bettchen aufgereiht standen. An jedem Kopfteil befand sich ein Name, und alle waren mit makellos weißen Laken bezogen.

Müde vom vielen Laufen, beschloss Schneewittchen, sich ein wenig auszuruhen. Sie probierte ein Bett nach dem anderen aus, doch keines war lang genug. Das siebte schließlich erschien ihr passend. Sie legte sich hin, sprach ein Gebet und schlief ein.

Spät am Abend kehrten die Bewohner des Hauses zurück. Es waren sieben Zwerge, die in den Minen des Bergwerks arbeiteten. Sie entzündeten sieben kleine Lampen, und als es hell im Zimmer wurde, bemerkten sie, dass jemand im Haus gewesen war, denn es herrschte nicht mehr die Ordnung, in der sie das Haus frühmorgens hinterlassen hatten.

Der erste Zwerg fragte:

»Wer hat auf meinem Stühlchen gesessen?«

Der zweite betrachtete erstaunt seinen Teller und fragte:

»Wer hat von meinem Tellerchen gegessen?«

Der dritte sagte:

»Wer hat von meinem Brot genommen?«

Und der vierte:

»Wer hat von meinem Gemüse genascht?«

Und der fünfte:

»Wer hat mit meinem Gäbelchen gegessen?«

Und der sechste:

»Wer hat mit meinem Messerchen geschnitten?«

Und der siebte:

»Wer hat aus meinem Becherchen getrunken?«

Der erste sah sich im Zimmer um, entdeckte eine kleine Kuhle in seinem Bett und rief erschrocken:

»Jemand hat in meinem Bettchen gelegen!«

Die übrigen liefen rasch hinzu und riefen wie aus einem Mund:

»In meinem auch!«

Bis auf den letzten, denn der entdeckte das schlafende Schneewittchen in seinem Bett und sagte:

»Auch in meinem Bettchen hat jemand gelegen … und liegt noch da!«

Seine Kameraden kamen mit ihren Lampen herbeigelaufen, und als sie das Mädchen sahen, riefen sie aus:

»Mein Gott, sie ist so schön!«

Als Schneewittchen die Zwerge hörte, wachte sie

auf, senkte den Blick und entschuldigte sich, dass sie ohne Erlaubnis eingetreten war.

»Wie heißt du?«

»Ich heiße Schneewittchen«, antwortete sie.

»Wie bist du zu unserem Haus gekommen?«, fragten die Zwerge.

Da erzählte sie ihnen, dass jemand befohlen habe, sie zu töten, doch der Jäger, der den Befehl ausführen sollte, habe ihr das Leben geschenkt, und da sei sie den ganzen Tag gelaufen, bis sie am Abend zu dem Haus gekommen und eingetreten sei.

»Ich weiß nicht, wohin. Zum Schloss kann ich nicht zurück, aber wenn ihr wollt, gehe ich sofort.«

Die Zwerge sagten, der einzige Mensch, der so böse sein könne, ihren Tod zu befehlen, sei Königin Grimhilde. Es sei klar, dass sie nicht zum Schloss zurückkönne.

»Willst du bei uns bleiben?«, fragte Hatschi, während er sich geräuschvoll schnäuzte.

»Kannst du kochen?«, fragte Happy.

»Und Betten machen?«, fragte Schlafmütz.

»Und waschen?«, fragte Seppel.

»Und nähen und unsere Kleider stopfen?«, erkundigte sich Pimpel, der sich für das Loch in seinem Wams schämte.

»Glaubst du, du schaffst es, alles ordentlich und reinlich zu halten?«, fragte Brummbär argwöhnisch.

»Ja doch!«, rief Schneewittchen. »Mit größter Freude.«

»Wenn du dich um den Haushalt und unsere Blumen kümmerst und für uns kochst, kannst du bei uns bleiben«, entschied Chef und sah das Mädchen über seine Brille hinweg an. »So bist du versorgt, und wir haben mehr Zeit, um in der Mine zu arbeiten ...«

Von da an lebte Schneewittchen bei ihnen, kümmerte sich um das Haus und tat alles, was man ihr aufgetragen hatte, mit großer Sorgfalt.

Jeden Morgen zogen die Zwerge in die Berge, um Edelsteine und Gold zu suchen. Zum Abschied sagten sie jedes Mal:

»Hüte dich vor deiner Stiefmutter.«

»Sie wird bald erfahren ...«

»... dass du hier bist ...«

»... bei uns.«

»Lass niemanden ins Haus!«

»Niemals.«

»Unter keinen Umständen.«

Jeden Abend, wenn die Zwerge aus der Mine zurückkehrten, stand eine köstliche Mahlzeit auf dem Tisch und das Haus war in schönster Ordnung. Schneewittchen war glücklich und fühlte sich sicher und geborgen.

Da war Chef, ebenso klug wie selbstherrlich, aber stets in der Lage, Schwierigkeiten vorherzusehen. Brummbär, schlechtgelaunt und ungeduldig, aber immer bereit, alles zu geben, wenn es galt, für das einzustehen, was er für richtig hielt. Der gutmütige Happy, der auch dem Schlimmsten etwas Positives abgewinnen konnte und nichts wirklich ernst nahm außer der Freundschaft, die für ihn das höchste Gut war. Der ewig verträumte Schlafmütz, der niemals Eile hatte und vielleicht genau deswegen das reinste Gemüt besaß. Hatschi, der auf alles allergisch reagierte und sich deswegen meist im Hintergrund hielt, aber immer bereit war, zu helfen. Der in sich gekehrte Pimpel, der immer befürchtete, zurückgewiesen zu werden, und doch so sehr auf Zuneigung angewiesen war. Und natürlich der bewundernswerte Seppel, der Schneewittchen am meisten am Herzen lag, wortkarg, aber gar nicht so einfältig, wie es auf den ersten Blick scheinen mochte, und sicherlich der, der die kleinen Freuden des Lebens am meisten genoss.

Die Zeit verging. Die Königin, die überzeugt war, Schneewittchen für immer los zu sein, befragte den Spiegel nicht mehr zu ihrer Schönheit. Vielleicht, weil sie sich sicher wähnte, vielleicht, weil ihr nicht gefiel, was sie im Spiegel sah. Die Bosheit hatte sie verändert, und sie wusste es.

Aber als sie eines Tages am Spiegel vorüberging, fragte sie doch:

»Spieglein, Spieglein an der Wand, wer ist die Schönste im ganzen Land?«

Und der Spiegel antwortete:

»Königin, Ihr seid die Schönste, aber hinter den Bergen lebt jemand, der ist noch tausendmal schöner als Ihr.«

Die Königin war außer sich vor Wut:

»Wer ist diese Frau, und wo lebt sie?«

»Ihr Name ist Schneewittchen, und sie lebt bei den sieben Zwergen.«

Die Königin tobte, denn sie wusste, dass der Spiegel niemals log.

Sie ließ sofort den Jäger holen und verurteilte ihn zum Tode, weil er sie hintergangen hatte. Dann schloss sie sich in ihren Gemächern ein, um einen Plan zu schmieden, wie sie ihre verhasste Stieftochter loswerden könnte.

»Diesmal«, sagte sie sich, »werde ich selbst dafür sorgen, dich aus der Welt zu schaffen.« Sie studierte anhand eines Buchs, das sie aus ihrer Heimat mitgebracht hatte, die dunklen Künste und stellte einen vergifteten Kamm her. Dann färbte sie ihr Gesicht mit Ruß und verkleidete sich als alte Hausiererin, so dass sie nicht zu erkennen war. Sie erschrak selbst, als sie sich im Spiegel sah. Es war nicht nur der Ruß: Ihr Gesicht hatte sich verändert.

So verkleidet, ging sie in die Berge und fand das Haus der sieben Zwerge.

»Ich verkaufe schöne und nützliche Dinge!«, rief sie vor dem Fenster. »Helft mir. Ich muss etwas verkaufen, damit ich zu essen habe …«

Schneewittchen erschien am Fenster und fragte:

»Guten Tag, gute Frau! Wie kann ich helfen?«

»Ich verkaufe schöne Dinge, nützliche Dinge«, antwortete die Königin. »Bänder in allen Farben und wunderschöne Kämme.«

»Die arme Frau«, dachte Schneewittchen. »Ich habe selbst einmal hungrig vor dieser Tür gestanden.« Sie öffnete die Tür und willigte ein, den hübschen Kamm zu kaufen, den die Hausiererin ihr zeigte.

»Wie schön du bist, mein Kind!«, rief die Alte. »Komm, und lass mich dein Haar kämmen.«

Schneewittchen trat arglos vor die Krämersfrau, damit diese sie kämmen konnte.

Doch kaum hatte die böse Alte den Kamm in das Haar des Mädchens gesteckt, da tat das Gift seine Wirkung, und das Mädchen sank wie tot zusammen.

»Das war es mit deiner Schönheit!«, rief die böse Stiefmutter, aus der eine Hexe geworden war, und ging ihrer Wege.

Zum Glück dauerte es nicht lange, bis die Zwerge bei Einbruch der Dunkelheit zurückkehrten und Schneewittchen leblos auf dem Boden fanden. Sie hatten gleich die Stiefmutter im Verdacht, als sie den vergifteten Kamm im Haar des Mädchens entdeckten. Nachdem sie ihn herausgezogen hatten, kam Schneewittchen wieder zu sich und erzählte ihnen, was geschehen war. Die Zwerge rieten ihr erneut, auf der Hut zu sein und niemandem die Tür zu öffnen.

Als die Königin zum Schloss zurückkehrte, ging sie geradewegs zu ihrem Spiegel und fragte:

»Spieglein, Spieglein an der Wand, wer ist die Schönste im ganzen Land?«

Doch auch diesmal antwortete der Spiegel:

»Königin, Ihr seid die Schönste, aber Schneewittchen hinter den sieben Bergen bei den sieben Zwergen ist noch tausendmal schöner als Ihr.«

Als die böse Hexe diese Worte hörte, bebte sie vor Zorn.

»Schneewittchen ... Du sollst sterben!«, schrie sie. »Und wenn es mich das Leben kostet!«

Die böse Stiefmutter konsultierte erneut das Zauberbuch und stieg dann in den Schlosskeller hinunter, um ein tödliches Gift zu bereiten. Da sie sich erinnerte, wie gern Schneewittchen Äpfel mochte, heckte sie einen finsteren Plan aus.

Als sie schließlich den vergifteten Apfel in Händen hielt, verkleidete sie sich erneut als Hausiererin und machte sich auf den Weg zu dem Haus der sieben Zwerge.

Dort klopfte sie an die Tür, und wieder erschien Schneewittchen am Fenster. Doch diesmal hielt das Mädchen sich an den Ratschlag der Zwerge, niemandem die Tür zu öffnen.

»Es tut mir leid, liebe Frau«, sagte sie zu der Alten,

»aber ich kann Euch nichts abkaufen; die Besitzer des Hauses haben es mir verboten.«

»Ich verstehe, hübsches Kind«, antwortete die angebliche Hausiererin. »Aber ich verkaufe nichts, ich verteile nur ein paar von meinen Äpfeln. Sieh, ich schenke dir einen.«

Die vergiftete Frucht war wirklich herrlich, groß, rot und glänzend, dass einem das Wasser im Mund zusammenlief.

»Danke, liebe Frau«, antwortete das Mädchen. »Aber ich kann dir nicht öffnen.«

»Das ist gar nicht nötig«, sagte die Hexe. »Ich lege den Apfel hierher, du kannst ihn später essen, wenn du willst.«

Mit diesen Worten machte die böse Königin kehrt und ging.

Als die Frau verschwunden war, öffnete Schneewittchen die Tür, nahm den Apfel und brachte ihn ins Haus. Der Apfel war wirklich verlockend, der schönste Apfel, den sie je gesehen hatte ... Schneewittchen rieb ihn an ihrem Kleid blank und biss herzhaft hinein.

Als die böse Königin ins Schloss kam, lief sie sogleich zum Spiegel und fragte:

»Spieglein, Spieglein an der Wand, wer ist die Schönste im ganzen Land?«

Und endlich antwortete der Spiegel:

»Königin, Ihr seid die Schönste im ganzen Land.«

Das abscheuliche Gelächter der Königin war bis in den letzten Winkel des Schlosses zu hören und ließ das Gesinde vor Angst erzittern ... Schneewittchen hatte den Apfel gegessen.

Als die Zwerge an diesem Abend nach Hause kamen, fanden sie Schneewittchen erneut leblos auf dem Fußboden liegend. Kein Hauch kam über ihre Lippen. In den Händen hielt sie den angebissenen Apfel.

Die sieben Zwerge begriffen sofort, was geschehen war: Die verfluchte Königin hatte es geschafft, das arme Mädchen war tot.

Die Zwerge legten Schneewittchen in eine große hölzerne Kiste und beweinten sie drei Tage lang, um sie danach zu beerdigen.

Doch als sie sahen, dass ihr Körper unverändert blieb, als ob das Mädchen lebendig wäre, und ihre Wangen rosig schimmerten, erschien es ihnen keine gute Idee, sie mit Erde zu bedecken. Sie machten einen gläsernen Sarg, damit alle, die vorbeikämen, ob Mensch oder Tier, ihre Schönheit sähen, trugen ihn unter großer Anstrengung auf den Gipfel des höchsten Berges und stellten ihn auf ein steinernes Podest, das sie zu diesem Zweck errichteten.

Von diesem Tag an wachte stets einer der Zwerge bei ihrem Körper, der über die Jahre schön und wie lebendig blieb.

Da geschah es, dass ein Prinz in die Berge kam,

um den Sarg mit dem schönen Schneewittchen zu sehen.

»Guten Tag, der Herr«, sagte er zu dem Zwerg, der an jenem Tag am Sarg wachte. »Weit weg von hier wurde mir erzählt, dass sich in den Bergen die Statue des schönsten Wesens befinde, das je gelebt habe ... Und wie ich sehe, ist es wahr. Man erzählte auch, das Bildnis werde von kleinen Leuten bewacht ... Du musst einer dieser Zwerge sein, nicht wahr?«

»Es ist keine Statue, edler Herr, sondern der leblose Körper unseres geliebten Schneewittchens, das von seiner Stiefmutter, der bösen Hexe, vergiftet wurde.«

Der Prinz war tief bewegt. Wie gerne hätte er sie zu Lebzeiten kennengelernt! Er hätte sogar erwogen, sie zur Frau zu nehmen. Ihre Schönheit hätte alles im Schloss übertroffen ... Obwohl, vielleicht ...

»Ich will den Sarg mitnehmen«, sagte er zu den sieben Zwergen. »Ich zahle jeden Preis, den ihr verlangt.«

»Er ist nicht zu verkaufen«, sagte Hatschi, der gerade mit den anderen eingetroffen war und den die Situation schauderte.

»Ihr versteht nicht«, erklärte der Prinz. »Seit über einem Jahr träume ich, dass ich einem schönen jungen Mädchen begegne und es zur Frau nehme. Ich bin weit gereist, um sie zu finden, und nun, da ich vor ihr stehe, bricht es mir das Herz, sie tot zu sehen. Ich will mich nicht von ihr trennen. Bitte lasst sie mich mit in mein Schloss nehmen. Ich gebe euch zwanzig Goldmünzen ...«

»Nicht um alles Gold der Welt«, antwortete Brummbär.

Je länger der Prinz darüber nachdachte, wie dieser unglaubliche Sarg die Eingangshalle seines Schlosses schmücken würde, desto mehr brannte er darauf, ihn zu bekommen.

»Fünfzig Goldmünzen«, sagte er.

»Nein«, entgegneten die Zwerge.

»Ich verspreche euch, sie stets zu ehren, wie ihr es bis heute getan habt«, beteuerte der Prinz. »Hier in den Bergen nützt ihre Schönheit niemandem, denn es ist keiner da, sie zu bewundern. Ich bin sicher, es hätte ihr gefallen, wieder in einem Schloss zu leben, umgeben von Menschen, die ihre Vollkommenheit wertschätzen ... Ich gebe euch hundert Goldmünzen!«

Als sie das hörten, versammelten sich die Zwerge, um sich zu beraten.

Hundert Goldmünzen! Sie überlegten, was man mit so viel Geld alles am Haus richten könnte, und erinnerten sich daran, wie Schneewittchen sich immer gefreut hatte, wenn ein bisschen Geld ins Haus kam, um etwas Schönes anzuschaffen. Sie dachten, dass sie in einem Schloss tatsächlich besser aufgehoben wäre, wie es ihrem Stand entsprach ... Und der Kummer des jungen Mannes rührte sie.

Nach reiflicher Überlegung beschlossen die sieben Zwerge, Schneewittchens Leichnam dem Prinzen zu überlassen, der ihnen sofort die hundert Münzen überreichte und seine Diener anwies, den Sarg den Berg hinabzutragen.

Doch dann geschah etwas Unerwartetes, Unglaubliches, Magisches, wie es nur in Märchen geschieht ...

Auf dem steilen Weg stolperten die Träger über eine Wurzel, und der Sarg fiel zu Boden. Durch die Erschütterung löste sich das vergiftete Apfelstück, das in Schneewittchens Hals steckte, und das Mädchen erwachte zum Leben.

Der Prinz und die Zwerge liefen zu ihr und erzählten ihr, was passiert war.

»Du bist noch schöner als in meinen Träumen. Und du lebst!«, rief der Prinz. »Kein Zweifel: Du bist die Auserwählte, die ich in meinen Träumen zur Frau nahm. Bitte komm mit mir auf mein Schloss, damit ich für den Rest meines Lebens für dich sorgen kann.«

Schneewittchen ging mit ihm, und nach kurzer Zeit wurde die Hochzeit beschlossen, die mit großem Prunk gefeiert werden sollte.

Auch Schneewittchens böse Stiefmutter wurde zu dem Fest eingeladen. Als sie davon erfuhr, riss sie den magischen Spiegel von der Wand und schleuderte ihn zu Boden, wo er in tausend Stücke zersprang. Sie betrachtete sich in den Scherben und sah, dass

Bosheit und Neid ihr Gesicht entstellt hatten und sie eine hässliche alte Vettel geworden war. Die böse Königin schrie entsetzt auf und spürte, wie ihr Blut vor Hass kochte.

Sie wurde nie wieder gesehen.

Als die Dienstboten in ihre Gemächer kamen, fanden sie neben dem zerbrochenen Spiegel nur einen verkohlten Umriss der Königin, von dem niemand wusste, wie er dort hingekommen war.

Die Moral

Schneewittchen ist eine jener Prinzessinnen – vielleicht die bekannteste –, die eine beliebte Moral im Märchen verkörpern. Salopp gesagt, ließe sie sich folgendermaßen formulieren:

Wenn du schön und anständig bist und fegen und putzen kannst, wird eines Tages dein Traumprinz kommen und dich heiraten.

Das ist die vordergründige Botschaft, die das Märchen transportiert: Mädchen nahezulegen, der lieblichen Titelheldin nachzueifern, und in ihnen den Wunsch zu wecken, auf den erlösenden Mann zu warten.

Es ist jedoch nicht zu übersehen, dass die Stiefmutter alles daransetzt, Schneewittchen die Hauptrolle in der Geschichte streitig zu machen. Unter diesem Gesichtspunkt muss die Botschaft des Märchens auch mit ihrer Figur zusammenhängen, auch wenn sie ein böses Ende nimmt.

Die Geschichte erzählt von der Eifersucht einer Frau auf die Schönheit ihrer Stieftochter und von ihren Bemühungen, das Mädchen irgendwie loszuwerden. Dahinter steckt die Vorstellung, dass Bosheit, wenn man ihr freien Lauf lässt, in bösen Menschen unvorstellbare Ausmaße annehmen kann. Letzten Endes machen Eifersucht und Neid, die beiden Ausdrucksformen des Bösen, die die verzweifelte Königin unverhohlen zur Schau stellt, aus der einstmals schönen Frau eine grässliche Hexe.

Das Märchen warnt vor der Niedertracht des Neids, im konkreten Fall der Stiefmutter, die jedoch bei einer weitergehenden psychologischen Betrachtung für jede Form von Konkurrenz zwischen Müttern und Töchtern steht.

Als konstruktive Botschaft steht *Schneewittchen* außerdem für Mut, den Wert der Freundschaft und natürlich den Sieg der Liebe über alle Hindernisse.

Die andere Tür

Schneewittchen ist in vielerlei Hinsicht eine weitere Initiationsgeschichte, die, wie wir es schon bei *Pinocchio* gesehen haben, dem Grundschema des Heldenwegs folgt. Doch diesmal, welche Überraschung, haben wir es trotz der männerdominierten Zeit, in der die Geschichte entstand, nicht mit einem Helden zu tun, sondern mit einer Heldin. Und als schließlich doch noch der erwartete männliche Held auftaucht – vorausgesetzt, wir wollen diesen tölpelhaften, aufgeblasenen und oberflächlichen Märchenprinzen als Helden bezeichnen –, lässt seine Rolle sehr zu wünschen übrig.

Abgesehen von diesem geschlechtsspezifischen Detail ist Schneewittchens Weg zu Größe und Ruhm exakt der gleiche wie immer. Er beginnt mit der Phase der Unschuld und endet mit dem glücklichen Ausgang für die Heldin, nachdem diese zuvor alle klassischen Etappen des Heldenwegs durchlaufen hat: Kämpfe, Niederlage, Begegnung mit dem Lehrmeister, Erkenntnis, Tod, Wiedergeburt und siegreiche Rückkehr.

Doch wirf nun mit mir einen neuen Blick auf *Schneewittchen*, und frage dich mit mir:

Warum so viel Hass? Worum beneidet die Stiefmutter Schneewittchen so erbittert?

Die Liebe des Königs kann es nicht sein, denn die besitzen beide.

Auch nicht seine Aufmerksamkeit, die beiden gilt.

Auch um Macht kann es nicht gehen, denn die liegt eindeutig bei der Königin.

Auch Schönheit kann es nicht sein, wie wir immer glauben, denn Neid ist der Wunsch, etwas zu besitzen, das ein anderer hat und ich nicht, und in diesem

Fall sind beide schön, das macht die Geschichte deutlich.

Geht es um den Preis, »die Schönste« zu sein, wie die Geschichte nahelegt? Ich glaube nicht.

Nehmen wir für einen Moment an, der Spiegel habe keine magischen Kräfte. Nehmen wir an, dass die Königin, wenn sie sich im Spiegel betrachtet, einfach nur sich selbst sieht und die Zwiesprache mit dem Spiegel lediglich eine Metapher ist. Nehmen wir also an, dass der Spiegel tatsächlich zu ihr spricht, aber nicht durch Magie, wie behauptet wird, sondern in jener Sprache, in der alle Spiegel zu uns sprechen, in denen wir uns betrachten: der Sprache der Realität.

Was also zeigt der berühmte Spiegel der Königin, das ihre schlechtesten Instinkte weckt? Was hat Schneewittchen, das sie nicht hat? Was ist es, woran Schneewittchen die Königin durch ihre bloße Existenz erinnert?

Schneewittchen ist jung.

Und sie, die Stiefmutter, wird jeden Tag älter.

Die Stiefmutter hat keine Angst davor, nicht mehr die Schönste zu sein. Das ist nur eine Ausrede, um sich selbst etwas vorzumachen.

Die Königin fürchtet sich vor dem Altern!

Es ist eine interessante Feststellung, dass Schönheit subjektiv ist, das Alter hingegen nicht. Was für mich schön ist, muss es für dich nicht sein, und umgekehrt. Doch Falten, welke Haut und andere körperliche Anzeichen des Alters lassen sich nicht wegdiskutieren; man muss nur in den Spiegel schauen, um sie zu sehen.

Was natürlich subjektiv bleibt, ist die Reaktion der Außenwelt auf diese Anzeichen, und das ist eine Katastrophe für die Königin. Sie kann nicht zulassen, dass das geschieht. Deshalb lässt sie sich von dem Jäger Schneewittchens Eingeweide bringen, um sie zu essen. Es geht ihr nicht um den Beweis von Schneewittchens Tod; vielmehr will sie sich – vielleicht unbewusst – die einzige Eigenschaft einverleiben, um die sie das Mädchen beneidet: seine Jugend.

Es ist ein in primitiven Kulturen recht weitverbreitetes Ritual, die Organe des Tieres zu essen, dessen Attribute ein Krieger besitzen möchte: die Stärke des Bären, den Jagdinstinkt des Tigers, die Schläue des Fuchses ...

Natürlich will die Königin Schneewittchen töten, keine Frage.

Auch Schneewittchen ist eine Art Spiegel, und die Stiefmutter hat erkannt, dass sie, wenn sie das Mädchen nicht aus der Welt schafft, täglich in diesen Spiegel blicken muss, der sie mit der ungeliebten Tatsache konfrontiert, dass die Zeit unerbittlich verrinnt.

Und was für ein phantastisches Paradox bietet die Geschichte!

Da ist zum einen die Stiefmutter: Der Hass auf Schneewittchen und das, was das Mädchen verkörpert, lässt letztlich ihre größten Ängste wahr werden und macht aus ihr einen äußerlich hässlichen und moralisch verwerflichen Menschen. Und das ist nicht nur im Märchen so. Auch in der realen Welt führen negative Gefühle gegenüber anderen oder gegenüber einer ungeliebten Realität dazu, dass unser Dasein vergiftet und beeinträchtigt wird. Mit der Zeit wird aus Ärger Verbitterung und schließlich purer Hass. Wenn wir Liebe als den aufrichtigen Wunsch definieren, dass es dem anderen gutgeht, ist Hass im Umkehrschluss der brennende Wunsch, dass dem anderen Schlechtes widerfährt. Wie die Geschichte der Stiefmutter zeigt und die Realität bestätigt, fällt dieser Hass letztlich auf denjenigen zurück, der ihn empfindet, und beeinträchtigt ihn in allen Lebensbereichen. Er beschädigt ihn körperlich und emotional und zerstört seine zwischenmenschlichen Beziehungen, auch das Verhältnis zu denen, die er aufrichtig liebt.

Was Schneewittchen angeht, so eröffnet ihr ausgerechnet ihre Vertreibung aus dem Schloss die Möglichkeit, den Weg der Erkenntnis und des Erwachens zu gehen (du erinnerst dich an die Geschichte von Buddha?).

Am Hof wäre das verwöhnte, überbehütete Mädchen ein Leben lang ein naives Kind geblieben und keine Konkurrenz für die Königin gewesen ... für niemanden.

In ihrer braven, kindlichen Arglosigkeit wirkt Schneewittchen sogar ein wenig dumm. Sie entwickelt sich nicht weiter.

Doch plötzlich zwingen unglückliche Umstände das Mädchen dazu, die Verantwortung einer Erwachsenen zu übernehmen, begonnen mit der Führung eines Haushalts, und alles zu lernen, was man dafür braucht.

Es ist spannend, zu sehen, wie sie im Laufe der Geschichte wächst, ohne sich dessen bewusst zu sein. Man kann sich gut vorstellen, wie Schneewittchen denkt: »Ich weiß gar nicht, warum, aber es kommt mir vor, als ob das Haus immer kleiner würde.« So ergeht es uns allen. Immer wenn wir einen Entwicklungsschritt machen, haben wir das Gefühl, dass unsere Umgebung auf einmal enger wird, dass die anderen uns nicht verstehen und die Welt kleiner geworden ist. Dabei sind wir es, die gewachsen sind.

Im Fall unserer Heldin findet dieses Wachstum auf eine sehr besondere Weise statt: Sieben Lehrmeister bringen ihr alles Notwendige bei, um vom Mädchen zur erwachsenen Frau zu werden, begonnen mit weniger Wichtigem wie Putzen, Kochen und Gartenarbeit bis hin zu den grundlegenden Dingen, die sie brauchen wird, um ihr weiteres Leben zu meistern.

Ich finde es einen genialen Schachzug, sieben unterschiedliche Gefährten zu zeichnen und jeden von ihnen mit einer ganz besonderen Eigenschaft auszustatten, die ihn ausmacht. Mir gefällt die Vorstellung, dass jeder von ihnen dem Mädchen etwas beibringt, das es bei seiner Ankunft nicht wusste.

Von Chef, dem Klügsten von allen, lernt Schneewittchen, Entscheidungen zu treffen, Veränderungen zu akzeptieren und aktiv zu werden.

Von Brummbär lernt sie, ihren Standpunkt zu verteidigen und ohne Angst ihren Unmut zum Ausdruck zu bringen.

Von Hatschi lernt sie, Harmonie zu suchen und sich von Dingen fernzuhalten, die ihr nicht guttun.

Von Pimpel, dem Sensibelsten, lernt sie, Ungewissheit auszuhalten, ihre Phantasie spielen zu lassen und von der Liebe zu träumen.

Von Schlafmütz lernt sie, von Dingen Abstand zu nehmen, die sie nicht interessieren, und die Ruhe zu genießen.

Von dem gutmütigen Happy lernt sie, lauthals zu lachen, einfach so, und die einfachen Dinge zu genießen.

Und von Seppel, sicherlich dem intellektuell am wenigsten Begabten, lernt sie das Allerwichtigste: Nicht länger darüber zu jammern, wenn mal etwas schiefgeht, sondern einfach von vorne anzufangen.

So hinterlässt jeder Gastgeber mit all seinen Beschränkungen seine Spuren, und mit diesem Rüstzeug ausgestattet, ist Schneewittchen in der Lage, in die Welt zurückzukehren und alles Gute zu erhalten, das ihr zusteht, so wie es auch dir und mir zusteht.

Nach allem, was sie bei den Zwergen erlebt hat, wird Schneewittchen deren Welt zu klein, und ihr bleibt nur noch, sich von dem bedrohlichen Einfluss ihrer Stiefmutter zu befreien.

Genau wie im Märchen ist die Konditionierung durch Eltern und Erzieher manchmal ein giftiger »Brocken«, den man irgendwie ausspucken muss.

Das Gift nicht auszuspucken, das wir geschluckt haben, kann uns das Leben kosten, wie im Märchen.

Manchmal ist es ein Schlag, der uns bei diesem Prozess hilft, wie im Märchen.

Alles, was danach kommt, ist wie eine Wiedergeburt. Wie im Märchen.

Es fällt auf, dass sich das Bild des Prinzen im Laufe der Zeit in den unterschiedlichen Fassungen der Geschichte wandelt. Aus einem farblosen, unreifen Jüngling wird ein strahlender Ritter, der er nie war und nie sein wollte. Tatsächlich ist er gekommen, um mit Schneewittchens Körper sein Schloss zu »schmücken«, und er lässt keinen Zweifel daran, dass das alles ist, was eine Frau erwarten kann, wenn sie nicht zum wahren Frausein erwacht. Diese Transformation des Prinzen ist kein Zufall; sie ist Teil des machistischen Denkens der damaligen Epoche, das bis in die heutige Zeit überdauert hat, auch wenn es glücklicherweise weniger wird.

Emotionen zu heilen und sich nicht vor dem Lauf der Zeit zu fürchten, das sind für mich die wahren Botschaften von *Schneewittchen*.

Und es ist eine erstaunlich aktuelle Botschaft, wenn man bedenkt, dass das Märchen über vierhundert Jahre alt ist.

Vor einiger Zeit saß ich mit einigen langjährigen Freunden vor einem Lokal in Granada, als plötzlich Julia auf mich zukam, eine liebe Freundin und Kollegin, die ich sehr schätze. Sie sah wirklich großartig aus, mit einem strahlenden Lächeln, frisch und entspannt. Ich sagte ihr, dass ich mich wirklich freute, sie so zu sehen, und dass sie sicherlich gerade in einer guten Phase ihres Lebens sei. Während wir uns ein paar Dinge erzählten, die meine Vermutung bestätigten, stießen noch ein paar weitere Leute zu uns. Als sie Julia sahen, sagten sie alle das Gleiche, nur in etwas anderen Worten:

»Wie jung du aussiehst!«

»Du siehst um Jahre jünger aus!«

Und sogar:

»Du siehst so gut aus! Hast du was machen lassen?« (eine Anspielung auf eine heimliche Schönheits-OP)

Und ich spürte einen hässlichen Gedanken in mir. Mir wurde bewusst, dass jugendliches Aussehen offenbar ein Synonym dafür geworden ist, sich in seiner Haut wohl zu fühlen, attraktiv und begehrenswert zu sein. Das Alter scheint per se etwas Negatives oder zumindest nichts Wünschenswertes zu sein.

Die Welt, in der wir leben, hat im vergangenen Jahrhundert eine besorgniserregende Obsession für den Schönheitskult, die Ästhetik des Ebenmäßigen und das oberflächlich Schöne entwickelt. Das wäre nicht so unheilvoll, wenn nicht gleichzeitig konsequenterweise eine hedonistische Kultur entstanden wäre, die auf der Jagd nach ewiger Jugend ist, während sie (durch Leugnen oder offene Verachtung) alles ablehnt, was mit Altern, Falten, Unvollkommenheit oder dem Akzeptieren der Realität zu tun hat (erinnert dich das nicht an die Stiefmutter aus *Schneewittchen*?).

Für die alten Griechen, begonnen mit Platon (Dialog zwischen Hippias und Sokrates), kann nur das, was wir für gut und richtig erachten, als schön erkannt werden.

Für die Begründer des westlichen Denkens ist nur das Ethische ästhetisch und umgekehrt. Wenn etwas gut und erhaben ist, ist es unweigerlich auch schön und bereitet uns Freude, indem wir es ansehen, berühren und uns daran erfreuen. Denk an deine eigene Kindheit, an die deiner Kinder, an irgendein Kind, das du siehst. Du wirst es selbstverständlich schön finden. Alle Kinder sind es.

Lerne von ihnen, erhalte dir deine Frische, deine Aufrichtigkeit und das Spielerische. Wenn du das tust, folgst du automatisch dem weisen Rat, den uns Ricardo Arjona in einem wunderbaren Lied gibt, und du wirst deinen Jahren Leben hinzufügen, statt deinem Leben Jahre.

Lernen, immer weiter lernen, von allem und allen, ununterbrochen: Das ist die Quelle ewiger Jugend.

Die Biologie lehrt uns, dass sich alles im Leben ständig entwickelt oder altert.

Eines von beidem.

Du hast die Wahl.

15
Die Legende von Odysseus

Einleitung

Die griechische Mythologie, eine Mischung aus Religion, Geschichte und Kultur, hat bekanntlich das philosophische Denken und die literarische Produktion der westlichen Welt maßgeblich beeinflusst; aber mir gefällt der Gedanke von Jorge Luis Borges, dass wir alle der Traum von jemandem sind, der uns träumt, während wir von anderen träumen, so sehr, dass ich mich frage, woher die Inspiration für diesen Schöpfungs- und Heldenmythos des antiken Griechenland kommt.

Zum Glück hat die Wissenschaft mehr als eine Antwort auf diese Frage, die sich so viele Menschen seit jeher stellen.

Für viele Historiker gehen die meisten Mythen und Legenden auf Erzählungen aus den heiligen Schriften der ältesten Kulturen Vorderasiens und des nahen Orients zurück.

Die Geschichte der Göttin Tiamat zum Beispiel ist Bestandteil des *Enuma elis*, eines babylonischen Gedichts, das von den Ursprüngen der Welt erzählt. Es ist nahezu deckungsgleich mit dem Mythos vom

Chaos und seinen Kindern, obwohl es drei- bis vierhundert Jahre vor der Blütezeit der hellenischen Kultur und Zivilisation entstand.

Es gibt auch Studien, die zu der Überzeugung gelangen, dass die Genese der mythologischen Erzählungen dieselbe ist wie die aller Legenden: Am Anfang steht ein tatsächliches Erlebnis einer realen Person, das von Dichtern und Erzählern ausgeschmückt und verändert wird, indem sie Symbole und Inhalte hinzufügen, um die Handlung attraktiver zu machen, bis im Lauf der Überlieferung aus einer Geschichte eine Legende wird.

Herodot zufolge waren es Homer und Hesiod, die den Göttern ihre Namen gaben und jedem von ihnen eine Aufgabe, ein Erscheinungsbild und gewisse Attribute zuwiesen, um dann die Schöpfungsgeschichte (Hesiods *Theogonie*) und die Geschichte von den Taten und Abenteuern ihrer Helden zu verfassen (Homers *Ilias* und die *Odyssee*).

Beide Werke Homers kreisen um die Erlebnisse des Götterlieblings Odysseus. Die Geschichte, von der hier die Rede sein soll, stammt aus dem 12. Gesang der *Odyssee* und erzählt von der Rückkehr des Helden in seine Heimat Ithaka. Odysseus erfährt, dass eine Gruppe untreuer Höflinge seiner Ehefrau Penelope einredet, er sei tot, und sie zwingen will, einen von ihnen zu heiraten, um seinen Thron in Besitz zu nehmen.

Die Königin weigert sich und hält die Freier hin, indem sie ihnen sagt, sie werde erst einen neuen Mann erwählen, wenn die Decke fertig sei, die sie für die Hochzeitsnacht webe. Die Freier gehen darauf ein, nicht wissend, dass die Königin jede Nacht wieder auftrennt, was sie tagsüber gewebt hat … Doch die List kann nicht ewig währen; irgendwann werden die Freier die Königin zwingen, sich zu entscheiden oder zu sterben. Odysseus muss zurückkehren, bevor das geschieht.

Die Geschichte

Auf seiner Irrfahrt besucht der große Odysseus auch den Hades, die griechische Unterwelt, und ist damit einer der wenigen Sterblichen, die je aus der Welt der Toten zurückgekehrt sind.

Der letzte Teil seiner Reise beginnt, nachdem Odysseus mit zwei Aufträgen in die Welt der Lebenden zurückkehrt. Er soll Elpenor, den jüngsten seiner Gefährten, bestatten, wie er es dem Geist des Toten versprochen hat, und dann nach Ithaka zurückkehren, um den Thron und seine Frau Penelope zurückzugewinnen.

Um den ersten Auftrag zu erfüllen, kehrt er auf die Insel Aiaia zurück, in das Reich der Zauberin Kirke, bei der er ein Jahr lebte und die nie aufgehört hat, ihn zu lieben.

Als die Zauberin erfährt, dass Odysseus zurückgekehrt sei, um den Leichnam des verstorbenen Elpenor zu holen, lässt sie seinen Männern den Toten überbringen und entsendet Dienerinnen mit Fleisch, Brot und Rotwein.

»Bleibt heute hier«, sagt Kirke zu den Männern, »esst von den herrlichen Speisen, und trinkt Wein; wenn das Morgenrot erglüht, könnt ihr weitersegeln.«

Es besteht keine Gefahr mehr, durch die Speisen in Schweine und Löwen verwandelt zu werden, wie einige Zeit zuvor. Heute ist die Herrscherin nur von dem Wunsch geleitet, ihrem früheren Geliebten dabei zu helfen, sein Ziel zu erreichen.

Kirke gestattet allen, sich ein wenig auszuruhen, dann nimmt sie Odysseus an der Hand und führt ihn in ihren Palast. Wie eine gute Freundin liegt sie an seiner Seite und bittet ihn, von seinen Taten und Abenteuern zu berichten.

Dann rät sie ihm, doch bei ihr zu bleiben, und wieder antwortet Odysseus, dass er einen Auftrag zu erfüllen habe und nach Ithaka zurückkehren müsse, um seinen Besitz wiederzuerringen.

Da sagt Kirke:

»Wenn dies dein Wunsch ist, will ich dir den Weg weisen und dir sagen, was du tun musst, um nicht zu scheitern.«

Es ist offenkundig ein Akt ihrer großen Liebe.

»Der beste und der einzig sichere Weg führt über das Große Meer. Ich will dir ausreichend Lebensmittel mitgeben, um die Küste Afrikas zu erreichen und von dort aus die Reise in deine Heimat fortzusetzen ... Sofern du nicht vom Kurs abweichst, wirst du heil dein Heimatland erreichen, wenn sich der Mond zum dritten Mal am Himmel rundet.«

»Ich darf mich nicht allzu lange säumen«, entgegnet Odysseus, den Teiresias, der blinde Seher aus Theben, bereits gewarnt hat, dass der Heimweg voller Gefahren wäre. »Alles, was ich habe, und alles, was ich liebe, ist in Gefahr. Ich muss zurück sein, bevor es zu spät ist ...«

»Die Gefahr, zu spät zu kommen, ist immer noch besser als die Gewissheit, sein Ziel niemals zu erreichen«, sagt Kirke, die ihn trotz allem lieber in den Armen einer anderen als tot sähe.

»Wenn etwas zur rechten Zeit getan werden muss«, entgegnet der Held, »sind ›zu spät‹ und ›nie‹ ein- und dasselbe.«

Kirke schweigt und füllt Wein in zwei Gläser, die sie leeren, während sie sich tief in die Augen sehen.

»Zuerst wirst du zu den Sirenen gelangen«, sagt Kirke. »Nimm dich vor ihrem Gesang in Acht. Der Unvorsichtige, der sich ihnen nähert und ihre Stimmen hört, wird Frau und Kinder niemals wiedersehen.«

Odysseus hat schon von dem wundersamen Gesang der Sirenen gehört, der jeden in seinen Bann schlägt, der ihn vernimmt. Angeblich sitzen die Sirenen auf den Klippen am Meer inmitten eines gewaltigen Knochenbergs, der von den Männern stammt, die ihrem Gesang erlegen sind. Verwesende Leichen, deren Haut von der Sonne versengt wurde.

»Wenn es dir gelingt, deine Besatzung an den Sirenen vorbeizubringen, ohne dass sie den Gesang vernehmen, musst du dein Schiff vorsichtig durch die schroffen Felsen steuern, an denen sich die tückische Brandung bricht. Denn die Wellen des Meeres und die mit Flammen beladenen Stürme reißen die Planken des Schiffes und die Körper der Männer davon.«

»Ich werde Hera um Beistand bitten«, sagt der Held. »Und dann?«

»Danach wird erneut Zeit für Entscheidungen sein. Du musst zwischen zwei Klippen wählen. Die eine ist stets von dunklen Wolken umgeben, die den Gipfel sommers wie winters verhüllen. Dort lauert Skylla mit ihrem scheußlichen Heulen einer Hündin, ein furchtbares Monster mit zwölf Armen und sechs Köpfen mit drei Reihen spitzer, scharfer Zähne, in denen der schwarze Tod lauert. Skylla haust in einer tiefen Höhle, aus der nur ihre Köpfe hervorragen, um Beute zu machen.«

»Und die andere Klippe?«

»Dort ist Charybdis«, fährt die Göttin fort. »Sie haust am Fuß eines großen, breitkronigen Feigenbaums. Dreimal am Tag saugt sie das aufgewühlte Wasser ein und speit es wieder aus, den mächtigsten Strudel verursachend, den man je gesehen hat. Du darfst nicht dort sein, wenn das geschieht, denn dann kann dich nicht einmal Zeus vor dem Verderben retten. Besser, du steuerst die Klippe der Skylla an und sorgst dafür, dass dein Schiff rasch vorübersegelt. Du wirst einige Männer verlieren, aber besser, du verzichtest auf zwei deiner Männer als auf alle.«

Aber Odysseus ist nicht nur ein Held, sondern auch ein Anführer, der sich nicht so ohne weiteres mit dem Gedanken abfinden will, auch nur einen seiner Männer zu opfern.

»Sag mir, Göttin, bei der Liebe, die zwischen uns war ... Gibt es einen Weg, der grausamen Skylla zu trotzen, wenn sie meinen Gefährten ein Leid tun will?«

»Du änderst dich nie, Odysseus. Du glaubst immer, es gäbe einen Weg, deinen Kopf durchzusetzen«, sagt Kirke mit einem Lächeln, das man bei einer Sterblichen mitleidig genannt hätte. »Skylla ist kein Untier und auch keine Bestie. Sie ist nicht sterblich, sie ist eine Plage, ein Teil dieser Welt, unvergänglich, furchtbar, grausam und unentrinnbar. Gegen sie gibt es kein Mittel. Man darf sich ihr nicht in den Weg stellen, sondern muss flüchten, so schnell und weit man kann. Hör meinen Rat, Odysseus. Sorge dafür, dass dein Schiff schnell durch die Meerenge kommt. Skylla wird dir beim ersten Angriff zwei Seeleute entreißen, doch wenn du länger bei der Klippe verweilst, wird sie Zeit haben, noch einmal anzugreifen und dir jedes Mal zwei weitere Männer nehmen. Mögen die Götter mit dir sein, Odysseus ...«

Mit diesen Worten entschwindet Kirke, die Göttliche unter den Göttinnen, auf der Insel, während Odysseus zum Hafen hinabgeht, um seine Gefährten an Bord zu rufen und die Leinen zu lösen.

Als alle an Bord sind, nehmen die Männer ihre Plätze auf den Ruderbänken ein und beginnen, auf Befehl ihres Anführers mit den Rudern das schäumende Meer zu schlagen.

Kaum haben sie die Insel Aiaia hinter sich gelassen, als ein kräftiger Wind, von Kirke entsandt, die Segel bläht und vom Heck des Schiffes zum blauen Bug weht. Eine ganze Weile müssen die Ruderer sich nicht in die Riemen legen, und das Schiff wird nur vom Wind und vom Steuermann gelenkt.

Odysseus nutzt die Gelegenheit, um mit der Besatzung zu sprechen. Er warnt sie, dass sie auf dieser Fahrt ihr Leben aufs Spiel setzen und dass sie widerspruchslos seinen Befehlen folgen sollen, ob sie ihnen angemessen erscheinen oder nicht.

Die Sonne steht kaum im Zenit, als sich der Wind plötzlich legt. Das Meer liegt völlig still, und die Wellen scheinen tief und fest zu schlafen. Odysseus lässt die Segel einholen und befiehlt den Männern, ihre Plätze an den Rudern einzunehmen. Die Insel der Sirenen taucht am Horizont auf.

Odysseus hat die ganze Nacht hindurch nachgedacht; nun ist es an der Zeit, seinen Plan in die Tat umzusetzen. Er holt einen großen Wachsklumpen aus dem Laderaum, schneidet ihn in kleine Stücke und verteilt sie unter der Besatzung. Dann befiehlt er allen außer den beiden Bootsleuten, sich die Ohren mit dem Wachs zu verstopfen, bevor sie ihre Plätze auf der Ruderbank einnehmen. Alle folgen dem Befehl und beginnen zu rudern, während sich das Schiff nach Süden in Bewegung setzt.

Die Idee ist genial: Wenn das Schiff an den Sirenen vorüberfährt, wird niemand ihren Gesang hören, und die Männer werden nicht der Versuchung erliegen, auf die Klippen zuzusteuern.

Als Letztes geht Odysseus zu Perimedes und Eurylochos, seinen beiden treuesten und erfahrensten Männern. An sie hat er eine besondere Bitte:

»Bevor ihr eure Ohren verschließt, fesselt mich mit starken Tauen an den Mast, als ob ich ein gefährliches Tier wäre. Bindet mich, so fest ihr nur könnt, so dass ich mich nicht mehr rühren kann. Dann verstopft ihr eure Ohren wie die anderen, bis die Insel der Sirenen hinter uns liegt. Erst dann dürft ihr das Wachs entfernen. Bis dahin achtet nicht darauf, was ich mache. Ihr dürft mich auf keinen Fall losbinden ... Wenn es mir gelingen sollte, mich aus meinen Fesseln zu lösen, werde ich euch beide töten ... Klar?«

Die Befehle eines zu allem entschlossenen Odysseus werden nicht missachtet, ganz gleich, wie absurd oder verrückt sie erscheinen mögen.

Also fesseln die beiden Männer ihren Anführer an den Mast, wie er es befohlen hat. Immer wieder schlingen sie das Seil um seine Hände und Füße, den ganzen Körper und den Hals. Dann verstopfen sie sich die Ohren und weisen die Besatzung durch Zeichen an, mit aller Kraft zu rudern.

Das Schiff fliegt rasch dahin, einen Steinwurf von der Küste entfernt.

Dort sind die Sirenen, streichen über ihr schönes, langes Haar und blicken verführerisch zu den Seeleuten herüber.

Eine wundersame Mischung aus Frau, Fisch und Vogel mit glänzendem Gefieder, lädt schon ihr bloßer Anblick dazu ein, sich ihnen zu nähern.

Viele hätten nur zu gerne die Ruder sinken lassen, um zur Küste hinüberzuschwimmen, doch sie wissen, was die Seeleute sich erzählen: Das zauberhafte, verlockende Äußere der Sirenen ist nur eine Maske, hinter der sich ihr grausames Wesen verbirgt. Die Knochen Tausender Leichen, die ringsum verstreut liegen, sind der Beweis.

Und dann beginnen die Sirenen zu singen, doch nur Odysseus kann sie hören:

Komm, besungner Odysseus, du großer Ruhm der Achaier!
Lenke dein Schiff ans Land, und horche unserer Stimme.
Denn hier steuerte noch keiner im schwarzen Schiffe vorüber,
Eh er dem süßen Gesang aus unserem Munde gelauschet.
Und dann ging er von hinnen, vergnügt und weiser wie vormals,
Uns ist alles bekannt, was ihr Argeier und Troer
Durch der Götter Verhängnis in Trojas Fluren geduldet:
Alles, was irgend geschieht auf lebensschenkender Erde![1]

Und dann die Musik! Die schönste und bezauberndste Melodie, die je ein Mensch gehört hat ...

Die Töne verwirren Odysseus den Verstand und ziehen ihn magisch an. Ihm ist klar, was da passiert, aber er kann der Versuchung nicht widerstehen.

Er will zu ihnen, ganz gleich, was mit ihm geschieht; der Zauber lässt ihn sein Ziel, seine Mission und sein Versprechen vergessen.

Er befiehlt seiner Besatzung, ihn unverzüglich loszubinden.

---

1 Homer, Odyssee. Ü. Johann Heinrich Voß, 12. Gesang, Verse 184–191.

Aber sein Plan ist perfekt, denn niemand hört ihn.

Odysseus droht damit, sie zu töten, er bittet, weint und tobt, aber es ist vergebens.

Er versucht, sich loszureißen, und zerrt so heftig an den Fesseln, dass die Haut abschürft, doch er erreicht nur, dass Perimedes und Eurylochos herbeigelaufen kommen und ihn mit weiteren Stricken noch fester anbinden.

Die selbstauferlegte Folter währt über eine Stunde, bis den Helden die Kräfte verlassen und Odysseus erschöpft, verletzt und willenlos die Besinnung verliert.

Als das Schiff die Insel der Sirenen hinter sich gelassen hat und die Männer davon ausgehen, dass der Gesang nicht mehr zu hören ist, nehmen sie das Wachs aus den Ohren und befreien Odysseus von den Fesseln.

Der Held ist erschöpft und kann sich nicht allein auf den Beinen halten. Er trinkt Wasser in großen Schlucken und sagt, heiser vom vielen Schreien, mit rauer Stimme zum Steuermann:

»Auf zur Meerenge, Steuermann. Die göttliche Hera wird uns leiten.«

Nach schweißtreibender Anstrengung der Ruderer erreicht das Schiff die Passage zur Adria, um dann endgültig Kurs auf Ithaka zu nehmen.

Vor ihnen liegen bedrohlich Skylla und Charybdis.

Odysseus befiehlt dem Steuermann, sich vom Strudel der Charybdis fernzuhalten und das Schiff auf die Klippe zuzusteuern, ohne sie indes zu streifen.

Er erinnert sich an Kirkes Rat, sich keinesfalls der Skylla zu nähern, aber er kann nicht anders, sein Kampfgeist zwingt ihn dazu. Er muss versuchen, sie zu töten, sie zumindest zu verjagen, um zu verhindern, dass sie seine Seeleute mitnimmt. Odysseus legt seine Rüstung an, nimmt zwei Speere und steigt auf das Vordeck. Dort will er Skylla erwarten, um sie tödlich zu verwunden.

Sie passieren die Meerenge. Zur Rechten ist Charybdis, die mit einem gurgelnden Geräusch das Wasser einsaugt und wieder ausspuckt, dass einem die Knie weich werden.

Ein bleicher Schrecken erfasst alle, auch Odysseus, der nun froh ist, nicht in diesem Strudel aus Wasser und Sand zu stecken.

Während sie in Todesangst zur Charybdis hinüberblicken, erscheint Skylla, schnell wie der Blitz, und packt zwei Seeleute.

Odysseus befiehlt, das Steuer zu wenden und beizudrehen, damit er seine Speere schleudern kann ...

Ein Fehler ... Skylla erscheint erneut, und zwei weitere Männer verschwinden zwischen ihren Zähnen.

Während Odysseus unbedingt weiter angreifen

will, befiehlt Eurylochos auf eigene Verantwortung und eigenes Risiko, mit aller Kraft zu rudern, um das Schiff von Skylla wegzubringen.

Das Schiff entfernt sich, doch können sie nicht verhindern, dass Skylla zwei weitere Männer in den Tod reißt.

Das Bild der Hände und Füße, die aus dem Maul der Skylla ragen, während die Männer vergeblich um Hilfe rufen, wird Odysseus für den Rest der Reise begleiten, denn er fühlt sich völlig zu Recht für ihren Tod verantwortlich.

Odysseus macht sich Vorwürfe, weil er nicht den Ratschlägen von Kirke und Teiresias gefolgt ist, und schwört bei sich, dass es nicht wieder vorkommen wird ...

Es ist diese Erfahrung, die ihn bei seinem nächsten Abenteuer retten wird. Die Reise führt sie zur Insel Thrinakia, die dem göttlichen Helios geweiht ist. Odysseus befiehlt seinen Männern, die dort weidenden Rinder und Schafe nicht anzurühren, da sie dem Sonnengott gehörten. Doch zum ersten Mal missachten die Seefahrer seinen Befehl. Sie sind dem Tod zu nah gewesen und wollen nicht länger darben. Während Odysseus schläft, schlachten und verzehren sie einige Rinder.

Zeus bestraft den Frevel der Seeleute, indem er ihnen eine glückliche Heimkehr verwehrt.

Inmitten eines schrecklichen Sturms wird das

Schiff vom Blitz zerstört. Es gibt nur einen Überlebenden: Odysseus.

Die Moral

Wieder haben wir es mit dem bereits erwähnten Weg des Helden zu tun, diesmal mit der allergrößten Berechtigung, denn Odysseus ist tatsächlich genau das: ein Held.

Die hier erzählte Geschichte – wie die gesamte *Odyssee* – ermuntert dazu, den Helden hervorzukehren, den wir alle in uns tragen, oder doch irgendwie dem heldenhaften Verhalten dieser Kämpfer nachzueifern.

Im mythologischen Sinn ist die Bedeutung klar: Ein Held ist derjenige, der seinem Schicksal die Stirn bietet, auch wenn es bedeutet, sich mit den Göttern anzulegen (oder vielleicht sollte man besser sagen: gerade dann).

Der Heldenweg hat mehrere Etappen, die in einer strengen Reihenfolge zurückgelegt werden müssen:

Bevor ich die Lage genau analysiere, muss ich mir über mein **Ziel** im Klaren sein. Es ist die Etappe der Zielsetzung und Einschätzung. Eine Handlung kann nicht wirksam sein, wenn sie nicht mit einem bestimmten Ziel verbunden ist, den Bedürfnissen eines Einzelnen oder einer Gruppe entgegenkommt oder einem bestimmten Sinn folgt. Es mag wie eine

Binsenwahrheit anmuten, aber es ist schwer, den richtigen Weg einzuschlagen, wenn man nicht weiß, wohin die Reise geht und welches der Ausgangspunkt ist. Sind diese beiden Voraussetzungen nicht gegeben, dann tappen wir im Dunkeln, selbst wenn wir vorwärtskommen. Dann folgt die Etappe der **Entscheidung:** Hier geht es um das »Wie«, um das Erkennen unserer Möglichkeiten und Talente. Es ist gut, zu wissen, dass wir alle Facetten besitzen, die besonders hell funkeln. Dass in uns allen eine geniale Seite verborgen liegt, dieses Etwas, das wir besser können als anderes. Das, was du am besten machst, im doppelten Wortsinn. In diesem Kontext ist »das Beste« die besondere Fähigkeit, die ich für eine Aufgabe besitze, meine Fähigkeit, die vorgegebenen Normen zu interpretieren und umzuformen und neue, persönliche Wege zu finden, die Dinge auf meine Art zu machen. Dieses Talent, das der Alchemie zu folgen scheint, dass uns das leichtfällt und Freude macht, was andere anstrengend oder unmöglich zu schaffen finden. Ein Zusammenspiel von Fähigkeiten, Aktivitäten, Aufgaben, Disziplinen oder Gebieten, in denen wir uns besonders gerne und erfolgreich bewegen. Eine Kombination und die Summe aller angeborenen Gaben, ergänzt um das, was wir aus ihnen machen.

Mag sein, dass dich die Natur mit dem feinsten musikalischen Gehör, geschmeidigen Gelenken und

Fingern ausgestattet hat, die federleicht über die Tasten gleiten; dennoch wird aus dir niemals ein großer Pianist werden, wenn du diese Gaben nicht jahrelang mit Disziplin und Eifer am Klavier schulst.

Die dritte Etappe ist die **Leidenschaft.** Der Wegweiser ist nicht der Weg. Die schönste Abbildung einer Rose duftet nicht nach Rosen. Alles, was sich über die Liebe sagen lässt, ist bedeutungslos, wenn du nie geliebt hast. Gefühl und Hingabe ans Leben sind es, die dem Gelebten Substanz geben. Die Leidenschaft ist der Motor des Handelns, der Treibstoff für deine Muskeln, das Leuchtfeuer deines Verhaltens.

Ohne Leidenschaft bleibst du ein passiver Zuschauer deines Lebens, auch wenn du im Mittelpunkt der Bühne stehst. Auch wenn dir alle zujubeln oder dich auspfeifen, wirst du unbeteiligt bleiben, wenn du nicht mit dem Herzen dabei bist.

Bleibt noch das **Handeln.** Denn den Weg zu kennen, heißt nicht, ihn auch zu gehen, und Wollen heißt nicht Machen.

Diese Erkenntnis ist mit Sicherheit die Botschaft dieser Episode aus der *Odyssee*, oder zumindest eine der Botschaften.

Um eine innere oder äußere Realität zu verändern, braucht man all diese Dinge, die wir hier angesprochen haben, aber vor allem müssen wir am Ende **handeln.**

Vor vielen Jahren, als Südamerika durch eine harte Zeit ideologischer Kämpfe zwischen verfeindeten Parteien einer schwierigen Zukunft entgegenging, stellten sich das Lied und die Poesie in den Dienst des Protests und wurden so zu einer Waffe.

In dieser Zeit schrieb Silvio Rodriguez das Lied *La Maza*, und die große Mercedes Sosa sang es für die ganze Welt.

Auch ohne in jener Zeit gelebt zu haben, bewegt der Text bis heute jeden, der die Trauer begreift, wenn man Dinge auf halbem Weg aufgeben muss.

Was, mein Herz, was wäre
der Hammer ohne Steinbruch?
Glaubte ich nicht, woran ich glaube,
glaubte ich nicht an etwas Reines …
glaubte ich nicht an das Schlimmste,
glaubte ich nicht ans Wünschen
glaubte ich nicht an jede Wunde,
glaubte ich nicht an das, was schmerzt,
glaubte ich nicht daran, dass es möglich ist,
sich mit dem Leben zu verbrüdern …
Was, mein Herz, was wäre
der Hammer ohne Steinbruch?
Eine Masse aus Drähten und Sehnen
Eingeweide aus Fleisch und Holz
ein Werkzeug ohne Glanz
nur schwache Bühnenlichter …

Was, mein Herz, was wäre
der Hammer ohne Steinbruch?

Die andere Tür

Wirklich zu **leben,** statt nur durchs Leben zu gehen, heißt, den Mut zu haben, intensiv und stetig mit der Außenwelt zu interagieren. Das kann einfach sein oder schwer, immer aber ist es mit gewissen Risiken verbunden.

Es gibt Menschen, die Angst davor haben, die Folgen ihres Handelns zu tragen oder den Preis für ihre Entscheidungen zu zahlen; also beschließen sie, nur halbe Kraft zu geben, um kein Risiko einzugehen, und opfern aus Angst vor Schlimmerem die Chance auf Besseres. Sie leben (oder vielmehr überleben) eingesperrt in ihren »sicheren« Strukturen, die sie sich mühsam aufgebaut oder aber von denen übernommen haben, die ihnen eingeredet haben, so sei es am besten für sie.

Natürlich gibt es am entgegengesetzten Pol die anderen, die glauben, der Sinn des Lebens bemesse sich an der Menge an Adrenalin, das durch ihre Adern schießt. Diese anderen – und es werden immer mehr – balancieren aus Überzeugung oder Gewohnheit ständig auf Messers Schneide und setzen bewusst oder unbewusst an jeder Straßenecke ihr Leben aufs Spiel (und oft genug nicht nur das eigene).

Zwischen diesen beiden Extremen bewegen sich diejenigen von uns, die um ihre Verwundbarkeit wissen, aber auch ihre Möglichkeiten kennen und gelernt haben, in ihre Fähigkeiten zu vertrauen. Die trotz sengender Sonne und der Gefahr, sich einen Sonnenbrand zu holen, nicht auf das Vergnügen eines Spaziergangs verzichten wollen und deshalb mit Schirmmütze und Sonnenschutz aus dem Haus gehen. Die an Regentagen gerne durch die Pfützen ihrer Stadt laufen, auch auf die Gefahr hin, sich eine Erkältung einzufangen. Sie ziehen feste Schuhe an und nehmen einen Regenschirm mit, aber sie gehen raus.

Auf unsere Möglichkeiten, Talente und Fähigkeiten zu vertrauen, ist ein grundlegendes Rüstzeug, um einige unserer Ziele zu erreichen. Jeder kann erreichen, was er wirklich will, wenn er seinen eigenen Wünschen vertraut und danach handelt.

Natürlich bekommt man nicht immer alles, wonach einem der Sinn steht. Natürlich erreicht man nicht immer die Ziele, die man sich gesetzt hat. Wir sind nicht allmächtig. Aber jeder kann das erreichen, was er wirklich will, wenn er nichts überstürzt und weiß, dass er das, was er will, wirklich verdient. Wenn er etwas dafür tut und in die schöpferische Kraft seines leidenschaftlichen Strebens vertraut. Wenn er auch unter widrigen Umständen mit neuer Kraft und einer positiven Einstellung an die Dinge herangeht.

Während alle äußeren Umstände deutlich darauf hinwiesen, dass nicht mehr zu erhoffen war als das Erwartbare, hissten Mahatma Gandhi, Jonas Salk, Thomas Alva Edison, Mutter Teresa und ganz besonders Martin Luther King die Fahne ihrer Träume und veränderten so eine scheinbar unverrückbare Realität. Sie brachen mit den Schemata des Vorgegebenen, versanken nicht in Resignation und schafften es so, die Welt zu einem Ort zu machen, der mehr und mehr jenem glich, den sie sich erträumt hatten. Es waren ihre Träume, die sie dazu bewegten, zu handeln, und es war ihr Handeln, das dazu beitrug, die Welt zu einem besseren Ort zu machen.

Von allen magischen oder quasi magischen Formeln, die der Mensch ersonnen hat, um die Kräfte des nicht Steuerbaren in den Dienst des Willens zu stellen und diesen in den Dienst von Wünschen und Träumen, haben die Techniken zur mentalen Kontrolle, wie sie die berühmte Silva-Methode lehrt, ein eigenes Kapitel verdient. Neben Übungen und Techniken zur Steigerung der mentalen Fähigkeiten postuliert die Silva-Methode eine unbestreitbare Wahrheit: Der erste Schritt, um ein Ziel zu erreichen, besteht darin, eine klare innere Vorstellung davon zu haben, wie man das erreicht, was man sich wünscht.

Aus dieser einfachen Technik, deren Bedeutung später derart überbewertet wurde, dass in Vergessenheit geriet, dass es sich lediglich um einen ersten (und nicht um den einzigen) Schritt handelt, entwickelte sich schließlich die absurde Vorstellung, dass man lediglich diese Visionen trainieren müsse, damit alles, was man sich wünscht, Wirklichkeit würde. Auch wenn man die nötige Vorsicht walten lassen sollte, um nicht diesem verlockenden Irrglauben zu verfallen, ist doch festzuhalten, dass solche positiven Bilder (später oft »Visualisierung« genannt) sicherlich der beste Weg sind, diese Träume in uns zu »verankern«.

Ein weiterer Schritt in dieselbe Richtung ist es, unsere Träume und Ziele mit uns nahestehenden, geliebten Menschen zu teilen. So wie es hilft, Freunden, Familienangehörigen und Bekannten mitzuteilen, dass man mit dem Rauchen aufhören möchte, um den Entschluss tatsächlich in die Tat umzusetzen, so kann es auch dabei helfen, unsere innigsten Träume wahr werden zu lassen, indem wir sie mit anderen teilen.

Angst ist der größte Gegner, wenn es darum geht, einen Traum zu verwirklichen; sie zu überwinden muss unser nächster Schritt sein. Angst hindert uns am Handeln, erstickt unsere Bemühungen im Keim und lähmt die Kreativität. Manchmal zeigt sie uns ihr grausamstes Gesicht, andere Male kommt sie als Pessimismus, Trägheit, Antriebslosigkeit oder Zurückhaltung daher, aber immer konfrontiert sie uns mit unseren inneren Gespenstern: der Angst vor dem Scheitern, vor Zurückweisung, Veränderung, Risiko oder Kritik.

Der Kampf gegen die Angst beginnt in diesem Fall einfach damit, zu akzeptieren, dass sie eine völlig normale Reaktion auf die Herausforderung ist, die es bedeutet, einen Traum zu verwirklichen.

Aber gib gut acht, dass dein Traum tatsächlich eine Entscheidung ist und keine Flucht. Flucht ist keine Entscheidung, sondern eine Alternative, und als solche eine denkbar schlechte Voraussetzung für einen Traum. Denk an das Vergnügen, das es bedeutet, neue Wege einzuschlagen, und nicht nur an die Erleichterung, die Realität hinter dir zu lassen, in der du lebst.

Das ist nur möglich, wenn dieser Weg dein eigener Wunsch ist und kein Reflex auf die Bedürfnisse anderer, die – manchmal unbewusst – diesen Wunsch in dein Herz gesät haben.

Aber Vorsicht: Wünsche nur zu hegen ist nicht genug. Sie wie einen Schatz in einem kleinen Kästchen zu verwahren, das wir nur öffnen, um seinen Inhalt für einen Moment zu betrachten und es dann sorgfältig wieder zu verschließen, wird uns unweigerlich unglücklich machen.

Aus Träumen müssen Pläne werden, damit diese sich in Handlungen manifestieren, die dazu angetan sind, sie in die Tat umzusetzen. Warum rede ich so oft davon, dass man sich trauen muss? Was ist gefährlich daran, Träume aus ihrem sicheren Platz in unserem Herzen hervorzuholen, um sie in die Tat umzusetzen?

Solange meine Träume sich im Bereich des Imaginären bewegen und Phantasien bleiben, sind sie nicht in Gefahr. Ich kann sie dort aufbewahren, sie »einfrieren«, um mich mit dem Gedanken an sie zu trösten, sie hervorzuholen und zu teilen, wenn meine Lebenswirklichkeit nicht befriedigend für mich ist. Aber wenn ich beschließe, sie umzusetzen, können sie an der Mauer der Realität zerschellen, bis nur die Asche ihres einstigen Feuers zurückbleibt. Auf dem Weg können wir so manchem Hindernis begegnen – es muss nicht noch einmal erwähnt werden, dass man der Skepsis anderer keinen Glauben schenken sollte –, aber wir können auch das Rüstzeug entdecken, das es uns ermöglicht, unser Ziel zu erreichen, wie etwa, uns mit Menschen zu umgeben, die unser aufrichtiges Vertrauen genießen.

Selbst die deterministische Wissenschaft räumt ein, dass jedes Ereignis auf eine Vielzahl von Kausalitäten zurückzuführen ist. Auch deshalb müssen wir einsehen, dass nicht alles in unseren Händen liegt und doch paradoxerweise alles, was uns – im Guten wie im Schlechten – widerfährt, zu einem gewissen Prozentsatz durch eigenes Zutun geschieht (ein Prozentsatz, der manchmal entscheidend, andere Male verschwindend gering ist, aber immer vorhanden).

Zu akzeptieren, dass wir direkt oder indirekt Einfluss auf alles nehmen, was um uns herum geschieht, heißt auch, das eigene Leben in die Hand zu nehmen und aus diesem Bewusstsein heraus zu begreifen, dass wir uns trauen müssen, für unsere Träume zu kämpfen, damit sie Wirklichkeit werden. Auf der letzten Etappe werden Anstrengung, Geduld, Durchhaltevermögen und ein Quäntchen Glück (das darf nicht fehlen), zusammen mit dem festen Entschluss, niemals aufzugeben, den Rest erledigen.

Beim Vergleich der neugewonnenen Realität mit der zuvor erträumten legen viele den Schwerpunkt auf das, was sie im Einzelnen unterscheidet, statt wertzuschätzen, dass der zentrale Punkt des Traums in Erfüllung gegangen ist.

Verschwende keine Energie damit, jedes Bäumchen, jedes Blümchen und jede Wolke dem Bild des von dir erträumten Ortes anzupassen. Wenn du an diesem Punkt angelangt bist, dann freue dich darüber und nutze die Kraft dieser Freude, um dich neuen Träumen zu widmen.

Ambrose Bierce sagte einmal, um Träume zu verwirklichen, müsse man zuerst aufwachen. Zu wissen, dass unsere Zeit begrenzt ist, kann ein guter Antrieb sein. Das Leben ist keine Generalprobe, sondern die einzige Chance, das zu verwirklichen, was wir uns erträumen.

Während ich diese Zeilen schreibe, hallen in meiner Erinnerung so mancher Applaus und die vielen lobenden Worte wider, die ich im Laufe meiner Karriere erhalten habe. Glückwünsche und wundervolle Sätze, die mich seinerzeit sehr berührten und die sich später mit der Kritik und den Vorwürfen derer mischten, denen nicht gefällt, was ich schreibe, oder denen es lieber wäre, wenn andere (vielleicht sie selbst) an meiner Stelle wären.

Ich gebe zu, dass ich mich oft frage, ob es für jemanden, der so empfindlich auf Kritik reagiert wie ich (und vielleicht auch du), der richtige Weg war, sich auf ein Podium zu stellen, obwohl man weiß, dass man dort den gnadenlosen Angriffen derer ausgesetzt ist, die alles schlechtreden wollen. Hat es Sinn, sich den unfairen Vorwürfen derer auszusetzen, die sich berufen fühlen, es besser zu wissen, oder die aus krankhaftem Neid, weil sie glauben, dass ihnen dieser Weg verwehrt ist, ihr mangelndes Selbstwertgefühl auf diejenigen projizieren, die sie für erfolgreich halten?

Ich erinnere mich, dass mir auf der Suche nach einer Antwort, die mir in solchen Situationen, in denen wir alle uns gelegentlich wiederfinden, weiterhelfen würde, die Geschichte von Odysseus und seiner Rückkehr nach Ithaka in den Sinn kam. Insbesondere jener Moment, in dem der Held der Verführung des Sirenengesangs widerstehen muss.

Es ist die Geschichte, die ich eben mit dir geteilt habe.

Odysseus hat keine andere Wahl, als den Weg durch die Meerenge zu nehmen. Er muss rechtzeitig ankommen, um Ithaka und Penelope aus der Hand seiner Feinde zu befreien.

Kurz bevor sie die Insel der Sirenen passieren, befiehlt Odysseus allen an Bord, sich die Ohren mit Wachs zu verstopfen, damit sie nicht der Versuchung erliegen. Doch der Held selbst zögert. Einerseits will er – rebellischer, abenteuerlustiger Geist, der er ist – nicht darauf verzichten, wenigstens einmal den berühmten, magisch anziehenden Gesang zu hören; andererseits halten ihn der Wunsch, in Penelopes Arme zurückzukehren und sein Königreich zu retten, von dieser verrückten Idee ab ...

Odysseus ist nicht dumm. Er ist nicht nur mutig, er kennt auch seine Grenzen.

Wie wir gesehen haben, befiehlt er seinen treuesten Gefährten, ihn an den Mast zu fesseln und ihn auf keinen Fall loszubinden, bevor sie sich von den Sirenen entfernt haben.

Während die Besatzung mit tauben Ohren die schönen Sirenen in der Ferne winken sieht, windet sich Odysseus in seinen Fesseln, ruft Beleidigungen, die niemand hört, und gibt Befehle, die niemand befolgt. Immer wieder verlangt er, dass man ihn losbindet, damit er zu den Sirenen gelangen kann ...

Odysseus geht ein Risiko ein, indem er sich dem Gesang aussetzt; er leidet und genießt zugleich, während er gleichzeitig weiß, dass er es schaffen wird, rechtzeitig sein größtes Ziel zu erreichen: seine geliebte Penelope wiederzusehen und sein Königreich zu retten.

Mich berührt die überlegte Leidenschaft in Odysseus' Entscheidung.

Andere hätten sich aus Eitelkeit vielleicht der Gefahr ausgesetzt, der Verlockung des Sirenengesangs zu erliegen, in dem Glauben, dass niemand ihnen etwas anhaben kann. Aber das würde Odysseus niemals tun.

Er flüchtet sich auch nicht in die Vorstellung, dass die Götter ihn schon beschützen werden.

Vor allem aber würde er niemals vor seinem Schicksal und seiner Verantwortung davonlaufen.

Odysseus ist sich seiner Aufgabe voll bewusst und flüchtet sich nicht in die Möglichkeit, die ihm das Leben bietet, Bereiche zu betreten, die niemand je zuvor betreten hat. Bereiche, die ebenso faszinierend und verlockend wie gefährlich und schmerzlich sind.

Ich bin kein Held und will es auch nicht sein, aber ich finde, dass dieser Mythos die Geschichte viel von uns widerspiegelt, die wir keinen Drang z Heldentum haben.

Ich gehöre genau wie du zu denen, die si damit zufriedengeben, die Welt nur durch seher zu betrachten, die aber auch nicht auf die Gelegenheit warten, um auf die Straße zu rennen und den Aufstand zu proben.

Ich gehöre zu denen, die die Annehmlichkeiten des Lebens genießen, die man für Geld kaufen kann, ohne deswegen alle anderen ihrem Schicksal zu überlassen, wenn ich weiß, dass ich etwas tun kann, um ihnen zu helfen, und sei es nur ein kleines bisschen.

Wenn man nach einem Weg voller Freud und Leid feststellt, dass man den wunderbaren Gesang hören konnte und noch am Leben ist, sollte man zu dem Schluss kommen, dass es sich gelohnt hat, das Risiko einzugehen, und dass es den Schmerz wert war, verletzt zu werden.

Nachwort

Der Legende zufolge lebte der Vogel Phönix zusammen mit Adam und Eva und den übrigen Tieren der Schöpfung im irdischen Paradies. Neben den Menschen war der Vogel der Einzige im Garten Eden, der nicht von den Früchten des verbotenen Baums fraß. Nicht auf göttliche Weisung, sondern aus dem freien Entschluss heraus, diese Einschränkung mit den ersten Menschen zu teilen. Doch trotz seiner Hochherzigkeit spielte ihm das Schicksal einen schmerzlichen Streich.

Als der erste Mensch und seine Gefährtin aus dem Paradies verstoßen wurden, stellte Gott einen Engel mit Flammenschwert am Eingang auf, der Adam und Eva den Zugang verwehren sollte. Ein Funke aus diesem Schwert setzte das Nest des Phönix in Brand und tötete den schlafenden Vogel.

Der Legende nach wollten die Engel dieses Unrecht wiedergutmachen und erweckten Phönix wieder zum Leben. Damit nicht genug, gewährten sie ihm die Gabe, ewig aufs Neue aus der Asche aufzuerstehen.

Die griechische, dann die römische und später die christliche Mythologie griffen diese Geschichte auf und berichten von dieser wundersamen Gabe. Wenn die Stunde seines Todes gekommen ist, baut der Phönix ein Nest aus duftenden Kräutern und legt ein einziges Ei, um dann wochenlang auf seinen Tod zu warten. Wenn der Tag gekommen ist, geht der Vogel in Flammen auf und verglüht zu Asche. Doch durch die Wärme der Glut zerspringt am nächsten Morgen die Eierschale, und hervor kommt der Vogel Phönix, verjüngt, stark, einzigartig und ewig.

Dieser Mythos spiegelt auf poetische Weise eine Eigenschaft des Menschen wider, einen zuweilen verborgenen Aspekt unserer Persönlichkeit, einen wenig erforschten Bereich unserer Existenz. Die Rede ist von unserer Fähigkeit, nach jedem Sturz, jedem Straucheln, jeder Katastrophe wieder auf die Beine zu kommen, aufgerichtet vor allem durch die Liebe zu dem, was wir lieben, und die Leidenschaft für unsere Ideale.

Die Geschichte der Menschheit ist voller Beispiele für dieses Phänomen. Ganze Völker, Länder und Gesellschaften erstehen förmlich mit größerer Kraft und erneuerter Energie aus der Asche.

In den Biographien der berühmtesten Männer und Frauen der Geschichte gibt es immer Phasen, in denen der- oder diejenige an der Realität zu scheitern scheint, um dann aus der Asche wiederaufzuerstehen.

So ist es bei Odysseus, bei Herkules, bei Jeanne d'Arc und Pocahontas; aber auch bei Gandhi, Franz von Assisi, Buddha, Mutter Teresa, Martin Luther King und natürlich auch bei Dr. Helen Keller.

Lass mich dir ihre Geschichte erzählen.

Diese wunderbare Frau wurde 1880 in den USA geboren. Kurz nach ihrem ersten Geburtstag führten Komplikationen nach einer Infektion dazu, dass sie irreversibel erblindete und ertaubte (in einer Zeit, in der es noch keine Antibiotika gab).

Während viele resigniert ihre Familie bedauerten und andere dafür plädierten, sie sterben zu lassen, sorgte eine weitere unglaubliche Frau, Anne Sullivan, dafür, dass das Mädchen in der Braille-Schrift lesen und schreiben lernte. Später entwickelte das Mädchen mit ihrer Hilfe eine spezielle Technik des Lippenlesens, bei der sie ihre Hände auf den Kehlkopf und die Lippen des Gesprächspartners legte.

Trotz aller Hindernisse lernte Helen Keller zu sprechen, studierte Philosophie und Sozialwissenschaften, schrieb ein halbes Dutzend Bücher und erhielt die Ehrendoktorwürde an einigen der bedeutendsten Universitäten der Welt.

Als Helen Keller eingeladen war, in Oxford vor Dozenten und Studenten zu sprechen, stellte der Rektor sie mit den Worten vor, sie sei eine bemerkenswerte Frau, die sich die Anerkennung der akademischen Welt errungen und zahlreiche Preise erhalten habe, obwohl sie wesentlich ungünstigere Voraussetzungen als die meisten Menschen gehabt habe.

Nach einem tosenden Applaus, den sie weder sehen noch hören konnte, begann Helen Keller ihren Vortrag folgendermaßen: »Es stimmt, was der Herr Rektor sagt; ich bin eine bemerkenswerte Frau. Doch möchte ich meinem geschätzten Freund und Kollegen erklären, dass ich seine und Ihre Bewunderung nicht verdiene, weil es mir gelungen ist, die Schwierigkeiten zu überwinden, die das Leben für mich bereithielt, sondern weil ich trotz vieler Rückschläge nie aufgegeben habe.«

Warum sind wir nicht immer in der Lage, den Helden in uns zu beschwören?

Ich gebe dir die Antwort: Weil wir uns nicht trauen, unsere Gefühle über unsere Leistungen zu stellen, unser Empfinden über Konventionen, unsere Leidenschaften über unsere Selbstgefälligkeit. Wir müssen aufhören, nach Unnötigem zu streben, und dem Wichtigen den Vorzug vor dem Nebensächlichen und dem Wesentlichen den Vorzug vor dem Überflüssigen und Vergänglichen geben.

Wenig hat mich als Heranwachsenden so geprägt wie Saint-Exupérys herausragendes Buch *Der Kleine Prinz*. Jede Seite, jede Zeichnung, jede Episode und jeder Dialog sind eine Landkarte der spirituellen Welt des Protagonisten, der magischen Welt des Autors und der Gefühlswelt des Lesenden.

Ich kann an dieser Stelle nicht von Emotionen sprechen, ohne an die Szene zu denken, in der sich der Fuchs und der kleine Prinz verabschieden. Sie lautet frei zitiert ungefähr so:

So machte der kleine Prinz den Fuchs mit sich vertraut. Und als die Stunde des Abschieds nahe war:
»Ach!«, sagte der Fuchs, »ich werde weinen.«
»Das ist deine Schuld«, sagte der kleine Prinz, »ich wünsche dir nicht Übles, aber du hast gewollt, dass ich dich zähme …«
»Gewiss«, sagte der Fuchs.
»Aber nun wirst du weinen!«, sagte der kleine Prinz.
»Bestimmt«, sagte der Fuchs.
»So hast du also nichts gewonnen!«
»Ich habe«, sagte der Fuchs, »die Farbe des Weizens gewonnen. Du siehst da drüben das Weizenfeld? Ich esse kein Brot. Für mich ist der Weizen zwecklos. Die Weizenfelder erinnern mich an nichts. Und das ist traurig. Aber du hast weizenblondes Haar. Das Gold der Weizenfelder wird mich an dich erinnern.«
»Adieu«, sagte der kleine Prinz.
»Adieu«, sagte der Fuchs. »Hier mein Geheimnis. Es ist ganz einfach: Man sieht nur mit dem Herzen gut. Das Wesentliche ist für die Augen unsichtbar.«
»Das Wesentliche ist für die Augen unsichtbar«, wiederholte der kleine Prinz, um es sich zu merken.

Das Wesentliche, möchte ich ergänzen, liegt darin, uns darin zu üben, das Leben mit dem Herzen zu sehen. Nicht nur mit dem Herzen, aber auch. Und Geschichten, insbesondere jene, die man uns in der Kindheit erzählte, sind der Schlüssel zu unserem authentischen und wertvollsten Inneren.

In diesem Buch habe ich versucht, in diesen Geschichten etwas zu entdecken, das man nicht auf den ersten Blick sieht; etwas, das der Verstand allein nicht erfassen kann. Ich habe eine andere Tür geöffnet, die eher zu meinen Emotionen führte als zu meinem Denken. Ich bin sicher, dass du diese Arbeit mit denselben und anderen Geschichten weiterführen kannst, um neue Dinge zu entdecken, die man mit offenem Herzen besser sieht. Vielleicht denkst du, dass du Gefahr läufst, mehr zu leiden, wenn du diese Tür öffnest ... Und du hast recht. Aber wenn wir sie schließen, haben wir nicht einmal die Möglichkeit, das Leben in seiner ganzen Fülle zu genießen.

Notizen zu einer Recherche

Im Grunde genommen ist das Volksmärchen eine Erzählung ohne Autor. Deshalb wird es auch das Waisenkind der Literatur genannt.

Durch ihre einfache Struktur und den schlichten, auf Wiederholung bedachten Stil ließen sich Märchen leicht behalten und nacherzählen, was ihre mündliche Überlieferung durch die Jahrhunderte begünstigte.

Als Folge daraus – oder aus diesem Grund – haben die Figuren in der Regel keine Vergangenheit und keine Zukunft und oft nicht einmal einen Namen (sie sind »der Jüngling«, »die Prinzessin«, »die Stiefmutter«). Häufig haben sie Ähnlichkeit mit den mutmaßlichen Zuhörern: Sie sind arm, vom Unglück verfolgt oder leben in schwierigen familiären Verhältnissen (extreme Armut, ungewollte Kinderlosigkeit, Streit zwischen den Eltern, Eifersucht und Neid ...) und träumen von einer glücklichen Welt, in der sie ohne Sorgen leben können.

Die Eigenschaften der »Guten« werden von den schlechten Eigenschaften der »Bösen« widergespiegelt, die das genaue Gegenteil verkörpern. Aschenputtels Güte steht die Boshaftigkeit ihrer Stiefschwestern gegenüber, Schneewittchens Bescheidenheit die

Arroganz ihrer Stiefmutter, der Pflichterfüllung des Rattenfängers das nicht eingehaltene Versprechen einer ganzen Stadt ...

Viele Märchen gehen auf uralte Überlieferungen wie das altindische *Panchatantra* zurück, das ins 3. Jahrhundert vor Christus datiert wird. Dort gibt es zum Beispiel die Geschichte von einem Mann, der am Feuer hockt und Reis in einem Tontopf kocht. Er überlegt, dass er von dem Geld, das er für den Topf bekäme, einen Ziegenbock und eine Ziege kaufen könnte. Das Ziegenpaar würde sich vermehren, und vom Verkauf der Herde könnte er Kühe erstehen und anschließend Pferde. Von dem Erlös könnte er schließlich ein Haus kaufen, eine Frau finden und Kinder haben, die auf ihn zuliefen und ihn umarmten ... Während er so vor sich hin träumt, breitet er die Arme aus, stößt den Topf um, verschüttet den Reis und macht damit seine Träume zunichte.

Die gleiche Geschichte finden wir später im *Hitopadesha* wieder, einer Sammlung von Fabeln in Sanskrit aus dem 8. Jahrhundert unserer Zeitrechnung, die in der Folge ins Arabische übersetzt und Mitte des 13. Jahrhunderts im Auftrag König Alfons' des Weisen ins Kastilische übertragen und in die Sammlung *Calila y Dimna* aufgenommen wurde. In Frankreich verfasst Lafontaine 1640 eine weitere Version, und ein Jahrhundert später greift der Spanier Samaniego die französische Fassung auf und macht sie sich zu eigen. Heute kennen wir diese Erzählung, die auf eine zweitausendjährige Geschichte zurückblickt, als *La fábula de la lechera (Die Geschichte vom Milchtopf)*.

Die neueren und auch populärsten Märchenversionen vermitteln fast immer ein glückliches Weltbild. Der Dümmste, die Jüngste, der Ärmste und die Unschuldigste wecken unsere Sympathien und gehen am Ende als Sieger aus der Geschichte hervor. Die vier bekanntesten Verfasser von Märchensammlungen (Charles Perrault, die Gebrüder Grimm und Hans Christian Andersen) machten es sich zur Aufgabe, Volksmärchen so zu bearbeiten, dass sie für Kinder geeignet waren – keine leichte Aufgabe, wenn man bedenkt, dass zur damaligen Zeit die Kindheit nicht als eigenständiges Konzept verstanden wurde oder sich auf die Stillzeit beschränkte (die durchschnittliche Lebenserwartung eines Bauern lag bei nicht einmal vierzig Jahren, da ist es verständlich, dass die Kindheit nicht länger als bis zum zehnten Lebensjahr dauern konnte).

Ich schätze die Arbeit dieser großartigen Bewahrer des klassischen Märchens sehr, doch mein größter Beifall gilt diesen Worten von Antonio Machado, die ich hier frei zitiere:

Müsste ich mich für einen einzigen Dichter entscheiden, ich würde Vergil wählen.

Wegen seiner Eklogen? Nein.
Wegen seiner Aeneis? Nein.
Ich würde ihn wählen, weil er in seinen Gedichten so vielen herrlichen Versen anderer Gedichte Obdach gibt, ohne sich die Mühe zu machen, sie zu verändern.

Meine fast zweijährige Arbeit an diesem Buch brachte es mit sich, dass ich auf Hunderte interessanter, vergnüglicher, heikler oder überraschender Angaben zu den Ursprüngen, der Historie und Autorschaft der Geschichten stieß.

Einige dieser Erkenntnisse möchte ich mit meinen Lesern teilen, in der Vorstellung, sie könnten sie genauso spannend finden wie ich.

Nach langer Überlegung zog ich es vor, sie hier am Ende des Buches, nach Geschichten geordnet, zu versammeln, um die Stimmung zu bewahren, die du vielleicht beim Lesen der einzelnen Geschichten und meiner Anmerkungen dazu empfunden haben magst.

Das hässliche Entlein

Das Märchen vom hässlichen Entlein erzählt in metaphorischer Bearbeitung zugleich die Lebensgeschichte seines Verfassers.

Hans Christian Andersen wurde in Odense geboren, damals ein armseliges Fischerdorf an der dänischen Ostsee. Seine Eltern Hans (ein verarmter Schuhmacher) und Anne Marie (eine ebenso auffahrende wie dem Alkohol verfallene Frau) lebten in einem einfachen Holzhaus, das sie selbst gebaut hatten. Das Bett, in dem der kleine Hans im April 1805 geboren wurde, war aus Sargbrettern getischlert, die sein Vater am Straßenrand gefunden hatte.

Eine in Vergessenheit geratene Geschichte Andersens beginnt mit einem Satz, der ihn selbst zu beschreiben scheint. »Vor vielen, vielen Jahren lebte ein Kind, dessen Eltern waren so arm, dass sie es nur mit wunderlichen Geschichten von Feen und Hexen ernährten.«

Tatsächlich besaß Hans' Vater keinen Heller, aber sein Kopf war voller Phantasien und Träume, die ihn zu einem großartigen Erzähler von Geschichten über Prinzen und Geister machten, die in jenem Haus gelegentlich herhalten mussten, um den Hunger zu lindern.

Von den anderen Kindern gehänselt, hatte Hans eine schwierige Kindheit. Wesentlich größer als seine Altersgenossen, schlaksig, ungelenk und mit einer großen Nase ausgestattet, war er eine recht eigenwillige Erscheinung und musste viel Spott ertragen.

Vielleicht verbrachte Hans deshalb viel Zeit zu Hause, wo er las und Kostüme für das Puppentheater nähte, das sein Vater ihm gebaut hatte. Dieses kleine Theater war das Einzige, was der Vater ihm hinterließ, als er in den Krieg zog, um in Napoleons Armee zu dienen, und kurz darauf starb. Hans war zum damaligen Zeitpunkt elf Jahre alt.

Mit vierzehn Jahren beschloss Andersen, nach Kopenhagen zu gehen, um Schauspieler, Opernsänger oder Tänzer zu werden. Er nahm Unterricht bei verschiedenen Lehrern. Anfänglich aus Mitleid wegen seines Äußeren und geschmeichelt von seinem Interesse, nahmen sie ihn in ihre Klassen auf, warfen ihn aber nach kurzer Zeit mit einigen knappen Abschiedsworten wieder hinaus, ohne ihm Mut zu machen, es weiter zu versuchen.

Mit neunundzwanzig Jahren begann Andersen, sich mit den Märchen und Volkssagen zu beschäftigen, die er als Kind von seinem Vater gehört hatte. Ein Jahr später veröffentlichte er seinen ersten Sammelband mit Märchen, darunter *Die Prinzessin auf der Erbse, Der große und der kleine Klaus* sowie *Das Feuerzeug*.

Sein einfacher, umgangssprachlicher Stil widersprach völlig dem literarischen Zeitgeschmack. Niemand hatte es zuvor so entschieden gewagt, sich in seinen Erzählungen auf populäre Überlieferungen zu stützen. Sein Werk drückte Gefühle und Gedanken aus, die in ihrer Tiefgründigkeit keineswegs als kindgerecht zu bezeichnen waren. Andersen selbst sagte einmal: »Ich schreibe für Kinder, aber ich habe Ideen für Erwachsene.« Überraschenderweise kam

Andersen trotzdem gut an, und seine Bücher verkauften sich immer besser. So gut, dass er einen zweiten und später einen dritten Band mit Märchen herausbrachte, darunter *Die kleine Meerjungfrau* und *Des Kaisers neue Kleider*.

König Maximilian II. von Bayern, der Andersen sehr bewunderte, lud den Schriftsteller auf sein Schloss in Starnberg ein. Andersen war tief beeindruckt von dem Monarchen, der für sein Interesse an Kultur und Kunst berühmt war, und nannte ihn freundschaftlich »König Max«.

1844 lud Königin Viktoria den Schriftsteller zum Tee ein, angeblich, weil sie den Verfasser dieser schönen Märchen persönlich kennenlernen wollte. Als Andersen in sein Zimmer zurückkehrte, schrieb er: »Vor fünfundzwanzig Jahren kam ich mit meinem Kleiderbündel nach Kopenhagen. Ich war ein armer, unbekannter Junge voller Träume und ohne Möglichkeiten, und heute habe ich Schokolade mit der Königin von England getrunken.«

An seinem zweiundsechzigsten Geburtstag wurde Hans Christian Andersen öffentlich geehrt und zum Ehrenbürger seiner Geburtsstadt Odense ernannt. Der dänische König verlieh ihm den Titel eines Staatsrats.

Aus dem hässlichen Entlein war ein Schwan geworden.

Aschenputtel

Aschenputtel ist vielleicht das Märchen, von dem die meisten Fassungen existieren.

Tatsächlich kennt man über siebenhundert Versionen dieses Märchens auf sämtlichen Kontinenten, in verschiedenen Sprachen, aus unterschiedlichen Epochen und von unterschiedlichen Schriftstellern. Außerdem hat die Geschichte immer wieder das Interesse von Literaturwissenschaftlern, Soziologen, Anthropologen und Philosophen geweckt. Es gibt unzählige Studien über die Rollen der Figuren, die Symbolik oder die unterschiedlichen Interpretationsansätze im Kontext der jeweiligen Epoche.

Im nordmexikanischen Coahuila existiert eine indianische Legende, deren Heldin wie Aschenputtel gedemütigt und am Ende dank eines Schuhs aus Bärenhaut von ihrer Familie anerkannt wird. Die Chinesen kennen die Geschichte eines Mädchens namens Ye-Shien, das nach dem Tod seiner Mutter aufs Grausamste von der zweiten Frau des Vaters misshandelt wird, so dass sie mit der Hilfe eines magischen Fisches von zu Hause flieht. Auf ihrer Flucht verliert sie einen Schuh, durch den sie letztendlich wiedergefunden wird.

Manchmal ist es nicht einfach, die Verbindung zur Originalgeschichte zu entdecken. Aber immer wird die Hauptfigur (fast immer eine Frau; nur in *Transsyl-*

vania ist es ein Mann) zunächst von ihren Angehörigen misshandelt und gedemütigt, um am Ende über die widrigen Umstände zu siegen und die Person zu werden, die ihr das Schicksal bestimmt hat.

In Italien heißt sie Zezolla oder Zucchettina, in England Tattercoats (»Lumpenmädchen«), in Dänemark Guldskoen (»Goldschuh«), in Portugal A Gata da Lareira (»Die Herdkatze«) … Sie alle sind Opfer anderer Frauen (Stiefmutter, Stiefschwestern, Hexen usw.), die sie mit Hilfe natürlicher oder übernatürlicher Kraft vernichten, um dann, gereift und frei, ihren Prinzen zu treffen (manche sehen in dem Märchen eine Metapher für die erwachende Sexualität junger Mädchen).

In einigen grausameren Fassungen wird die Stiefmutter verbannt, während Aschenputtel den Stiefschwestern verzeiht und sie einlädt, an ihrer Hochzeit teilzunehmen und ihr Glück zu teilen. Als Brautjungfern ziehen die beiden mit dem Paar in die Kirche ein, die Ältere zur Rechten, die Jüngere zur Linken. Alles ist eitel Freude, doch nach der Trauung bemerken Aschenputtels Vertraute, die Täubchen, dass die Schwestern der Braut neiderfüllte Blicke zuwerfen. Wütend stürzen sie sich auf sie und hacken ihnen zur Strafe für ihre Falschheit und ihren Neid die Augen aus.

In der Disney-Version kommt eine derartige Verstümmelung der Schwestern nicht vor. Die beiden bereuen und heiraten, nachdem Aschenputtel ihnen großherzig verziehen hat, ebenfalls einen Prinzen.

Obwohl die Geschichte schon lange vorher in Frankreich bekannt war (seit Mitte des 9. Jahrhunderts), erlangte das Märchen von Aschenputtel erst weltweite Popularität, als Charles Perrault die Geschichte 1697 niederschrieb und unter dem Titel *Cendrillon ou La petite pantoufle de verre* (Aschenputtel oder Das gläserne Pantöffelchen) veröffentlichte. Vielleicht in Unkenntnis des Altfranzösischen oder weil er eine Gelegenheit sah, der Geschichte seinen eigenen Stempel aufzudrücken, tauschte Perrault das Wort »vair«, mit dem das helle Leder aus Eichhörnchenhaut bezeichnet wird, das damals zur Schuhherstellung verwendet wurde, gegen »verre« – Glas – und machte so aus einem Paar feiner lederner Pantöffelchen die unvergesslichen gläsernen Schuhe, die seither das Erkennungszeichen des Märchens sind.

Die Bearbeitung der Gebrüder Grimm aus dem Jahr 1802 hatte noch größeren Erfolg als ihr Vorgänger. Hier wurde die Geschichte um die Figur der guten Fee ergänzt, die in Perraults Version nicht vorkam und die heute untrennbar mit dem Märchen verbunden ist. Bei Perrault hingegen gelangt Aschenputtel durch die Hilfe einer Taube zum Ball. Es ist der Geist ihrer toten Mutter, der ihr in Vogelgestalt neben dem Baum erscheint, den der Vater aus seinem früheren Haus mitbrachte und den das Mädchen jeden Tag mit ihren Tränen netzt.

Sigmund Freud und viele andere Psychoanalytiker interessierten sich sehr für das Märchen und zogen die unterschiedlichsten Schlüsse aus der Geschichte.

Es existiert sogar ein Krankheitsbild namens »Cinderella-Komplex«, das die Therapeutin Colette Dowling in ihrem gleichnamigen Buch beschreibt. Darin geht es um Frauen, die resigniert, arg- und schutzlos an ihrer Opferrolle festhalten, weil sie aller Gefahr zum Trotz beschützt, beachtet und versorgt werden wollen. Wie die Autorin schreibt: »Cinderella gefällt die Wirklichkeit nicht, in der sie lebt, aber sie tut wenig, um etwas an ihrer Situation zu ändern.«

Aschenputtel repräsentiert in ihrer schicksalsergebenen Art die Frauen ihrer Zeit, vielleicht aller Zeiten. Damals wie heute glauben die Aschenputtels dieser Welt, dass sie sich nur durch die Beziehung zu einem Mann befreien können, der sie sucht, findet und rettet.

Dumbo, der fliegende Elefant

Die schönsten Geschichten erreichen uns aus den unterschiedlichsten Quellen und finden sich in den Kulturen und Traditionen zahlreicher Völker wieder. Die Geschichte von dem Portier eines Bordells, die ich weiter oben erzählt habe, stammt aus dem Talmud, einer wunderbaren Schriftensammlung, die uns die Weisheit der großen Mystiker und Philosophen des jüdischen Volkes seit den Anfängen unserer Zeitrechnung überliefert.

Der Talmud ist ein Dokument, in dem das Denken eines ganzen Volkes versammelt ist. Er erzählt von Rabbinern und einfachen Leuten, Kriegern und Philosophen, Priestern und Laien und umfasst in seiner Vielfalt nahezu alle Themen, die für die Gesellschaft der damaligen Zeit von Bedeutung waren.

Dieses versammelte Wissen wurde über Jahrhunderte von Mund zu Mund und von Generation zu Generation weitergegeben, bis zu Beginn unserer Zeitrechnung der Salomonische Tempel in Jerusalem (ursprünglich im 10. Jahrhundert vor Christus erbaut) zum zweiten Mal zerstört wurde und nur die berühmte Klagemauer stehen blieb.

Angesichts der Gefahr, die der wirtschaftliche und politische Abstieg des jüdischen Volkes für die Glaubensgemeinschaft bedeutete, suchte man nach einem Weg, diese mündlich überlieferten Inhalte zu bewahren, und hielt sie in schriftlicher Form fest. Die Abschrift wurde immer wieder um Texte von Philosophen und Talmudgelehrten ergänzt, so dass sich die Arbeit über 1500 Jahre hinzog. Die erste bekannte Ausgabe des Talmuds erschien zwischen 1520 und 1523 in Venedig.

Traditionell werden die Schriften des Talmuds von der Forschung in zwei große Kategorien unterteilt: die Halacha (Auslegung der gesetzlichen Vorschriften) und die Aggada (»Erzählung« oder »Gespräch«). Die Halacha beschäftigt sich unmittelbar mit der Anwendung des Rechts und der jüdischen Religion. Die Aggada enthält eher volkstümliche, weltliche Texte, die nicht immer eine moralische, ethische oder historische Zielsetzung haben; dort finden sich Fabeln, Erzählungen, Gedichte, Sinnsprüche, Rätsel, strittige Stellen der heiligen Schriften und deren Auslegung durch die Rabbiner. Das alles mit dem erklärten Ziel, die Menschen in ihrem Denken und auf ihrem spirituellen Weg zu unterstützen und ihnen den Weg zu weisen, wie sie bessere Menschen werden.

Man könnte sagen, dass die Aggada ein sanftes Tuch zwischen all den harten Vorschriften und Regeln ist, die die orthodoxe Auslegung des jüdischen Rechts den Gläubigen abverlangt, auch wenn ihr Inhalt keineswegs dazu angetan ist, das jüdische Volk vom Glauben zu entfernen.

In literarischer Hinsicht ist der Talmud, entstanden über viele Jahrhunderte aus den unterschiedlichsten Quellen, verfasst von den unterschiedlichsten Menschen, von schier unerschöpflicher Vielfältigkeit.

In der bekanntesten Ausgabe des Talmuds trägt die erste Seite die Seitenzahl zwei. So kann niemand damit prahlen, alle Texte des Talmuds gelesen und ausgelegt zu haben, denn ihm wird immer die erste Seite fehlen.

Rotkäppchen

Angeblich geht Perraults *Rotkäppchen* auf eine mündlich überlieferte Legende zurück, die von einem tatsächlichen Ereignis berichtet. Dieses soll sich im 11. Jahrhundert während des Maiköniginnenfests zugetragen haben, eines volkstümlichen Brauchs, mit dem die Ankunft des Frühlings gefeiert wurde. Die Dorfbewohner erwählten ein jungfräuliches Mädchen, zogen ihm ein rotes Kleid an und schickten es allein in den Wald, damit es die erste Rose des Jahres pflückte. Kehrte das Mädchen mit der begehrten Trophäe zurück, wurde es zur Maikönigin gekrönt und man erfüllte ihm alle Wünsche. Der Legende zufolge kehrte das Mädchen einmal nicht zurück; als sich die Dorfbewohner schließlich auf die Suche nach ihr machten, fanden sie nur noch ihre blutigen Überreste. Ein Rudel hungriger Wölfe hatte das Mädchen angegriffen und in Stücke gerissen.

Der Franzose Charles Perrault, im 17. Jahrhundert in Paris geboren, Anwalt, Höfling Ludwigs XIV. und Mitglied der Académie Française, veröffentlichte die Geschichte in einem Buch, das zunächst den

Titel *Histoires ou Contes du temps passé, avec des moralités (Lehrreiche Geschichten aus alter Zeit)* trug, später aber wegen der Titelillustration *Contes de ma mère l'Oye (Märchen meiner Mutter Gans)* genannt wurde. Dem Autor zufolge entstammten diese und die übrigen Geschichten des Buchs dem französischen Volksmund, wie sie von Großmüttern, Ammen und Kinderfrauen erzählt wurden.

In Perraults Version kommt die Figur der Großmutter nicht vor. Rotkäppchen verirrt sich im Wald, begegnet dem Wolf und bittet ihn, ihr zu sagen, wie sie den Weg nach Hause findet. Dieser aber weist ihr den falschen Weg, der zu seiner eigenen Höhle führt.

Im 19. Jahrhundert haben die Gebrüder Grimm Erbarmen mit den kleinen Lesern und ergänzen die Geschichte um die rettende Figur des Jägers. Der raue Mann mit dem guten Herzen und dem Riesenmut hört Rotkäppchens Schreie, läuft zum Haus und findet den schlafenden Wolf. Sein Bauch ist kugelrund, und darin bewegt sich etwas. Der Jäger ahnt, was vorgefallen ist, nimmt sein Messer und schneidet den Bauch des Tieres auf, aus dem Rotkäppchen und seine Großmutter unversehrt hervorkommen. Dann füllen sie den Bauch mit Wackersteinen und nähen ihn wieder zu. Als der Wolf aufwacht, läuft er zum Fluss, um zu trinken, aber als er sich über das Wasser beugt, verliert er durch die schweren Steine das Gleichgewicht, fällt hinein und ertrinkt.

In zahlreichen, heute in Vergessenheit geratenen Versionen ist es kein Wolf, sondern ein Wolfsmensch, der, nachdem er die Großmutter ermordet hat, auf Rotkäppchen wartet, um sie einzuladen, mit ihm gemeinsam die Großmutter zu verspeisen. Nachdem ihm dies gelungen ist, fordert er das Mädchen auf, sich zum Abschluss des perversen Festmahls mit ihm ins Bett zu legen.

Unter diesem Aspekt wurde die Geschichte von Anfang an als Metapher für allerlei Perversionen interpretiert: Pädophilie, Kannibalismus, Sadismus, Fetischismus, Nekrophilie, Transvestismus, Lykomanie …

In der Grimm'schen Bearbeitung wandelt sich das Märchen in eine Initiationsgeschichte (ob nun sexuell oder nicht), samt Tod und Wiederauferstehung des Protagonisten (in diesem Fall der Protagonistin). Es enthält außerdem Elemente der nordischen Mythologie, etwa den klassischen Moment des Übergangs in den Bauch des Tieres (eine symbolische Rückkehr in die Gebärmutter, um als andere Person gereift und erleuchtet wiedergeboren zu werden).

In der nordischen Sagenwelt gibt es den Riesen Brymr, der den berühmten Hammer des Gottes Thor raubt und für dessen Rückgabe die Hand der Göttin Freya verlangt. Doch der Vater des jungen Mädchens ist nicht bereit, seine Tochter diesem Schicksal auszuliefern, und bittet Thor um Hilfe. Der Gott legt das

Gewand der Braut an, verhüllt sein Gesicht und geht zum Schloss, wo er von dem Riesen empfangen wird, der zu Ehren seiner zukünftigen Frau ein Festmahl vorbereitet hat.

Der folgende Dialog erinnert stark an eine Unterhaltung, die wir alle kennen:

»Warum isst du so viel und so hastig?«, fragt Brymr die vermeintliche Braut.

»Um mich für die Nacht zu stärken«, antwortet Thor mit verstellter Stimme.

»Warum hast du deinen Körper in so viel Tüll gehüllt?«, fragt der Riese.

»Um dein Verlangen zu befeuern«, antwortet Thor.

»Warum sprichst du dem Wein so reichlich zu?«

»Weil ich an deiner Seite den Verstand verlieren will.«

»Warum hast du dieses Glänzen in deinen Augen?«

»Weil ich mit dir allein sein will.«

Brennend vor Verlangen, führt der Riese die vermeintliche Freya in seine Gemächer. Dort angekommen, legt er den Hammer aufs Bett und nähert sich der Braut, um sie zu küssen.

Thor streckt die Hand aus, um ihm Einhalt zu gebieten.

»Warum hast du so große Hände?«, fragt der Riese.

»Damit ich dich besser töten kann!«, ruft Thor, ergreift seinen Hammer und versetzt dem Riesen den tödlichen Hieb.

Auch wenn die Rollen vertauscht sind (hier ist es nicht der Wolf, der Frauenkleider anlegt, um Rotkäppchen zu fressen; es ist Thor, der sich als Freya verkleidet, um den Riesen zu töten), ist nicht zu übersehen, dass die Geschichte denselben Ursprung hat wie die unseres arglosen Rotkäppchens.

Amor und Psyche

Der Forschung zufolge ist *Amor und Psyche* die Geschichte, die den größten Einfluss auf die Literatur hatte. Man schätzt, dass es etwa fünftausend Märchen, Sagen, Erzählungen, Libretti, Drehbücher, Ballettstücke, Opern und Musicals gibt, die auf die Geschichte von Amor und Psyche oder ihr bekanntestes Pendant, *Die Schöne und das Biest*, zurückgehen.

Die Schöne und das Biest erschien erstmals im Jahr 1740 in Frankreich. Die Verfasserin Gabrielle-Suzanne de Villeneuve gestand allerdings in ihrem Buch selbst, dass sie die Inspiration Giovanni Francesco Straparolas Erzählung *Die Prinzessin und die Schlange* verdanke, die 1550 in seiner Märchensammlung *Le piacevoli notti (Ergötzliche Nächte)* erschien.

Seine Geschichte diente auch Charles Perrault, Madame d'Aulnoy und Giambattista Basile in seinem *Pentamerone* als Anregung.

1756 machte sich die in England lebende französische Autorin Jeanne-Marie Leprince de Beaumont daran, einige Märchen so zu bearbeiten, dass sie ihren Erfordernissen als Erzieherin entsprachen, darunter auch *Die Schöne und das Biest*. Sie entfernte Motive, die sie als anstößig, nicht dem guten Geschmack entsprechend oder schlichtweg subversiv empfand.

Es gibt Studien, die behaupten, trotz der mythologischen Wurzeln habe die Erzählung einen historischen Bezug: Sie sei von der Lebensgeschichte des Petrus Gonsalvus inspiriert, eines auf Teneriffa geborenen Jungen, der an Hypertrichose litt, einem übermäßigen Haarwuchs am ganzen Körper, insbesondere im Gesicht und an den Händen. Aufgrund dieser körperlichen Anomalie wurde er als Kind an den Hof König Heinrichs II. von Frankreich gebracht, wo er später die schöne Cathérine Raffelin heiratete.

Diese historischen Bezüge erklären die Unterschiede zwischen der aktuellen Version von *Die Schöne und das Biest*, die auf die französische Fassung zurückgehen, und den traditionelleren Versionen.

Die Handlung lässt sich in Grundzügen in vielen Kulturen in unterschiedlicher Form finden. Im Allgemeinen kreist die Geschichte um drei Schwestern, von denen die jüngste rein und gütig ist, während die anderen beiden die schlimmsten menschlichen Charakterzüge aufweisen: Habgier, Neid, Hochmut. Eine Mutterfigur kommt nicht vor, ein Umstand, der die Konflikte erst recht aufbrechen lässt, denn eine Mutter würde sich vermutlich dagegen auflehnen, dass ihre jüngste Tochter mit einem Monstrum zusammenlebt. Das Biest kann dabei in den unterschiedlichsten Gestalten erscheinen (als Schlange, Wolf oder gebrechlicher Greis), aber immer ist es reich und mächtig.

Am Ende zeigt sich die äußere und innere Schönheit des Ehegatten, und das Paar lebt voller Liebe zusammen, die nur der Tod trennen kann.

Dieses Muster findet sich in unzähligen weiteren Geschichten: *Der Glöckner von Notre-Dame*, *Shrek*, *Der Froschkönig*, *Dracula* und sogar *King Kong*.

Der Rattenfänger von Hameln

Zahlreiche Studien beschäftigen sich mit den Migrationsbewegungen in Europa zwischen dem 12. und dem 15. Jahrhundert, als ganze Dörfer von einer Region in die andere zogen, zuweilen verlockt durch Versprechungen von Reichtum und Wohlstand, andere Male mit Waffengewalt gezwungen. Mächtige Adlige, die neues Land erobern wollten, heuerten nicht nur Siedler für einen geringen Preis an, sondern besiedelten die eroberten Gebiete oft genug mit entführten Bauern.

Es gibt viele Theorien und Mutmaßungen darüber, was mit den Kindern aus Hameln geschehen ist, von Erdbeben und Kreuzzügen bis hin zu Epidemien und Massenmord. Im Laufe der Zeit hat sich zunehmend die Theorie durchgesetzt, dass der geheimnisvolle Rattenfänger in Wirklichkeit ein charismatischer Sektenführer war, der die Kinder mit sich lockte und sie dazu verleitete, alte heidnische Kulte zu praktizieren, zu denen auch der Genuss von Rauschmitteln und Alkohol, rituelle Musik und Menschenopfer gehörten.

Eine andere Theorie besagt, dass die Kinder an der Pest starben, die in Europa wütete, und der Rattenfänger sozusagen der personifizierte Tod ist, dessen Auftauchen mit der Rattenplage einhergeht. Damit wäre die zeitliche Datierung in das Jahr 1284 falsch, da wir aus der Geschichte wissen, dass die Pest wesentlich später, nämlich zwischen 1348 und 1350, auftrat.

Schließlich gibt es noch ein bekanntes Gedicht von Robert Browning über den Rattenfänger, dessen explizite Moral sich amüsanterweise darauf beschränkt, dass man stets seine Schulden bei Dichtern und Musikern begleichen sollte.

Dornröschen

Dornröschen ist eines der wenigen Märchen, in dem es eine vollständige, funktionierende Familie gibt, ohne strenge Väter oder grausame Stiefmütter. In den meisten Märchen sind Vater oder Mutter gestorben und wurden durch andere Personen oder Institutionen ersetzt, die in der Regel boshaft und grausam sind.

In der bekanntesten Fassung, die auf der letzten Bearbeitung durch Charles Perrault beruht, erscheint das Böse in Gestalt einer Zauberin, die nicht zur Familie gehört und wieder verschwindet, nachdem sie ihren Fluch ausgesprochen hat; erst der Kuss des Prinzen erlöst die Prinzessin, und sie leben glücklich bis an ihr Lebensende.

In der damaligen Gesellschaft war der Glaube an Magie und dunkle Mächte weitverbreitet. Als gläubiger Christ lehnte Perrault diese Form des Aberglaubens allerdings ab; vielleicht liegt darin der Grund dafür, dass keines seiner Bücher unter seinem richtigen Namen erschien (als Verfasser wurde der Name seines dritten Sohnes, Pierre Perrault Darmancour, genannt). Darüber hinaus war in den literarischen Kreisen seiner Zeit das Schreiben von Märchen nichts, was sonderlich ernst genommen wurde, insbesondere, wenn diese auf volkstümliche Überlieferungen zurückgingen. Als Perrault 1694 seine *Contes en vers* (*Versmärchen*) veröffentlichte, schrieb er im Vorwort, er habe »mit Freude festgestellt, dass jene Nichtigkeiten gar keine solchen Nichtigkeiten sind, sondern eine nutzbringende Moral enthalten, und dass die heitere Erzählung, die ihre Hülle abgibt, nur die Aufgabe hat, sie auf angenehme Weise in den Geist der Leser hineinzuleiten, auf eine Weise, die zugleich Belehrung und Unterhaltung bietet«. Die negativen Figuren nehmen bei Perrault in der Regel ein böses Ende, werden von allen verachtet oder finden den Tod. Dabei gibt Perrault diesem tragischen Ende stets eine künstlerische Form, indem er alle Elemente weglässt oder glättet, die er aus ästhetischen oder moralischen Überlegungen heraus für unpassend hält. Später wird er diese Entscheidung zur Selbstzensur folgendermaßen rechtfertigen: »Ich hätte meine Geschichten gefälliger oder interessanter machen können, indem ich ihnen einige jener Freizügigkeiten beifügte, mit denen man sie so gerne ausschmückt. Doch der Wunsch, zu gefallen, war mir nie Verlockung genug, um gegen das Gesetz zu verstoßen, das ich mir selbst gab, nämlich nichts zu schreiben, das Scham und Anstand verletzen könnte.«

In der Originalversion allerdings ist nach Dornröschens Erwachen mitnichten alles eitel Sonnenschein. Die Geschichte hatte ursprünglich noch einen zweiten Teil, der in keinem Märchenbuch für Kinder vorkommt. Wir werden gleich sehen, warum.

Der Prinz ist nämlich in Wirklichkeit verheiratet und kann sein Doppelleben logischerweise nicht ewig aufrechterhalten. Am Ende wird er von seiner Familie bedrängt und erzählt schließlich die Wahrheit. Seine Eltern akzeptieren die Situation zähneknirschend, seine Frau jedoch fühlt sich betrogen und hintergangen. Vor Wut schäumend, schwört sie, sich an der Geliebten ihres Mannes und der Frucht dieser unzüchtigen Verbindung zu rächen. Während sie vorgibt, sich mit den Tatsachen abzufinden, lässt sie die beiden unehelichen Kinder unter dem Vorwand, dass sie den Ort kennenlernen sollen, an dem ihr Vater lebt, ins Schloss bringen. Arglos lässt Dornröschen die Kinder gehen, weil sie glaubt, dass es nun endlich mit der Heimlichtuerei vorbei sei. Als die Kinder im Schloss eintreffen, übergibt die Frau sie dem Koch und befiehlt ihm, sie zu töten und aus ihrem Fleisch eine köstliche Speise zu bereiten. Der Koch jedoch, der eine solche Tat nicht übers Herz bringt, versteckt die Kinder bei sich zu Hause und übergibt sie der Obhut seiner Frau. Dann bereitet er ein Ragout aus dem Fleisch zweier fetter Lämmer. Als der Prinz sich zum Essen setzt, lässt seine Frau das Ragout auftragen. Der Mann isst arglos und mit Appetit, bis er sieht, wie seine Frau mit einem irren Lachen ruft: »Iss dieses Fleisch von deinem Fleisch, du Schuft!«

Nach einem langen Wortwechsel verlässt der

Prinz das Schloss, ohne zu wissen, ob seine Frau tatsächlich die Wahrheit spricht. Diese lädt nun Dornröschen selbst unter dem Vorwand ein, der König wolle sie kennenlernen. Als die Besucherin eintrifft, bezichtigt die böse Ehefrau Thalia des Kindermordes und befiehlt, sie bei lebendigem Leib zu verbrennen. Nachdem der Prinz durch den Koch erfährt, was geschehen ist, kommt er gerade noch rechtzeitig, um Thalia zu retten, und wirft statt ihrer den in Decken gewickelten Körper seiner Frau auf den Scheiterhaufen.

Grausamkeiten beiseite, sind unzählige Versionen dieses Märchens im Umlauf. Hunderte von Geschichten sind von Dornröschens allegorischem Liebeserwachen inspiriert worden und werden auch in Zukunft davon inspiriert werden.

Eine der Fassungen, die mir verblüffenderweise am besten gefällt, ist die letzte Verfilmung durch die Disney Studios. In *Maleficent* wird die Prinzessin nicht durch den Prinzen wachgeküsst (denn es ist kein Kuss wahrer Liebe). Vielmehr ist es der Kuss der Mutter, der den Fluch bricht und das Mädchen aus seinem Schlaf erweckt.

Die Geschichte von Adam und Eva

Wenn man sich mit der Schöpfungsgeschichte beschäftigt, fällt zunächst auf, dass unsere jüdisch-christliche Kultur im Gegensatz zu anderen Kulturen von der Vorstellung eines Universums ausgeht, das aus dem Nichts heraus durch eine allmächtige Schöpferkraft geschaffen wurde. Auf das Wesentliche reduziert, ließe sich die biblische Geschichte – salopp formuliert – folgendermaßen zusammenfassen:

Gott (den ich mit dem größten Respekt »der Boss« nenne) beschließt irgendwann (womöglich aus Langeweile?), aus dem Nichts heraus die Erde und das restliche Universum zu erschaffen, in dem wir leben.

So schuf Gott der Genesis zufolge Land und Meer und schied das Licht vom Dunkel. Nachdem er sämtliche Tiere und Pflanzen erschaffen hatte, beschloss er am sechsten Tag, sich an etwas Schwierigerem zu versuchen, manchen zufolge seinem Meisterwerk: dem Menschen.

Wenn man die fundamentale Bedeutung des Schöpfungsmythos in Betracht zieht, wird deutlich, dass wir an einer ganz besonderen Last tragen: dem Glauben, dass alles durch die höchste Kraft eines Gottes, »unseres« Gottes, aus dem Nichts heraus geschaffen wurde. Anders als man meinen könnte, ist das kein unwichtiger Punkt, unabhängig davon, ob man die Geschichte metaphorisch oder wörtlich versteht und ob man an diesen allmächtigen Schöpfergott glaubt oder nicht. Der Schöpfungsmythos formt unsere Überzeugungen und beeinflusst uns auch auf der Ebene des Unbewussten, wenn es darum geht, wie die Welt funktioniert.

Der Schöpfungsmythos sagt von Anfang an:

Dinge werden **gemacht.**

Alles, was ist, existiert nur deshalb, weil jemand oder etwas es gemacht und aus dem geschaffen hat, was zuvor nicht war. Das heißt, dass man tätig werden muss; man muss schaffen, herstellen, erfinden, und sei es wie Gott aus dem Nichts heraus.

Aus diesem Gedanken folgt bei tieferer Betrachtung, dass es immer einen Übergang von dem geben muss, was nicht ist, zu dem, was ist, und dass es einer konkreten Handlung bedarf, aus der heraus Neues entsteht.

Diese Schlussfolgerung scheint offensichtlich zu sein – wie sollte es sonst sein?

Doch wenn wir uns ein wenig umsehen, begegnen wir anderen Kulturen, in denen die Welt und alles, was in ihr ist, keineswegs aus dem Nichts heraus entstanden.

In der östlichen Welt beispielsweise ist alles, was existiert, auf das Dasein von etwas Vorherigem zurückzuführen, das einem stetigen Wandel unterliegt.

Das, was war, wird zu etwas anderem.

Dies kommt aus jenem, welches der direkte Ursprung von diesem war, welches wiederum zu dem führte, was danach folgte, und so weiter *ad infinitum*.

Anders als im jüdisch-christlichen Schöpfungsmythos lebt die östliche Kultur in einem Universum, in dem nichts geschaffen, erbaut oder erfunden wurde, und schon gar nicht aus dem Nichts heraus, sondern in dem alles auf etwas Früheres zurückgeht, das schon vorher da war.

D folgt auf C, C folgt auf B, und B natürlich auf A.
Wenn du dich jetzt fragst, woher das A kommt, wird ein Asiate dir sagen, dass es aus etwas Vorherigem kommt … Und wenn du weiter nachhakst, was passiert, wenn man bei Z angelangt ist, wird er möglicherweise antworten, dass auf Z vielleicht wieder A folgt.

Der Unterschied zwischen diesen Schöpfungsmythen ist einer der Gründe – wenn nicht sogar der wichtigste – für die oft beschriebene Kluft zwischen westlichem und östlichem Denken.

Konditioniert durch unsere Erziehung, fällt es uns Westlern schwer, von dem Gedanken Abstand zu nehmen, dass es an uns liegt, etwas zu verändern. Wir fühlen uns zum Handeln verpflichtet und mögen die Vorstellung, Dinge aus dem Nichts heraus zu schaffen.

Asiaten hingegen können gelassen abwarten, dass etwas geschieht. Sie verspüren nicht den Drang, aktiv in den Schaffensprozess einzugreifen, weil sie der Überzeugung sind, dass es ausreicht, den Kreislauf des Werdens nicht zu unterbrechen.

Es fällt ihnen schwer, sich dazu durchzuringen, diesen Prozess in Gang zu setzen und aktiv in die Realität einzugreifen, um sie nach ihrer Vorstellung oder zum Vorteil aller zu verändern.

Uns fällt es schwer, ihre Passivität zu begreifen, und sie wiederum stören sich an unserer Ungeduld. Wir sind durch unterschiedliche Schöpfungsmythen konditioniert.

Das tapfere Schneiderlein

Die bekannteste Fassung dieses Märchens stammt von den Gebrüdern Grimm, die es 1812 unter dem Titel *Sieben auf einen Streich* im ersten Band ihrer *Kinder- und Hausmärchen* veröffentlichten. In der Einleitung erklären die Verfasser, dass es sich bei diesem Märchen um eine Kombination mehrerer Geschichten handele, inspiriert von jenen Geschichtenerzählern, die einstmals durch Europa zogen und gegen ein paar Münzen den geneigten Zuhörern von ihren angeblich wahren Abenteuern berichteten.

Bereits Anfang des 16. Jahrhunderts war François Rabelais' berühmtes Werk *Gargantua und Pantagruel* erschienen. Dar- in erscheint der sympathische, tüchtige und schlitzohrige Gauner Panurg, der sehr an das tapfere Schneiderlein erinnert. Mitte desselben Jahrhunderts veröffentlichte ein gewisser Martin Montanus eine Sammlung von Volkssagen, in der gleich mehrere ähnliche Geschichten vorkommen.

Auch Andrew Langs *The Blue Fairy Book* von 1889 und Joseph Jacobs' *Europäische Volksmärchen* enthalten Versionen dieser Geschichte.

Am bemerkenswertesten ist, dass man, wenn man ein wenig recherchiert, auf Dutzende Sagen und Legenden aus den unterschiedlichsten Ländern und Epochen stößt, die ebenfalls von den Listen erzählen, derer der Schneider sich bedient, jedoch angewendet von anderen Figuren in anderen Situationen (der statt eines Steins geworfene Vogel, das Zerquetschen des Steins mit bloßen Händen, das Abenteuer in der Höhle des Riesen, um nur einige Beispiele zu nennen).

Das legt die Schlussfolgerung nahe, dass die Geschichte ein kunstvoller literarischer Flickenteppich ist, in dem die Gebrüder Grimm kleine Elemente aus anderen Geschichten zusammenfügten, um so mit ein wenig Kunst und viel Können das berühmte Märchen vom tapferen Schneiderlein zu schaffen.

Die beiden Brüder, Sprachwissenschaftler, Volkskundler und Vertreter der romantischen Nationalbewegung des zukünftigen deutschen Staates, versammelten in ihren *Kinder- und Hausmärchen* volkstümliche Erzählungen der deutschen Kulturtradition. Sie taten dies nicht wegen der Botschaften dieser Geschichten oder wegen ihrer Schönheit, sondern um zu verhindern, dass die Volkskultur in Vergessenheit geriet und verlorenging.

Im Laufe der Jahre allerdings legten die Autoren das Augenmerk zunehmend auf die Anpassung des moralischen Inhalts und den erzieherischen Auftrag der Märchen, weshalb sich die späteren Ausgaben komplett an Kinder richten.

Pinocchios Abenteuer

In der ursprünglichen Geschichte von Carlo Collodi ist Pinocchio wesentlich unartiger und unaufrichtiger als im gleichnamigen Disneyfilm. Zuweilen grenzt sein Verhalten an gefährliche Boshaftigkeit. So landet Geppetto durch Pinocchios Schuld im Gefängnis, weil die Polizei Pinocchio glaubt, als dieser behauptet, der Schreiner beute ihn aus.

Als Pinocchio nach Hause zurückkehrt, weil ihm die Außenwelt Angst macht, begegnet er einer sprechenden Grille, die ihn vor den Gefahren selbstsüchtiger Vergnügungen und kindlicher Launenhaftigkeit warnt. Pinocchio bittet sie, ihm keine Vorträge zu halten und still zu sein; als die Grille nicht gehorcht, wirft er einen Schemel nach ihr und tötet sie.

In der ersten Textfassung treibt Collodis Pinocchio so lange Unsinn, bis er schließlich einem Kater die Pfote abbeißt. Daraufhin erhängt ihn das Tier an einem Baum. »Er hatte nicht mehr die Kraft, noch etwas zu sagen. Er schloss die Augen, riss den Mund auf, streckte die Beine, und nach einem letzten Zucken wurde er ganz starr und still.« Mit diesen Worten endet die Geschichte von Pinocchio.

Der Verleger überzeugte den Autor, weitere zwanzig Kapitel und einen weniger grausamen Schluss hinzuzufügen, der besser für Kinder geeignet sei, in einem kindgerechten Ton und aus einer optimistischeren Perspektive.

Für manche ist *Pinocchio* die Verkörperung der menschlichen Seele auf ihrem Weg spiritueller Entwicklung, geschaffen durch eine männliche und eine weibliche Figur als Symbole der beiden Aspekte Gottes: den Holzschnitzer Geppetto, der ihm menschliche Gestalt verleiht, und die Fee, die ihm Leben einhaucht.

So interpretiert, symbolisiert der Wal die Versöhnung zwischen Geist und Materie. Als wollte er klarstellen, dass die Suche nach der menschlichen Natur in der Tiefe des Selbst und von innen nach außen stattfindet.

Collodis Geschichte geht glücklich aus, aber anders als in den klassischen angelsächsischen Märchen kehrt der Protagonist nicht in sein ursprüngliches Kindheitsparadies zurück, sondern verwandelt sich in jemanden, der reifer und verantwortungsbewusster ist. Sich in ein Lebewesen zu verwandeln heißt auch im Märchen, in die Welt der Erwachsenen einzutreten.

Hänsel und Gretel

Als ich mich mit diesem Märchen zu beschäftigen begann, wurde mir bald klar (zu klar?), dass sich die Geschichte eher an Erwachsene als an Kinder richtete, da diese sich eher mit der harten Entscheidung identifizieren können, die Kinder wegzuschicken und darauf zu hoffen, dass sich jemand um sie kümmert.

In Notzeiten beherrscht der Hunger irgendwann das ganze Denken, und Kannibalismus als letztes Mittel war nach der Moral der damaligen Zeit nicht völlig auszuschließen.

Unter diesem Gesichtspunkt sind die Eltern für manche Interpreten nicht böse; vielmehr setzen sie die Kinder aus, weil sie es nicht fertigbringen, sie zu essen. Sie aus dem Haus zu schicken bedeutet, sie für erwachsen zu erklären und sich so der Verantwortung als Eltern zu entledigen – schließlich sind sie keine »Kinder« mehr.

Die französische Version des Märchens beginnt genau wie *Hänsel und Gretel*: Ein Geschwisterpaar verirrt sich im Wald und landet in Käfigen, wo es zum späteren Verzehr gemästet wird. Aber in dieser Version ist es keine böse Hexe, von der die Kinder gefangen werden, sondern der Teufel persönlich, dem sie schließlich mit Hilfe ihres Vaters entkommen, der gekommen ist, um sie zu retten.

Hänsel und Gretel sind nicht das einzige Geschwisterpaar in traditionellen Erzählungen und Überlieferungen. Sie haben vieles mit ihren literarischen Vorgängern gemeinsam, aber es gibt auch einige Unterschiede, insbesondere die Tatsache, dass sie anders als Kastor und Pollux, Kain und Abel oder Romulus und Remus von Anfang an wissen, dass sie es nur schaffen können, wenn sie sich nicht entzweien. Allerdings gelingt es auch ihnen bis zum Ende nicht, sich so zu ergänzen wie Yin und Yang aus dem chinesischen Daoismus.

Die kleine Meerjungfrau

Die Ursprünge der Geschichte von der kleinen Meerjungfrau liegen in der slawischen Mythologie, in der Flüsse und Seen von Wasserwesen bevölkert sind. Fasziniert von diesen Bildern, die zudem seinen romantischen Nationalismus befeuerten, greift Hans Christian Andersen das Motiv auf und macht ein Märchen daraus.

Auf dasselbe Muster gehen weit über zwanzig Sagen und Legenden zurück, die von gefährlichen Begegnungen zwischen Nixen und Menschen handeln. In der Erzählung *Undine* des deutschen Dichters Friedrich de la Motte Fouqué wird von der Liebe zwischen einer Brunnennixe und einem Ritter erzählt. Schon in den Liedern der Troubadoure des

13. Jahrhunderts wird vor der Gefahr gewarnt, sich in eine solche Nixe zu verlieben, Fabelwesen mit blauem Haar und blauen Augen und von einer reinen Schönheit, die unausweichlich die Blicke der Männer anzieht.

Der Tscheche Jaroslav Kvapil nimmt die Sagen von den Rusalkas (wie die Nixen in der slawischen Mythologie heißen) zum Vorbild für ein Opernlibretto. Es findet sich jedoch zunächst kein Komponist, der die Aufgabe übernähme, die Musik dazu zu schreiben. So ruht *Rusalka* sozusagen auf dem Meeresgrund, bis sich schließlich Antonín Dvorák der Herausforderung stellt. Die gleichnamige Oper in drei Akten wird 1901 in Prag uraufgeführt.

Auch für die Disney Studios war *Arielle* (so heißt die kleine Meerjungfrau im Film) eine Herausforderung. Tatsächlich ist sie die erste Heldin, die nicht Leidtragende, sondern Handelnde der Geschichte ist, und die erste Figur in einem Zeichentrickfilm für Kinder, die nackt auftritt. Das Happy End ist bei einem Disneyfilm vorhersehbar, aber diese Konzession an die Richtlinien des Filmstudios nimmt der eigentlichen Geschichte nichts von ihrer Intensität und Schönheit.

Des Kaisers neue Kleider

Neben den unterschiedlichen spanischsprachigen Versionen des Märchens, die unter verschiedenen Titeln im spanischen Sprachraum zirkulieren, *Los burladores del rey (Die Betrüger des Königs), El traje del emperador (Des Kaisers neue Kleider), El emperador vanidoso (Der eitle Kaiser)* oder die höchst originelle Fassung *Cuál es la pregunta? (Was war die Frage?)*, finden sich Varianten dieser Geschichte rund um den Globus, bis hin zu Ländern wie Pakistan, der Türkei und Indien.

In Sri Lanka existiert ein sehr populäres Märchen über sieben Betrüger, die an den Hof eines Herrschers kommen und dem Maharadscha folgende Frage stellen: »Was tragt Ihr da für Kleider? Der Herrscher in unserer Stadt trägt ein kupfergoldenes Seidengewand. Verglichen mit ihm wirkt Ihr wie einer seiner Diener.« Als der Maharadscha hört, dass er mit einem Dienstboten verglichen wird, fordert er den Betrug geradezu heraus.

Die gleiche Geschichte findet sich in einem Einakter von Cervantes unter dem Titel *El retablo de las maravillas (Das Wundertheater)*, auch wenn hier die zentralen Fragen die Reinheit des Blutes und gutes Christentum sind.

In Roger Penroses *The Emperor's New Mind* dient die Geschichte als Metapher für unsere Beziehung zu

Computern, die wie die Ratgeber des Kaisers letztendlich nicht zu selbständigem Denken in der Lage sind, auch wenn es so erscheint.

Aus jüngerer Zeit wäre der Film *Ein Königreich für ein Lama* aus den Disney Studios zu nennen, der ebenfalls einige Charaktermerkmale des eingebildeten Kaisers aus Andersens Geschichte aufgreift.

Am interessantesten ist der Roman *Huangdi de xin yi (Des Kaisers neue Kleider)* des chinesischen Schriftstellers Ye Shengtao, der die Geschichte dort fortsetzt, wo sie bei Andersen endet. Ye Shengtao ist ein Vertreter des chinesischen Realismus, aber seine Schriften sind immer auch von der kommunistischen Ideologie Chinas geprägt. Die in Andersens Märchen geschilderte Episode ist bei Ye Shengtao der Auslöser für eine Revolution und die endgültige Veränderung gesellschaftlicher Normen. Als das Volk die wahre Identität seines Herrschers erkennt, beschließt es, sich gegen ihn zu erheben und ihn zu stürzen; der Junge, der ihn bloßstellt, wird zum Helden des Aufstands.

Schneewittchen und die sieben Zwerge

In *Schneewittchen* betritt erstmalig der »Märchenprinz« die Bühne der Kinderliteratur.

Der Prinz im Märchen ist eine Art »Belohnung« für herzensgute, folgsame Frauen, die sich moralisch untadelig verhalten.

Wenn wir allerdings unsere männlichen Helden einer genaueren Betrachtung unterziehen, werden wir feststellen, dass sie nur selten gestaltende Figuren der zentralen Handlung sind, in der es, nebenbei bemerkt, häufig um den Konkurrenzkampf unter Frauen geht – zuweilen »auf Leben und Tod«. So auch in *Schneewittchen*.

Auch wenn im Laufe der Zeit aus dem Prinzen ein Sinnbild des idealen Mannes geworden ist (tapfer, schön, edel und verführerisch), bleibt dieser *per definitionem* unerreichbar und nicht real (siehe Oscar Wilde, *Das Bildnis des Dorian Gray*). Jede Frau in der westlichen Welt wird zugeben, dass sie als kleines Mädchen vom Märchenprinzen träumte, der eines Tages auf seinem weißen Pferd vorbeikäme, um sie zu retten (unvergessen, wie Richard Gere in dem Film *Pretty Woman* diesen Traum für die schöne Julia Roberts wahr werden lässt).

Auf die Frage, wie ein Märchenprinz auszusehen hat, werden wir die unterschiedlichsten Antworten erhalten, abhängig vom Alter, dem Geschlecht, den Lebensumständen, der Kultur oder dem Bildungsniveau der Befragten, aber einige Punkte werden sich mit Sicherheit in allen Antworten wiederfinden.

Ein Märchenprinz ist schön, mächtig, treu, großzügig, verführerisch und galant.

Umfragen zufolge glauben Frauen aller Altersklassen nicht an die Existenz eines Märchenprinzen, hoffen aber dennoch auf ihren Traummann, der in schweren Zeiten immer für sie da ist und sie bedingungslos liebt.

In diesem Sinne ist *Schneewittchen* eine Ohrfeige für die Phantasie der Leserinnen (und Leser). Ein Prinz, der nur die körperliche Attraktivität der Prinzessin sieht und sie als Dekoration für sein Schloss mitnehmen (und dafür bezahlen) will … Und der dann behauptet, er sei verliebt!

Odysseus

Odysseus ist die bekannteste Sagengestalt und der Prototyp des Helden, der sein Schicksal (den Plan der Götter) kennt und sich ihm stellt.

Die Geschichte des Odysseus, so wie Homer sie niedergeschrieben hat, basiert auf den Sagen der griechischen Aoiden, jener Sänger und Erzähler, denen bis ins 8. Jahrhundert vor Christus eine bedeutende Rolle als Bewahrer des kulturellen Gedächtnisses zukam. Seine unglaublichen Abenteuer und Heldentaten sind in der *Ilias* und der *Odyssee* festgehalten. Obwohl beide von kriegerischen Auseinandersetzungen berichten, die sich vier Jahrhunderte zuvor ereigneten, unterscheiden sich die Texte sehr, was den Fokus des Autors sowie den thematischen Schwerpunkt betrifft. In der *Ilias* steht der Krieg selbst im Mittelpunkt, während die *Odyssee* von der

Rückkehr des siegreichen Helden in seine Heimat erzählt.

Die Sirenen waren berüchtigte Verführerinnen, die der Sage zufolge mit ihrem Gesang Seeleute anlockten, um sie dann ins Verderben zu stürzen. Wenn sie sangen, erschienen sie wie hübsche Mädchen, doch wer ihrem Zauber verfiel, erkannte schon bald ihre wahre Natur. Wie in einem sagenhaften *Faust* kündete der Sirenengesang auf trügerische Weise von den Freuden der Unterwelt.

Die Sirenen verkörpern die böse Macht oder den Zauber, der den Helden von seinem ursprünglichen Weg, von seinem Ziel abbringt. Und natürlich kommt das Verderben wieder einmal in Gestalt schöner Frauen daher (in diesem Fall halb Frau, halb Vogel, später halb Fisch). In der Moderne werden sie üblicherweise mit Fischschwanz und langen blauen Haaren dargestellt, die ihre jugendlichen Brüste verdecken, aber diese Vorstellung ist nicht die ursprüngliche. Dante beschreibt die Sirenen als geflügelte Wesen mit menschlichen Köpfen und Schuppenkleid, die Gespielinnen der Göttin Persephone gewesen seien. Später habe die Liebesgöttin Aphrodite sie wegen ihrer Ablehnung erotischer Freuden in Ungeheuer verwandelt, halb Mensch, halb Fisch, die Seeleute mit ihrem wundersamen Gesang anlockten, so dass ihre Schiffe an den Klippen zerschellten, wenn sie der Insel zu nahe kamen.

Von den Helden, die sich ihrem Gesang aussetzten, sind zwei besonders bekannt: Orpheus und Odysseus. Odysseus bezwingt die Gefahr durch eine List, Orpheus mit seinem eigenen Gesang.

Odysseus, ein Mann mit großer Einfallskraft, befiehlt seinen Männern auf Kirkes Rat hin, sich die Ohren mit Wachs zu verschließen, als sie sich der gefürchteten Insel nähern. Er selbst kann der Neugier nicht widerstehen und lässt sich an den Mast fesseln, nachdem er den ausdrücklichen Befehl gegeben hat, ihn nicht loszubinden, ganz gleich, was geschieht. Der Sage nach stürzten sich die Sirenen aus Verzweiflung über ihre Niederlage ins Meer und ertranken.

Odysseus gesteht seinen Männern, dass er mit Freuden sein Leben geopfert hätte, um ihren Gesang zu hören, doch er muss seinen Weg fortsetzen. Er wird durch eine gefährliche Meerenge zwischen zwei hohen Felsen gelangen, auf denen Skylla und Charybdis hausen. Skylla ist ein Ungeheuer mit dem Gesicht und dem Rumpf einer Frau, sechs Hundeköpfen und zwölf scharfen Klauen, Charybdis ein gefährlicher Wasserstrudel, der mehrmals täglich alles verschlingt, was vorüberkommt, um es nach drei Tagen zerschmettert wieder auszuspeien. Von Anbeginn aller Zeiten symbolisiert Odysseus in allen Kulturen den Helden, der ganz in seiner Mission und seiner Verantwortung aufgeht – in diesem Fall, in seine Heimat Ithaka zurückzukehren.

Ausblick

Es war einmal ...
So oft wurde dieses
»Es war einmal« wiederholt,
dass es schließlich wahr wurde.
Geschichten zum Nachdenken, 2006

Der berühmte Satz »Es war einmal«, mit dem die meisten Märchen beginnen, erinnert mich an ein anderes berühmtes Wort: »Abrakadabra«. Beides eröffnet uns, jedes auf seine Art, den Zugang zu einem magischen Universum: Es ist das Universum der Emotionen. Emotionen sind das wertvollste und nützlichste Rüstzeug auf unserem Weg zu einem besseren, innerlich reicheren Menschen. Sie sind ein kraftvolles Katapult, das uns dabei hilft, unsere Kultur, ihre Prinzipien, Werte und Traditionen besser zu verstehen.

Ein Märchen zu lesen und zu deuten ist eine Möglichkeit, hinter seine geheimen Codes zu kommen und eine Botschaft zu empfangen, die immer etwas Ungewöhnliches, Unerwartetes oder Magisches für uns bereithält, das oft so weit von unserem logisch-formalen Denken entfernt ist, dass es uns zu Schlussfolgerungen führt, die unserem täglichen

Sein und Denken, wenn nicht gar den Überzeugungen der großen Mehrheit, widersprechen.

Nicht umsonst kommt mir das Wort Hermeneutik in den Sinn, die Wissenschaft oder Kunst, die Bedeutung der Dinge, insbesondere des geschriebenen Wortes, zu interpretieren. Der Begriff geht auf den griechischen Gott Hermes zurück, der dank seiner geflügelten Schuhe binnen Minuten überall auf der Erde sein konnte, um den Menschen die Botschaften der Götter zu überbringen und sie zu übersetzen, damit die Sterblichen ihre tiefere Bedeutung verstehen und ihrem Auftrag entsprechend nachkommen konnten.

Wenn man unser alltägliches Leben betrachtet, scheint es, als versuchten wir als Gesellschaft und als Individuen, der Welt der Geschichten Bedeutung zu nehmen (oder, um im Bild zu bleiben, der göttlichen Botschaft kein Gehör zu schenken) ... Und doch ist dieses Universum immer wieder präsent, vielleicht, weil es uns nach wie vor etwas zu sagen hat. Es ist im wahrsten Sinne des Wortes phantastisch, denn die Botschaft der Geschichten ist nicht für jeden gleich. Ja, sie ist nicht einmal identisch mit jener, die wir herauszulesen glaubten, als wir dieselbe Geschichte zum ersten Mal hörten.

Soweit ich weiß, gibt es nirgendwo auf der Welt eine Bibliothek, die nicht über eine Abteilung für Kinder- und Jugendliteratur verfügen würde. Die argentinische Nationalbibliothek, die im Zuge der Unabhängigkeit im Jahr 1810 entstand, ist da keine Ausnahme. In ihren Regalen stehen Tausende Märchenbücher aus allen Epochen und Kulturen. Viele verzaubern nicht nur durch ihren Text und ihren Inhalt, sondern sind zudem wunderschön illustriert, um den Blick der Allerkleinsten zu fesseln und sie wie ein zusätzlicher Wegweiser durch die erzählte Geschichte zu leiten. Millionen Menschen jeden Alters besuchen Jahr für Jahr die Bibliotheken und werden von dem beeinflusst, was sie lesen. So groß ist die Macht des geschriebenen Wortes, das so oft geringgeschätzt, vernachlässigt und vergessen wird, und das wir doch in Ehren halten sollten.

In einer Sonderausgabe zum Tag des Buches 2005 veröffentlichte die Zeitschrift ›Babar‹ in Barcelona die Rede, die der Autor Miquel Creus i Muñoz anlässlich der Verleihung des Nationalpreises für Kinder- und Jugendliteratur hielt. Mit seinen damals sehr jungen fünfzig Jahren sagte er unter anderem:

Unsere Vorfahren waren Analphabeten, aber deshalb nicht zwangsläufig ungebildet. Sie verfügten lediglich über ein anderes System zur Bewahrung und Weitergabe von Wissen. Das Gedächtnis diente ihnen als Bibliothek, mündliche Überlieferung ersetzte die Lektüre. Die Kinder dieser analphabetischen (aber nicht ungebildeten) Gesellschaft waren in ständigem

Kontakt mit der mündlichen Tradition, seien es Lieder, Märchen oder Rätsel, vom zartesten Kindesalter bis ins Erwachsenenleben hinein. Sie gingen nicht zur Schule, aber sie erbten ein säkulares Wissen. Sie lasen nicht, aber sie hörten die Geschichten der Älteren und spielten den ganzen Tag zu Liedern und Reimen, die ihnen von der Gesellschaft mitgegeben wurden. Im Grunde waren sie literarisch gebildeter als die alphabetisierten Kinder unserer Zeit. Mit der Zeit nahm die schriftliche Kultur in dem Maße zu, wie die moderne Lebensweise die mündliche Tradition mit ihren künstlichen Gedächtnissystemen verdrängte, und die Kinder verloren den Kontakt zur Literatur, den sie auf so selbstverständliche Weise gepflegt hatten.

Im Anschluss an diese Analyse fordert Creus i Muñoz eine blühende, fesselnde Literatur für Kinder, die die Lücke füllt, die durch das Nichtvorhandensein mündlicher Wissensvermittlung entstanden sei. Finde beides nicht statt, sei die Gesellschaft auf dem Weg in einen Zustand kultureller Verarmung, insbesondere die Allerjüngsten.

Wir sollten nicht vergessen, dass Literatur, insbesondere für Kinder, zuallererst einen ästhetischen Auftrag hat, dessen Ziel es ist, in den Jüngsten die Freude an der Schönheit der Sprache und das Vergnügen an der Reise in fiktive Welten zu wecken. Märchen zu hören und zu lesen, sich von der Geschichte verzaubern zu lassen gehört zu den frühesten literarischen Erfahrungen, die im familiären Umfeld beginnen und sich im weiteren Leben fortsetzen sollten.

Zum Lesen kommt man durch Freude am Lesen. Es wäre schön, wenn uns diese Freude nie verlorenginge, aber irgendwann kommt der Moment, da diese reine Freude nicht mehr ausreicht und man sich das Lesen als Wissensquelle (wobei dieses Wissen später zu einer neuen Freude werden wird) und Weg zum inneren Wachstum erschließen muss.

Jedes literarische Werk – ganz besonders Märchen, so Ana Guillot – erzählt von einer tatsächlichen oder metaphorischen Reise, die für den Protagonisten der erzählten Geschichte zu einer Erkenntnis oder Entdeckung führt … Und damit auch für den Leser.

Dieser metaphorische Weg des Sich-Kennenlernens ist immer ein Sich-Entdecken, und man sollte sich klarmachen, dass damit keinesfalls gemeint ist, sich als Person neu zu erfinden. Man sollte diesen Weg genau planen und sich, wenn schon nicht für ein Ziel, so doch wenigstens für eine Richtung entscheiden, eine Route und die Art und Weise, diesen Weg zu gehen. Dabei können andere als Vorbild dienen, auch wenn es fiktive Protagonisten aus erfundenen Geschichten sind.

Aber anders als die fiktiven Helden, deren »Reise«

nicht aus einer inneren Unruhe heraus beginnt, sondern aufgrund äußerer Umstände, die sie zwingen, ihre Komfortzone zu verlassen, ist unser persönliches Abenteuer stets ein selbstgewähltes. Wir unternehmen es in dem Wissen, dass es auf dieser Reise Hindernisse und Momente des Scheiterns geben wird, Fortschritte und Rückschritte, die es uns erlauben, herauszufinden, wer wir wirklich sind, und nicht, wer wir sein sollten.

Die Literatur, so sagt der französische Jugendbuchautor René Guillot, ist wie das Leben selbst: ein geheimnisvoller, wechselhafter, faszinierender und gefährlicher Weg, der alle Elemente in sich vereint, um dem großen Ziel, sich selbst vollständig zu kennen, immer näher zu kommen.

Der Ursprung der Geschichten

Geschichten haben die Menschheit seit ihren Anfängen begleitet. Schon in der Prähistorie erzählten die Zeichnungen in den Höhlen von Altamira die Geschichte von Jägern und Kriegern, die ihr Leben riskierten, um ihren Stamm mit Nahrung zu versorgen. In ägyptischen Gräbern finden sich Hieroglyphen, die von Ereignissen im Leben der Pharaonen berichten. Es gibt eine ganze Reihe indisch-arabischer Geschichten, die zusammen die Grundlage der persischen *Hâzar Afsâna* bilden, aus der später die *Geschichten aus Tausendundeiner Nacht* entstanden.

Seit damals und bis zum heutigen Tag tragen Geschichten dazu bei, dass besondere Ereignisse weitergegeben werden und die Lehren, die sich aus ihnen ziehen lassen, nicht in Vergessenheit geraten. Selbst weniger komplexe Erzählungen enthalten im Kern die Erfahrungen der Gesellschaft, in der sie spielen, die Erkenntnisse einer Gruppe, eines Volkes oder einer Nation, kondensiert in einer Geschichte, die so als kollektive Erinnerung an kommende Generationen weitergegeben werden kann. Wahrscheinlich deshalb behaupten die Dichter, Geschichten seien eine Form des Aufbegehrens gegen den Tod.

Ursprünglich handelte es sich bei den meisten Märchen, die wir heute als klassisch bezeichnen, um Volkssagen, die man sich in den einfachen Hütten des Mittelalters erzählte, wenn Alte und Kinder in den langen, kalten Winternächten gemeinsam ums Feuer saßen und das Geschichtenerzählen die Kälte und den Hunger betäuben sollten. Durch die mündliche Überlieferung besaß der Erzähler die Möglichkeit, die Geschichte jedes Mal zu verändern, um sie dem jeweiligen Moment und dem Bedürfnis der Zuhörer anzupassen. Gleichzeitig war seine Reichweite zwangsläufig auf das anwesende Publikum beschränkt.

Später wurden diese volkstümlichen Erzählungen

von Gelehrten adaptiert und in Büchern versammelt, die diese Geschichten in die Welt und durch die Zeit trugen.

Ab dem 13. Jahrhundert entdeckten Dichter und Schriftsteller die volkstümlichen Sagen für sich, die sie in ihre Sprache und in ihre Zeit übertrugen und unter ihrem Namen in Buchform herausgaben, wobei sie die Geschichten mit einem moralischen Rat versahen. Auf diese Art und Weise entstanden:

Die exemplarischen Märchen in der Geschichte Alfons' des Weisen.

El Conde Lucanor in Spanien.

Das *Pentamerone*, *Le Piacevoli Notti* und das *Decamerone* in Italien.

Die *Canterbury Tales* in England.

Die *Histoires ou Contes du temps passé* von Charles Perrault.

Die *Kinder- und Hausmärchen* der Gebrüder Grimm.

Hans Christian Andersens *Gesammelte Märchen*.

Märchen und Sagen, die ursprünglich nicht für Kinder gedacht waren, für ein jugendliches Publikum zu adaptieren, bedeutet, sie einer Reihe von Änderungen zu unterziehen, Kürzungen und Ergänzungen vorzunehmen, um sie für die Leserschaft, an die sie sich richten, attraktiv und verständlich zu machen. Solche Adaptionen unterliegen immer der Vorstellung, die der Autor vom Leser hat: was er weiß und was nicht, was ihm nützt oder schadet, was richtig ist und was falsch.

Über diese Arroganz, mit der jede Zensur daherkommt, macht sich Roald Dahl in seinem Buch *Revolting Rhymes* lustig, wo es gleich im ersten Text um Aschenputtel geht. Er schreibt:

> I guess you think you know the story.
> You don't. The real one's much more gory.
> The phoney one, the one you know,
> was cooked up years and years ago,
> and made to sound all soft and sappy,
> just to keep the children happy.

Es ist nicht das Ziel dieses Buches, darüber zu entscheiden, ob man Kindermärchen entschärfen sollte oder ob man zulässt, dass sie in ihrer ursprünglichen Struktur jene Bilder von Gewalt, Blut und Tod vermitteln, die einmal zu ihrer Entstehung führten. Die Meinungen der Experten sind in dieser Frage durchaus geteilt. Viele Psychologen und Pädagogen sind der Ansicht, dass die Geschichten mitsamt ihren gewalttätigen Szenen erzählt werden sollten, weil sie das wahre Leben widerspiegeln und zeigen, dass der Mensch die Möglichkeit besitzt, Schicksalsschläge zu überwinden. Fremde Erfahrung, so ihre Meinung, führt zu nichts, wenn sie sich auf eine rosarote, perfekte Welt beschränkt, die es so nicht gibt.

Andere, allen voran die Eltern kleiner Kinder, halten solche Bilder für schädlich, weil sie nur unnötige Unruhe und Ängste in den Kindern schürten und die Kleinsten sogar zu Grausamkeit und Unrecht verleiten könnten. Wesentlich vernünftiger und zielführender sei es, Kindern ihre Träume zu bewahren und in ihnen die optimistische Vorstellung zu nähren, dass sie tatsächlich »froh und glücklich bis an ihr Lebensende« sein werden, wenn sie sich richtig verhalten.

Erneut verbirgt sich hinter jeder dieser Haltungen ein vorgegebenes Bild des kindlichen Lesers, das von Vorurteilen und Stereotypen geprägt ist. In jedem Fall sollten wir, wenn wir die Kleinsten an unsere Kultur heranführen wollen, nicht der Versuchung erliegen, ihre Auffassungsgabe und ihr Urteilsvermögen zu unterschätzen.

Im 19. Jahrhundert hält die Romantik Einzug in sämtliche Bereiche der Kunst, insbesondere in die Architektur, Musik, Bildhauerei und Literatur. In den Märchen geht es nun zunehmend um schwarze Magie, Zauberei, Ungeheuer und Hexerei, die an die Stelle von Gewalt, Grausamkeit, Hunger und Not treten. Die neuen Gegenspieler machen anderes Rüstzeug und neue Verbündete für die Protagonisten notwendig. Es tauchen Feen, Zauberformeln und magische Objekte auf, die bislang nicht vorgekommen waren und den Prinzen und Heldinnen dabei helfen sollen, ihr Schicksal zu meistern.

Mit der zunehmenden Verbreitung des Buchdrucks (und dem Verschwinden der Handschriften) war die Welt der Märchen und Legenden nun allen zugänglich, die lesen konnten, ohne dass es einen Vermittler brauchte. Dieser exponentielle Anstieg von Hörern und Lesern führte nicht nur dazu, dass immer mehr Bücher im Umlauf waren, sondern hatte auch eine erneute Hinwendung zu solchen Geschichten zur Folge, in denen es um »irdischere«, »handfestere« Probleme von »menschlicheren« Protagonisten ging, mit denen man sich leichter identifizieren konnte.

Wenn man Erwachsene auf der ganzen Welt fragt, ob sie Pinocchio kennen, werden sicherlich 85 Prozent der Befragten mit Ja antworten und die Figur von Carlo Collodi meinen, deren Nase wächst und die sich am Ende in einen Jungen verwandelt. Fragt man im Anschluss daran, ob sie das Buch gelesen haben, werden sie ebenfalls bejahen und sagen, sie hätten es als Kind gelesen. Das Interessante ist, dass sie alle glauben, die Wahrheit zu sagen, obwohl die Antwort falscher nicht sein könnte (wie wir später sehen werden, ist *Pinocchio* ein Roman mit mehr als vierhundert Seiten, und mit wenigen Ausnahmen hat ihn niemand gelesen – schon gar nicht als Kind).

Kehren wir zur Betrachtung der Inhalte zurück. Die meisten Kinderpsychologen stimmen darin überein, dass Märchen den kindlichen Reifeprozess unterstützen, indem sie es dem Kind ermöglichen, sich ein inneres Bild von dem in der Geschichte dargestellten Konflikt zu machen und ihn zu durchleben, ohne selbst den entsprechenden Schmerz zu erleiden oder in der Situation zu interagieren (mit diesem Bild umzugehen ist viel einfacher, als wenn es um reale Personen aus dem Umfeld des Kindes ginge).

In einer imaginären Welt gefährlichen Ungeheuern entgegenzutreten und sie (mit Hilfe der Helden) zu vernichten, gibt uns die Bestätigung, dass das Gute immer siegt und wir auf der Seite der Guten stehen. Wenn wir zu diesem Club dazugehören – so denken wir –, werden wir früher oder später das Lob, die Anerkennung und überhaupt alles bekommen, was wir uns wünschen: Frieden, Glück, Liebe und vielleicht (warum nicht?) die verdiente Belohnung durch alle nur vorstellbaren Spielsachen.

Kinder lernen von Helden und Prinzessinnen, wie man sich in guten und schlechten Momenten angemessen verhält. Es braucht Geduld, Mut, Hartnäckigkeit und Zuversicht, um die Bösen zu besiegen, die sich uns in den Weg stellen: Riesen, Wölfe, Drachen, Hexen und böse Stiefmütter, Figuren, die die abstoßenden oder gefürchteten Seiten unserer Eltern, Lehrer, älteren Geschwister und der frechen »Kumpels« aus dem Viertel repräsentieren.

Durch Märchen kann ein Kind beispielsweise den Wertmaßstab von Ehrlichkeit und Respekt vor dem Besitz anderer lernen, noch bevor es das moralische Konzept des Respekts vor fremdem Eigentum verinnerlicht, wobei die vermittelten Werte natürlich immer von der Kultur geprägt sind, der sie entstammen. Im Gegensatz zu anderen Kunstformen haben Märchen nicht an Bedeutung verloren und werden auch in den neuen Medien in großem Ausmaß genutzt und ausgeschöpft (so wird der Markt von Zigtausenden Merchandisingprodukten für kleine und gar nicht mehr so kleine Kinder überschwemmt).

Märchen als Heilmittel

Auch später im Erwachsenenleben können Märchen uns begleiten und helfen, Erfahrungen, Gedanken und Gefühle zu verarbeiten, indem sie uns mit der emotionalen Welt der symbolischen Sprache verbinden. Diese wirkt wie eine Brücke, die direkt zu den verborgenen Wahrheiten des Herzens führt und uns dazu bringt, die Logik des reinen Verstands zu überspringen, die ebenso zensierend wie trügerisch ist.

Durch ihre Bildhaftigkeit werden so manche Geschichten zum besten Mittel der Introspektion, die uns von den Beschränkungen der fassbaren Welt befreien kann. Von den Märchen an die Hand genommen, können wir in unserem Herzen nach der

Wahrheit forschen, die in unseren täglichen Lügen verborgen liegt, damit wir die Realität nicht länger durch den Zerrspiegel unserer Wahrnehmung sehen.

Oft sind wir wie die Blinden aus dem Märchen von Perrault, die zum ersten Mal einem Elefanten begegnen, aber nicht wissen, wie sie die einzelnen Wahrnehmungen zusammenfügen sollen, um zu begreifen, wie das Tier wirklich aussieht.

Nur allzu oft machen wir den Fehler, ausschließlich unseren Sinnen Glauben zu schenken oder blindlings den vorgegebenen Meinungen zu vertrauen, mit denen wir erzogen wurden.

Märchen setzen auf eine andere Zugangsweise, bei der Wissen nicht durch die Kenntnis der entsprechenden Information entsteht, sondern durch die erlebte Identifikation mit einer bildhaften Geschichte und die Parallelen, die der Leser zwischen seiner eigenen inneren Suche und der fiktiven Situation in der Geschichte zu ziehen vermag.

Meiner Meinung nach sind Märchen nicht zuletzt deswegen immer aktuell, weil gerade die populärsten und bekanntesten unter ihnen nie ganz eindeutig sind. Sie lassen Raum für immer neue Interpretationen, was sie mit einem reizvollen Hauch von Magie und Geheimnis umgibt.

Im Laufe der Jahre habe ich meine Geschichte so oft erzählt, dass ich nicht mehr weiß, ob ich mich wirklich

an sie erinnere oder nur an die Wörter, mit denen ich sie erzähle.
Jorge Luis Borges, *Die Nacht der Gaben*

Das Märchen und die Kultur

Nach einer gängigen Definition ist Kultur der Bezugsrahmen, der es uns erlaubt, die Lebenswirklichkeit der Menschen an einem bestimmten Ort zu einer bestimmten Zeit zu verstehen und abzugrenzen.

Unsere Kultur ist unsere Lebensweise, unsere Art zu denken und zu fühlen, die Summe unserer Werte und Prinzipien.

Wir leben in Zeiten, in denen Studien zu gesellschaftlichen, politischen und psychologischen Entwicklungen ebenso wie Philosophen, Anthropologen und Theologen übereinstimmend vor einer rasch fortschreitenden Entmenschlichung der Gesellschaft warnen. Es gibt alarmierende Hinweise auf eine konsumorientierte Dekadenz unserer Gesellschaft, die Tendenz zur Vereinsamung und eine ethische Krise, die den Niedergang unserer Werte bedeutet. Es ist eine Gesellschaft, in der Werte wie Güte, Ehrlichkeit, Treue und Aufrichtigkeit an Bedeutung verloren haben, um anderen Interessen wie Erfolg, Macht, Geld, Einfluss und Vergnügen Platz zu machen.

Angesichts dieser Entwicklung ist es wichtig, die Rolle von Familie, Freundschaft, Religion und Gruppenzugehörigkeit intakt zu halten. Auch auf die Gefahr hin, dass man mir vorwirft, ihre Bedeutung überzubewerten, behaupte ich, dass Märchen ein hervorragendes Mittel sind, um diese Werte in unserer Kultur zu bewahren.

In der Psychotherapie und der Pädagogik (die für mich eng miteinander verknüpft sind), wird zunehmend dem Einzelnen als Schöpfer und Protagonisten seiner eigenen Geschichte besondere Bedeutung beigemessen, das heißt, der Mensch wird zum Autor und Erzähler seiner eigenen Geschichte. Nahezu alle modernen Richtungen der Psychotherapie und Erziehungswissenschaft bedienen sich des Erzählens eigener und fremder Geschichten zur Förderung der individuellen Entwicklung.

Geschichten sind Botschafter, die in unser Leben kommen, um uns dabei zu helfen, die Dinge mit offenen Sinnen aus einer anderen Blickrichtung zu betrachten. Die Entfaltung der Phantasie, das Lächeln, die Spannung, die eine Geschichte hervorruft, die Bewunderung für das, was ein anderer tatsächlich oder imaginär erlebt, bereichern meine innere Welt und führen zu Erkenntnissen, die nur durch unser primitivstes, spirituellstes Ich verinnerlicht werden können, das emotionale Ich.

Oft gelingt es durch eine Geschichte, ein Problem

zu externalisieren, was es wiederum erleichtert, dieses Problem genauer zu betrachten und einer objektiven Analyse zu unterziehen, es auseinanderzunehmen, zu vermitteln und zu beschreiben und über Alternativen nachzudenken.

Vielleicht illustriert auch in diesem Fall eine Geschichte am besten, was ich sagen will:

Es war einmal ein weiser alter Mann, der regelmäßig von den Bewohnern seines Dorfs um Rat gefragt wurde, wenn einer von ihnen ein Problem hatte. Nachdem er sich angehört hatte, was sie ihm zu sagen hatten, ging der Alte in seine Bibliothek, nahm ein großes Buch hervor – es war immer dasselbe –, schlug es auf und las darin, als suche er nach der passenden Antwort. Nach ein paar Minuten, manchmal auch erst nach Stunden, schlug er den dicken Band zufrieden wieder zu und kehrte zu dem Ratsuchenden zurück, und immer hatte er eine kluge Antwort auf die Frage, die man ihm gestellt hatte.
Die Schüler des alten Meisters baten ihn immer wieder, ebenfalls das Buch befragen zu dürfen, doch der Alte wies ihre Bitte jedes Mal mit dem Argument ab, sie seien noch nicht bereit dafür.
Als der Meister eines Nachts schlief, schlichen sich die Schüler heimlich in die Bibliothek, stahlen das Buch und gingen zu einem von ihnen nach Hause, um es dort zu lesen ...

Als sie im Kerzenlicht zusammensaßen, schlugen sie das Buch auf und stellten überrascht fest, dass die Seiten völlig leer waren.
Der Meister hatte ihre Absicht erraten und das Buch durch ein anderes ersetzt, um ihnen eine Lektion zu erteilen.
Beschämt brachten die Schüler das Buch am nächsten Tag zurück und sagten dem Meister, sie hätten ihre Lektion gelernt, er könne das richtige Buch an seinen Platz zurückstellen.
Der weise Meister lächelte und sagte:
»Dies IST das richtige Buch.«
Die Schüler verstanden nicht.
»Aber die Seiten sind leer … Warum schlägst du darin nach? Das Buch enthält keinen einzigen Gedanken, keine einzige Lehre … Es sind nicht mal Buchstaben darin.«
Der Meister sah sie an und sagte:
»Die Wahrheit und die Weisheit dieses Buches liegen nicht in dem, was darin steht, sondern in dem, was es uns sagt.«

Und ich füge hinzu: Das gilt für jedes Buch.

Bibliographie

Anderson Imbert, Enrique. Teoría y técnica del cuento. Barcelona, Ariel, 2007.

Anonym. Die Erzählungen aus den Tausendundein Nächten. Frankfurt am Main, Insel Verlag, 1976.

Aristoteles. Poetik. Werke in deutscher Übersetzung. Band 5. Berlin, Akademie Verlag, 1986.

Bettelheim, Bruno. Kinder brauchen Märchen. München, Deutscher Taschenbuch Verlag, 2012.

Biedermann, Hans. Knaurs Lexikon der Symbole. München, Knaur Verlag, 2000.

Bortolussi, Marisa. Análisis teórico del cuento infantil. Madrid, Alhambra, 1985.

Brasey, Edouard/Debailleul, Jean-Pascal. Vivir la magia de los cuentos. Madrid, Edaf, 1999.

Bryant, Sara Cone. El arte de contar cuentos. Barcelona, Nova terra, 1976.

Campbell, Joseph. Der Heros in tausend Gestalten. Frankfurt am Main, Suhrkamp Verlag, 1989.

Cansinos Asséns, Rafael. La nueva literatura. Madrid, Aguilar, 2011.

Carroll, Lewis. Alice im Wunderland. Frankfurt am Main, Fischer Taschenbuch, 2012.

Cashdan, Sheldon. La bruja debe morir. Madrid, Debate, 2000.

Chevalier, Jean/Gheerbrant, Alain. Diccionario de los símbolos. Barcelona, Herder, 1995.

Cooper, Jean C. Cuentos de hadas. Alegorías de los mundos internos. Málaga, Sirio, 1986.

Dante Alighieri. Die Göttliche Komödie. Frankfurt am Main, Fischer Taschenbuch, 2008.

Díez Rodriguez, Miguel/Díez-Taboada, Paz. La memoria de los cuentos. Un viaje por los cuentos populares del mundo. Madrid, Espasa, 1998.

Dowling, Colette. Der Cinderella-Komplex. Frankfurt am Main, Fischer Taschenbuch, 1985.

Eliade, Mircea. Kosmos und Geschichte. Der Mythos der ewigen Wiederkehr. Frankfurt am Main, Suhrkamp Verlag, 1986.

Giardinelli, Mempo. Así se escribe un cuento. Buenos Aires, Beas, 1992.

Gil, Rodolfo. Los cuentos de hadas: historia mágica del hombre. Barcelona, Salvat, 1982.

González Marín, Susana. Existía Caperucita Roja antes de Perrault? Salamanca, 2006.

Greene, Liz/Sharman-Burke, Juliet. Die mythische Reise. Die Bedeutung der Mythen als ein Führer durchs Leben. München, Atmosphären, 2004.

Grimm, Jacob und Wilhelm. Kinder- und Hausmärchen. Frankfurt am Main, Fischer Taschenbuch, 2008.

Guillot, Ana. Buscando el final feliz. Hacia una nueva lectura de los cuentos maravillosos. Buenos Aires, Del nuevo extremo, 2014.

Homer. Ilias. Frankfurt am Main, Fischer Taschenbuch, 2010.

Homer. Odyssee. Frankfurt am Main, Fischer Taschenbuch, 2008.

Houston, Jean. La diosa y el héroe. El viaje como símbolo e iniciación. Buenos Aires, Planeta, 1993.

Jung, Carl Gustav u.a. Encuentro con la sombra. Barcelona, Kairós, 1994.

Lacau, María Hortensia. Didáctica de la lectura creadora. Buenos Aires, Kapelusz, 1966.

Mallet, Dolly. Mordiendo manzanas, besando sapos. Barcelona, Grijalbo, 2010.

Mendoza Fillola, Antonio u. a. Literatura infantil y su didáctica. Cuenca, 1999.

Meyer, Rudolf. Die Weisheit der deutschen Volksmärchen. Frankfurt am Main, S. Fischer, 1987.

Molho, Mauricio. Cervantes: raíces folklóricas. Madrid, Gredos, 1976.

Morote Magán, Pascuala. El cuento de tradición oral y el cuento literario: de la narración a la lectura. Alicante, Biblioteca virtual Miguel de Cervantes, 2008.

Morote Magán, Pascuala/Torrecilla Jareño, Maria Teresa. La memoria del cuento: un impulso didáctico. Cuenca, Universidad de Castilla-La Mancha, 1999.

Nabiza. Erasé una vez… Los cuentos de hadas y la psicología infantil. Madrid, Ediciones Generales Anaya, 2012.

Nichols, Sallie. Die Psychologie des Tarot. Tarot als Weg zur Selbsterkenntnis nach der Archetypenlehre C. G. Jungs. Interlaken, Ansata, 1984.

Orenstein, Catherine. Caperucita al desnudo. Barcelona, Ares y Mares, 2002.

Padovani, Ana. Contar cuentos: desde la práctica hacia la teoría. Barcelona u. a., Ediciones Paidos Iberica, 1999.

Pelegrín, Ana. La aventura de oir. Cuentos y memorias de tradición oral. Madrid, Cincel, 1984.

Perrault, Charles. Sämtliche Märchen. Stuttgart, Reclam, 1986.

Pinkola Estés, Clarissa. Die Wolfsfrau. Die Kraft der weiblichen Urinstinkte. München, Heyne, 1993.

Platon. Sämtliche Dialoge. Hamburg, Verlag Felix Meiner, 2004.

Propp, Vladimir. Die historischen Wurzeln des Zaubermärchens. München, Hanser Verlag, 1987.

Propp, Vladimir. Morphologie des Märchens. Frankfurt am Main, Suhrkamp Verlag, 1975.

Proust, Marcel. Auf der Suche nach der verlorenen Zeit. Frankfurt am Main, Suhrkamp Verlag, 2017.

Puértolas, Soledad. La vida contada. El valor de los cuentos 3. Barcelona, 2006.

Rank, Otto. Der Mythos von der Geburt des Helden. Wien, Turia + Kant, 2009.

Rinpoche, Sogyal. Das tibetische Buch vom Leben und Sterben. Frankfurt am Main, S. Fischer, 2004.

Rodríguez Almodóvar, Antonio. Los cuentos maravillosos españoles. Barcelona, Crítica, 1992.

Rogers, Carl R. Entwicklung der Persönlichkeit. Stuttgart, Klett-Cotta, 2016.

Rutherford, Ward. Chamanismo, los fundamentos de la magia. Madrid, Edaf, 1989.

Saint-Exupéry, Antoine de. Der Kleine Prinz. Düsseldorf, Karl Rauch Verlag, 2015.

Salmerón Vílchez, Purificación. Transmisión de valores a través de los cuentos clásicos infantiles. Granada, 2004.

Savater, Fernando. Darum Erziehung: Was wir Kindern geben können. Frankfurt am Main, Campus Verlag, 1998.

Schultz de Mantovani, Fryda. Nuevas corrientes de la literatura infantil. Buenos Aires, Ángel Estrade y Cía., 1970.

Sharman-Burke, Juliet/Greene, Liz. Die mythische Reise. München, Atmosphären, 2004.

Soriano, Marc. Los cuentos de Perrault. Erudición y tradiciones populaires. Buenos Aires, Siglo XXI, 1975.

Tatar, Maria. Von Blaubärten und Rotkäppchen. Grimms grimmige Märchen – psychoanalytisch gedeutet. München, Heyne Verlag, 1995.

Tejerina Lobo, Isabel. Literatura infantil y formación de un nuevo maestro. Alicante, Biblioteca Virtual Miguel de Cervantes, 2005.

Tolkien, J. R. R. Der Herr der Ringe. Stuttgart, Klett-Cotta, 2003.

Wasserziehr, Gabriela. Märchen für Erwachsene. Symbolische Lektüren. Frankfurt am Main, S. Fischer, 1997.

Jorge Bucay
Ich schreibe Dir diesen Brief ...

Jorge Bucay feiert seinen Geburtstag – und beschenkt seine Leser*innen mit dem Buch, das am Anfang seiner Karriere stand. Als Psychotherapeut und Freund, als Arzt und Mensch erzählt er darin von Liebe und Selbstliebe, Erwartungen, Enttäuschungen und der Kraft persönlicher Entwicklung. Aus eindringlichen, bisher unveröffentlichten Geschichten, eingerahmt von sehr persönlichen Briefen, entsteht ein bewegendes Buch, ein Begleiter für den Alltag und eine praktische, anekdotenreiche und inspirierende Erinnerung an die Schönheit des Lebens.

Erzählungen
Aus dem Spanischen
von Lisa Grüneisen
320 Seiten, gebunden
978-3-7587-0003-3

Weitere Informationen finden Sie auf
www.fischerverlage.de

Jorge Bucay
Komm, ich erzähl dir eine Geschichte
Aus dem Spanischen von Stefanie von Harrach
Mit zahlreichen Illustrationen von Gusti

Band 52171

»Jorge Bucays Geschichten haben
eindeutig Suchtpotential.«
Frankfurter Allgemeine Zeitung

Jorge Bucays »Komm, ich erzähl dir eine Geschichte« ist Millionen Menschen auf der Welt zum treuen Begleiter geworden. Wie begegnet man den Wirrnissen des Lebens? Mit Geschichten, sagt der argentinische Psychotherapeut, der die Gabe hat, das Komplizierte einfach werden zu lassen. Reisen Sie mit durch Märchen und Gleichnisse, Zen-Weisheiten und Sagen – selten liest man so viel Leichtes und Witziges, Lehrreiches und Unterhaltsames über das Leben!

Das gesamte Programm gibt es unter
www.fischerverlage.de

Jorge Bucay
Ich will …
Das kleine Buch über die Liebe
Aus dem Spanischen von Lisa Grüneisen
Mit Illustrationen von Gusti

Band 52155

Dreizehn kleine Ratschläge fürs große Glück von einem der beliebtesten Geschichtenerzähler unserer Zeit

»Ich will, dass du mir zuhörst, ohne über mich zu urteilen.« In dreizehn prägnanten Sätzen zur Liebe und ihren Spielarten formuliert Jorge Bucay ein Glaubensbekenntnis der zwischenmenschlichen Beziehungen. In kleinen Beispielen und Anekdoten zeigt der argentinische Geschichtenerzähler: Liebe und Zusammenleben können gelingen! Mit zahlreichen charmanten Illustrationen von Gusti ist »Ich will…« das ideale Geschenk für alle Verliebten.

Das gesamte Programm gibt es unter
www.fischerverlage.de

Jorge und Demián Bucay
Eltern und Kinder
Vom Gelingen einer lebenslangen Beziehung
256 Seiten. Gebunden

Kinder bereichern das Leben. Doch in jedem Kapitel der Beziehung zwischen Eltern und Kindern gibt es unterschiedliche Herausforderungen: Wie mit dem träumerischen kleinen Sohn umgehen, wie die große Tochter ins eigene Leben begleiten? Und was bedeutet es, wenn die Eltern älter werden?

Jorge Bucay und sein Sohn Demián betrachten diese lebenslange Beziehung von der Geburt des Kindes bis zum Altwerden der Eltern. Und es ist ein Glück, dass beide aus ihrem reichen Erfahrungsschatz als Psychotherapeuten und als Väter schöpfen können. In persönlichen Anekdoten, in Romanen und Filmen finden sie Antworten auf so manche knifflige Frage – immer verständnisvoll und erhellend.

»Was wir als eine der wichtigsten Aufgaben
von Eltern ansehen: Trost spenden.«
Jorge und Demián Bucay

Das gesamte Programm gibt es unter
www.fischerverlage.de